부모와 함께 하는
문화유산 상식 여행

오주환 지음

부모와 함께 하는

문화유산 상식여행

북허브

•• 프롤로그 ••

대학에서 역사를 전공했다지만, 내가 아는 역사의 깊이는 일반인과 크게 다르지 않다. 그럼에도 '문화유산 상식여행' 이라는 역사여행 입문서를 쓰게 된 데에는 분명한 이유가 있다. 일반 사람에 비해 역사를, 여행을 아주 조금 더 사랑한다는 사실이다.

내가 좋아하는 글귀 중에 이런 게 있다. 조선시대 문장가 유한준의 말이다.

"사랑하면 알게 되고, 알면 보이나니, 그때 보이는 것은 이전의 것과 같지 않으리라."

여행기자로 이 땅 구석구석을 돌아다니면서 만난 여행지는 모두 저마다의 역사를 품고 있었다. 폐허가 된 절터에 덩그러니 남은 석탑도, 깊은 산중의 사찰도, 화려한 단청을 뽐내는 건물도, 심지어 사람의 발길이 닿지 않았을 것만 같은 오지의 자연에도 우리의 역사가 있었고, 선인들의 예술혼이 담겨 있었다.

글로써 이것들을 독자들에게 알려주기 위해서는 눈에 보이는 것은 물론, 보이지 않는 이면의 이야기도 찾아내야 했다. 역사가 필요하면 자료를 뒤져야 했고, 옛 이야기라도 들을라치면 마을 어른들을 찾아야 했다. 그러다보니 자연스레 역사에 대해, 문화유산에 대해 더욱 관심을 가지게 되었다. 이런 과정이 한 해 두 해 되풀이되니 나의 여행은 더욱 풍성해졌다.

역사여행은 더 이상 전문가들의 전유물이 아니다.

학자나 전공 학생들의 영역으로만 생각되었던 답사의 벽은 무너진지 오래다.

답사라는 거창한 명목이 아니라도, 누구나 여행을 하면서 우리의 것과 만난다. 문제는 만남을 스쳐 지나가는 인연으로 만들 것인가, 아니면 소중한 인연으로 만들 것인가 하는 것이다. 소중한 인연으로 만들기 위해서는 사랑이 필요하다. 사랑이란 다름 아닌 관심이다. 누군가를 좋아하고 사랑하게 되면 그 사람을 더 알고 싶어 하는 것과 같은 이치다. 역사에 대해 문화유산에 대해 조금의 애정이라도 있다면 우리는 누구나 훌륭한 여행자가 될 수 있다.

내 발길 닿는 곳, 눈길 머무는 곳 어디서나 접하게 되는 문화유산이지만 애정과 관심이 없다면 그것은 한낱 돌덩이요, 나무 조각에 불과하다. 그러나 사랑을 가지고 대하면 그 속에서 우리 역사의 편린들을 하나씩 끄집어 낼 수 있다.

여행을 통해서 배움을 얻는 다는 것은 쉬운 일이 아니다. 선뜻 실행에 옮기기가 쉽지 않다. 다소의 준비가 필요한 것도 사실이다. 준비가 없으면 소득을 얻기도 힘들기 때문이다. 반면 하나를 더 알면 알수록 그 매력에 흠뻑 빠지게 되는 게 역사여행이다.

글을 쓰는 동안 머릿속에서 떠나지 않은 한 가지는 '누구나 할 수 있는 역사여행, 스스로 문화유산을 볼 수 있는 안목' 이다. 오랜 시간을 두고 공부를 해 온 게 아니라면 나만의 식견을 가질 수가 없다. 특정 전문가에 의해 규정되어 버린 이미지와 느낌이 마치 내 것인 양 착각할 수도 있다.

책을 쓴 이유가 여기에 있다. 새로운 여행을 원하는 사람, 역사여행을 다니고 싶어도 어떻게 해야 할지 막막한 사람, 역사여행을 해 봤지만 기초가 약해 늘 어렵게 느껴지는 사람 등을 위해 스스로 우리 문화유산을 볼 수 있는 안목을 길러 주자는 뜻에서다.

그래서 대학 미술사 시간에 배웠던 내용을 기본으로 필요한 자료를 찾아가며 부족한 부분을 채웠다. 어려운 용어의 한계를 극복하지 못해 쉽게 설명하지 못한 부족함이 있음을 안타깝게 생각한다. 그래도 실제 역사여행을 하면서 많이 접하게 되는 문화유산을 중심으로 정리하고, 내용을 쉽게 이해할 수 있도록 많은 사진과 삽화를 곁들였다. 실제로 역사여행에 나설 독자들을 위해서 전국의 역사여행 코스를 수록해 쉽게 떠날 수 있도록 했다.

이 책을 기초로 기본적인 지식을 습득하여 골격을 세우고, 그 위에 조금씩 살을 붙여 자신만의 시각을 가질 수 있다면 바랄 게 없다.

세상은 변해도 역사의 본질은 변하지 않는다. 길에서 만난 세상은 여행자들에게 언제나 의미 있게 다가온다. 그것이 아주 오래 전 역사의 체취라면 우리는 시간과 공간의 제약을 뛰어 넘어 옛 사람과 만나게 되는 셈이다.

2011년 6월

오주환

차례

Part 4 성곽

Part 5 석조건축

Part 6 고분

부록

여행을 좋아하고, 우리 역사와 문화에 관심을 가지면 누구나 훌륭한 답사여행자가 될 수 있다. 마치 퍼즐을 맞추듯 내가 아는 지식을 하나씩 여행지에서 적용시키다 보면 어느새 이 땅의 역사와 문화유산에 애정을 갖게 된다.

Part 1

문화유산이란

역사여행을 떠나기 전에

문화유산의 종류

역사여행을 떠나기 전에

여행을 좋아하고, 우리 역사와 문화에 관심을 가진다면 누구나 훌륭한 역사여행자가 될 수 있다. 하나를 알면 알수록 그 매력에 빠져들게 되는 여행을 위해 스스로 최소한의 노력을 기울이자.

문화유산을 찾아 떠나는 여행은 일반 여행과는 좀 다른 면이 있다. 그저 물 좋고 산 좋은 곳을 찾아가, 발 담그고 삼겹살 구워 먹고 오는 여행에 비하자면 다소 무거운 편이다. 역사도 알아야 하고, 어렵게 풀이되어 있는 안내판의 설명을 이해하자니 전문적인 지식도 가지고 있어야 할 것 같다. 그러니 그 만큼 어렵고 재미가 덜하다는 생각을 하게 된다.

어렵다고 하는 말이 사실이지만 그렇다고 마냥 재미없지는 않다. 어렵다고 느끼는 건 무언가 거창한 공부를 해야 하는 것 같은 생각이 들어서다. 재미없게 느껴지는 건 잘 몰라서 관심이 없기 때문이다. 처음부터 대단한 걸 기대하지 말자. 천천히 시간을 두고 하나씩 알아가는 게 역사여행이다.

책을 통해서 혹은 선생님에게 배운 것을 현장에서 실물을 통해 찾아낸다고 생각하면 좋겠다. 마치 소풍가서 보물찾기 하듯이 가벼운 마음으로 여행을 가서 관심을 가지고 조금만 더 애정 어린 시선으로 조상들이 남겨준 문화유산을 바라보면 된다. 우리의 여행이 전문가들이나 대학생들이 떠나는 전문 답사에 비할 순 없다. 단지 놀고먹는 여행에 비해 좀 더 의미 있고, 생산적인 여행 정도라고 생각하면 편할 듯싶다. 이 땅에는 어디를 가도 역사의 숨결이 담긴 문화유산을 만나게 된다. 길을 걷다 마주치는 문화유산을 외면하기보다 한 번쯤 시간을 투자해 문화유산 여행을 즐기고자 하는 사람들에게 몇 가지 도움말을 주고자 하니, 이를 두고 '문화유산 여행의 십계명' 쯤이라고 해두자.

1. 여행지는 계절을 고려해 선택한다

같은 장소라도 계절에 따라 느낌이 다르게 마련이다. 역사여행도 여행이라는 점을 잊어서는 안 된다. 떠나려는 시점에 가장 풍요로운 곳을 여행지로 선택한다. 그리고 주위에 어떤 문화유산이 있는지 확인하고 돌아볼 코스를 계획한다. 예를 들어 봄철이라면, 남도에선 2~3월에 산수유와 매화가 핀다. 4월부터는 벚꽃이 꽃망울을 터뜨린다. 이때 꽃구경을 하면서 문화유산을 돌아볼 수 있는 그런 장소를 선택하는 게 중요하다는 것이다. 하동의 쌍계사를 간다면 1년 중 가장 적절한 때는 벚꽃과 배꽃으로 천지가 물드는 4월 초순이 좋게 마련이다.

2. 일정을 잘 짜야 유익한 여행이 된다

가장 중요한 것은 누구랑, 며칠 동안, 어디로 갈 것인지를 정하는 일이다. 같이 갈 사람과 여행 기간, 가는 곳에 따라 세면도구, 옷가지 등의 준비물이 달라진다. 아이들과 함께 하는 여행이라면 교육적인 것도 좋지만 재미를 간과해서는 안 된다. 연인이라면 분위기나 경치가 좋은 곳이면 더욱 좋을 것이다. 한 가지 조심해야 할 것은 주말의 복잡한 시간대를 피하는 요령이 필요하다.

3. 여행지에 대한 사전 조사가 필요하다

일정과 여행지에 대한 선택이 끝나면 내실 있는 여행을 위해 약간의 공부가 필요하다. 적어도 내가 가고자 하는 여행지에 대한 각종 자료들을 한 번쯤은 읽어보고 가는 게 좋다. 특히 문화유산에 대해서는 역사적 배경에 대한 사전 지식이 있으면 의외로 재미있다는 것을 알게 된다. 자녀와 함께인 경우 교과서적인 내용도 좋지만, 아이들의 느낌을 물어보고 공유하는 것도 좋은 방법이다.

4. 지도책이나 내비게이션은 필수

이제 떠날 준비는 끝났고, 문제는 찾아가는 것이다. 대중교통의 경우 기차나 버스를 이용하면 여행지를 찾아가는 데 별 어려움이 없다. 다소 시간이 걸리고 경우에 따라 걸어야 하는 번거로움이 따르지만 여행의 잔재미를 느끼는 데는 오히려 기차나 버스가 좋을지도 모른다. 자동차를 가져갈 경우 상황이 좀 다르다. 더구나 처음 가는 길이라면 당황스럽기 마련이다. 그러므로 지도책이나 내비게이션은 필수다. 내비게이션에 소재지만 입력하면 길 찾기는 식은 죽 먹기다. 만약 내비게이션이 없다면 전국의 길이 상세하게 나와 있는 지도책을 구입하도록 하자. 지도책은 10만분의 1짜리가 적당하다. 지도 위에 1cm가 실제 거리 1km를 축약해 놓은 것이므로 거리를 짐작하기 편하고 웬만한 도로, 즉 지방도로는 물론이고 시멘트도로, 비포장도로까지 상세하게 나와 있어 길눈이 역할을 톡톡히 할 수 있다. 게다가 여행의 목표물들인 절, 탑, 산, 강, 해수욕장, 약수터, 온천 등이 자세하게 나와 있다. 따라서 이 같은 지도를 토대로 차가 움직일 동선을 미리 정해둔다면 여행길이 한결 수월해질 것이다.

5. 여행카드를 기록하자

이제 본격적인 문화유산 여행이 시작되면 준비된 여행카드를 끄집어낼 순서이다. 여행카드에 들어갈 내용은 일시, 함께 간 사람, 여행 코스, 여행지 개요, 문화유산 개요, 전체적인 인상, 계절 특징, 지역 특산물이나 별미, 약도 등이다. 처음엔 다소 번거로울 수도 있으나 하나둘 카드 작업이 진행될수록 재미와 의미를 느낄 수 있을 것이다. 특히 자녀와 함께 떠나는 부모들이라면 아이들에게 꼭 카드를 만들어줄 필요가 있다. 여행카드는 크지 않아야 하며, 두꺼운 종이로 된 게 좋다. 그리고 자주 기록해야 하므로 목에 거는 볼펜을 가져가는 게 편리하다.

6. 입장권과 팜플렛을 모으자

여행지에 따라 다르지만 대개 매표소에서 입장권을 끊어야 하는 경우가 많다. 이때 입장권을 버리지 말고 하나둘 모아두는 습성을 기르자. 그리고 매표소에 꼭 무료 안내 팜플렛을 요구하자. 매표소에 없다면 여행 안내소나 절의 경우 종무소로 가면 된다. 이도저도 없다면 판매용이라도 하나 정도 사두는 게 좋다. 왜냐하면 일일이 기록할 수 없는 내용과 사진들이 있어 두고두고 쓸모가 있기 때문이다.

7. 간단한 카메라 조작법을 익혀라

여행을 떠날 때 카메라를 빠뜨리는 사람은 별로 없을 것이다. 추억을 남기기 위해 당연한 작업이지만, 역사여행에서의 카메라는 그런 기본적인 기능 외에 눈으로 본 문화유산을 사진에 담아오는 역할까지 한다. 목조건축, 탑, 부도, 석등, 당간지주, 천연기념물, 장승, 민속행사, 특산물, 재래장 등 모두가 사진의 좋은 대상들이다. 이는 보다 의미 있는 여행을 위한 작은 정성들이기도 하다.

초보자들이 간과하기 쉬운 간단한 촬영 노하우를 몇 가지만 소개하자면 우선 시간대를 잘 맞추어야 한다. 이른 아침이나 오후 늦은 시간은 햇빛의 노출도가 약하다. 우리 인간의 눈엔 대낮과 별 차이가 없어 보이나 카메라 렌즈는 그렇게 받아들이지 않는다. 따라서 사진이 나오고 보면 벌겋게 되거나 시커멓게 되고 마는 것이다. 대체로 여름의 경우 아침 9시 30분 이전과 오후 5시 30분 이후, 겨울의 경우 아침 10시 30분 이전과 오후 4시 30분 이후의 경우는 사진 촬영에 부적절한 시간이다. 더구나 이 시간대엔 그림자가 길게 늘어서 피사체를 덮치는 경우가 많다.

절의 경우 나무, 각종 전각, 불탑 등이 많아 양지와 음지가 뒤섞여 있을 때가 많다. 이때 사진을 찍다 보면 밝은 부분과 그늘진 부분이 극명하게 대비되어 보기 싫은 사진이 되고 만다. 따라서 사진 내에서 음지가 차지하는 비중을 가능하면 줄여 찍는 게 좋다.

카메라는 햇빛을 등에 지고 찍어야 하는데, 어쩔 수 없이 햇빛을 보고 찍어야 할 때가 있다. 예를 들어 전북 김제 금산사 미륵전의 경우 북쪽을 향하고 있는 전각이다. 따라서 미륵전을 찍거나 금산사의 전경을 촬영하려면 어쩔 수 없이 태양을 마주봐야 한다. 이때 초보자들이 할 수 있는 가장 손쉬운 방법은 카메라 렌즈로 들어오는 햇빛의 길목을 손이나 노트 따위로 막으면서 찍는 것이다.

마지막으로 한 가지만 더 얘기하자면, 멀리서 전경을 잡기보단 가까이서 피사체를 크게 담는 버릇을 들이라는 것이다. 우리나라 사람들은 대개 '어디에 갔다 왔다' 는 증거를 남기고, 남들에게 자랑하기 위해 배경이 크게 잘 나와야 좋은 사진인줄 안다. 따라서 넓은 배경에 사람 얼굴은 콩알 만한 사진들이 대부분이다. 역사여행에서 찍어야 할 사진은 전경 사진 외에도 보다 구체적인 사진들이 많다. 하나하나의 전각이나 탑 등은 물론이고 심지어 전각 중에서도 눈여겨볼 곳, 즉 문짝이나 기둥, 계단 등을 크게 찍어야 할 경우도 많다.

8. 지역 별미와 특산물을 알아 둔다

웬만한 여행지에 식당이 왜 없겠는가. 하지만 모두 산채비빔밥, 매운탕, 오리탕, 아니면 생선회 등이 전부이다. 메뉴도 그렇고 맛도 천편일률적이다. 비싼 돈 내고 그저 그런 음식을 먹기 보단 확실한 방법을 찾아 두자. 지역 별미를 찾아보고, 그 음식을 잘 하는 식당의 전화번호만 체크해 가면 현지에서 금세 찾을 수 있다.

그리고 지역 특산물을 알고 가면 알뜰 쇼핑의 기회를 만날 수 있다. 이 모두는 여행을 보다 재밌고 알차게 만드는 보조 장치들이다. 이 땅을 살다간 선조들의 얼과 5천년 역사의 숨결이 깃든 전통의 맛과 특산물을 찾아보는 일은 문화유산을 살피는 것 못지않은 의미와 재미를 지닌다고 할 수 있다.

9. 여행지에 대한 편의 시설을 체크해 두어라

여행지 한 곳을 둘러보고 나오는 길엔 그 주위에 편의 시설이 무엇인지 알아보자. 주로 숙박 시설과 음식점 등이 되겠는데, 숙박지의 경우 상세하게 알아두는 게 좋다. 펜션, 민박별로 전화번호 몇 개를 적고, 전망이 좋거나 호젓한 숙박지도 따로 체크하는 게 좋다. 이는 다음에 들를 때를 대비하는 것이다. 역사여행에 취미를 붙인 사람이라면 한 여행지를 일생 동안 최소한 3~4번은 가기 마련이다.

10. 간단한 후기를 쓰자

다녀온 뒤 여행의 성과와 느낌 등을 전반적으로 적어보자. 이는 여행카드와는 또 다른 것으로 자신의 여행을 평가하고 부족한 부분을 보충하는 중요한 계기가 된다. 매회 원고지 10~30매 분량만 남겨도 좋고, 개인 블로그에 사진과 함께 정리해도 좋다. 조목조목 써보는 가운데 자신도 모르게 문화유산에 대한 애착과 안목이 깊이를 더해갈 것이다.

문화유산의 종류

조상들이 남긴 문화적 산물로 우리의 역사를 알려주고, 문화적 우수성이 담겨 있는 것이 문화유산이다. 문화유산에는 궁궐, 절, 불탑, 왕릉, 도자기 등등 구체적 형태가 남아 있는 유형의 것과 판소리, 탈춤 등과 같이 형체는 없지만 사람과 사람의 전승을 통해 전해지는 무형의 것도 있다. 또한 아름다운 자연이나 역사적 가치가 담긴 장소, 보존해야 할 가치가 있는 생물 등도 포함된다.

유형문화재

자연과 마주하여 인류의 정신적 작용으로 창조하였거나 또는 가공한 물체를 말한다. 사람의 힘이 미치지 않은 자연물은 제외된다. 건축물, 전적, 서적, 고문서, 회화, 조각, 공예품 등 형태가 있는 문화적 소산물과 이에 준하는 고고학적 자료가 포함된다. 문화유산은 지정문화재와 미지정문화재로 나뉘는데, 지정문화재에는 국보 · 보물 등이 있다. 미지정문화재는 주로 국가기관의 직접 보호 아래 있는 동산문화재를 이르는 것으로, 그 가치로 보아 결코 지정문화재에 못지않다.

국보 유형문화재 중에서 제작 연대가 오래되고 그 시대의 표준이 될 수 있는 것, 제작 기술이 우수하여 그 유례가 적은 것, 저명한 인물이 제작하였거나 또는 유서가 깊은 것, 기타 역사를 알아보는데 필요한 것 등이 지정 대상이다. 보물에 해당하는 문화재 중에서 그 가치가 크고 유례가 드문 것을 문화재위원회의 심의를 거쳐 문화관광부 장관이 지정한다. 현재 우리나라의 국보는 약 300개이다. 시도별로는 서울, 경북, 경기, 충남 순으로 많다.

보물 유형문화재는 역사적 · 학술적 · 예술적 · 기술적 가치가 큰 것을 문화재위원회의 심의를 거쳐 문화관광부 장관이 지정한다. 국보와 보물의 차이점은 국보는 보물의 가치가 있는 것 중에서 역사적 · 학술적 · 예술적 · 기술적 가치가 가장 으뜸인 것으로, 제작연대가 오래되고 시대를 대표하거나 특이한 것으로 역사적 인물과 관련이 있는 문화재이다. 현재 우리나라의 보물은 약 1천 3백개이다. 서울, 경북, 경기, 경남, 전남 순으로 많다.

무형문화재

무형의 문화적 소산으로 인류의 정신적 작용에 의하여 창조된 기술 또는 기술을 주요소로 하여 표현되는 것을 말한다. 연극, 음악, 무용, 공예 기술 등 형태가 없는 문화적 소산 가운데 역사상 또는 예술상 가치가 큰 것을 골라 무형문화재로 지정한다.

기념물

성곽 · 옛무덤 · 궁궐 · 도자기가마터 등 사적지로서 역사적 · 학술적 가치가 큰 것, 경승지로서 학술적 · 경관적 가치가 큰 것, 동물(서식지 · 번식지 · 도래지 포함), 식물(자생지 포함), 광물, 동굴 등 생성물로서 학술적 가치가 큰 것이 포함된다.

사적

인류의 역사상 문화적으로 가치 있는 고적을 일컫는다. 유적 · 유물 · 패총 · 사지 · 요지 등이 포함되며, 원래 고적이라 부르던 것을 사적으로 고쳐 부르고 있다. 국보와 보물에 비해 역사적 현장성이 중요한 비중을 차지해 역사적 가치가 높은 게 사적으로 지정된다.

명승

자연미를 대표하는 이름난 경승지를 말하며 인공미를 가미한 것도 포함된다. 이름난 건물이 있는 경승지, 화수 · 화초 · 단풍의 서식지, 조수 · 어충류의 서식지, 아름다운 협곡 · 해협 · 심연 · 폭포, 특색 있는 산악 · 고원 · 온천 등이 여기에 포함된다.

사적 및 명승

역사적 가치와 경관적 가치가 혼재된 곳으로써 중요한 것을 말한다.

천연기념물

자연유산으로서 일상생활 및 삶을 풍요롭게 하는데 중요하며 보존할 만한 가치가 있고, 학술 및 관상적 가치가 높아 보호와 보존이 필요한 동물(서식지 포함) · 식물(자생지 포함) · 지질 · 광물 등을 일컫는다.

식물의 경우 우리나라 특유의 식물이거나 건조지 · 습지 · 하천 · 폭포 · 온천 등 특수한 환경에서 자라는 경우, 또 자생의 한계선에 살거나 유명한 나무, 오래되거나 큰 나무, 신목 등이 여기에 포함된다. 우리나라의 독특한 동물, 희귀한 동물, 관상적으로 특이한 동물들도 천연기념물로 지정된다. 한국의 지

질을 연구할 때 중요한 자료가 되는 광물, 동굴, 동식물의 화석 등도 마찬가지이다.

민속자료

우리 민족의 생활 문화의 특색을 나타내는 것 중 전형적인 의식주, 생산과 생업, 교통과 통신, 교역, 사회생활, 신앙, 민속 지식, 민속 예능에 관한 것 등을 일컫는다. 우리만의 생활사가 갖는 특징을 잘 보여주고 전통적인 생활사의 추이를 이해함에 있어 가치와 의미가 인정되는 자료다.

문화재 자료

시 · 도지사가 국가 또는 시 · 도 지정문화재가 아닌 것 가운데 향토 문화 보존상 필요하다고 인정되는 것을 골라 지정한 문화재이다.

세계문화유산

Summary

인류 역사의 귀중한 문화 및 자연유산을 세계문화유산이라고 한다. 세계가 산업화 · 현대화되면서 점차 역사적 가치가 높은 문화재와 소중한 자연유산이 훼손됨에 따라 유네스코에서 이를 보호하기 위해 등재하였다.

유네스코는 1946년 11월 영국과 프랑스를 비롯한 20개 유네스코헌장 서명국가들이 헌장비준서를 영국 정부에 기탁함으로써 최초의 국제연합교육과학문화기구(UNESCO, United Nations Educational, Scientific and Cultural Organization)로 발족했다.

한국은 1950년에 가입했고, 현재(2011년 5월) 해인사장경판전 · 종묘 · 석굴암 · 불국사 · 창덕궁 · 수원화성 · 고창화순강화 고인돌유적 · 경주역사지구 · 제주 화산섬과 용암동굴 · 조선왕릉 · 하회마을, 양동마을 등 10곳, 종묘제례 및 종묘제례악 · 판소리 · 강릉단오제 · 강강술래 · 남사당 · 영산재 · 제주 칠머리다영등굿 · 처용무 · 가곡 · 대목장 · 매사냥 등 인류무형구전 및 무형유산걸작 11개, 훈민정음 · 조선왕조실록 · 직지심체요절(하권) · 승정원일기 · 팔만대장경판 · 조선왕조의궤 · 동의보감 등 세계기록유산 7점이 유네스코 세계문화유산으로 등재되어 있다.

세계문화유산 등재은 1972년 총회에서 채택된 "세계 문화 및 자연유산 보호협약"에 따라 정해진다. 선정 기준은 다음과 같다.

1. 인간의 창의성으로 빚어진 걸작품을 대표하는 작품
2. 오랜 세월에 걸쳐 또는 세계의 일정 문화권 내에서 건축이나 기술 발전, 기념물 제작, 도시 계획이나 조경 디자인 등 인류 문화 발전에 중요한 역할을 한 유산
3. 현존하거나 또는 사라진 희귀한 문화적 전통
4. 인류 역사에서 중요 단계를 예증하는 건물, 건축이나 기술의 총체, 경관 유형의 대표적 사례
5. 자연이나 인류에 의해 파괴되기 쉬운 전통적인 건축양식, 건설방식, 인간주거의 특징적인 문화를 보여주는 유산
6. 역사적 사건이나 실존하는 전통, 사상, 보편적 중요성이 탁월한 예술 및 문학작품과 중요한 연관이 있는 유산

문화재의 발굴에서 전시까지

박물관에 전시된 문화재들은 수집가들이 기증한 것도 있지만, 대부분이 매장문화재 발굴을 통해 얻어진 유물을 전시하고 있다. 문화재의 발굴에서 전시까지 어떠한 과정을 거치는지 살펴보자.

• 지표조사

문헌기록을 통해 유적이 있을 곳으로 추정되는 지역이나 댐 · 도로 건설 등의 공사 현장의 지표면에 유적의 흔적이 있는지를 살핀다.

• 발굴

지표조사를 통해 유적의 전체 상황이나 범위 등이 파악되면, 발굴할 범위를 설정해 땅을 판다. 유적이 절터인지, 집터인지, 혹은 무덤인지에 따라 발굴하는 방법은 조금씩 달라진다. 그러나 일단 유물이 출토되고 유구가 확인되면 점차 구역을 확대해 전체 유구와 유물의 실체를 확인한다.

• 실측

출토된 유물과 유물이 출토된 자리에 대해 세밀하게 기록한다. 발굴이라는 것은 필연적으로 유적의 파괴를 전제로 하기 때문에 한번 발굴된 유적은 본래의 모습을 간직하기 힘들다. 그러므로 그림, 사진 등으로 현장의 모습을 생생히 남긴다.

• 현장설명회

발굴 기간 동안 지역 주민들이나 관련 학자들에게 발굴의 진행 과정, 성과, 유적의 성격 등을 설명하고 도움말을 듣는다.

• 발굴보고서 작성

현장에서의 발굴조사가 끝나면, 그것에 대한 보고서를 작성하여 연구자료로 쓰이도록 한다.

• 보수와 전시

발굴된 유물은 오랜 기간 동안 땅 속에 묻혀 있어 부식되거나 파괴된 경우가 많다. 이를 보관, 전시하기 위해서는 과학적인 보존처리를 통해 유물을 복원한다. 보존처리를 하면서 각 유물에 대한 연구가 이루어져 성격에 맞는 전시실로 옮겨지게 된다. '구슬이 서말이라도 꿰어야 보배'라는 속담처럼 발굴된 유물을 잘 복원 · 전시하지 않으면 그 가치가 없어지는 것이다.

불교는 삼국시대 이래로 우리의 정신문화 속에 깊숙이 자리해 왔다. 불교문화를 이해하는 것은 우리 문화유산을 이해하는 첫걸음이다. 극락에 대한 염원은 두터운 신앙심으로 이어져 곳곳에 절이 세워졌고, 신앙은 뜨거운 예술혼으로 표출되어 전국에 불상, 불탑, 불전 등에 표현되었다.

Part 2

불교유산

- 절
- 불탑
- 불상
- 전각
- 부도
- 탑비
- 석등
- 당간지주
- 불화
- 불구

절

우리나라의 문화적 특성과 문화유산을 이해하기 위해서는 먼저 불교문화를 아는 것이 중요하다. 불교가 1500년 이상 우리 정신문화 속에 깊숙이 자리하고, 국보 가운데 불교문화유산이 절반 이상을 차지하고 있기 때문이다. 불교문화를 알기 위해서는 가장 근본이 되는 절에 대해서 이해해야 한다. 절은 불교문화의 보물창고다.

삼국시대 이래로 우리나라는 불교의 나라였다. 불교는 지배계급에게는 정치적 이념이었으며, 백성들에게는 희망의 메신저였다. 극락에 대한 염원은 두터운 신앙심으로 이어져 곳곳에 절이 건립되었고, 신앙은 뜨거운 예술혼으로 불상, 불탑, 불전 등에 표현되었다. 그렇기에 우리 땅을 여행하면서 쉽게 절에 들르고, 산중의 바위에 새겨진 부처를 만나고, 너른 들판 한가운데 세워진 불탑을 마주할 수 있다.

불교가 수천 년 동안 우리의 정신문화 속에 깊숙이 자리하고 있었기 때문에 불교문화를 이해하는 것은 우리나라의 문화적 특성과 문화유산을 이해하는 첫걸음이 된다. 불교문화를 알기 위한 가장 근본이 되는 것은 절이다. 절은 불상을 모시고 승려들이 거주하면서 불도를 닦고 불교의 교리를 전하는 신성한 공

▲김천 직지사 일주문 절 입구에 세워진 첫 번째 문이 일주문이다. 기둥이 한 줄로 되어 있다고 해서 일주문이라 하는데, 마음을 하나로 모으는 일심을 뜻하기도 한다. 일주문을 세우는 것은 단순히 절의 영역을 표시하기 위함이 아니라, 신성한 곳에 들어서기 전에 세상의 번뇌를 털어내고 마음을 부처의 경지에 이르기 위해 하나로 모으라는 뜻에서다. 절 밖은 속세요, 안은 탈속과 성스러움의 세계를 상징적으로 나타낸다.

간이다. 불가에서 귀하게 여기는 삼보가 모셔져 있고, 모든 불교의 예법과 전승 문화를 간직하고 있는 절은 불교문화의 보물창고다.

절의 기원

불교의 시작과 절의 건립 시기는 서로 다르다. 석가모니가 인도 보드가야의 보리수 아래에서 깨달음을 얻은 후 전국을 순례하며 법을 전하던 기원전 6세기 무렵에는 절이 세워지지 않았다. 그 이유는 석가모니와 그를 따르는 승려들은 무소유를 이상으로 삼아 일정한 거주지를 가지지 않았기 때문이다. 그들은 철저하게 4의지를 수행하였기 때문에 절이라는 공간이 필요하지 않았다. 4의지란 신도들에게 얻은 음식만을 먹는 '걸식', 지붕 있는 곳에서 자지 않고 나무 아래에서 명상 하는 '수하좌', 다른 사람이 쓰다 버린 삼베 조각을 모아 만든 옷만 입는다는 '분소의', 소의 오줌을 발효시켜 만든 약만을 복용한다는 '부란약' 등의 4가지 계율을 말한다.

그러나 인도의 기후적 특성이 변수로 작용하여 승려들이 한 곳에 모여 수행하는 게 필요하게 되었다. 비가 많이 내리는 여름철 우기에는 전국을 떠돌며 설

쉬어가기

안거

승려들이 외출을 삼가고 수행에만 몰두하는 것을 안거라고 한다. 본래 인도의 수행자들이 여름철 우기에 폭풍우에 상해를 입기도 하고, 비를 피하기 위해 본의 아니게 벌레들을 죽이는 일이 많이 발생하자 외출을 하지 않고 수행에만 전념한 것에서 유래하였다. 여기에서 하안거가 유래되었다. 하안거는 4월 보름 다음 날부터 7월 보름날까지 3개월간 행해진다. 겨울이 있는 북방불교권에서는 하안거 외에도 음력 10월 보름 다음 날부터 다음 해 정월 보름날까지 동안거라고 하여 시행하고 있다.

교하며 수행하는 생활이 불가능했다. 원시불전에 속하는 「사분율」의 기록에 의하면 "우기에 외출한 승려들이 질퍽해진 땅 위에 나온 벌레를 자신도 모르게 밟아 죽이는 경우가 있다"고 하였다. 이는 불살생을 중요한 계율로 지키는 불교의 입장에서 볼 때 심각한 문제가 되는 일이다. 석가모니는 우기 동안 바깥 출입을 삼가는 계율을 정하고, 승려들이 한 곳에 모여 생활하게 하였다. 이것이 절이 생겨나게 된 이유다.

하지만 무소유를 실천하던 석가모니나 승려들에게 함께 머물 수 있는 공간이나 그것을 마련할 경제력이 있을 리가 만무했다. 결국 경제력을 갖춘 신도의 시주에 의해 안거할 장소가 갖춰지게 되었다. 불교에서 가장 처음으로 등장한 절은 죽림정사다. 마가다국 빔비사라 왕이 수도인 왕사성에 죽림원이라는 대규모 토지를 기부하였고, 이후 어느 부호가 죽림원에 60채의 오두막을 지어 기증함으로써 죽림정사가 탄생하게 되었다. 석가모니 생존 당시의 최대 절은 사위성에 있던 기원정사였다. 수달이라는 부자가 온산을 온통 금으로 덮어서 마련했다는 일화가 전해지는 기원정사는 석가모니가 불법을 전파하던 45년 기간 중 가장 오래 머문 장소이기도 하다. 죽림정사와 기원정사의 정사라는 의미는 오늘날의 절이라는 개념보다는 단순히 승려들이 머물면서 수행하는 집이라는 뜻이다.

이처럼 절은 우기에 공동생활을 하기 위해 마련된 공동 주거지란 성격에서 출발했다. 그러다가 시간이 지나면서 서서히 종교 의례를 행하는 곳으로 성격이 변화되었다. 석가모니 당시에 절에서는 자신이 허물을 대중 앞에서 참회하는 형식으로 된 의례를 적어도 보름에 한 번씩 행하도록 정해져 있었다. 그렇기 때문에 모임의 근거지였던 절은 규모나 숫자에서 엄청난 발전을 하게 되었다.

절의 여러 가지 이름

절

절을 지칭하는 용어 중 유일한 순 우리말이다. 처음 신라에 불교가 전해질 때, 아도화상은 일선군(지금의 경북 구미시) 모례(毛禮)의 집에 머물렀다고 한다. 한자어 모례는 우리말로 '털례' 이었고, 털이 덜→절로 변화되었다는 설이 있다. 또한 '절을 많이 하는 곳', '절을 하면 모든 것이 절로 된다' 해서 절이라고 불린다는 설이 있으나 아직까지 정설은 없다.

일본에서는 절을 '데라' 라고 하는데, 팔리어 테라(Thera)에서 왔다는 설과 '털례의 집' 에서 연유된 것이 일본으로 전해졌다고 보는 두 가지 설이 있다.

> Tip **팔리어**
>
> 인도 중부지방의 언어를 기초로 하고 기원전 2세기부터 2세기 경에 걸쳐 발달한 언어로 '팔리' 란 '성전본문(聖典本文)' 을 의미한다. 팔리어는 주로 인도 북서부의 주민들 사이에 쓰였고, 불교경전을 기록하는 언어로 쓰였다. 5세기 이후 스리랑카 · 미얀마 · 태국 · 캄보디아 등 동남아시아 여러 나라에서 소승불교의 법전에 사용하였다.

사

'ㅇㅇ사' 라는 이름으로 가장 널리 사용되는 사는 본래 중국의 관청 이름이었다고 한다. 한나라 때 외국에서 온 사신들을 맞이하고 접대하는 관청을 시(寺)라고 불렀던 것. 인도의 승려들이 처음 중국으로 갔을 때 홍로시라는 관청에 머물렀는데, 이로 인해 중국에서는 승려들이 머무는 곳을 'ㅇㅇ사' 라고 부르게 되었다.

사찰이라는 이름은 절에 깃발(당)을 매다는 찰(刹, 당간)이 있다고 해서 붙여진 것이다.

절은 인도에서 처음으로 생겨났다.
우기를 피해 공동생활을 하기 위한 공동 주거지에서
출발해 차츰 종교 의례를 행하는 장소로 변화하였다.

ⓒ 장명확

가람

고대 인도어인 산스크리트어(범어)의 상가람마(Sangharama)에서 유래된 말이다. 이를 한자로 음역하여 승가람마라고 했고 줄여서 가람이라 표기하게 된 것이다. 승가는 중(衆), 람마는 원(園)을 뜻한다. 중이란 교단을 구성하는 출가한 남자(비구)와 출가한 여자(비구니), 남자 신도(우바새)와 여자 신도(우바이)를 말한다. 그러므로 본래 의미는 사중이 한 곳에 모여서 불도를 수행하는 장소라는 뜻이다. 이것이 훗날 단순한 건조물로서의 전당을 가리키는 명칭 또는 사찰의 통칭이 되었다.

사원

사원이라 할 때의 원은 회랑이나 담장을 두른 집이라는 뜻이다. 당나라 초기에는 불교의 승려들이 모여 사는 곳이라 하여 사와 원을 같은 의미로 사용했다. 그러다 당 이후에 사가 원보다 넓은 의미로 사용되었다. 사는 절 전체를, 원은 절 내의 특정한 기능을 가진 건물을 가리키는 말이 되었다.

도량

석가모니가 처음 보리수 아래에서 깨달음을 얻은 자리로 보리도량에서 연유되었다. 도량이란 말에는 여러 의미가 내포되어 있다. 부처와 보살이 항상 머무는 곳이라는 의미와 불도를 배우고 수행하는 장소, 불상과 보살상을 모셔놓고 예불을 드리는 장소라는 의미도 가진다.

도량은 불공, 재례 등의 불교행사와 의식을 베푸는 법회를 말하기도 한다. 주로 자연재해나 전쟁 등을 물리치고 나라가 평안하기를 기원하는 국가적인 행사로 치러졌다.

쉬어가기

절은 왜 산에 있나

불교가 국교였던 삼국시대, 통일신라시대, 고려시대에는 평지에도 절이 많았다. 그러나 그 뒤에 산 속에 많이 생겨나게 되었다. 그 이유는 무엇일까. 조선시대에는 유교를 통치이념으로 삼으면서 불교를 탄압했기 때문에 절이 산으로 옮겨갈 수밖에 없었다고 말하기도 한다. 그러나 근본적인 이유는 불교의 교리에 있다고 할 수 있다. 속세의 이익이나 행복보다는 자기 수양을 통해 불도를 깨치는 것이 중요하므로 조용한 산 속이 적합했다. 풍수지리도 한 몫 한다. 명산의 좋은 곳에 절을 세워야 나라가 부강해 진다는 믿음이 작용한 것이다. 우리 민족의 산악숭배 사상에도 기인한다. 금강산, 오대산 등 신령이 깃든 산에 절을 짓고 불교의 성지로 발전시켰다.

최초의 절

고구려의 불교 도입 이듬해인 소수림왕 3년(373), 평양에 세워진 이불란사와 성문사이다. 신라의 경우에는 아도가 선산지방에서 최초의 포교활동을 한 모례의 집을 들 수 있으나, 공식적인 최초의 절은 이차돈의 순교를 빚은 천경림의 흥륜사를 효시로 보고 있다.

불가에서 말하는 삼보

불가에서 귀하게 여기는 세가지 보물이다. '깨달은 사람' 이라는 부처(불), 부처의 말씀인 불전(법), 부처를 따르는 사람(승)이 그것이다. 삼보가 모셔져 있는 절을 3보사찰이라 한다. 통도사, 해인사, 송광사가 3보사찰이다. 통도사는 부처의 사리와 가사가 모셔져 있어 불보사찰, 해인사는 부처의 말씀인 팔만대장경이 있어 법보사찰, 송광사는 지눌을 위시한 16국사를 배출해서 승보사찰이라 불린다.

가람배치

인도에서 태어난 불교는 중국을 거치면서 변화를 맞는다. 중국 육조시대 이후 중국의 궁전 건축과 인도의 불탑 요소가 결합되면서 절의 형태에 새로운 시도가 생기기 시작했는데, 그 대표적인 예가 바로 가람배치이다. 가람배치란 절에 있어서 가장 중요한 구조물인 탑과 불전(금당)을 일정한 배치 양식에 따라 절을 건립하는 것을 말한다. 절에는 기본이 되는 탑과 불전 외에도 출가자들이 공부하는 강당, 승려들이 머무는 승방, 절의 출입문 격인 중문, 범종을 걸어둔 종루 등의 각종 건물들이 들어서 있다. 또 중문과 강당을 잇는 회랑을 조성해서 탑과 불전을 중심으로 성역을 만들었다. 그러므로 절을 세울 때 건물을 일정한 형식에 따라 배치하는 기준이 필요하게 되었다. 일반적으로 탑이 불전과 일직선상에 놓여 있으면 일탑금당식 가람배치, 불전 앞에 두 기의 탑이 동서로 나란히 세워지면 쌍탑식 가람배치, 탑이 불전이 셋인 경우 일탑삼금당식 가람배치라고 한다.

우리나라의 가람배치를 이야기 할 때 기준이 되는 것이 탑이다. 탑은 불상보다도 그 건립시기가 빠르며, 석가모니의 사리를 모셔두기 위해 조성한 만큼 귀하게 여겼기 때문이다. 그러나 가람배치 양식은 시대에 따라 다르게 나타난다. 그 이유는 탑과 불전 중 어느 것이 예배의 대상으로 더 비중을 두느냐 하는 차이에서 생겨난 것이다. 탑이 예배의 주대상이면 일탑식 가람배치를, 불상이 중요한 예배대상이면 쌍탑식 가람배치를 취했다.

쉬어가기

회랑이 뭐야?

궁궐이나 사찰의 중요한 건물을 둘러싼 지붕이 있는 복도를 달리 부르는 말. 건물의 중앙마당을 구획하거나 신성한 지역을 둘러싸기 위해 설치하였다. 행사가 있을 때는 좌석이나 통로로도 사용된다.

▲ 가람배치의 기본은 불탑이다. 불탑이 불상보다 먼저 조성되었고 석가모니의 사리를 모셔 둔 귀한 존재이기 때문이다. 불탑이 몇 기인지, 불전이 어떻게 놓여지는지에 따라 시대별 가람배치 양식이 다르게 나타난다.

시대별 가람배치

고구려 – 일탑삼금당식 가람배치

삼국 가운데 가장 먼저 불교를 수용한 고구려는 일탑삼금당식 가람배치를 보인다. 즉 중앙에 놓인 하나의 탑을 중심으로 동 · 서 · 북에 각각 불전을 두는 형식이다.

고구려는 소수림왕 2년(372)에 중국 진나라 왕이 경전 · 불상과 함께 승려 순도를 보내면서 불교를 받아들였다. 그리고 3년 뒤인 375년 성문사와 이불란사를 지었는데 이것이 우리나라 불사의 최초 기록이다. 그 뒤 평양에 9개의 절을 비롯하여 상당수가 창건되었다고 하나 현재는 남아 있지 않다. 따라서 정확한 가람배치 양식은 알기 힘들다. 다만 평양을 중심으로 발견된 몇몇 폐사지를 통해 고구려의 가람배치 형식에 대해 짐작해 볼 수 있다.

일제시대 때 일본인에 의해 평양에서 발굴된 청암리사지의 경우, 중앙에 8각목탑지로 추정되는 팔각전지를 중심으로 동 · 서 · 북쪽에 불전으로 추정되는 3개의 건물지가 확인되었다. 팔각전지 남쪽에는 중문으로 추정되는 건물지가 있고, 팔각전지로부터 동서남북의 건물지까지 걸어다닐 수 있도록 보도로 연결해 놓았다.

청암리사지 외에도 평양 정릉사지와 대동군 상오리사지에서도 중앙에 8각목탑을 세우고, 동 · 서 · 북에 불전을 배치한 흔적을 발견하였다. 아쉬운 점은 현재 남한에서는 고구려의 일탑삼금당식 절터를 찾아볼 수가 없다는 것이다.

백제 – 일탑일금당식 가람배치

고구려보다 12년 후에 불교를 받아들인 백제는 일탑식 가람배치를 취하였

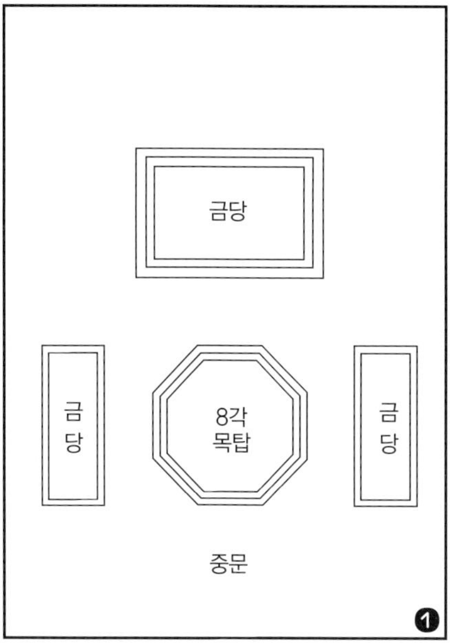

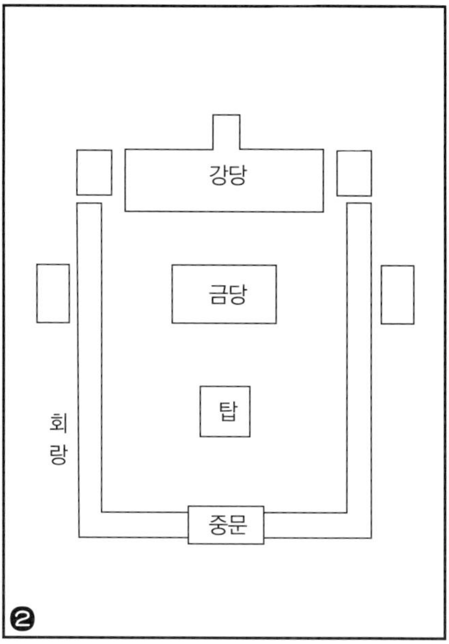

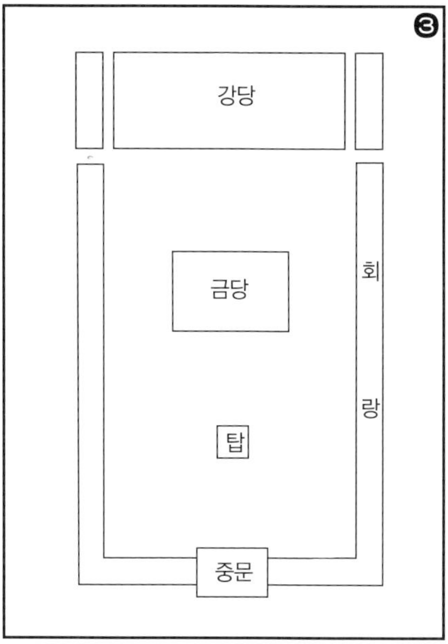

❶ 평양 청암리사지 가람배치도 중앙의 8각목탑을 중심으로 동 · 서 · 북편에 금당을 둔 일탑삼금당식의 전형적인 고구려 가람배치 형식이다.

❷ 부여 군수리사지 가람배치도 남북 일직선상에 남쪽에서부터 차례로 중문, 탑, 금당, 강당 등을 둔 일탑일금당식이다.

❸ 부여 정림사지 가람배치도 백제의 대표적인 탑이 있는 절터답게 탑을 중심으로 중문, 금당, 강당이 나란히 늘어선 일탑일금당식 가람배치를 하고 있다.

다. 남북 일직선상에 남쪽에서부터 중문, 탑, 불전, 강당을 차례로 배치하는 형식이다. 이는 비교적 넓은 땅이 필요한 배치 양식으로 평야 지대가 많은 백제의 지역적 특성이 반영된 것이다.

백제는 침류왕 원년(384)에 불교를 받아들였다. 동진을 거쳐 백제로 들어온 인도의 승려 마라난타에 의해 불교가 전해졌다. 백제의 절은 주로 수도인 공주 · 부여 및 익산을 중심으로 많이 세워졌다. 그러나 안타깝게도 현재 제대로 남아 있는 곳은 없다. 하지만 부여 군수리사지, 동남리사지, 정림사지, 익산 미륵사지가 발굴 · 조사되면서 백제의 가람배치 형식을 정확하게 파악할 수 있게 되었다.

1935년과 1936년, 2차에 걸쳐 조사된 군수리사지는 목탑지로 보이는 정방형의 기단을 중심으로 북쪽에는 불전과 강당을, 남쪽에는 중문을 남북 일직선상에 배치하였다. 강당 좌우에는 별도의 건물이 설치되어 있고, 중문에서 동서로 뻗은 회랑이 북쪽으로 꺾여 이 별도의 건물지 남쪽 기단에 이어지고 있음이 확인되었다. 부여의 정림사지도 중문, 탑, 불전, 강당을 남북 일직선상에 배치하는 일탑식 가람배치를 보이고 있다.

쉬어가기

소승불교와 대승불교

소승불교는 인도의 남쪽 해로를 따라 스리랑카와 동남아시아 등에 퍼진 것으로 남방불교라고도 한다. 자신의 해탈을 구하기 때문에 작은 수레, 즉 소승이라고 한다. 출가자만이 깨달음을 얻고 해탈을 이루어 아라한의 경지에 도달할 수 있다고 생각한다. 출가승 중심의 교리를 갖고, 전통과 형식에 치우쳐 계율과 교법을 중시한다.

반면 대승불교는 실크로드를 따라 티베트, 중국, 한국, 일본 등으로 전해져 북방불교라고도 한다. 누구나 불성을 지니고 있어 부처의 자비와 지혜를 믿고 보살의 길인 육바라밀의 완성을 위해 정진하면 누구나 부처가 될 수 있다고 한다. 소승불교가 자신의 수행에만 치우쳐 있고, 출가자 중심의 계율과 전통을 고집함으로써 형식화되자 이를 개혁하고자 일어난 불교운동이 대승불교이다.

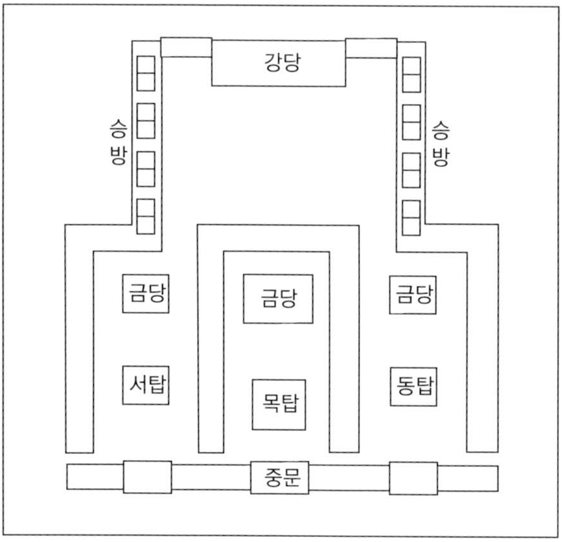

◀ 익산 미륵사지 가람배치도 일탑일금당식 가람배치를 기본으로 삼탑삼금당식 가람배치라는 특이한 형식을 보인다. 군수리사지나 정림사지와 같이 일탑식 가람배치를 하고 있으면서, 좌우에 각각 동원과 서원을 두고 별도의 탑과 금당을 세운 것이 특별하다.

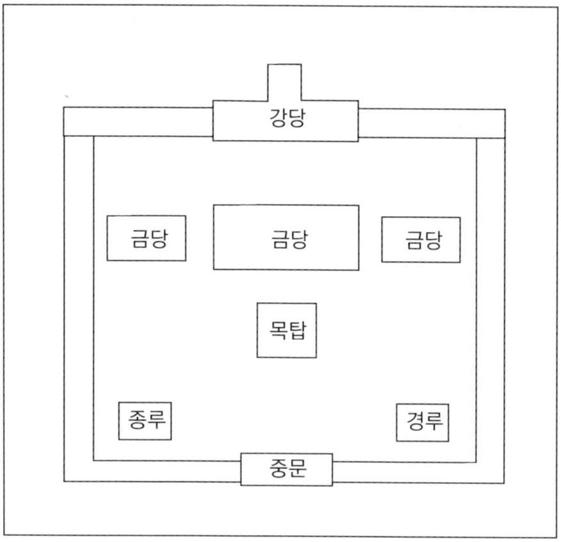

◀ 경주 황룡사지 가람배치도 단탑식 가람배치라는 신라만의 가람배치 형식을 취하고 있다. 백제의 일탑일금당식 가람배치를 따르고 있는 것처럼 보이나, 금당의 수가 다양하게 나타나는 것이 특징이다.

반면 익산의 미륵사지는 일탑식 가람배치를 기본으로 한 삼탑삼금당식 가람배치라는 특이한 형식을 보인다. 남북 일직선상에 중문과 목탑, 불전, 강당을 배치한 것은 앞의 절들과 다르지 않지만, 그 좌우에 각각 동원과 서원을 두고 별도의 석탑과 불전을 건립했다.

신라 – 단탑식 가람배치

삼국 중 가장 늦게 불교를 수용한 신라의 가람배치는 단탑식 가람배치라는 특이한 형태를 취한다. 고구려나 백제와 마찬가지로 하나의 탑을 중심으로 가람배치가 형성되지만 고구려나 백제의 경우처럼 불전의 수가 획일화되지 않고 다양하게 나타난다. 그래서 신라의 절은 단탑식 가람배치를 갖는다고 말한다.

신라에 불교가 전해진 것은 5세기 중엽 묵호자에 의해서다. 그러나 다른 나라와는 달리 불교가 환영받지 못했다. 당시 신라 지배층은 이념적으로 무교에 가까웠기 때문에 자연히 불교와 사상적으로 맞지 않았을 것이다. 그러다 100여 년이 지난 법흥왕 14년(527)에 이차돈의 순교라는 역사적인 사건으로 말미암아 비로소 공인받게 되었다.

비록 불교의 수용은 삼국 중 가장 늦었으나 흥륜사 · 영흥사 · 기원사 · 삼랑사 · 황룡사 · 분황사 · 영묘사 등 수많은 절이 활발하게 건립되었다. 신라의 확실한 가람배치를 알 수 있는 대표적인 절은 경주에 있는 황룡사지이다. 남북일직선상에 남문, 중문, 탑, 불전, 강당을 차례대로 두었다. 중문에서 강당까지는 사각형의 회랑을 둘렀다. 그리고 불전 좌우에 2채의 불전을 병렬로 배치했고, 그 앞에 경루나 종루 같은 건물을 두었다. 전체적인 배치는 백제의 일탑일금당식 가람배치를 따르고 있는 것 같지만, 불전 좌우에 각각의 불전이 놓인 것은 고구려의 일탑삼금당식 가람배치의 영향을 받은 것으로 보인다.

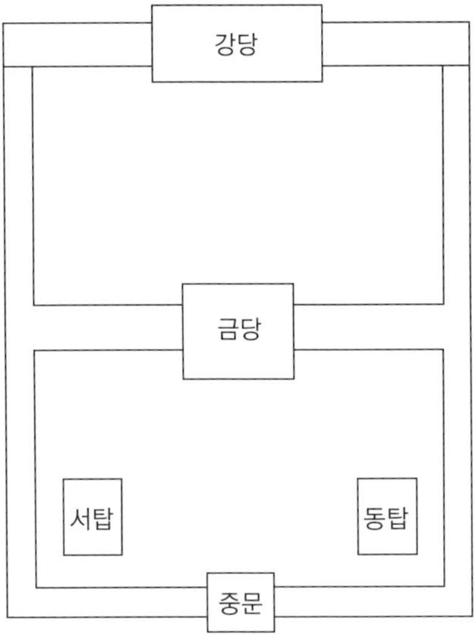

◀ 경주 감은사지 가람배치도 금당 좌우에 석탑을 배치한 쌍탑식이다. 석탑 남쪽에 중문을 설치하고, 중문 좌우에서 시작하는 회랑이 강당까지 둘러져 있다. 통일신라시대의 전형적인 가람 배치이다.

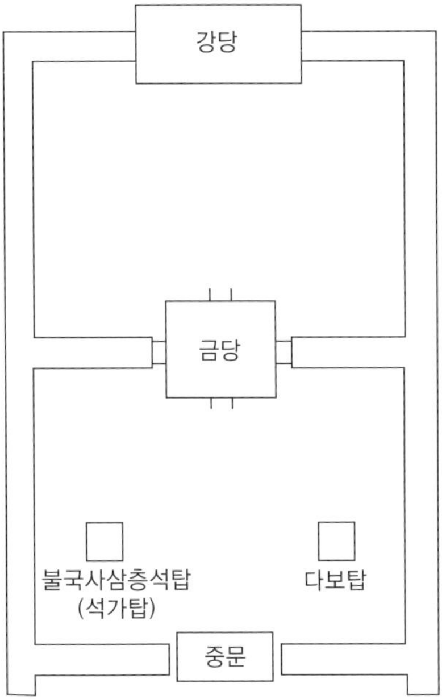

◀ 경주 불국사 가람배치도 남북 일직선상에 중문 · 불전 · 강당을 배치하고, 금당 앞 좌우에 삼층석탑과 다보탑을 세운 통일신라시대의 쌍탑식 가람배치를 취하였다. 쌍탑이 세워진 것은 불탑이 상징적 조형물 역할을 하고 불상을 모신 불전이 더 중요한 예배 대상이 되었음을 말해준다.

통일신라 – 쌍탑식 가람배치

통일신라시대로 접어들면서 단탑식 가람배치는 점차 사라지고 쌍탑식 가람배치라는 독특한 형식이 등장한다. 불전 앞에 하나뿐이던 탑이 동서로 나눠지면서 두 개의 탑이 가람의 중심부에 자리 잡는 쌍탑식 가람배치를 취하게 된 것이다.

삼국 통일 이후 불교의 중흥기를 맞은 신라는 감은사, 불국사 등 수많은 절을 창건하였다. 이들 절에는 하나같이 쌍탑이 세워졌다. 이는 불상을 모신 불전이 석가모니의 사리를 모신 탑보다 더욱 중요한 예배 대상이 되었음을 뜻한다. 탑은 하나의 상징적 조형물 정도의 역할만 맡기 시작한 것이다.

통일신라시대의 대표적인 절은 1959년에 발굴 · 조사된 감은사지와 1969년에 발굴 · 조사된 불국사이다.

감은사지는 현재 동 · 서 3층석탑이 남아 있다. 두 기의 석탑 뒤편에 불전과 강당을 설치하고 강당의 좌우에는 별도의 건물지를 신설하였다. 석탑의 남쪽에 중문을 설치하고, 중문 좌우에서 시작하는 회랑이 강당까지 둘러져 있다. 불전 좌우에서 동 · 서 회랑까지 익랑이라 불리는 회랑을 설치하여 남북 공간을 다시 나눴다.

불국사는 남북 일직선상에 중문(자하문) · 불전 · 강당(부설전)을 배치하였다. 불전 앞 좌우에 다보탑과 불국사삼층석탑을 세웠으며, 중문에서 강당까지 회랑을 둘렀다.

고려, 조선

쌍탑식 가람배치는 8세기까지 크게 유행하지만 9세기 이후, 즉 통일신라 중기 이후부터는 선종의 보급으로 큰 변화를 맞는다. 용맹정진을 중시하는 선종의 영향으로 절들은 산간 지역으로 옮겨가게 되었다. 험준한 산악 지형에 따라 사찰을 짓다 보니 앞선 시대의 양식을 따르기에는 공간의 제약 등 무리가 많았다. 결국 쌍탑을 세울 수 없거나, 경우에 따라서는 아예 탑을 세우지 않는 절도 생겨났다.

고려시대와 조선시대를 거치며 사찰은 계속 세워졌다. 기본적으로는 통일신라시대의 가람배치를 계승하지만 주로 단탑식 가람배치를 따른다. 또한 풍수지리설의 영향으로 모든 절이 자연지세와 어울리는 터에 자리 잡고 배치를 이루는 변화가 생긴다.

쉬어가기

금당과 법당

가람배치를 설명할 때 일탑일금당식, 일탑삼금당식이란 말을 사용한다. 탑은 무엇인지 금방 알겠는데, 금당이란 말은 다소 생소하다. 금당은 불상이 신앙의 중요한 대상이었던 고려시대 초기까지 보편화되었던 말이다. 부처의 신체적 특징 중 몸에서 은은한 금빛이 풍겨나는 것을 상징해 금당으로 불렸던 것으로 생각된다. 불교에서 가장 중요한 예배대상인 부처를 모신 중심 건물이 금당이다. 그러나 시간이 지나면서 금당에 모신 부처의 성격에 따라 그 명칭이 달리 불리기 시작했다. 일반적으로 천태종 계열 절의 금당은 대웅전, 화엄종 계열은 대적광전, 법상종 계열은 미륵전, 정토종 계열은 극락전을 두어 사찰의 성격을 나타내었다.

법당이라는 용어를 최초로 사용한 종파는 선종이다. 고려시대 중기부터는 교종보다 선종이 크게 유행하면서 법당이 중요한 건물이 되었다. 선종에서는 불상에 대한 예배보다도 조상들의 가르침을 더 중시했기 때문에 금당보다 법당에 더 큰 비중을 두었다. 법당은 부처의 가르침을 설교하는 장소이기에 '영원한 자유와 진리로 충만한 법의 집'이라는 의미를 담고 있다.

조계종과 천태종

조계종은 신라 때부터 내려오던 구산선문을 고려 때 합친 종파. 석가모니의 깨달음을 근본으로 삼는다. 천태종은 고려 숙종 2년(1097) 때 대각국사 의천이 교종과 선종의 대립에서 오는 분열과 대립을 정리하여 성립한 종파. 잡념을 멎게 하여 마음을 집중케 하고, 바른 지혜로 사물을 바라보고 그 본체를 파악하는 것을 중요시 한다.

불탑

절이 우리나라 고대 미술 문화의 주류를 이루는 불교 문화유산을 보관하는 보물 창고라면 탑은 보물창고 안에서도 가장 값진 보물에 해당한다. 탑은 불탑이라고도 부르는데, 이는 석가모니의 사리를 넣기 위해서 돌을 높게 쌓아 올린 부처의 무덤에서 유래되었기 때문이다. 불교에서는 불상과 더불어 가장 귀하고 신성한 예배 대상이다.

탑은 석가모니의 사리를 모셔두기 위한 축조물로 인도에서 처음 만들어졌다. 인도에서는 탑을 스투파, 탑파라고 부른다. 스투파는 고대 인도어인 범어(산스크리트어)의 'stupa'를 소리나는 대로 한문으로 표기한 것이며, 탑파는 팔리어인 'thupa'를 한자로 표기한 것이다. 고대 인도에서는 탑이라는 말에 무덤의 성격이 담겨 있다고 한다. 그러므로 스투파나 탑파라는 말에는 부처의 뼈와 사리를 봉안하는 묘라는 의미가 담겨 있다.

탑은 언제부터 만들어지기 시작했을까? 안타깝게도 탑이 언제부터 축조되었는지 정확하게 알 수 없다. 다만 불교 성립 이전부터 만들어졌을 것으로 추정한다. 그러나 오늘날 우리가 탑이라고 부르는 불교적 성격이 강하게 반영된 축조물은 기원전 5세기 초에 석가모니가 열반한 후 제자들이 그를 모시기 위해 만

탑은 석가모니의 사리를 넣기 위해 돌을
쌓아 올린 부처의 무덤에서 유래되었다.
석가모니의 사리를 담은 탑은 불상이 조성되기
전까지 불교신앙의 중심이 되었다.

Tip 석가모니

석가모니는 기원전 6세기경 지금의 네팔 남부와 인도의 국경 부근인 히말라야 산기슭의 카필라라는 작은 나라의 왕자로 태어났다. 본래 이름은 고타마(성) 싯다르타(이름). 석가는 북인도에 살던 샤키아라는 부족의 명칭이고, 모니는 성자를 뜻한다. 즉 석가모니는 '석가족 출신의 성자' 라는 의미다. 이는 그가 세상의 진리를 깨달은 성자로 여겨졌기 때문이다. 같은 의미에서 '붓다' 라고 불리기도 한다. 중국에서는 이를 '불타' 라고 하고, 줄여서 '불' 이라고 부른다. 붓다 역시 '깨달음을 얻은 자' 라는 뜻이다.

들어졌다.

석가모니는 인도 중북부 쿠시나가라의 사라쌍수 밑에서 열반하였다. 제자들은 유해를 당시 사회의 풍속에 따라 화장하였다. 그러자 인도의 여덟 나라는 석가모니의 사리를 차지하기 위하여 쟁탈전을 일으켰다. 이때 바라문인 도로나의 중재로 사리를 팔등분하여 여덟 나라에 나누어 주고 각기 탑을 세우니 이를 '분사리' 또는 '사리팔분' 이라 한다.

석가모니의 사리를 담은 탑은 불상이 만들어지기 전까지 불교 신앙의 중심이 되었고, 불교의 사리신앙이 싹트게 된 것도 이때부터다.

탑의 기원도 석가모니의 사리를 팔등분해서 탑을 세운 때부터 시작한다. 석가모니가 열반하고 100년이 지난 후 마우리아 왕조의 아소카왕은 인도제국을 건설하였다. 그는 사리를 안치한 탑을 발굴하여 사리를 다시 8만 4천으로 나누어 전국에 사리탑을 세웠다. 8만4천이라는 숫자는 무한의 의미다. 신앙심이 깊었던 아소카왕이 각처에 많은 탑을 세움으로 인해 불교 전파에 큰 힘이 되었다. 이후 불교가 세계 각지로 전파되면서 모든 나라에서 석가모니의 사리를 봉안한 탑을 세울 수가 없게 되자, 경전이나 성스러운 물건을 봉안한 탑이 세워지게 되었다.

지금도 인도의 산치에는 아소카왕이 기원전 3세기에 세웠던 거대한 탑이 '산치탑' 이라 하여 남아 있다. 산치탑은 크기뿐만 아니라 가장 오래된 탑으로 널리 알려져 있다. 모양은 반구형으로 마치 봉분을 올린 무덤과 같은 형태다.

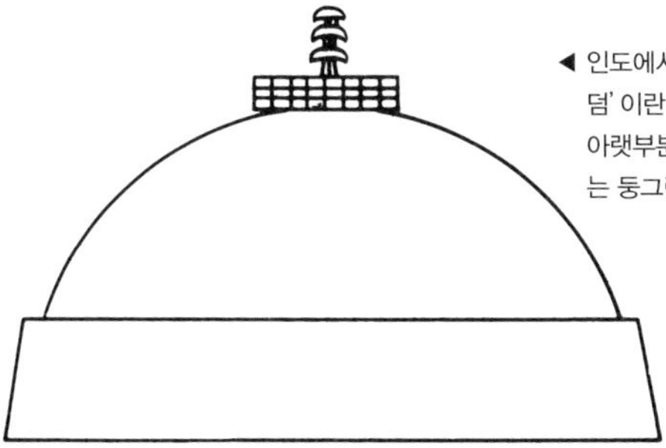

◀ 인도에서 발생한 탑은 '네모난 무덤' 이란 의미를 갖고 있다. 그래서 아랫부분은 사각형태를 이루고 위는 둥그런 모양을 하고 있다.

초기의 인도탑

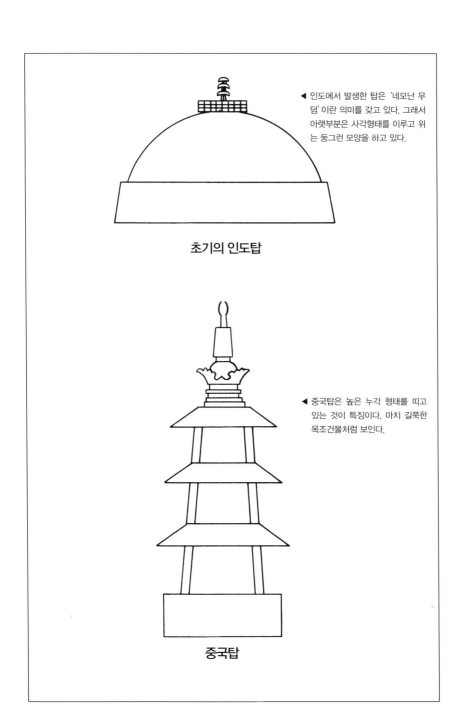

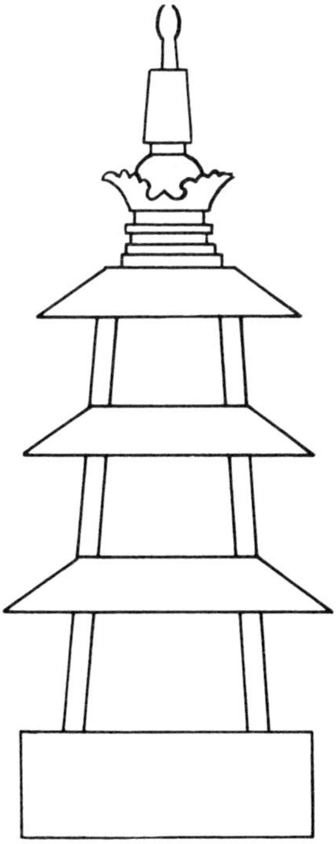

◀ 중국탑은 높은 누각 형태를 띠고 있는 것이 특징이다. 마치 길쭉한 목조건물처럼 보인다.

중국탑

이렇듯 탑은 처음에는 분묘처럼 만들어졌으나, 시간이 흐르면서 차차 기단을 만들어 탑신을 받치고, 상륜부를 구성하는 요소도 늘어나게 되었다.

불교가 주변 국가로 전파되면서 탑도 각 나라에 많이 세워졌다. 그러나 나라마다, 시대마다 형태나 양식이 다르게 나타난다. 우리나라의 탑은 불교의 전래 과정과 마찬가지로 인도에서 중국을 거쳐 전해졌다. 불교가 전해진 4세기 후반부터 6세기 말까지는 중국의 고루형(누각형식의 다층탑) 목탑의 영향을 많이 받아 주로 목탑이 세워졌던 것으로 생각된다. 왜냐하면 초창기에 건립된 삼국의 절에는 모두 목탑이 세워졌던 증거가 남아 있다. 고구려의 평양 청암리사지, 백제의 부여 군수리사지, 신라의 경주 황룡사지 등의 유적에서 발굴 결과 목탑이 세워졌음을 확인하였다.

이후 삼국시대 말기인 600년경 가장 건축기술이 발달한 백제에서 처음으로 목탑을 모방한 석탑이 만들어졌다. 신라에서 황룡사9층목탑을 조성할 때 백제의 아비지가 초청되었던 것이나, 일본의 초기 사원 창립에 백제의 건축 기술자나 기와박사가 건너가서 공사를 담당했다는 사실은 당시 백제의 기술이 매우 뛰어났음을 뒷받침한다. 백제에서는 발전된 목탑 건축 기술을 바탕으로 7세기 초반에 우리나라 최초의 석탑인 미륵리사지석탑(국보 제11호)을 건립하게 된 것이다.

신라는 전탑을 모방한 석탑을 건립하면서 본격적으로 석탑이 만들어지게 되었다. 신라의 석탑 중 가장 오래된 분황사석탑(국보 제30호)은 벽돌처럼 생긴 흑갈색 안산암을 사용해 한 층 한 층 탑을 올렸다. 현재까지 알려진 우리나라의 탑은 민족문화 대백과사전 근거이다. 이처럼 탑이 전국적으로 많이 세워진 것은 불상과 함께 불교의 예배대상으로 중요하게 여겨졌기 때문이다.

❶ 익산 왕궁리오층석탑 목탑양식을 석탑에 재현한 백제계 석탑의 양식
❷ 화순 운주사원형다층석탑 제기 위에 떡을 포개 놓은 것 같아 '떡탑'으로 불린다.
❸ 평창 월정사팔각9층탑 탑신이 4각형에서 벗어나 8각 모양을 이루는 다각형의 다층 석탑을 대표하는 고려 전기의 석탑이다. 고려시대 불교의 화려하고 귀족적인 면모를 잘 보여준다.
❹ 경주 불국사다보탑 우리나라 특수형 탑을 대표하는 석탑이다. 목조건축의 복잡한 구조를 화강암으로 표현한 뛰어난 작품이다.

탑의 형식

우리나라의 탑은 형식에 있어 인도나 중국, 동남아시아의 불교국가의 탑과는 상당한 차이를 보인다. 중국을 통해 들어온 탑이 오랜 세월을 거치면서 한국식 형태를 갖추게 되었기 때문이다. 탑은 아랫부분인 기단부, 가운데의 탑신부, 맨 위의 상륜부 등 세 부분으로 구분된다.

기단부

지면을 다진 후 지면보다 한 층 높게 쌓은 단으로 탑의 기초가 되는 부분이다. 기단은 구조적으로 탑신부와 상륜부를 받쳐주어 탑의 하중을 지면에 전달하고, 탑의 형태를 시각적으로 부각시켜 안정감을 느끼게 해 주는 역할을 한다. 형태는 대부분 사각형(방형)이다. 지대석을 놓고 그 위에 기둥석을 세운 후 다시 기둥석 위에 갑석을 얹어 놓은 것이 일반적이다. 간혹 기단부가 생략되고 자연암반을 기단으로 삼는 경우도 있다.

우주와 탱주는 목조건축물에서는 건물의 무게를 받치는 중요한 요소지만 탑에서는 탑의 무게를 지탱하는 기능을 하지 않는다. 목탑의 영향을 받아 석탑이 만들어지는 과정에서 하나의 기교로 만들어진 것이다. 특히 탱주는 탑의 건축연대를 파악하는 중요한 단서가 되기도 한다. 일반적으로 탱주가 2개 이상인 경우 통일신라 직후에서 8세기 초로 추정하고, 1개이거나 없는 경우에는 통일신라 하대(8세기 중엽) 이후의 탑으로 추정한다.

지대석 탑을 세우기 위해 지면에 쌓은 돌

하대석 상대석을 받치고 있는 돌

상대석 하대석과 탑신부 사이에 놓여 몸돌을 받치는 돌

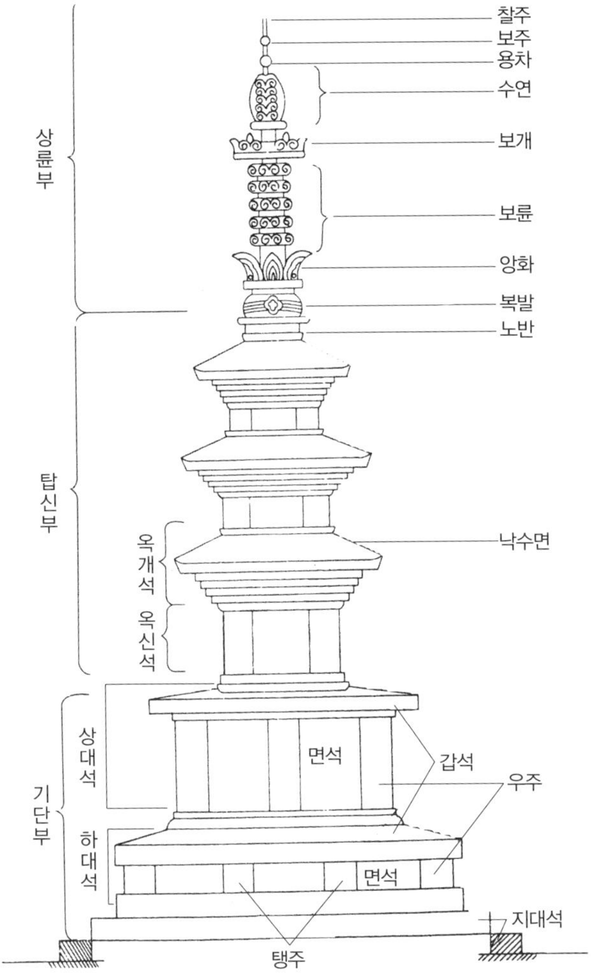
찰주
보주
용차
수연
보개
보륜
앙화
복발
노반
상륜부
탑신부
낙수면
옥개석
옥신석
상대석
면석
갑석
우주
기단부
하대석
면석
지대석
탱주

석탑의 세부 명칭

면석 기둥석과 기둥석 사이를 막는 넓은 돌. 기둥석과 면석은 각각의 화강암으로 만들어지는 경우도 있고, 하나의 통돌로 만들기도 한다.

갑석 상대석과 하대석 위에 뚜껑처럼 덮어 놓은 납작한 돌.

우주 우주는 귀퉁이(모서리) 우(隅), 기둥 주(柱)를 쓴다. 즉 네 가장자리에 새겨진 기둥을 말한다.

탱주 탱주는 버틸 탱(撑)을 쓴다. 버팀기둥으로 우주와 우주 사이에 새겨진 기둥이다.

탑신부

기단부 위에 놓이는 탑의 몸체. 전통가옥에 비유하면 몸체와 지붕에 해당한다. 탑신부는 몸돌(옥신석)과 지붕돌(옥개석)로 구분된다. 몸돌은 건물의 몸, 지붕돌은 지붕으로 이해하면 된다. 일반적으로 탑의 층수를 셀 때 탑신부의 몸돌과 지붕돌의 수를 보고 3층, 5층이라고 말한다. 탑이 처음 만들어진 인도에서는 탑신부의 형태가 복잡하지 않고 스님의 밥그릇인 발우를 엎어놓은 모양의 복발형이 주를 이루었다. 탑이라기보다는 거대한 무덤에 가까운 모습이다. 이것이 중국을 거치면서 우리나라에서는 탑신이 홀수로 구성되면서 중층탑으로 변하게 되었다.

상륜부

탑의 맨 꼭대기를 차지하는 장식물이다. 그 모양은 인도 초기의 탑 형태가 소형화되면서 나타난 것이다. 일반적인 형태는 방형의 노반에 복발과 앙화(꽃이 피어 있는 모습의 조형물)를 얹고 그 위에 찰주를 세워 9개의 보륜으로 장식하고, 다시 보개와 수연을 붙였다. 맨 꼭대기에는 용차와 보주의 2단으로 된 구형을 놓았다. 상륜부를 구성하는 장식물들은 모두 극락세계의 법륜과 금은보화를 상징한다.

노반 상륜부를 받치고 있는 사각형의 받침이다. 상륜부가 시작되는 지점으로 탑신부와 상륜부를 구분하기 위해 만들어졌다.

복발 노반 위에 엎어지는 반원형의 조형물. 인도 산치탑의 지붕에서 비롯되었으며, 복발 위에 놓이는 구조물을 추앙하기 위해 만들어졌다. 생김새가 발우를 엎어놓은 것 같아서 복발이라 한다.

앙화 꽃잎 모양으로 보륜을 소중히 감싸고 있는 구조물이다.

보륜 상륜부에서 가장 신성한 존재이다. 원판형의 구조물을 겹겹이 쌓아 올린 모양인데, 부처의 가르침과 공덕을 의미한다.

보개 덮개 모양의 장식으로 보륜을 위에서 보호하는 의미에서 만들어졌다.

수연 보개 위에 놓이는 불꽃모양의 장식

보주 수연 위에 놓인 2개의 구슬 중 위의 것으로 모든 소원을 들어주는 신비의 구슬이다. 일명 여의주 · 여의보주라고 하는데, 원래 용왕의 뇌 속에서 나온 것이라 한다. 이 구슬을 지니고 있는 사람에게는 독이 침범하지 못하고 불 속에 들어가도 타지 않는다고 한다. 불교에서는 중생들을 번뇌와 고통에서 벗어나게 해주는 신통력을 가진 상징체로 여겨진다.

쉬어가기

탑돌이를 하는 이유

불상이 없던 초기 불교 시대에는 탑이 바로 부처님의 몸을 상징하였다. 모든 불교행사가 탑을 중심으로 이루어졌다. 탑에 예배할 때에는 먼저 탑을 향해 합장 반배한 다음 합장한 채로 시계 방향으로 세 번 돌고 나서 다시 합장 반배한다. 시계방향으로 도는 것은 인도의 전통 예법에 따라 자신의 어깨가 항상 탑쪽을 향하게 하기 위함이다.

탑의 종류

탑은 무엇으로 만들었는지, 형태는 어떠한지에 따라 다양하게 구분된다. 재료에 따라 목탑, 석탑, 전탑 등으로 분류한다. 석탑은 돌의 형식과 재질에 따라 모전석탑, 청석탑으로 구분된다. 탑의 생긴 모양에 따라서는 전형석탑, 복발형탑, 보협인탑, 오륜탑, 4사자석탑 등으로 나누기도 한다.

현재 우리나라에 남아 있는 탑은 1,000기가 넘거니와 그 형태도 다양하다. 그러므로 여기에서는 재료에 따라 구분되는 일반적인 탑에 대해 살펴보기로 하자.

목탑

인도에서 발생한 탑이 중국을 거치면서 크게 유행한 양식이다. 중국으로부터 불교를 전해받은 4세기말에서 6세기말까지 약 200년 간은 고구려 · 신라 · 백제에서는 중국의 영향으로 다층의 누각 형식의 목탑이 축조되었다. 목탑은 우리나라 탑의 시작이었을 것으로 추측된다.

지금까지 고고학적 발굴을 통해 신라의 경주 황룡사지, 사천왕사지, 망덕사지, 보문사지, 백제의 부여 군수리사지, 금강사지, 전북 익산 제석사지, 고구려의 평양 청암리사지, 평남 대동군 상오리사지 등에서 목탑이 세워졌던 흔적이 발견되었다.

발굴 조사를 토대로 살펴본 목탑의 형식은 방형 또는 다각형을 이루었던 것으로 보인다. 군수리사지와 제석사지에는 방형의 목탑 기단부가 확인되었고, 황룡사지에서는 거대한 규모의 9층 목탑지가 발견되었다.

하지만 애석하게도 현재 목탑은 하나도 남아 있지 않다. 그 이유는 목탑의 재료인 나무의 특성으로 인해 파괴되기 쉽고 화재에 약하기 때문이다. 삼국시대

▲ 화순 쌍봉사 대웅전 원래 목조 삼층탑이었던 것이 불에 타자 삼층지붕을 개조해 대웅전으로 바꾼 것이다. 건물 내부는 밑바닥부터 3층까지 뚫려 있으며, 건물 가운데에 꼭대기까지 이르는 나무기둥을 박았다.

◀ 보은 법주사 팔상전 우리나라에 남아 있는 유일한 5층의 목조탑이다. 웅대한 크기에 비해 올라갈수록 좁아드는 축소율이 커서 지나치게 안정감이 강조되어 있다. 층에 따라 건물의 양식이 다른데, 1층부터 4층까지는 주심포양식이고 5층은 다포양식으로 꾸몄다. 벽면에 부처의 일생을 8장면으로 그린 팔상도가 그려져 있어 팔상전이라 부른다.

이래 통일신라 · 고려 · 조선을 거치는 동안 크고 작은 전란에 시달리면서 공들여 쌓은 목탑은 자취를 감추게 되었다.

비록 목탑을 볼 수는 없지만, 충북 보은군 속리산 법주사의 팔상전(국보 제55호)과 전남 화순군 쌍봉사의 대웅전은 목조건물이면서도 옛 목탑의 양식을 간직하고 있는 문화유산이어서 이를 통해 목탑의 구조가 어떠한지 가늠해 볼 수 있다.

석탑

여행을 하면서 가장 많이 보게 되는 탑이다. 목탑의 전통과 기술을 바탕으로 삼국시대 말기인 7세기 무렵부터 건립되기 시작했다. 목탑에 비해 비바람이나 화재에 강하고, 전탑에 비해 제작 노력이 덜 들면서 영구적인 까닭에 크게 유행해 '석탑의 나라' 라고 불릴 정도로 많이 만들어졌다.

재료는 화강암을 사용하는 게 일반적이나, 안산암이나 점판암 등을 사용해 축조하기도 한다. 화강암은 재질이 단단해서 다루기 어려운 석재지만, 우리나라에 풍부하게 널려 있는 자연조건과 돌을 다루는 기술이 뛰어난 장인이 많아 크게 발달했다. 그런 만큼 시대별, 나라별로 제작의 양식과 수법이 다양하다.

전탑

우리나라 탑 가운데 매우 이색적인 것으로 벽돌을 쌓아 만든 탑이다. 전탑은 점토을 빚어 벽돌 모양으로 만든 다음, 800~1000℃의 가마에서 구워낸 후 한 층 한 층 쌓아서 만든다. 보통 전탑에 사용되는 벽돌은 방형(사각형)이며, 크기는 27~28cm, 두께는 5~6cm 정도다. 석탑이 전국적으로 분포하는 데 반해 전탑은 일부 지역에만 세워졌고, 그 수도 많지 않다. 그 까닭은 탑을 세우기 전에 시간

❶ 법흥사지7층전탑 우리나라에서 가장 크고 오래된 전탑이다. 기단부는 네모꼴로 팔부중상과 사천왕상, 12지신을 양각한 판석을 세웠고, 탑신부는 진회색의 무늬 없는 벽돌을 어긋나게 쌓아올렸다. 상륜부는 노반만 남고 나머지는 모두 유실되었다. 통일신라시대 법흥사의 탑이다.

❷ 안동 조탑동5층전탑 안동 조탑리 들판에 서 있는 통일신라시대 전탑이다. 탑 모습이 동부동5층전탑과 많이 닮았으나, 1층 몸돌을 화강암으로 축조했다는 것이 특징이다. 전탑에서 화강암을 섞어 탑을 조성하는 것은 쉽게 볼 수 있다. 하지만 1층 몸돌 전체를 화강암으로 조성한 예는 찾기 힘들다.

❸ 여주 신륵사다층전탑 우리나라에 유일하게 전하는 고려시대 전탑이다. 탑신부는 옥신의 높이가 체감률이 거의 없고, 6층 몸돌만 갑자기 높이와 너비가 줄어들어 훨씬 고준해 보인다. 탑을 쌓을 때 벽돌 사이의 간격을 넓게 하고 그 사이에 면토를 발랐다. 이는 신라시대의 전탑이 간격을 두지 않고 벽돌을 쌓은 것과는 다른 양식을 보이고 있다.

▲ 영양 산해리5층모전석탑 산해동 강가의 밭 가운데 서 있다. 탑은 1단의 기단 위에 5층의 탑신을 올렸다. 1층 몸돌에 불상을 모시는 감실을 두고, 감실 양쪽에 2개의 화강암 기둥과 이맛돌을 조각하였다. 1단 기단의 모습, 돌을 다듬은 기술, 감실 장식 등으로 보아 통일신라시대의 석탑으로 추정된다.

과 비용을 투자해 벽돌을 생산해야 하는 번거로움이 있는데다 석탑에 비해 제작 공정이 복잡하고 어렵기 때문이다.

전탑은 인도에서 처음 발생해서 불교 전파와 함께 중국에 전해졌다. 현재 중국에는 523년에 만들어진 것으로 알려지는 숭악사 12각15층탑이 가장 오래되었으며, 이 외에도 상당수의 전탑이 남아 있다. 우리나라의 전탑은 중국을 통해 들어와 삼국시대부터 세워진 것으로 추정된다. 안타깝게도 최초로 축조된 전탑이 무엇인지 기록도 없거니와 현존하는 것도 없다. 다만 『삼국유사』의 기록에 의하면, 신라 선덕여왕 때 양지 스님이 벽돌로 작은 탑 하나를 만들어 삼천불과 함께 절에 봉안했다고 한다. 이 기록에 근거해 삼국시대에 이미 전탑이 건립되었을 것으로 추정하는 것이다.

전탑은 재료의 특수성으로 인해 석탑이나 목탑과는 축조방법이 전혀 다르다. 또한 외형에서도 상당한 차이를 보인다. 먼저 석탑은 목탑의 영향을 받아 기둥을 표현하지만, 전탑은 기둥의 표현이 없다. 기단도 이중 기단이 아닌 단층 기단이며, 목탑에서 보이는 유려한 공포도 층단으로 형식화되었다. 목탑에서는 지붕의 추녀 끝이 살짝 위로 올라가지만 전탑은 옥개석 추녀가 짧고 끝 부분이 밋밋한 수평을 이룬다. 옥신석에 감실이나 문비를 설치하는 것은 전탑의 특징이다.

모전석탑

'모전' 이란 이름 그대로 돌을 벽돌 모양으로 다듬어 쌓은 탑이다. 재료가 석재이기 때문에 석탑에 속하지만, 탑의 형태는 전탑 양식을 보인다. 모전석탑은 특수한 탑으로 한국 석탑의 새로운 양식으로 정착하였다.

모전석탑은 형태상 두 가지로 분류할 수있다. 첫째는 봉감모전오층석탑(국보 제187호), 제천장락리칠층모전석탑(보물 제459호), 정암사수마노탑(보물 제410호) 등에서 볼 수 있듯 돌을 벽돌모양으로 잘라서 전탑 모양으로 쌓은 것이고, 둘째는 선산죽장동오층석탑(국보 제130호), 선산낙산도삼층석탑(보물 제469호), 월남사지모전석탑(보물 제298호) 등과 같이 전형적인 석탑의 기본 형식을 따라 탑신석과 옥개석을 쌓으면서 탑신석에 우주를 생략하고 옥개석에 층단을 표시하는 등 표면을 전탑처럼 가공해 축조한 것이다.

통일신라시대에는 경주, 안동, 의성 등지에 두 번째 형식의 모전석탑이 많이 만들어졌고, 고려시대에 들어서는 첫 번째 형식의 모전석탑이 많이 축조되었다. 전탑에 비해서는 넓은 지역에서 더 많이 세워졌지만, 탑을 세우기 위해서는 석재를 벽돌 모양으로 가공해야 하는 번거로움이 있었기 때문에 크게 유행하지는 못했다.

청석탑

점판암이라 불리는 푸른빛을 가진 특이한 석재로 만든 탑이다. 기본 형식은 일반 석탑과 같지만 기단부는 화강암을 사용하고 탑신부와 상륜부만 점판암으로 되어 있다. 점판암은 재료 자체가 얇고 작은데다 약해서 화강암처럼 자유롭게 깎고 다듬을 수 없어 옥개석이 한 장으로 되어 있다. 그렇기 때문에 크기도 작고, 화강암 석탑과는 전혀 다른 느낌을 준다.

쉬어가기

동양탑과 서양탑

동양에서의 탑은 불탑으로 '부처의 묘'라는 상징적인 것이고, 서양의 탑은 여러 층으로 또는 높고 뾰족하게 세운 건축물(tower)을 말한다. 일반적으로 높은 건조물을 통틀어 탑이라고 하는 수도 있지만, 북아메리카 원주민 토템이나 수십 층의 고층빌딩은 탑이라고 하지 않는다.

석탑의 발생과 시대별 양식

목탑의 시대를 마감하고 삼국시대 말기인 600년경에 백제에서 처음으로 석탑이 조성된 것으로 추측된다. 그 이유는 삼국 중 백제의 건축 기술이 가장 발달했던 데서 찾을 수 있다. 당시 백제는 일본의 사원 창건에 백제의 절 건축기술자인 사공, 기와 전문기술자인 와박사 등을 보냈으며, 신라에서 황룡사9층목탑을 세울 때도 신라의 요청으로 아비지를 보내 공사를 담당하게 했다. 이런 기술적 토대 위에 7세기초 석재를 이용해 목탑을 모방한 우리나라 최초의 탑인 익산 미륵사지석탑(국보 제9호)이 건립된 것이다.

미륵사지석탑은 한국석탑의 시원으로 목탑의 양식을 석재로 충실하게 표현했다. 낮고 작은 기단부는 물론 각 면에 배흘림(엔타시스) 석주를 세운 것은 목탑에서 볼 수 있는 특징이다. 석주 위에는 평방과 창방을 설치하고, 다시 두공을 나타내는 3단의 받침을 두어 옥개석을 받치고 있다. 이는 목조건축물의 가구를 이어받은 것이다. 이처럼 미륵사지석탑은 목탑에서 석탑으로 변해가는 과정을 자세히 보여준다.

백제의 또 다른 석탑인 부여 정림사지5층석탑도 백제 석탑이 목탑을 근간으로 만들어졌다는 것을 보여준다. 낮은 기단과 탑신석 각 층 우주에 보이는 배흘림 기법, 옥개석 추녀의 끝이 살짝 올라가는 반전이 보이는 등 목탑적인 요소를 많이 찾아볼 수 있다.

반면 신라에서는 목탑이 아닌 전탑을 모방한 석탑이 처음으로 축조되었다. 신라의 가장 오래된 석탑은 선덕여왕 3년(634)에 세워진 분황사석탑(국보 제30호)이다. 그러나 분황사석탑은 전탑 양식에 속하지만, 재료가 벽돌이 아닌 안산암으로 벽돌처럼 잘라 쌓은 모전석탑이다.

❶ 경주 분황사석탑 신라 선덕여왕 3년(634) 분황사가 창건될 때 함께 세워진 것으로 추정된다. 일반적인 신라석탑과는 달리 돌을 벽돌 모양으로 다듬어 쌓은 모전석탑이다. 높은 기단 위 네 모서리에는 화강암으로 조각한 수컷과 암컷사자를 배치하였다. 탑신에는 4면에 감실을 파고 화강암으로 문틀을 만든 문을 달았다. 문설주에는 입체감이 돋보이는 인왕상을 새겼다. 현재는 3층만 남아있지만, 『동경잡기』라는 책에는 '분황사구층탑'이라고 되어 있다. 그러나 정확한 근거 자료가 되지 못해 원래 몇 층의 석탑이었는지 그 규모는 알 수 없다.

❷ 경주 구황리3층석탑 낭산 동쪽 기슭에 있는 통일신라시대 석탑이다. 전형적인 신라계 석탑의 양식을 따르고 있다. 통일신라 초기에 작은 석재를 짜맞췄던 것에서 벗어나 1개의 석재를 사용하였고, 기단부의 탱주가 3개에서 2개로 감소하는 점 등이 석탑양식의 변화를 보여준다. 전체적인 모습이 단아하고 안정되며 규모는 감은사지삼층석탑이나 고선사지삼층석탑에 비해 작아졌다.

❸ 익산 미륵사지석탑 우리나라 석탑 중에서 가장 크고 오래된 석탑이다. 본래 미륵사에는 가운데 목탑을 두고 동서로 2기의 석탑을 두었는데, 그 중 서탑이다. 탑은 한 변의 길이가 10m 정도인 정사각형이며, 탑 부재 하나하나를 따로 만들어서 맞춰 세웠다. 목탑의 각 부 양식을 나무 대신 돌로써 충실하게 재현하였다. 지금은 6층까지만 남아 있으나, 탑신의 비례를 따져 보아 본래는 9층탑이었을 것으로 추정된다.

❹ 부여 정림사지5층석탑 백제계 석탑의 전형 양식으로 역사적, 예술적 가치가 매우 높다. 미륵사지석탑과 함께 현존하는 2기의 백제석탑 중 하나이며, 한국 석탑의 시원을 밝힐 수 있는 귀중한 작품이다. 목탑 양식을 따랐으며 미륵사지탑보다는 조형 수법이 한결 세련된 멋을 보인다. 2층 이상의 탑신이 1층에 비하여 현격히 줄어들어 장중하면서 격조 높은 멋을 풍긴다.

신라석탑의 전형 양식

각기 다른 양식에서 출발한 백제와 신라의 석탑은 신라의 삼국통일을 계기로 하나의 양식으로 합쳐져 새로운 양식을 갖추게 되었다. 신라석탑의 시원 양식을 보이는 것은 7세기 말에 완성된 경주 감은사지동서3층석탑(국보 제112호)과 고선사지3층석탑(국보 제38호)이다. 이 두 탑은 신라 석탑의 기본 양식으로 이후 고려, 조선을 거치며 한국 석탑의 전형으로 그 양식이 오랫동안 유지되었다.

신라석탑의 전형 양식은 다음과 같은 특징을 가진다. 기단은 2층으로 여러 개의 장대석(長臺石, 디딤돌이나 축대에 쓰이는 길게 다듬은 돌)으로 지대석(址臺石, 건축물을 세우기 위해 잡은 터에 쌓는 돌)을 구축하고 그 위에 형성한다. 2층의 기단 면석에는 각 면에 우주와 2주의 탱주를 부조 기법으로 조각했다. 또한 상층 기단에는 탑신부를 구성하기 위해 2단의 굄대를 마련했다. 탑신부는 몸돌과 지붕돌을 각각 하나의 돌로 조성했으며, 몸돌의 각 층에는 사면에 우주를 새겨넣었다. 지붕돌은 아랫부분의 받침을 5단, 윗부분의 몸돌 굄을 2단으로 설치했다.

신라석탑의 변형

신라석탑의 전형 양식은 시대가 지나면서 조금씩 변화가 생긴다. 우선 외형적으로 작아지는 경향이 뚜렷하다. 일례로 몸돌의 5단 받침이 3단 내지 4단으로 줄어들거나, 기단부의 면석에 표현된 탱주가 상층기단에서는 1주로 줄거나 아예 사라진다. 지붕돌 윗부분의 옥신 굄도 1단으로 약화되는 등 전체적으로 규모가 작아진다.

그러다 9세기 후반에 접어들면서 뚜렷한 변화를 가져온다. 경문왕 10년(870)에 세워진 보림사3층석탑(국보 제44호)이 대표적인 예다. 보림사3층석탑에서는 상층기단 면석의 탱주가 1주로 줄고, 옥개석의 두께가 얇아지면서 추녀를 표현한 네 귀퉁이의 반전이 커지는 현상을 보인다. 그러면서도 전형 양식과 마찬가지로 하층기단부에 탱주 2주, 몸돌의 5단 받침은 그대로 유지하였다. 이런 형식의 탑으로는 단속사지동3층석탑(보물 제72호)과 부석사3층석탑(보물 제249호) 등이 있다.

통일신라 말기에는 시대적 상황이 석탑 예술에 반영되어 더욱 큰 변화를 보인다. 왕권을 둘러싼 왕실의 골육상쟁과 지방군주의 할거로 사회가 혼란스럽게 되자 조형예술은 규모가 현저하게 작아지는 것은 물론, 각 세부 양식도 간략화 되는 등 많은 차이가 나타난다. 대표적인 현상이 실상사3층석탑(보물 제37호)에서 보이듯 하층기단의 탱주가 2주에서 1주로 줄고, 옥개받침도 5단에서 4단으로 약화된다.

이형석탑의 발생

이형석탑이란 석탑의 외형이나 각 부재의 연결 방법이 전형 양식에서 벗어난 독특한 모습의 탑을 말한다. 통일신라시대에는 전형 양식의 석탑 외에도 그 모양새가 전혀 다른 이형석탑도 건립되었다. 가장 대표적인 석탑이 불국사다보탑(국보 제20호), 화엄사사사자3층석탑(국보 제35호), 정혜사지13층석탑(국보 제40호) 등이다. 이들 탑은 8세기 중엽에 세워진 것으로 석탑에 조각적이고 장식적인 요소가 많이 더해진 새로운 양식이다.

이외에도 외형은 일반적인 석탑의 모습을 하고 있으나 기단이나 탑신부에 천인상, 안상, 팔부중상, 십이지신상 등을 조각해 표면을 화려하게 꾸민 석탑, 전탑의 양식을 본 딴 모전석탑, 점판암을 사용한 청석탑 등도 이형석탑에 속한다.

①

②

④

⑤

❶ 경주 감은사지3층석탑 문무대왕의 수중릉이 마주보이는 감은사 터에 동서로 같은 구조와 규모로 조성되어 있다. 신라시대의 석탑 중에서는 가장 큰 석탑이다. 신라가 삼국을 통일하면서 석탑의 양식도 백제계의 목탑양식과 신라계의 전탑양식이 혼합되면서 전혀 새로운 양식을 형성하게 되는데, 그 시초가 되는 것이 감은사지3층석탑이다. 이 탑의 양식이 신라석탑의 전형 양식의 효시가 되었다.

❷ 경주 고선사지3층석탑 본래 암곡동의 고선사지에서 있던 것인데, 1975년 덕동댐 공사로 물에 잠기게 되어 국립경주박물관 뜰로 옮겨졌다. 2층 기단 위에 3층의 몸돌을 조성하고 정상에 상륜부를 얹은 전형적인 신라 양식의 석탑이다. 기단부와 몸돌의 일부는 여러 장의 석재를 사용하여 짜맞췄다. 1층 몸돌에 문을 조각해 감실을 표현하였고, 그 가운데에는 문고리를 달았던 못 자리가 있다. 전체적인 모습이 감은사지3층석탑과 흡사하다.

❸ 경주 불국사3층석탑 석가탑 또는 무영탑으로 유명하다. 신라시대의 뿐만 아니라 우리나라 석탑을 대표하는 뛰어난 작품이다. 다보탑이 화려하고 세련된 이미지의 여성적인 느낌이라면, 석가탑은 아무런 조각이나 장식이 없어 선이 간결하고 화려하지 않은 남성적인 느낌을 준다. 감은사지3층석탑과 고선사지3층석탑에서 이어지는 통일신라 석탑의 전형양식을 이룬다. 상륜부는 멸실되었던 것을 1973년 남원 실상사3층석탑의 것을 본떠서 복원하였다. 1966년 도굴범의 훼손으로 인한 탑신부 해체수리작업 도중 2층 탑신부의 사리공 안에서 사리를 비롯한 장엄구와 세계 가장 오래된 목판인쇄물인 〈무구정광대다라니경〉이 발견됐다.

❹ 영주 부석사3층석탑 무량수전 옆 높은 곳에 세워져 있다. 통일신라시대 석탑으로 2층 기단 위에 3층의 몸돌을 쌓은 신라시대의 전형적인 3층석탑이다. 하층기단이 몸돌에 비해 넓으면서도 각 몸돌의 폭이 좁아 몸돌이 밀착해 있는 느낌을 준다.

❺ 남원 실상사3층석탑 보광전 앞 마당에 동 · 서로 서 있는 2기의 통일신라시대 석탑이다. 두 탑은 규모와 양식이 같다. 상륜부가 거의 완전한 형태를 유지하고 있어 자료적 가치가 높다. 탑의 크기에 비해 기단부가 커서 안정감은 있어 보이나, 얼핏 보아서는 4층탑으로 오해하기 쉽다.

❻ 경주 용장사지3층석탑 남산 서쪽 용장계곡 정상에 세워진 신라시대 석탑이다. 자연암반을 지대석으로 삼아 탑을 세워서 마치 남산을 하나의 탑으로 만들어 놓은 것 같다. 탑 각 부재의 조화가 뛰어나고 안정감이 있어 주위의 환경과 매우 잘 어울린다. 이 탑은 용장사 주위의 계곡 어디에서나 볼 수 있어 이정표의 구실을 한다. 용장사는 조선 초기 생육신의 한 사람이었던 김시습이 『금오신화』를 저술했던 장소다.

▲ 양양 진전사지3층석탑 신라의 일반적인 석탑의 형식을 하고 있으나, 기단부에서 탑신에 이르기까지 사면에 천인상, 8부신중, 사방불 등의 조각이 새겨진 이형석탑이다. 조각의 수법이 정교하고 섬세하며, 명쾌하면서 고고한 탑의 외관이 돋보인다. 진전사지3층석탑은 불국사의 석가탑과 비견되는 훌륭한 탑이다. 진전사는 신라 선문구산의 하나인 가지산파를 개산한 도의국사가 창건한 절로 『삼국유사』를 저술한 일연이 출가한 곳으로 유명하다.

고려시대의 석탑

우리 역사상 불교가 가장 번성했던 고려시대에는 왕실은 물론 지방에 근거를 둔 토착세력들이 석탑 건립에 참여했다. 그러다보니 자연적으로 석탑 양식에 많은 변화를 가져왔다. 가장 특징적인 것은 지방적인 특색이 많이 반영되었다는 점이다. 신라의 영토였던 경상도 지역에서는 신라 석탑의 양식을 계승하고 있지만, 단층기단이 많아지고 지붕돌 낙수면의 경사가 급해졌다. 또한 상층기단 갑석의 부연이 형식화되거나 생략되는 등 고려석탑의 특징이 보여진다. 백제의 땅이었던 충청남도와 전라북도 지역에서는 백제 석탑의 양식을 따르고 있다.

석탑의 전형 양식에서 벗어난 특이한 형태의 석탑도 등장한다. 통일신라시대의 사사자석탑의 양식을 계승한 탑도 만들어졌지만, 고려시대 특유의 다각다층탑이 새로운 양식으로 나타났다. 원광사지육각7층석탑이나 금산사육각다층석탑(보물 제27호) 등의 육각형 석탑과 월정사팔각9층석탑(국보 제48호)과 같은 팔각형의 석탑은 고려시대 석탑의 하나의 유형이라고 할 수 있다.

조선시대의 석탑

고려시대에 절정기를 맞았던 불교는 조선의 왕실이 유교를 통치이념으로 삼으면서 크게 위축되었다. 따라서 절의 건립이나 불교미술도 쇠퇴하게 되었다. 조선의 건국 초기에는 앞선 시대의 양식이나 수법이 엿보는 탑이 건립되었다. 일반형 석탑의 경우 낙산사7층석탑(보물 제499호), 신륵사다층석탑(보물 제225호), 이형석탑인 다각다층탑은 원각사지10층석탑(국보 제2호)이 대표적이다. 그러나 조선 후기로 가면서 점차 고려시대의 양식을 찾아볼 수 없다.

시대별 탑 양식 비교

	백제계		신라계		고구려계
	전형양식	시원양식	전형양식	모전석탑양식	다각다층양식
대표작	**삼국시대** 정림사지5층석탑 **고려** 계룡산남매탑(5층석탑) 장하리3층석탑 정읍은선리3층석탑	**삼국시대** 미륵사지석탑 **고려** 왕궁리5층석탑 무량사5층석탑 계룡산남매탑(7층석탑) 만복사지5층석탑	**통일신라** 감은사지동 · 서3층석탑 고선사지3층석탑 불국사3층석탑 진전사지3층석탑 실상사동 · 서3층석탑 **고려** 춘궁리3층석탑 발산리5층석탑 신복사지3층석탑 **조선** 벽송사3층석탑 낙산사7층석탑	**삼국시대** 분황사석탑 **통일신라** 의성탑리5층석탑 경주남산동3층석탑 경주서악동3층석탑 **고려** 의성영산사지5층석탑 월남사지모전석탑	**삼국시대** 영탑사팔각7층석탑 **고려** 월정사팔각9층석탑 금산사육가다층석탑 **조선** 보현사팔각13층석탑 수종사팔각5층석탑 신륵사다층석탑
층수	5층탑이 기본 3층탑도 만들어짐	5층탑이 기본	3층탑이 기본 5, 7층탑도 만들어짐	5층탑이 기본. 3층도 만들어짐	5층 이상
기단	단층기단 지대석, 우주, 면석을 갖춘다. 지대석과 갑석에 한 단 꺾인 부연이 없다.	단층기단. 지대석, 우주, 탱주, 면석, 갑석을 갖춘다. 지대석과 갑석에 부연이 없는 것이 기본이다.	2층기단 지대석, 우주, 탱주, 면석, 갑석을 갖춘다. 탱주는 하층기단에 세 개, 상층기단에 두 개 있었으나 점차 그 수를 줄이고, 나중에는 상 · 하층 모두 한 개씩, 혹은 상층에는 없어지는 경우도 나타난다.	단층기단. 기단 갑석에는 전형양식에서와 같은 부연이 없고, 우주와 탱주를 갖추었다.	하부에 1단 또는 2, 3단의 기석을 놓는 단층이거나 하층기단이 매우 낮은 이중기단
탑신	초층탑신에는 괴임이 없으나 이층 이상에는 비교적 두터운 각형괴임이 있다. 초층탑신 우주는 배흘림을 나타낸다.	방1칸.	우주를 각출하고 2층 이상의 탑신은 옥개 상면에 각출된 괴임 위에 놓인다.	우주를 각출하지 않고, 초층탑신에 감실을 만들거나 감실 대신 문비를 각출	우주를 각출. 벽면에 감실이나 불보살을 조각하는 경우가 많다.

	백제계		신라계		고구려계
	전형양식	시원양식	전형양식	모전석탑양식	다각다층양식
옥개석	비교적 얇고 긴 평방석을 사용. 네귀에서 반전, 내림마루를 각출	체감율이 적고 옥개가 비교적 넓어 안정감이 있다. 그러나 옥개가 두터워져 지붕 경사도가 강해지는 경향이 나타남.	능선으로 표현. 낙수면의 경사가 비교적 크고, 옥개 하단면은 수평으로 상면은 지붕 모서리에서 반전한다.	옥개 낙수면에 옥개받침보다 한두단 많은 계단식으로 쌓는다.	하면은 수평, 상면은 곡이 강한 처마끝선을 만들고, 내림마루를 약하게 각출
옥개받침	탑신위에 평방석 같은 각재를 올리고 그 위에 하각부를 경사지게 만든 석재를 올린 두 부재로 구성	3단의 역계단식. 옥개받침 끝에서 처마 끝까지의 사이가 넓다.	5단의 역계단식 후대로 갈수록 4단, 3단으로 감소하는 경향을 보임. 옥개받침 끝과 처마끝 사이가 비교적 좁다.	5단의 역계단식	상 · 하를 각형으로, 중간을 활형으로 만드는 것이 기본이나 2, 3단의 역계단식도 있다.

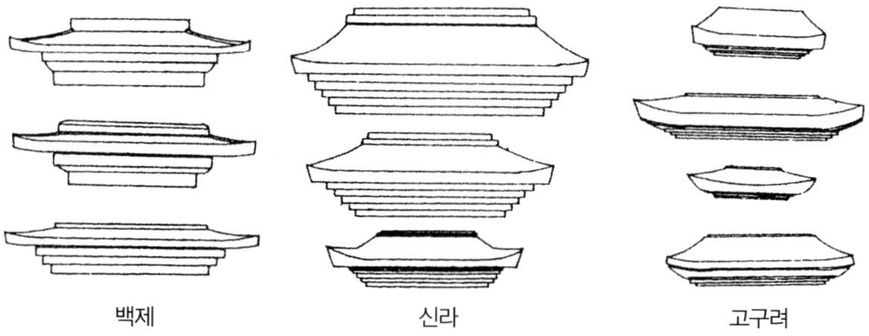

삼국시대 석탑 지붕돌(옥개석)의 비교

불상

부처의 모습을 조각, 그림 등의 형식으로 표현한 것을 말한다. 불교 교리가 발달하면서 다양한 종류의 부처가 예배대상이 되고, 만들어졌다. 엄밀한 의미에서 불이란 여래, 즉 부처를 가리킨다. 그러므로 불상이라고 하면 부처의 상을 의미한다. 우리가 흔히 불상이라고 부르는 것은 넓은 의미에서 보살상, 나한상, 신장상 등도 모두 포함한다.

석가모니가 열반에 든 후 약 500년간은 불상이 조성되지 않았다. 이때까지 석가모니의 사리를 모신 불탑이 불교의 주된 예배 대상이었다. 이 외에도 해탈을 의미하는 보리수, 탄생을 상징하는 연꽃도 불상을 대신했다. 불상이 조성되기 전 시기를 '무불상 시대' 라고 한다.

전설에 의하면 석가모니가 도리천에 올라가 어머니인 마야부인에게 설법을 했다고 한다. 이때 신심이 깊은 스라바스티 성의 프라스트나지 왕과 코삼비 성의 우다야나 왕이 각각 금과 향목으로 불상을 만들어서 부처가 없는 허전함을 달랬다고 한다.

불상이 조성되기 시작한 것은 1세기 무렵 인도 북부 지역을 지배했던 쿠샨왕조 때부터다. 역사적으로 불상이 등장한 시기는 이론이 없지만, 불상의 발상지

에 관해서는 의견이 분분하다.

첫째 인도 서북부의 간다라 지방에서 최초로 불상이 만들어졌다는 설이다. 이 지역은 헬레니즘 문화의 영향을 받아 불상에 서구적인 사실표현이 나타난다. 둘째 인도 중북부의 마투라 지방이라는 설이다. 이 지역은 인도 고유의 전통을 이어 불상에 상징적이고 엄격함이 강조된 것이 특징이다. 셋째 간다라와 마투라에서 같은 시기에 각각 독자적으로 불상이 조성되었다는 설이다.

불교에서는 석가모니 이전에도 과거불이 있다고 한다. 여러 정토세계와 서방세계에도 무수히 많은 부처가 존재한다고 믿는다. 또한 중생들을 깨우치게 하기 위해 부처의 몸이 여러 모습으로 나타나기도 한다. 영원불변인 불법의 진리를 형상화 한 법신불, 보살이 오랜 시간 동안 고행을 통해서 된 보신불, 법신불이나 보신불이 제도하지 못하는 중생을 위해 인간세상에 온 응신불이 있다. 우리나라에서는 법신불은 비로자나불, 보신불은 아미타불, 응신불은 석가모니불로 나타난다.

쉬어가기

천상천하 유아독존

석가모니는 태어나자마자 사방으로 일곱 걸음을 걷고 나서 한 손은 하늘을, 한 손은 땅을 가리키며 "천상천하 유아독존"이라고 외쳤다고 한다. 이 말은 "하늘과 땅 사이에 오직 나 홀로 존귀하다"는 뜻이다. 나 혼자 잘났다는 의미가 아니라, 부처가 세상을 구제하기 위해 온 존귀한 존재라는 것을 강조하는 것이다. 유아독존에서 '아'는 석가모니뿐만이 아니라 개개의 모든 사람이 지닌 불성을 가리킨다. 불성은 세상에서 가장 귀한 것이며, 인간은 누구나 불성을 갖춘 존재임을 선언한 것이다. 인간은 누구나 귀하고 평등하다는 의미로 인도의 신분제도인 카스트제도의 불합리성을 정면으로 부정하는 인간 존엄의 선언이다.

❶ 안동 제비원미륵 자연석 암벽에 부처의 몸체를 조각하고 그 위에 머리를 얹었다.

❷ 논산 관촉사석조미륵보살입상 국내 최대의 석조보살상이다. 충청도 지방에서 유행하던 고려시대의 불상 양식으로 머리엔 원통형의 높은 관을 씌웠고, 그 위에 네모난 갓을 다시 씌웠다.

❸ 보은 법주사마애여래의상 보기 드물게 의자에 앉아 있는 모습이다.

❹ 화순 운주사와불 열반상과는 다르게 좌불과 입상으로 자연석 위에 조각된 채로 누워 있다.

❺ 경주 배리삼존석불입상 남산 기슭에 흩어져 있던 것을 1923년 이전했다. 조각 솜씨가 뛰어나 인간미와 종교적 신비함이 함께 우러나는 작품이다.

불상

불교 초기에는 석가모니불이 주로 조성되었다. 점차 불교가 발전하고 교리가 진화하면서 많은 종류의 부처가 예배의 대상이 되어 만들어지게 되었다. 석가불을 비롯하여 아미타불 · 비로자나불 · 약사불 · 미륵불 등이 그것이다. 이들은 깨달음을 얻은 완전무결한 인격의 상징이므로 형상을 표현할 때 32상 80종호 이외에 아무런 장식을 하지 않는다.

부처는 인간의 형체를 빌어서 표현하지만, 다른 중생들과 구별되는 특징을 지녀야 하기 때문에 크게는 32가지, 작게는 80가지의 신체적 특징을 보인다. 머리에는 지혜를 상징하는 육계가 있으며 머리카락은 짧고 꼬불꼬불한 나발형이고 귀는 길며, 이마의 한가운데에는 과거와 현재, 미래까지도 비춰 볼 수 있는 백호라는 긴 털이 있다. 이러한 특징으로 존엄성을 나타내며 중생과 구별한다.

석가불

출가하여 수행을 거듭한 뒤 자기 스스로 진리를 '깨달은 자' 를 두고 부처(불타)라 한다. 대승불교에서는 모든 중생이 수행하면 부처가 될 수 있다고 한다. 역사적으로 이 세상에 실존했던 부처는 석가모니라 불리는 인도의 고타마 싯다르타이다. 석가불은 깨달음을 얻은 석가모니를 형상화한 불상이며, 절에서 석가불이 모신 전각은 대웅전이다.

비로자나불

화엄경의 주존불로 불교의 진리를 상징하는 법신불이다. 인도어로 '바이로차나' 라고 하는데, 이는 '태양' 을 뜻한다. 태양이 모든 것을 차별 없이 비추어

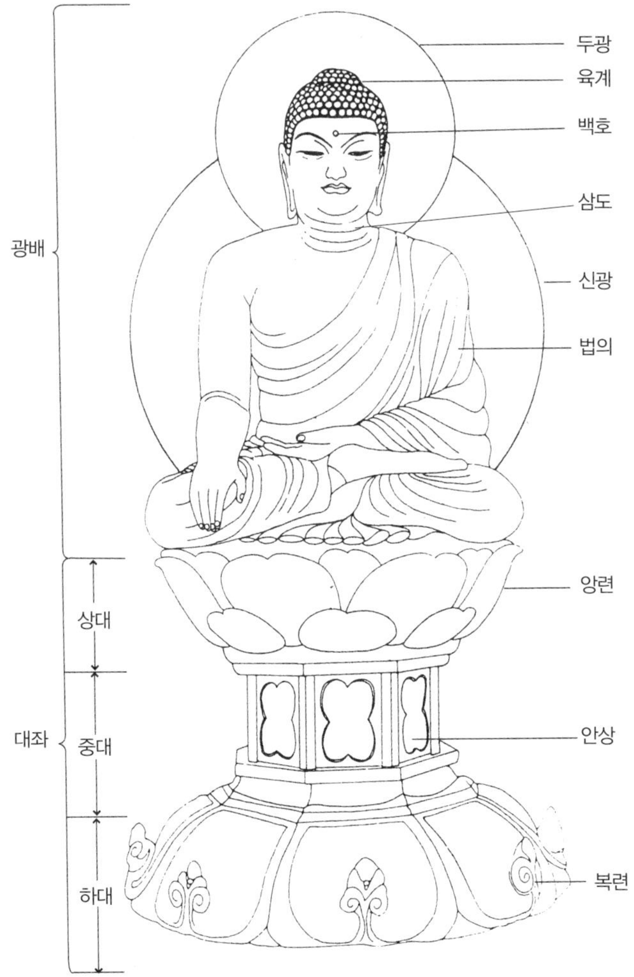

불상의 세부 명칭

주는 것처럼 부처의 진리가 온 세상에 두루 비쳐 모든 세계를 포용한다는 의미를 담고 있다. 비로자나불은 외형상 여래상의 특징인 32상 80종호를 모두 갖추고 있어 석가불과는 거의 구별되지 않는다. 다만 양손을 가슴 앞에 붙여 오른손으로 왼손의 양손가락을 잡고 있는 지권인의 수인으로 구별할 수 있다. 절에서 비로자나불이 모셔진 전각은 대적광전이다.

아미타불

우리에게 매우 친숙한 이름으로 서방정토 극락세계에 머물면서 설법하고 있는 부처다. 깨달음을 구하고자 하는 모든 중생을 극락정토로 인도한다. 아미타란 이름은 산스크리트 어인 아미타유스 또는 아미타브하를 한문으로 음역한 것이다.

아미타유스는 '무한한 수명', 마이카브하는 '무한한 광명' 이라는 의미를 품고 있다. 아미타불은 과거에 법장이라는 보살이었다고 한다. 깨달음을 얻어 중생을 제도한다는 원을 세우고 수행을 하여 원을 성취하고 지금으로부터 10겁 전에 부처가 되어 지금은 극락세계에 머물고 있다고 한다. 아미타불은 구원의 대상으로 민간에서 크게 융성하였는데 죽음에 대한 불안, 즉 현세에 대한 절망을 해소하려는 데서 그 의미를 찾을 수 있다. 아미타불 역시 외형상으로는 구분할 수 없고, 엄지의 끝을 맞대고 다른 손가락들은 펴서 두 손을 겹쳐 놓은 수인으로 알 수 있다. 아미타불이 모셔진 전각은 극락전 또는 무량수전이다.

미륵불

도솔천이라는 천상에서 보살로 있으면서 56억 7천만년 뒤에 이 세상에 내려와 미처 구제하지 못한 중생을 구제한다는 미래의 부처다. 용화세상을 꿈꾸는 모든 중생들에게 희망의 불로 신앙되었다. 외형상으로 다른 불상과 구분할 수는 없다. 수인도 석가불과 같은 형태를 취하고 있어 사찰 조상기에 미륵불을 조상하였다는 기록에 의지하지 않고는 구분이 불가능하다. 미륵불을 모신 전각은 미륵전이다.

약사불

아미타불이 중생을 극락으로 인도해서 죽음에 대한 불안을 없애준다면, 약사불은 죽음과 고통을 불러오는 각종 질병으로부터 중생을 지켜주는 부처다. 대승불교가 낳은 최고 경지의 부처로 인간 세상에서 이로움을 직접 행하는 불은 약사여래밖에 없다. 외형상으로는 다른 불상과 별다른 차이점이 없지만 왼손에 약병을 들고 있어 쉽게 구분이 된다. 약사불이 모셔진 전각은 약사전이다.

쉬어가기

석가모니는 부처의 이름이 아니다

석가모니가 부처의 이름이라고 생각하기 쉽지만, 이는 우리가 잘못 알고 있는 사실이다. 부처는 '깨달은 사람', 석가모니는 '석가족의 현명한 사람'이란 뜻으로 석가는 종족의 이름이고, 모니는 현인을 말하는 것이다. 부처의 본래 이름은 인도 가비라성의 왕자인 고타마 싯다르타이다.

불상의 자세

불상과 보살상은 손을 취하고 있는 형태나 들고 있는 상징물에 따라 이름과 의미가 각기 다르다. 그와 마찬가지로 불상의 자세에 따라서도 상징하는 바가 달라질 수 있다. 우리가 가장 많이 볼 수 있는 불상의 자세는 두 다리를 포개 앉은 결가부좌의 좌상이나 서 있는 입상이다. 이 외에도 의자에 앉아 두 다리를 내리고 있는 의상, 의자에 앉은 채로 오른쪽 다리를 왼쪽 다리 위에 얹은 반가상, 누워 있는 와상 등 시대와 지역에 따라 다양한 자세의 불상이 있다.

입상

두 발을 가지런하게 해서 서 있는 자세다. 등족립이라고 한다. 발끝이 모두 앞을 향하기도 하고 좌우로 향하기도 있다.

좌상

결가부좌

석가모니가 좌선할 때 취하던 자세다. 승려들이 좌선할 때도 이 자세를 취하는데, 가장 편안해 피로를 느끼지 않는 자세이기 때문이다. 여러 가지 좌법 중 최상이며, 항마좌와 길상좌 등 두 가지 좌법이 있다. 항마좌는 오른발은 왼쪽 다리 위에 얹고 왼발을 밖으로부터 오른쪽 다리 위에 얹는 것이다. 보통 스님들이 수련 시에 많이 사용한다. 길상좌는 항마좌와는 반대로 되며 부처의 좌법 중 으뜸이다. 우리나라의 불상은 거의 길상좌를 취하고 있다.

반가부좌

보살상이 많이 취하는 자세여서 보살좌라고도 한다. 결가부좌에서 한 쪽의

▼ 서산마애삼존불 '백제의 미소'라 불리며, 우리나라에서 발견된 마애불 중 가장 뛰어난 작품으로 평가된다. 얼굴 가득 머금은 자애로운 미소는 조성 당시 백제인의 온화하면서도 낭만적인 모습을 엿볼 수 있다. 중앙에 본존인 여래입상과 왼쪽에 관음보살상, 오른쪽에 반가사유를 한 보살상이 조각되어 있다. 본존불은 머리 뒤의 보주형 광배와 미간의 백호공, 초생달 같은 눈썹, 엷은 미소를 짓는 입술이 매우 다정다감한 느낌을 준다. 또한 두 어깨에 걸친 옷자락은 양 팔에 걸쳐 평행호선으로 길게 주름져 있어 입체감과 생동감을 준다. 이 불상은 삼국시대 마애불을 대표하는 것으로 양 협시보살이 각기 다른 자세를 취하고 있는 것이 다른 삼본불과 다른 점이라 할 수 있다. 삼존불은 중앙에 본존을 세우고 양옆에 협시보살을 세우는 것으로 인도에서 시작되어 우리나라로 전래되면서 부처를 모시는 하나의 단위로 생각되었다.

▲경주 석굴암본존불 신라 석불 가운데 최고의 걸작품으로 꼽힌다. 깊은 사색에 잠긴 듯 가늘 게 뜬 눈, 보일 듯 말 듯 엷은 미소를 머금은 입술, 풍만한 얼굴과 몸에는 범접할 수 없는 근엄함과 한없는 자비로움이 공존한다. 신체의 비례가 알맞고 각 부분이 세련된 솜씨로 조각된 것이 불심 깊은 신라인의 예술혼이 집약되어 완성된 불상이다.

다리를 푼 자세라는 뜻에서 나온 이름이다. 결가부좌한 위의 다리를 넓적다리 밑으로 넣고 한 다리만 올린 상태이다.

유희좌

한쪽 다리는 결가부좌해 대좌 위에 얹고 다른 다리는 늘어뜨린 자세다. 다리 위치에 따라 두 종류가 있다. 오른쪽 다리를 늘어뜨린 것을 우서상, 왼쪽다리를 늘어뜨린 것을 좌서상이라 한다. 우리나라에서는 드물지만 통일신라시대

▲남원 실상사철제여래좌상 어깨선이 부드럽게 연결되고, 가슴의 볼륨도 살아있지만 전체적으로 차갑고 딱딱한 인상을 준다. 아마도 철이 주는 재료감에서 오는 느낌 때문일 것이다. 얼굴은 다소 근엄하게 묘사되어서 이전의 활기차고 부드러운 인상의 불상 모습과는 많이 다르다.

▲영암 도갑사석조여래좌상 광배, 대좌, 불신을 모두 갖추고 있다. 광배와 불신은 각각의 돌이 아니라 하나의 돌에 조각하였다. 얼굴은 타원형으로 이마가 좁은 편이며, 눈두덩이는 불룩 나왔고 코는 넓적하게 표현하였다. 어깨의 선은 부드럽게 곡선을 이루는데 반해 결가부좌한 하체의 신체적인 굴곡은 거의 보이지 않는다.

이후에 나타난다.

윤왕좌

한쪽 다리는 결가부좌하고 다른 다리는 무릎을 세워 편안하게 앉아 있는 자세다. 전륜성왕의 좌법으로 왼손은 다리 뒤의 바닥을 짚고 있고, 오른손은 무릎 위에 걸치고 있으므로 불상의 상체가 약간 왼쪽으로 기운 것이 특징이다. 우리나라에서는 많이 볼 수 없는 형식이지만, 국립중앙박물관의 금동관음보살상 등 고려시대 불상에서 간혹 나타난다.

의좌

두 다리를 늘어뜨리고 의자나 대좌에 걸터앉아 있는 자세다. 우리나라에서는 매우 드문 형태로 신라시대의 경주 삼화령 미륵삼존상의 본존불과 고려시대의 법주사 마애불상에서만 볼 수 있다.

교각좌

의좌에서 약간 변형된 자세로 양다리를 교차시킨 자세다. 인도에서는 기원도 오래되고 간다라 불상에 많이 남아 있는 반면, 우리나라에서는 통일신라시대의 성주 노석동 마애불상군의 오른쪽 협시보살상이 유일한 예로 알려져 있다.

와상

열반상이라고도 한다. 부처가 열반할 때의 모습으로 두 다리를 가지런히 뻗고 옆으로 누운 상태의 불상이다. 이 자세는 석가불만 취할 수 있다.

쉬어가기

불상 조성의 원칙

불상은 자세 하나하나마다 깊은 의미를 지니고 있다. 그러므로 불상의 자세를 함부로 바꿔서는 안 된다. 불상을 제작할 때는 아래와 같은 몇 가지 규범을 지켜야 한다.

1. 신상을 모두 갖추어야 한다. 부처의 존엄성을 나타내고 중생과 구별되는 특징인 32길상 80종호의 묘상을 갖춰야 한다.
2. 어떤 재료를 사용해도 무방하나 반드시 깨끗해야 한다. 다른 곳에서 사용하고 남은 재료를 사용해서는 안 되며, 남은 재료로 새나 짐승을 그려서도 안 된다. 단, 공양의 의미일 때는 괜찮다.
3. 탑이나 불상에는 모두 사리가 안장되는 것이 원칙이다. 사리숭배사상은 초기부터 시작되었고, 사리공양의 공덕은 여러 경전에 쓰여 있다. 부처의 진신사리는 구하기 어려우므로 금, 은, 수정, 유리, 마노 등으로 만든 법신사리를 안장하는 것이 허락된다. 법신사리 중 으뜸은 부처의 설법을 기재한 경전이다.

시대별 불상 양식 변화

	삼국시대	통일신라시대	고려시대	조선시대
전체	6세기 후반에서 7세기 초가 되면서 불상의 조형미가 한국적인 양식으로 토착화된다.	삼국시대의 축적된 기술을 기반으로 당나라 양식을 흡수해 조각미술의 황금기를 맞이한다.	신라시대의 양식을 계승하지만 표현은 더욱 둔화되고 위축된다.	숭유억불정책으로 일관했던 관계로 더 이상 계승 · 발전되지 못하고 현저하게 퇴조한다.
얼굴	갸름하다. 눈은 은행 열매 같고 입가에 미소를 짓는다.	육계는 작아지고 나발이 많아진다. 입가에 미소가 사라지고 단정하고 근엄한 모습이다. 목에 3도가 표현된다.	얼굴은 부드러운 면이 사라지고 경직된다. 눈고리는 길게 옆으로 돌아가고 입은 괴상한 표현이 된다.	개성이 전혀 나타나지 않고, 인체의 파악이 부족하다.
법의	통견 옷주름은 좌우대칭으로 표현. 보살상은 천의 자락이 앞에서 X자형으로 교차	우견편단 옷주름은 좌우대칭 양식이 사라지고 자유롭게 표현된다. 보살상의 천의가 앞에서 X자형으로 교차되지 않고 자유롭게 표현된다.	두꺼워져서 사실적인 표현이 둔화된다.	두터워져서 신체 표현이 드러나지 않는다.
수인	통인이나 여원인에서 약지와 새끼손가락을 꼬부린 것이 많다.	통인이 사라지고 다양한 수인이 생긴다.		
자세	입상과 좌상이 많다. 반가상이 유행	보살상은 정면 직립의 자세에서 자유로운 표현이 된다.	어깨가 움츠러들면서 좁아져 신체의 균형이 변한다. 무릎의 폭이 좁아지고, 높이는 높아지는 경향이 짙다.	측면관에 있어 등이 앞으로 굽고 턱이 내밀리고 있다.
받침대	연꽃 받침	복련의 하대석, 팔각 혹은 육각의 중대석, 앙련의 상대석으로 구성된다.	원형의 앙련, 복련의 상 · 하대석과 팔각 중대석의 받침대가 사각형받침대로 바뀐다.	
기타	말기부터 암석에 감실을 파고 감실 안에 불상을 조각하는 석굴조각의 초기 형식이 나타난다.	보살상의 장신구가 많아진다. 불상은 살이 찌고 관능적인 느낌을 준다.	대작이 만들어지지만 우수한 작품을 만들지 못한다. 철불이 많이 조성된다.	전체적으로 속화된 느낌이 농후하다.

일본의 국보가 된 신라불상

Summary

일본에는 국보 제1호니, 제2호니 하는 명칭은 없다. 다만 문화재의 가치가 국보급에 해당된다고 해서 국보급 유물이라고 한다. 많은 사람들이 일본의 국보 제1호로 잘못 알고 있는 교토 고류사(광륭사)에 보관된 '미륵보살반가사유상'은 고대 신라의 불상이다.

신라에서 제작되어 7세기 초에 일본으로 넘어온 불상은 한국계 혈통인 쇼토쿠(성덕) 태자에게 전해졌다. 쇼토쿠 태자는 교토의 호족으로 신라인이었던 하다노 카와카스(진하승)에게 불상을 주었다. 하다노 카와카스는 호코사(봉강사)를 창건해 불상을 안치했다. 호코사는 고류사의 옛 이름이다. 이 같은 사실은 『일본서기』에도 기록되어 있다.

천년이 넘도록 고류사에 보관되어 온 목조미륵보살반가사유상은 의자에 걸터앉아 오른쪽 다리를 굽혀 왼쪽 무릎 위에 올려놓고, 오른손을 뺨에 대고 깊은 사색에 잠겨 있는 모습이다. 종교적인 평온함과 예술적인 완성도가 어우러져 신품으로 추앙받고 있다. 독일의 실존주의 철학자 야스퍼스는 "이 불상이야말로 고대 그리스나 고대 로마의 어떤 조각 예술품과 비교할 수 없을 정도로 뛰어난, 감히 인간이 만들 수 없는 살아있는 예술미의 극치이다"라고 감탄했다.

세계적으로 그 가치를 인정받는 목조미륵반가사유상이기에 일본에서는 한국의 영향을 받아 일본에서 만들었다. 한반도에서 건너간 장인이 조각한 것이라는 등의 궁색한 변명을 늘어놓으며 자기네 것임을 주장했다. 하지만 국립중앙박물관에 전시중인 국보 제83호인 반가사유상이 고류사 목조불상의 원형임은 의심의 여지가 없다.

목조미륵보살반가상이 세상에 화제가 된 것은 1980년대 초 미술을 전공하는 한 여대생이 느닷없이 불상을 껴안는 바람에 손가락 하나가 부러지는 사고가 났기 때문이다. 1300년이 넘은 불상의 훼손 사건은 언론에 대서특필되었고, 곧 보수작업에 착수했다. 같은 나무 재질을 찾기 위해 X-Ray 촬영을 했다. 뜻밖에도 고대 일본에는 없는 적송임이 밝혀졌다. 적송은 한반도에서만 자생하는 품종의 소나무, 즉 춘양목이다.

1994년 한국을 방문한 일본 국보수리소의 다카하시 준부는 우리의 금동미륵반가사유상을 면밀히 살펴본 결과, 한국과 일본의 두 불상은 같은 공방에서 한 장인에 의해 제작된 것이라고 발표했다.

일본의 목조 불상을 조사해 온 코하라 지로오 박사도 유독 고류사의 불상만 한국의 소나무로 만들어졌다는 점과 제작 방법에서도 일본은 나무를 겉에서 속으로 파들어 가는데 고류사 불상은 그 반대 방법을 사용했다는 점을 학계에 보고하여, 목조미륵보살반가사유상이 삼국시대 한국인이 만든 작품임을 입증하였다.

바위 마다 부처의 미소가 번지는 불국토, 경주 남산

경주 남산은 단순히 산이라고 말하기에는 그 존재가 너무 소중하다. 천년 신라의 역사가 시작되는 날의 기쁨과 사직의 종말을 고하는 슬픔까지 말없이 지켜본 증인이다. 또한 극락정토를 염원하는 신라인들의 예술혼과 신앙이 하나로 묶여 있는 깊은 골, 바위마다 탑과 불상을 만들어 낸 곳이기도 하다.

『삼국유사』를 저술한 일연은 남산을 일러 "사사성장 탑탑안행(寺寺星張 塔塔雁行)", 절은 천상의 별만큼 많고 탑은 기러기 떼처럼 솟아 있다고 기록했다. 지금은 절터 150군데, 불상 130구, 석탑 100기만이 남아 있다. 하지만 남산의 규모에 절터 150군데라는 것만으로도 일연의 말이 과장이 아님을 짐작할 수 있다.

● 솔향 가득 퍼지는 삼릉골

남산의 불적을 돌아보기 위한 대표적인 코스는 삼릉골에서 시작한다. 삼릉은 특별한 볼거리는 없지만, 소나무숲 하나만은 일품이다. 고요함이 흐르는 정적인 분위기가 좋다. 코끝에 와 닿는 솔향도 무척이나 상쾌하다. 마치 그 안의 세상은 인간계와는 다른 곳이라는 것을 알려주듯 신묘한 분위기를 자아낸다.

솔숲을 지나면 제일 먼저 목 없는 석불좌상을 만난다. 비록 머리가 없어지고 두 무릎이 파손되었지만 늠름한 체격은 뛰어난 불상임을 말해준다. 그리고 몸체에 조각된 자연스런 옷주름과 섬세한 매듭은 뛰어난 예술성은 말할 것도 없거니와 당시 스님들의 복장을 알 수 있게 하는 소중한 자료다. 불상 위로는 환한 미소를 가득 머금고 금방이라도 하강할 것 같은 마애관음보살상이 있다.

산길을 따라 5분여 올라가면 선각으로 그려진 근사한 육존불이 모습을 드러낸다. 병풍처럼 들어선 바위에 앞에는 아미타 삼존불을, 뒤에는 석가모니 삼존불을 새겨 놓았다. 원래 마애불은 정으로 쪼아 새기지만, 이 불상은 붓으로 그린 것 같다. 마치 붓으로 도화지에 그림을 그리듯 음각한 솜씨는 신라의 회화미술을 보는 착각이 들게 한다. 정상 쪽으로 500m 위에는 석조여래좌상이 있다. 정면으로 보이는 부처의 얼굴 아랫부분이 시멘트로 보수되어 조금은 흉물스럽다.

정상을 바라보며 오르는 길목에 상선암마애석가여래대불좌상이 바위벽에 조각되어 있다. 남산의 불상 중 규모나 조각의 우수성면에서 가장 월등한 작품이다. 상선암마애석가여래대불좌상을 지나면 곧 금오산 정상이다.

• 『금오신화』의 탄생지 용장골

용장골에서 오르는 코스는 좋다. 남산에서 가장 크고 깊은 곳이 용장골이다. 남산에서 가장 크고 깊다는 용장골은 용장사에서 비롯된 이름이다. 지금은 축대만 남아 있지만 남산에서 손꼽히는 큰 절이었다. 우리나라 최초의 한문소설인 김시습의 『금오신화』의 탄생지이기도 하다. 김시습은 어린 조카 단종의 왕위를 찬탈한 수양대군(세조)의 행위에 분개해 전국을 떠돌다 이곳에 머물면서 최초의 한문소설 『금오신화』를 저술했다.

용장사에서 산 정상을 향해 오르면 머리가 없는 삼륜대좌불이 기다리고 서 있다. 쟁반모양의 둥근 대좌받침과 대좌를 3층으로 중첩한 모습이 이채롭다. 그 위에 용장사지삼층석탑이 보인다. 용장사지삼층석탑을 마주하고 있으면 용장골의 정상이다. 자연 암반 위에 세워진 탑은 산 전체를 기단부로 삼아 남산의 많은 유적 중에서도 가장 장엄한 위엄을 갖추었다. 남산의 여러 골과 경주의 너른 들을 바라보며 신라의 웅혼한 기상이 계속 이어지기를 바라는 신라인의 염원이 담겨 있을 것이다.

• 바위 속에 들어 앉은 부처 칠불암

칠불암 코스는 신라 제21대 소지왕의 전설이 어린 서출지와 남산동에 세워진 멋스런 2기의 삼층석탑을 만나면서 시작된다. 이후 봉화골의 소나무 우거진 숲길을 40여 분 걸으면 일곱 분의 부처가 환한 미소로 길손을 맞아준다. 칠불암이다. 절벽을 등진 자연암석에 삼존불, 그 앞에 솟은 바위 사면에 네 분의 부처가 조각되었다. 칠불암이란 이름도 조각되어 있는 사면불과 삼존불을 합한대서 붙여진 것이다. 중앙의 본존좌상은 조각이 깊고 세밀해 부조로 새겼으나 입체조각을 보는 듯하다. 남산의 불상 중에서도 으뜸으로 꼽히는 이유도 그 때문이다.

칠불암 뒤 경사가 심한 암벽길을 오르면 깎아지른 듯한 벼랑의 한쪽 바위면에 구름을 타고 있는 듯한 부처가 한 분 계시다. 비위면을 잘 다듬어 감실을 파고 새긴 신선암마애보살상. 반가상의 마애불이다. 산 정상에서 경주 벌판을 굽어본다. 칠불암에서 마음이 선한 사람은 이 부처의 모습이 보인다고 한다.

- **남산 추천 코스**

(경주남산연구소, www.kjnamsan.org 참조)

1. 동남산 산책

    부처골감실여래좌상→탑골마애조상군→보리사석조여래좌상→미륵골마애여래좌상→헌강왕릉→정강왕릉→통일전→서출지→남산동쌍탑

2. 칠불암을 거쳐 천룡사로

    통일전→서출지→남산동쌍탑→염불사지→칠불암마애조상군→신선암마애보살유희좌상→용장계못골모전석탑→백운암→천룡사지삼층석탑→와룡사→틉수골

3. 포석정에서 금오정으로

    포석정→순환도로→윤을골마애여래삼체불→부엉골마애여래좌상→부흥사→늠비봉오층석탑→절터→금오산 전망대→상사바위→순환도로→하산

4. 약수골에서 금오산으로

    약수골 어귀→대석단 절터→석조여래좌상→마애대불→선방터→능선길→금오산

5. 자전거 코스(서남산) 1

    대릉원→천관사지→오릉→나정→일성왕릉→남간사지당간지주→창림사지삼층석탑→포석정→배리삼존불→삼릉→경애왕릉

6. 자전거코스 2

    대릉원→인용사지→상서장→부처골감실여래좌상→탑골마애조상군→보리사석조여래좌상→미륵골마애여래좌상→헌강왕릉→정강왕릉→통일전→서출지→남산동쌍탑

수인

부처나 보살은 저마다 스스로 깨달아 몸에 지니고 있는 진리를 밖으로 드러내기 위하여 열 손가락으로 여러 형태의 손 모습을 한다. 이를 수인 또는 인상이라고 한다. 손 또는 손가락으로 이루는 특정한 동작인데, 두 손으로 상징적인 모양을 나타내거나 손에 연화 · 검 · 정병 · 보주 · 석장 등을 들기도 한다. 불상이나 보살상은 외형상 특별히 다른 점을 가지고 있지 않기 때문에 수인이 명호을 밝히는 데 중요한 단서가 된다.

선정인

석가모니가 보리수 아래 금강대좌에 앉아 깊은 생각에 잠겨 있을 때 취한 최초의 손 모양이다. 일반적으로 참선할 때 선정인의 자세를 취한다. 결가부좌로 앉아 삼매에 드는 경지를 말하므로 '삼마지인' 이라고도 한다. 결가부좌한 다리 위에 왼손은 손바닥을 위로해서 배꼽 앞에 놓고 오른손도 손바닥을 위로 하여 왼손에 겹쳐 놓으면서 두 엄지손가락을 맞대는 형식이다.

항마촉지인

깨달음에 이르기 직전 악마의 유혹을 받은 석가모니가 땅의 신을 가리키며 마군을 물리쳤음을 증명하는 자세이다. 깨달음의 순간을 상징하는 항마촉지인은 '촉지인' 또는 '지지인' 이라고도 하며 석가모니만 취하는 수인이다. 왼손은 손바닥을 위로 하여 결가부좌한 다리 가운데에 놓고 오른손은 무릎 아래로 향하게 하여 손가락으로 땅을 가리키거나 손을 땅에 대는 모습이다.

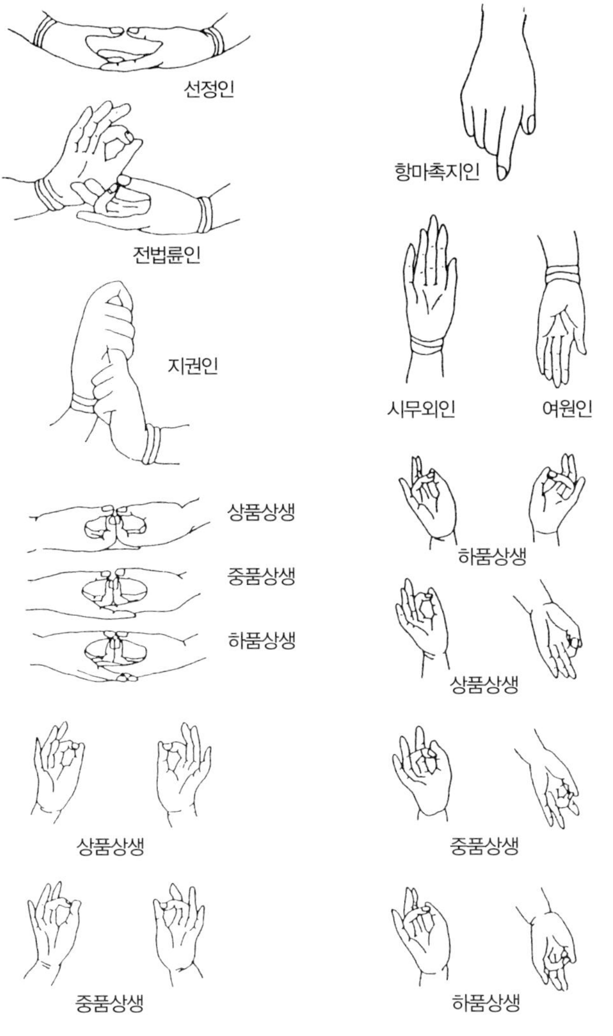

선정인
항마촉지인
전법륜인
지권인
시무외인
여원인
상품상생
중품상생
하품상생
하품상생
상품상생
상품상생
중품상생
중품상생
하품상생

수인의 여러 가지 모양

전법륜인

성불을 이룬 석가모니가 사르나쓰의 녹야원에서 다섯 비구와 중생들에게 최초로 설법했을 때 취한 손 모양이다. 부처의 설법을 전법륜이라 하며 최초의 설법을 초전법륜이라 하는데 부처가 설법할 때의 손가짐을 말한다. 양 엄지와 검지의 끝을 맞대어 2개의 원을 그리고 나머지 손가락을 펴서 왼쪽 손바닥을 위로 하여 약지와 소지의 끝을 오른쪽 손목에 대고 오른손은 손바닥이 밖을 향한 형태이다. 이때 2원은 불법의 수레바퀴, 즉 법륜을 상징하는 것이다. 이 법륜은 마치 우주의 수레바퀴처럼 세계를 두루 돌며 모든 악을 물리치고 무한히 존재하는 불법을 모든 중생에게 전파한다는 의미를 갖는다.

시무외인 · 여원인

시무외인은 모든 중생의 두려움을 없애주어 고난으로부터 해방시키는 것을 의미한다. 오른손을 어깨 높이까지 올리고 손바닥을 펴서 밖으로 향하게 한 모습으로 여원인은 '시원인' 이라고도 한다. 여원인은 부처가 자비를 베풀고 중생의 어떠한 소원이라도 모두 들어 주는 것을 상징한다. 왼손을 아래로 내려 손바닥을 밖으로 향한 모습이다. 우리나라의 경우 흔히 시무외인과 여원인을 합쳐 함께 표현하므로 시무외여원인 또는 통인이라 부른다.

아미타정인과 9품인

아미타정인은 아미타불이 짓는 손 모양이다. 양손을 무릎 위에 놓은 후, 양 엄지의 끝은 맞대고 다른 손가락은 펴서 겹쳐 놓은 모습이다. 9품인은 설법의 이해 정도에 따라 중생을 3등급으로 나누고 이를 다시 3단계로 세분하여 모두 9등급으로 나눈 다음 각기 그에 알맞게 교화한다는 것을 의미한다.

지권인

비로자나불이 짓는 손 모양이다. 일체의 번뇌를 없애고 부처의 지혜를 얻는다는 의미, 즉 중생과 부처가 둘이 아니라 하나라는 뜻을 담고 있다. 두 손을 가슴 앞에 모아서 각 엄지를 손바닥으로 감추고 주먹을 쥔다. 이런 주먹 쥔 손을 아래위로 겹쳐 놓고 왼손의 검지를 세워 오른손의 주먹 속으로 넣은 모습이다. 이것은 원래 이(理)와 지(智), 중생과 불, 미(美)와 오(汚)가 하나라는 것을 상징하는데, 이 손 모양을 봄으로써 그런 진리를 깨우치게 하려는 것이다.

쉬어가기

승려의 명칭

행자 : 사미계를 받을 때까지 밥 짓기와 나무하기 등 온갖 허드렛일을 도맡아 하며, 사찰에서 필요한 기본 의식과 그에 따른 송경을 익히는 사람. 주로 밤색옷을 입고 다니며 자신이 평생 가르침을 받고자 하는 스님 밑에서 여러 가지 계행을 배운다

사미 · 사미니 : 일정한 행자 생활을 마치고 사미십계를 받은 스님.

비구 · 비구니 : 출가하여 정식 수행을 하는 수도자로 구족계를 받은 스님. 남자 스님인 비구는 250계를 받아 지켜야 하며, 여승인 비구니는 348계를 받아 수행한다.

중 : 고대 인도의 산스크리트어의 Sangha를 한자로 의역한 것이다. 4인 이상의 모임, 후에는 3인 이상의 무리를 말하였으나 지금은 출가한 개개인을 지칭하는 것이 보통이다.

스님 : 불교의 수행자로 사문이라고 한다. 머리를 깎고 불문에 들어가 도를 닦는 사람을 칭한다.

대사 : 원래 부처님의 존칭이나, 고승을 존칭하는 말로 사용된다. 또한 국가에서 고승에게 내리는 호를 대사라고도 한다. 스님들 사이에서는 자기의 동료나 손아래 되는 스님에게 대사라 부른다.

불상의 재료

불상을 제작할 때는 돌, 나무, 금, 청동, 철 등이 많이 이용되었다. 간혹 소조불과 건칠불이 제작되기도 했다. 소조불은 점토로 만든 불상이다. 삼국시대 이후 많이 만들어졌는데 현존하는 작품은 많지 않다. 몸에서 목 부분까지 골격이 되는 심목을 세우고 손가락은 철사로 따로 심지를 만든다. 그 위에 삼베조각이나 짚이 섞인 진흙을 2중 3중으로 붙여서 완전한 형태로 만든 다음 회칠을 한 후 도금한다. 건칠불은 나무로 간단한 골격을 만들고 종이나 천 같은 것으로 불상을 만든 후 옷칠을 하고 다시 도금한 것이다. 다른 불상에 비해서 가벼운 것이 특징이다.

보살상

보살은 부처가 되기 위해, 즉 보리를 구하기 위하여 수행하는 이들이다. 부처가 되기 위한 수행을 계속하면서 부처를 보좌하여 자비를 베풀며 중생을 구제하기 위하여 계속 활동을 한다.

보살은 몸에 장식을 많이 걸친 여성상으로 나타난다. 이는 귀하고 자비로운 성격을 표현하기 위한 것이다. 불상과는 달리 법의를 두르지 않고, 하늘을 날 수 있는 천의를 걸친다. 머리에는 보관을 쓰고 목걸이, 귀걸이, 팔지 등의 화려한 장신구를 걸친다. 장신구는 석가모니가 왕자의 신분으로 고행을 하는 것을 나타낸 것이라고 한다. 손에는 연꽃, 정병, 법륜, 구슬 등을 들었다. 몸 전체에 구슬장식이 둘러 있는데, 이를 영락이라고 한다.

미륵보살

미륵보살은 석가모니가 살아 있을 당시에 불법을 듣고 수행을 계속한 제자다. 미래에 성불하리라는 약속을 받고 지금은 도솔천에 있으면서 수행을 계속한다. 그리고 56억 7천만년 뒤에 깨달음을 얻어 인간세상에 중생을 교화하게 될 미래불이다. 여러 보살 가운데 가장 먼저 출현했다.

관세음보살

영화나 드라마를 보면 승려들이 '나무아미타불 관세음보살' 이라고 주문하는 장면이 자주 나온다. 여기서 나무는 '돌아가 구원을 청한다' 는 뜻이고, 아미타불은 깨달음 얻게 해 극락정토로 인도하는 부처의 명호다. 관세음보살은 세상의 모든 소리를 살피는 분이다. 우리가 어려움에 처했을 때 그 이름을 정성으로 외우면 우리를 구제한다는 자비의 보살이다. 아미타불을 스승으로 삼고 그

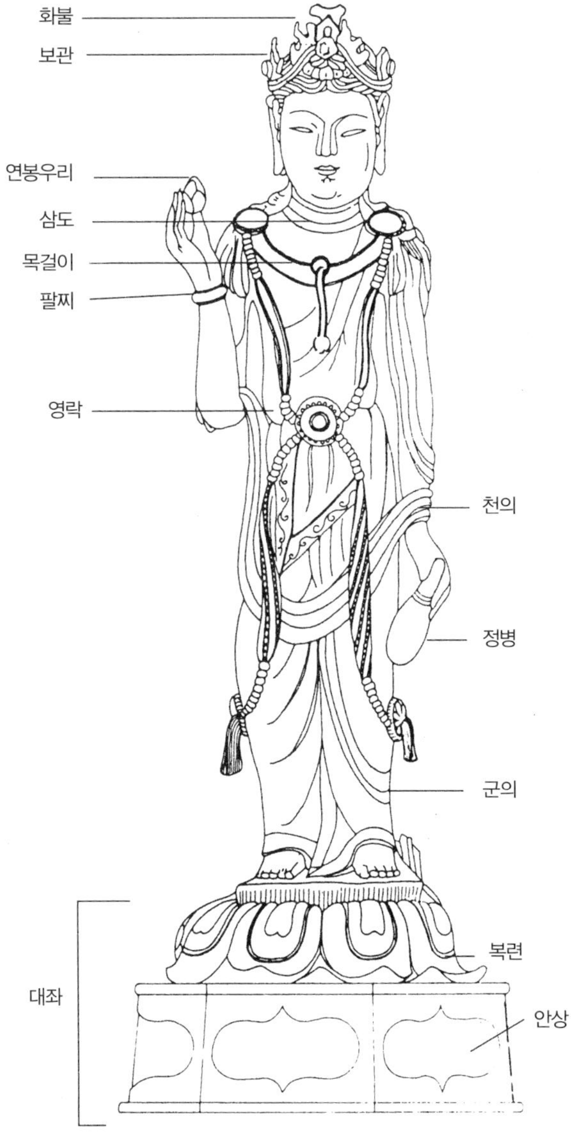
화불
보관
연봉우리
삼도
목걸이
팔찌
영락
천의
정병
군의
복련
대좌
안상

보살상의 세부 명칭

얼굴을 자신의 이마에 두고 모시고 있다. 그래서 '나무아미타불 관세음보살'이라고 하는 것이며, 그 의미는 깨달음을 통해 나를 구제하고 극락으로 인도하는 아미타불과 관세음보살에게 귀의한다는 것이다.

관세음보살은 중생 앞에 자유자재로 나타나 고난을 살핀다고 하여 관자재보살이라고도 불린다. 관음이 부처가 되기 위해 수행 중인 보살이란 뜻도 있고, 원래는 부처였으나 중생 구제를 위하여 현세에 내려온다는 의미도 지닌다. 관세음보살은 자비의 상징이므로 관음상을 제작할 때는 무엇보다도 자비로운 모습을 나타내는 것이 중요하다.

지장보살

석가불의 부탁을 받고, 석가불이 입멸한 후부터 미륵불이 세상에 나타날 때까지 부처 없는 세계에 머물면서 중생을 교화하는 보살이다. 흔히 지옥에서 고통받는 중생을 구제하는 보살로 통한다. 지장보살은 다른 보살상과는 달리 독특한 생김새를 하고 있어 쉽게 구별된다. 일반 보살상에서 보이는 보관, 영락 같은 장식물이 없고 가사를 입은 채 삭발한 스님의 모습이다.

문수보살 · 보현보살

문수보살은 석가모니가 죽은 후 인도에서 태어나 지혜(반야)의 가르침을 널리 펼치는 보살이다. 보현보살은 모든 부처의 이법을 실천하여 중생을 교화하는 일을 맡은 대승불교의 보살 가운데 가장 중요한 보살이다. 공덕을 여러 곳에 골고루 나타내는 행의 보살로 흔히 사자와 코끼리를 탄 모습으로 표현된다. 『화엄경』에서는 비로자나불의 협시보살로 문수보살과 보현보살이 짝을 이뤄 삼존불이 된다.

대세지보살

지혜의 빛으로 모든 중생의 미혹함을 없애주는 보살이다. 지혜에 있어서는 보살 중 으뜸이다. 정수리에 보병을 이고 머리에는 보관을 쓴 모습으로 표현된다. 독립된 상으로 봉안된 경우는 극히 드물고 아미타불의 협시보살로 왼쪽의 관세음보살과 더불어 아미타삼존불을 이룬다.

기타 제상

불교가 성립되기 이전부터 인도에는 브라만교나 민간에서 신앙의 대상이었던 무수히 많은 신들이 존재했다. 이 신들은 불교에 흡수되어 불교 세계를 수호하는 신이 되었다. 천상계에 속하는 범천 · 제척선, 불국토를 동서남북에서 수호하는 사천왕, 절이나 석탑의 문을 지키는 수문장인 인왕, 불법을 받들고 수호하는 팔부신중 등은 엄밀하게 말하면 부처가 아니지만, 넓은 의미에서 불상이라고 본다. 또한 신이 아니면서 부처의 가르침을 지키고 수행하는 나한도 불상의 범주에 포함된다.

나한상

온갖 번뇌를 끊고 깨달음을 얻어 세상 사람들의 존경을 받을 만한 자격이 있는 수행자를 말한다. 아라한이라고도 한다. 석가모니가 열반했을 때 그 법을 전수받아 보호하고 지키는 수행자의 역할을 한다. 처음에는 부처에게 직접 설법을 듣는 불제자를 뜻하였으나 점차 수행을 하고 덕을 갖추게 되면서 사람들에게 공경을 받게 되었다. 소승불교의 수행자 중 가장 높은 지위를 차지하고 있다.

천부상(신장상)

부처와 불법을 수호하고 중생에게 이익을 주는 호법신이다. 사천왕 · 인왕 · 팔부중 등이 유명하다. 이들은 본래 인도의 토착신이었다가 불교에 흡수되었다. 사천왕은 수미산 정상의 중앙부에 있는 제석천을 사방에서 섬기며, 불법과 불법에 귀의하는 사람들을 지키는 수호신이다. 동방의 지국천왕, 서방의 광목천왕, 남방의 증장천왕, 북방의 다문천왕 등이 있다. 이들은 험악한 인상에 두꺼운 갑옷을 입고 손에는 비파, 보검, 여의주, 탑 등의 물건을 들고 있다. 우리나라 절에서는 본당 앞에 천왕문을 만들어 그림이나 나무로 만든 사천왕을 두는 것이 일반적이다.

인왕은 성역의 문을 지키는 수문장이다. 흔히 금강역사라는 이름으로 불린다. 인왕은 본래 인도에서 문을 지키는 신이었다고 한다. 보통 절 입구나 석탑의 문 양쪽에 하나씩 세워져 있다. 팔부중은 인도 재래의 8신으로 불법수호를 목적으로 한다. 불타팔부중과 사천왕팔부중이 있다. 불타팔부중에는 천, 용, 야차, 건달바, 아수라, 가루라, 긴나라, 마후라가 등이 있고 사천왕팔부중에는 지국천왕의 건달바 · 부단나, 광목천왕의 용 · 비사사, 증장천왕의 구반다 · 폐례다, 다문천왕의 야차 · 나찰 등이 있다.

쉬어가기

광배

불상이나 탱화에 그려져 있는 둥근 원. 광염 또는 후광이라고도 한다. 부처의 자비광명을 상징한 것. 이 세상의 어둠을 없애고 진리를 밝히는 빛을 상징화한 것. 광배는 대체로 두광과 거신광의 두 종류로 나누어진다. 두광은 머리에서 비춰나오는 광명을 나타내는 것이고, 거신광은 몸에서 비추어 나오는 광채를 표현한 것. 우리가 일상 생활에서 사용하는 말 중에 '후광을 입었다' 고 할 때 사용하는 후광이라는 단어도 여기에서 유래된 것이다.

사천왕

Summary

우리나라 절에서는 일주문과 본당 사이에 사천왕문을 세우고 나무로 깎은 사천왕을 두어 불법을 수호하도록 하였다.

• **지국천왕**

동쪽을 수호하는 신. 항상 인간 세상을 보살피며 선악을 구별해 복과 벌을 주고, 국토를 수호하는 역할을 한다. 외형적 특징으로는 몸에 약간 푸른빛을 띤다. 오른손에는 칼을 쥐고, 왼손은 주먹을 쥔 채 허리에 대고 있거나 보석을 손바닥 위에 올려놓은 모습을 한다.

• **증장천왕**

남쪽을 지키는 신. 자신의 위엄과 덕으로 만물을 소생시키는 역할을 한다. 외형적으로는 몸에 붉은 기운이 돌고, 화난 듯한 눈을 하는 게 특징적이다. 오른손에는 용을 움켜쥐고, 왼손은 용의 여의주를 살짝 쥐고 있는 형상을 주로 한다.

• **광목천왕**

서쪽을 지키는 신. 죄인에게 벌을 내려 심한 고통을 느끼게 하면서 도심을 일으키도록 하는 사명을 갖는다. 신체가 백색으로 장식되고, 웅변을 통해 나쁜 이야기를 물리친다는 것을 상징하기 위해 입을 벌린 모습을 하고 있다. 오른손에는 삼지창을 들고, 왼손에는 보탑을 들고 있다. 눈을 크게 부릅뜸으로써 그 위엄으로 악한 것을 쫓아낸다고 해서 악안 또는 광목이라고 부른다.

• **다문천왕**

북쪽을 수호하는 신. 어둠 속에서 방황하는 중생을 제도하는 사명을 지녔다. 신체는 검은 색이며, 두 손에 비파를 들고 있다. 오른손가락으로 바파줄을 튕기며, 왼손으로는 비파를 잡고 있는 모습이다. 항상 부처의 도량을 지키면서 부처의 설법을 듣는다고 해서 '다문'이라고도 부른다.

전각

불교 초기에는 절에서 중요한 예배 대상은 불탑이었다. 시간이 흐를수록 불탑은 절을 구성하는 하나의 구조물로 위상이 축소되었고, 불상을 모신 불전이 중요한 위치를 차지하게 된다.

절에 가면 불상이 봉안된 전각 외에도 여러 동의 건물이 들어서 있는 것을 볼 수 있다. 절이 창건된 후 숱한 전란과 화재에도 불구하고 오늘날까지 굳건하게 제자리를 지키고 있는 건물들. 각 전각이 의미하는 바를 알게 되면 절과 불교문화를 돌아보는 눈이 한층 높아진다.

대웅전

석가모니를 본존불로 모시는 전각이다. 우리나라 사찰에서 가장 많은 불전이기도 하다. 대웅이란 현세불인 석가모니불의 존칭 중의 하나다. '큰 힘이 있어서 사마를 항복시킨다' 는 뜻에서 붙여진 부처의 덕호 '대웅' 에서 따온 것이다.

대웅전 안에는 주불로 석가모니불을 봉안하고 좌 · 우에 문수 · 보현보살을 협시보살로 봉안한다. 때에 따라서는 가섭존자와 아난존자가 입불로 모셔지거나, 갈라보살과 미륵보살이 모셔지는 경우도 있다. 삼세불과 삼신불을 봉안하는 경우도 있는데, 우리나라에서는 선종의 삼신설에 따라 비로자나불 · 노사나불을 함께 봉안하는 것이 일반적이다.

대웅보전은 대웅전의 격을 높여 칭할 때 붙인다. 석가모니불 좌우에 아미타여래불 · 약사여래를 모시며, 각 여래상의 주위는 제각기 협시보살을 봉안하기도 한다. 삼세불과 삼신불을 봉안하는 경우도 있다. 삼세불로는 석가모니불

삼신불 Tip

대승불교에서 말하는 것으로 법신불, 보신불, 응신불을 말한다. 법신불은 진리 자체를 의미한다. 형체를 지닐 수가 없으나 8세기에 지권인과 결합한 불상(비로자나불)으로 형상화되어 예배의 대상이 되었다. 보신불은 보살이었을 때 중생을 위해 서원을 발하여 부처가 되리라는 수기를 받고 그 결과로 정각을 이룬 부처다. 아미타불이 보신불에 속한다. 응신불은 인간의 요구에 의해 태어나 중생을 구원하는 부처다. 화신불이라고도 하며 석가불이 해당된다.

해남 미황사 대웅보전

을 중심으로 좌우에 미륵보살과 갈라보살이 협시하게 되며, 다시 그 좌우에 석가의 제자인 가난과 아난의 상을 모시기도 한다.

갈라보살은 정광여래로서 과거불이며, 미륵보살은 미래에 성불하여 미륵불이 될 미래불이므로 과거, 현재, 미래를 연결하는 삼세불을 봉안하는 것이다.

삼신불은 법신, 보신, 화신으로 구별하며, 일반적으로 법신은 비로자나불, 보신은 아미타불과 약사여래, 화신은 석가모니불을 지칭한다. 우리나라의 대웅전에 봉안하는 삼신불은 선종의 삼신설에 따라 비로자나불, 노사나불, 석가모니불을 봉안하는 것이 통례로 되어 있다.

대적광전

화엄종 계통의 사찰에서 광명을 두루 비춘다는 비로자나불을 본존불로 모신 불전이다. 대적광전은 화엄경의 세계가 연화장세계, 즉 대정적의 세계라는 뜻에서 나온 말이다. 다른 이름으로는 화엄경에 근거한다는 뜻에서 화엄전, 화엄경의 주불인 비로자나불이 봉안되었다고 해서 비로전 등이 있다.

대적광전은 전각 중에서 가장 큰 규모로 지어진다. 주불인 비로자나불 좌우에 화신불로서의 석가모니불과 보신불로서의 아마타여래를 봉안한다. 이와 더불어 화신불과 보신불은 각각 그 좌우에 문수 · 보현 · 관음 · 세지보살을 협시로 봉안하기도 한다. 비로자나불의 광명이 모든 곳에 두루 비친다는 의미로 대광명전, 광명전이라고도 한다.

극락전

극락세계의 주재자인 아미타불을 주불로 모시는 불전이다. 아미타전 또는 무량수전이라고도 한다. 아미타전이라 할 때는 아미타여래를 주불로 모신 불

❶ 예산 수덕사 대웅전 건립연대가 밝혀진 가장 오래된 목조건물이다. 정면 3칸, 측면 4칸의 맞배지붕이다. 1937년 수리할 때 발견된 묵서명에 의하면 고려 충렬왕 34년(1308)에 지어진 건물이라는 것을 알 수 있다. 수덕사 대웅전을 기준으로 고려시대 건축물들의 연대를 짐작할 수 있으니 건축사적으로 매우 중요하다. 측면에서 바라보는 대웅전의 모습이 일품이다. 앞뒤로 부드럽게 흘러내리는 맞배지붕의 선과 건물 옆면에 구성된 회벽과 목부재가 만들어 내는 구도는 아름다움의 극치라고 할 수 있다.

❷ 경주 기림사 대적광전 정면 5칸, 측면 3칸 다포양식의 맞배지붕 건물이다. 장대석으로 쌓은 낮은 기단 위에 자연석 초석을 놓고 그 위에 배흘림기둥을 세웠다. 겉모습은 맞배지붕에서 오는 단아함과 본전다운 무게를 함께 갖추었다. 창살의 문양이 시원하면서도 아름다운 건물이다.

❸ 부여 무량사 극락전 일반 사찰에서는 보기 드문 2층 불전이다. 아랫층은 정면 5칸, 측면 4칸, 윗층은 정면 3칸, 측면 2칸의 팔작지붕 건물이다. 외부에서 보면 2층으로 보이지만 내부는 아래위가 뚫려 있다. 극락전 내에는 중생을 구제하여 극락정토로 인도한다는 아미타불이 봉안되어 있고, 관세음보살과 대세지보살을 협시로 두고 있다. 극락전의 현판은 김시습이 쓴 것이라고 한다.

전임을 뜻하고, 무량수전이라 했을 경우 무량수불이 주불이라는 의미이다. 그러나 아미타여래와 무량수불이 같으므로 그 뜻은 결국 같다.

극락전이라는 명칭은 아미타여래나 무량수불의 정토를 극락이라 한 데서 유래된 것이다. 우리나라에서는 대웅전, 대적광전과 함께 3대 불전으로 손꼽을 만큼 많이 건립되었다. 이상향인 극락이 서쪽에 있으므로 보통 동향으로 배치한다.

미륵전

미륵불을 주불로 봉안하는 불전이다. 미륵은 원래 유가유식학을 체계화시킨 인도의 학승이었는데, 법상종의 주존불로 신앙되고 있다. 미륵불이 출현하는 곳이 용화세계이므로 용화전이라고도 한다.

관음전

'자비의 화신' 으로 대승불교 경전에서 가장 인기가 있던 관음보살을 주불로 봉안한 불전이다. 관음보살이 사원의 주불일 때 원통전이라고도 하는데, 관음전은 부속 불전일 때 붙이는 이름이다. 원통전은 관음보살의 대자대비함이 세상 모든 곳에 통한다는 의미를 담고 있다.

약사전

우리 민족이 선호하는 5대 부처 중 하나인 약사여래를 모신 전각이다. 약사여래는 중생들의 육체적 질병과 마음의 고통을 치료해주는 역할을 하는 부처다. 약사여래는 과거에 약왕이라는 보살로 수행하면서 중생의 아픔과 고통을 없애준다는 공덕으로 부처가 되었다. 누구라도 약사여래의 이름을 외우고 보호해 주기를 빌면 모든 질병이 낫는다는 신앙은 일반에 널리 퍼져 중요한 신앙

❶ 영주 부석사 무량수전 우리나라를 대표하는 목조건축물이다. 정면 5칸, 측면 3칸 주심포양식의 팔작지붕을 하고 있다. 기둥머리나 기둥뿌리에 비해 가운데 배 부분의 지름이 더 큰 배흘림기둥으로 유명하다. 주심포양식의 기본을 가장 잘 남기고 있으며, 가구방식이나 세부수법에 있어서 후대의 건물에서 보이는 장식적인 요소가 적어 간결하다는 특징이 있다. 무량수전의 현판은 고려 공민왕의 글씨이다.

❷ 김제 금산사 미륵전 우리나라에서 보기드문 3층 법당이다. 미륵장륙상을 봉안하였다 해서 용화전, 산호전, 장륙전이라고도 불린다. 정유재란 때 불타버린 것을 인조 13년(1635) 수문대사가 중건하였다. 외관상으로는 3층 건물이지만, 안은 통층으로 되어 있다. 1층과 2층은 정면 5칸, 측면 4칸이며, 3층은 정면 3칸, 측면 2칸이다. 1층에서 3층으로 갈수록 체감률이 커서 장중하고 든든한 느낌을 준다. 1층에는 대자보전, 2층에는 용화지회, 3층에는 미륵전이라 쓰인 현판이 붙어 있다.

❸ 대구 파계사 원통전 1977년 봉안된 보살상의 개금불사 때 영조의 어의가 나와서 파계사의 중심전각이 되었다. 정면 3칸, 측면 3칸의 맞배지붕 건물이다. 원통전은 '관음전'이라고도 하며, 관세음보살을 주불로 봉안한다.

의 하나가 되었다.

나한전

석가모니불을 주불로 봉안하고 좌우 주위에 석가를 보호하는 나한상을 봉안한다. 나한으로는 16나한과 500나한이 유명하다. 16나한상을 모신 전각을 응진전, 500나한을 모신 전각을 나한전이라 부른다. 나한전은 불교에 있어 수도승에 대한 신앙 형태를 나타내는 곳으로 규모가 큰 사원에는 어디에나 들어선다.

명부전

저승의 심판관인 시왕을 모신 전각. 중생을 구제하는 지장보살을 본존으로 하고 있어 지장전이라고도 한다. 시왕은 지옥에서 죽은 사람이 생전에 지은 죄의 경중을 판결하는 10명의 왕이다. 우리가 알고 있는 염라대왕도 시왕 중 하나다.

불교에서는 저승에서 죽은 사람을 심판하는 곳을 명부라고 한다. 사람이 죽은 날로부터 49일까지는 7일마다, 49일 이후에는 100일, 소상, 대상까지 열 번

쉬어가기

5교9산은 무엇인가

5교는 신라불교에서 경전과 교리를 중시한 교종의 5종파이다. 선덕여왕 때 자장이 통도사를 중심으로 세운 계율종, 경덕왕 때의 진표가 금산사를 중심으로 세운 법상종, 무열왕 때의 보덕이 경복사를 중심으로 세운 열반종, 문무왕 때 원효가 분황사를 중심으로 세운 법성종, 문무왕 때 의상이 당나라에 가서 화엄교학을 공부하고 돌아와 부석사를 중심으로 세운 화엄종 등이다.

9산은 좌선을 통한 해탈을 중시하고, 설교 문자 대신 불심을 전하는 것을 중시한 선종의 9개 사찰이다. 통일신라시대 승려들이 중국에 가서 달마의 가르침을 배우고 돌아와서 세웠다. 홍척국사가 남원 실상사에서 개산한 실상산문, 도의국사가 장흥 보림사에서 개산한 가지산문, 혜철국사가 곡성 태안사에서 개산한 동리산문, 도윤국사가 영월 흥녕사에서 개산한 사자산문, 범일국사가 강릉 굴산사에서 개산한 사굴산문, 도헌국사가 문경 봉암사에서 개산한 희양산문, 현욱국사가 창원 봉림사에서 개산한 봉림산문, 무염국사가 보령 성주사에서 개산한 성주산문, 이엄이 해주 광조사에서 창건한 수미산문 등을 말한다.

에 걸쳐 시왕에게 자신의 선악을 심판받는다고 한다. 그래서 죽은 사람의 명복을 빌기 위해 명부전에서 재를 모신다. 지장보살의 자비를 얻어 저승에서 벗어나 좋은 곳에서 다시 태어나게 하기 위해서다. 명부전은 사람들에게 불교를 착실하게 믿고 불공을 잘 드려야 죽은 다음에도 공정한 심판을 받고 극락세계에 갈 수 있다는 것을 설교하는 장소다.

조사전

선종에서는 불상에 대한 신앙만큼이나 조사나 절의 창건주에 대한 신앙이 강하게 나타난다. 그렇기 때문에 조사의 사리탑인 부도를 건립하고 역대 조사들의 영정을 봉안한 조사당을 짓는다. 조사의 영정을 봉안했다고 해서 응진전이라고도 한다. 절에 따라서는 개산조만을 따로 모셔 개산조당이라 하는 경우도 있다.

산신각

우리나라 절에서만 볼 수 있는 독특한 전각이다. 산신은 원래 불교와 관계없는 신이지만 불교가 토착화되는 과정에서 민간 신앙을 수용한 것이다. 주로 호랑이와 노인상으로 표현되는 산신을 탱화로 만들어 걸어 놓는다. 처음부터 불교의 신이 된 게 아니고 한국의 민간에서 믿던 신이 불교화 되어 전이라 하지 않고 각이라는 명칭을 붙였다. 산신각에서는 주로 자식과 재물을 기원하는 기도가 많이 열린다.

칠성각

칠성은 중국의 도교와 깊은 관련을 지닌 신이다. 칠성각은 예부터 아들을 얻기 위해 부녀자들이 치성을 드리던 곳이다. 칠성도 산신과 마찬가지로 불교와는 무관한 것이었다. 산신과 같은 과정을 거쳐 수명장수 신의 성격을 갖고 있다. 우리나라 절에서만 볼 수 있는 특유한 전각이다. 조선시대에 나타나기 시작해서 지금은 전국 대부분 절에 들어서 있다.

천왕문

사찰의 산문으로서 불법을 수호하는 사천왕을 봉안한 전각. 절 안으로 들어오는 모든 악귀를 제거하는 기능을 갖는다. 사천왕은 툭 불거져 나온 부리부리한 눈, 잔뜩 치켜 올라간 검고 짙은 눈썹, 호령하는 듯 크게 벌린 입 등 험상궂은 표정으로 불국정토의 외곽 사방(동 · 서 · 남 · 북)을 지킨다. 손에는 각자 무기를 들고, 발로는 악귀를 밟고 있는 모습이다. 사천왕은 본래 고대 인도에서 받들어졌던 귀신들의 왕이었으나, 석가모니에게 감화받고 부처와 불법을 지키는 신이 되었다. 사천왕은 천하를 두루 살피면서 착한 이에게는 상을 주고, 악한 이에게는 벌을 내린다고 한다.

금강문

금강문을 지키는 수호신은 금강역사다. 불탑이나 절의 문 양쪽에 세우는 문으로 금강역사가 수문신장 역할을 한다. 간혹 천왕문 안에 조각상을 만들어 세우기도 하고, 금강역사만을 둔 금강문을 천왕문 앞쪽에 세우기도 한다. 우리나라 절에서는 천왕문의 대문에다 금강역사의 모습을 그려 놓는 경우가 보편적이다. 금강문이나 천왕문은 절 입구에서 모든 악한 것과 사한 것을 봉쇄하므로 속세와 탈속의 세계가 구분되며, 가람의 내부는 청정도량이 되는 것이다.

쉬어가기

불상이 없는 불전

부처의 진신사리를 모신 곳은 따로 불상을 봉안하지 않고 불단만 둔다. 부처의 몸에서 나온 진신사리는 곧 부처와 같다. 그렇기 때문에 불상을 두지 않는다. 대신 전각 바깥쪽에 사리탑을 세우거나 계단을 만들기도 한다. 이러한 절을 적멸보궁이라고 한다. 적멸보궁은 석가모니가 〈화엄경〉을 설파한 중인도 마가다국 가양성의 남쪽 보리수 아래의 적멸도량을 뜻한다.

우리나라에는 5곳의 적멸보궁이 있는데 양산 통도사, 설악산 봉정암, 영월 법흥사, 태백산 정암사, 오대산 적멸보궁 등이 그곳이다. 모두 신라시대 때 자장이 당나라에서 귀국할 때 가져 온 불사리 및 정골을 직접 봉안해 두었다. 다만 정암사의 사리는 임진왜란 때 사명대사가 왜적의 노략질을 피해서 통도사의 것을 나누어 봉안한 것이다.

천불전

해남 대흥사의 천불전은 가운데 삼존불을 비롯해 옥으로 만들어진 1천불이 모셔져 있다. 천 가지 형상을 한 천불상은 누구든지 언제 어디서나 부처가 될 수 있다는 대승불교의 근본 사상을 나타내는 것이다. 이곳의 천불상은 약 6년간 10명의 장인이 조각한 것으로 경주에서 만들어졌다.

대흥사로 옮기기 위해 3척의 배에 나눠 싣고 항해하던 중 배 한 척이 풍랑을 만나 일본 장기현으로 떠내려갔다. 일본인들은 3백여 개의 옥불이 온 것을 이상하게 여겨 서둘러 절을 짓고 봉안하려 했는데, 일본인들의 꿈에 옥불들이 나타나 "조선국 해남 대흥사로 가는 길이니 이곳에 봉안해서는 안 된다"고 일러주었다. 결국 일본인들은 옥불을 거두어 해남으로 보냈는데, 일본을 거쳐온 불상들은 밑바닥에 '日' 자가 새겨져 있다고 한다.

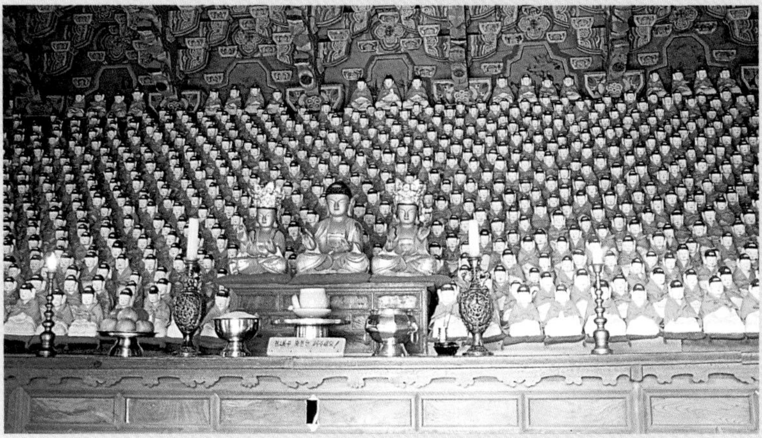

부도

부도는 탑과 함께 불교문화를 이해하는데 매우 중요한 석조물이다. 탑이 석가모니의 사리를 안치한 불탑의 성격을 갖는 것이라면, 부도는 고승의 사리나 유골을 안치하는 승려의 묘탑으로 중요한 위치를 차지한다. 탑이 절의 중심부에 세워지는 반면, 부도는 외진 곳에 세워진다.

부도의 어원은 부다(buddha)를 번역한 것이라고 한다. 따라서 모든 불상과 불탑이 부도이며, 승려까지 부도라 부르기도 한다. 우리나라에서는 일반적으로 부도라 하면 스님의 사리탑을 의미한다.

4세기 후반에 불교가 들어온 뒤부터 우리나라에는 시신을 화장하여 그 유골을 거두어 묻는 장례법이 크게 유행했다. 그러나 고승의 사리나 유골을 모시는 부도는 중국 당나라로부터 선종이 들어온 9세기 이후에 나타난다. 선종의 구산선문은 스승에게서 제자로 법맥을 대물림하면서 불상 숭배보다는 조사(창건주)들의 사리와 유골을 담은 묘탑을 중요한 예배 대상으로 삼았고, 이에 많은 부도들이 건립된 것이다

『삼국유사』에 의하면 삼국시대 말(627~649)에 원광법사의 부도를 세웠다고

▲ 법천사지지광국사현묘탑 경복궁 경내에 있는 높이 6.1m의 고려시대 부도다. 현존하는 우리나라 부도 중에서 가장 크고 특별한 걸작으로 꼽힌다. 본래는 강원도 원주의 법천사 옛터에 있었던 것인데, 일제시대 때 일본으로 반출되었다가 반환되어 현재의 위치로 옮겨왔다. 부도의 주인은 고려시대의 고승 지광국사다. 신라시대 이후 부도의 전형 양식으로 내려온 팔각원당형에서 벗어나 전혀 새로운 양식을 하고 있다. 사각형의 기단부를 구성하고, 그 위에 탑신과 상륜부를 올렸다. 넓은 지대석의 네 모서리에 용의 발톱 모양 조각을 지면에 닿게 하여, 지대석이 땅을 움켜쥐고 있는 듯한 안정감을 주고 있다. 2단의 기단 각 면에는 신선, 연화문, 초문 등이 가득 조각되어 있다. 탑신의 앞뒤에는 문비가 있고, 좌우측 면에는 페르시아 계통의 창문과 영락 등을 조각하였다. 옥개석도 사각형으로 부처, 보살, 봉황 등이 가득 새겨져 있다.

한다. 기록에 의하면 원광법사의 부도가 우리나라 최초의 부도가 된다. 하지만 문헌상의 기록으로 전할 뿐 실제 부도는 전해지지 않아서 신라 문성왕 6년(844)에 제작된 전홍법사염거화상탑(국보 제104호)이 가장 오래된 부도로 추정되고 있다.

부도는 석탑이나 석등 같은 석조물과 달리 탑비와 함께 건립된다. 탑비에는 부도의 주인과 그의 삶의 행적이 적혀 있어 당시의 사회, 문화, 역사를 알 수 있는 소중한 자료가 된다.

형식

부도의 기본 형식은 석탑과 마찬가지로 기단부 · 탑신부 · 상륜부 등 세 부분으로 이루어진다. 그렇지만 외형적인 생김새는 많이 다르다. 기단부는 석탑과는 달리 연꽃 문양을 새기는 등 화려하고, 탑신부는 단층의 집 모양으로 정교하게 꾸몄으며, 상륜부는 석탑보다 간결하게 마무리 했다.

팔각원당형

우리나라 부도의 주류를 이루는 전형 양식이다. 기단부 · 탑신부 · 상륜부가 모두 팔각형이다. 신라시대에 조성된 부도는 모두 팔각원당형을 기본으로 삼고 있다. 옥개석은 목조건물의 지붕에서 볼 수 있는 기왓골 양식을 따르고 있으며, 기단이나 탑신부에는 사자 · 시장 · 연화 · 비천 그리고 목조건축의 세부 조각 등이 음각되어 있다. 신라말과 고려 초기에 우수한 작품이 많이 제작되었으며, 고려에 이르면 양식이 석탑처럼 다양해진다. 팔각원당형을 계승하면서 세부적으로 변화를 꾀하거나 아니면 전혀 다른 양식들이 나타난다.

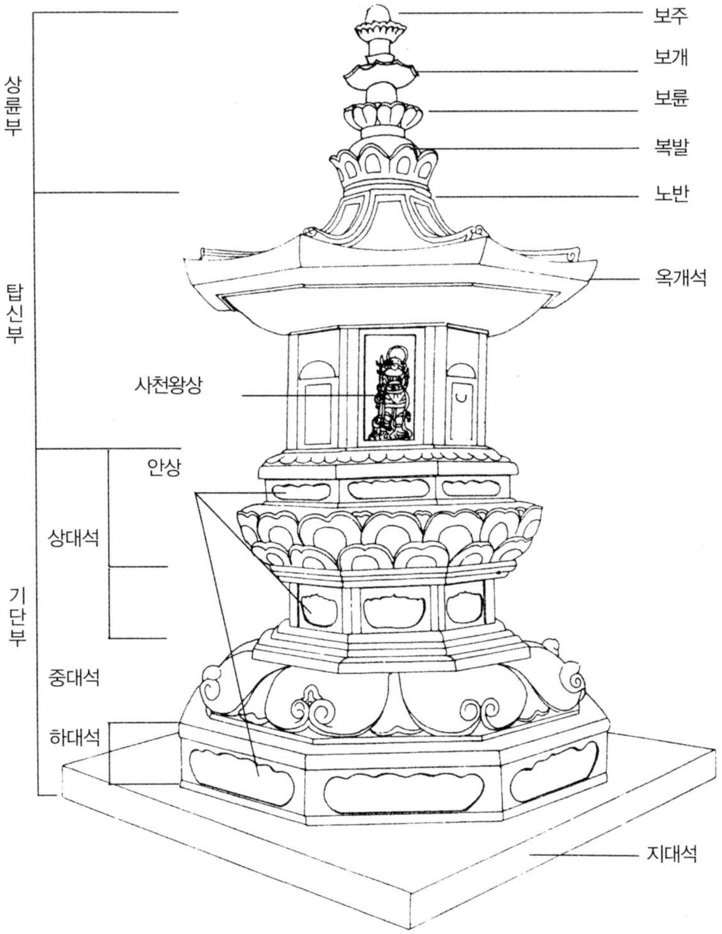
보주
보개
보륜
복발
노반
옥개석
사천왕상
안상
상대석
중대석
하대석
지대석
상륜부
탑신부
기단부

부도의 세부 명칭

❶ 원주 거돈사지원공국사승묘탑 높이 2.68m의 고려시대 부도. 부도의 전형인 팔각원당형으로 비례가 적당하고, 중후한 품격을 풍기는 우수한 작품이다.

❷ 남원 실상사증각대사응료탑 높이 2.42m의 통일신라시대 부도. 신라 선문구산의 하나인 실상사파를 개산한 증각대사 홍척의 묘탑이다. 방형 지대석 위에 8각으로 된 2단의 하대석이 놓였다. 옥개석은 낙수면에 기왓골이 표현되고, 처마에는 목조건물의 서까래가 표현되었다.

❸ 화순 쌍봉사철감선사탑 높이 2.3m의 통일신라시대 부도. 팔각원당형의 수법을 따르고 있다. 다른 부도에 비해 각 부분의 세부조각이 나무를 깎아 조각한 듯 매우 정교하고 화려하다.

❹ 구례 연곡사동부도 높이 3m의 통일신라시대 부도. 현존 부도 중 가장 뛰어난 작품이다. 탑에 새겨진 세부 조각이 마치 나무를 깎아 놓은 듯 정교하고 뛰어나다.

❺ 경주 불국사사리탑 높이 2.06m의 고려시대 부도. 옥개석의 일부가 훼손되었으며 석질이 약해서 곳곳에 풍화 현상이 있지만 비교적 완전한 형태로 보전되어 있다.

❻ 해남 대흥사부도전에는 호국불교의 상징으로 여겨지는 서산대사를 비롯 초의, 호암, 상월 등 13명의 대종사와 만화, 원오, 연해, 광열 등 13명의 대강사를 위시해 여러 고승들의 부도가 모셔져 있다.

▶ 양양 진전사지부도 속초공항에서 설악산 방향으로 20여리 안쪽에 있는 둔전 마을의 진전사터에 세워진 높이 3.17m의 통일신라시대 부도다. 기단부는 일반형 석탑과 마찬가지로 사각형의 2중 기단이고, 탑신 위로는 팔각으로 된 팔각원당형 부도의 형식을 따르고 있다. 신라 선문구산의 효시였던 가지산파를 개산한 도의국사의 부도로 추정된다.

방형

부도의 기본 형식인 팔각원당형을 벗어나 평면 사각을 기본으로 삼아 일반 석탑과 같은 형태의 특수한 형식이다. 방형 부도는 고려시대 이후에 나타난다. 대표적인 작품으로는 법천사지지광국사현묘탑(국보 제101호)을 들 수 있다. 고려시대 부도 중 최고의 걸작으로 꼽히는 이 부도는 탑 표면에 화려한 문양이 가득 새겨져 있다. 특히 탑신의 앞뒷면에 새긴 문짝 모양과 좌우에 새긴 페르시아 계통의 영창 · 영락 등은 아라비아의 분위기를 느끼게 한다.

오륜형

기단부와 옥개부는 팔각원당의 기본형을 유지하면서 탑신부를 원구형으로 만든 특이한 형태의 부도이다. 탑의 형태가 오륜탑의 탑신, 옥개 등의 요소를 지녔기 때문에 붙여진 이름이다. 오륜탑이란 고대 인도의 5대 사상을 구상화한 것이다. 오륜은 우주의 근원을 이루는 요소로 맨 밑은 땅(地) · 다음은 물(水) · 그 위는 불(火) · 바람(風) · 하늘(空)을 상징한다.

복발형

인도의 복발탑에서 유래된 것으로 종 모양의 탑신부만 조성하고 전체적으로 구조가 매우 간소화 된 형태다. 부도의 모습이 종 모양과 같아서 '석종형' 이라고도 한다. 복발형은 신라 말에 울산 태화사지십이지상부도(보물 제441호)가 처음 제작되었고, 고려 말기에 점차 늘어나면서 조선시대에 들어서는 대표적인 양식으로 자리 잡았다.

쉬어가기

방등계단이란?

승려가 계를 받는 곳으로 높이 쌓아올렸다고 해서 단이라고 한다. 석가모니 생존 시 비구들이 계를 받기를 원하자, 석가가 허락하여 기원정사 남동쪽에 단을 세우게 한 것이 시초이다. 우리나라에서는 신라 때 자장이 중국으로부터 도입해와 통도사에 처음으로 계단을 세웠다. 금강계단은 부처의 사리(진신사리)를 모셔놓고 수계의식을 행하는 곳이다. 부처의 사리가 부처의 현신이라고 믿는데서 온 것이다.

탑비

비는 돌에 글을 새겨 놓은 것이다. 그중에서 탑비라 하면 승려의 일생과 업적을 적은 것을 말한다. 탑비는 홀로 세워지지 않고 부도와 함께 조성된다.

탑비를 세우는 것은 부도와 마찬가지로 스승과 제자를 통해 이어지는 법맥을 중시하는 선종이 유행하면서 고승에 대한 존경심이 커져서이다. 불교가 성했던 통일신라와 고려시대에는 고승이 사망하면 왕이 직접 시호와 탑명을 내리고, 당대 최고의 문장가와 명필에게 비문을 짓고 글을 쓰게 하는 일이 많았다.

비의 내용은 개인의 일생에 관한 것이다. 비의 앞면에는 승려의 출생에서부터 승려가 되는 시기, 법맥, 활동 등 일생이 기록되어 있다. 뒷면에는 탑비를 조성한 제자와 문도들의 이름이 적혀 있다. 간혹 "승려에 대한 기록이 뭐가 중요해?" 하고 묻는 사람들이 있다. 굳이 이에 대한 대답을 하자면 "매우 중요한 역사 자료야." 라고 말할 수 있다. 그 이유는 탑비의 내용이 일반 역사서에서는 보기 어려운 것들이고, 주인공이 당대를 대표하는 고승이기 때문이다. 탑비 주인

▲ 강진 무위사선각대사편광탑비 벽화보존각 건너편에 있는 높이 2.35m의 고려시대 부도. 신라 말기의 고승인 선각대사의 것으로 귀부와 비신, 이수를 모두 갖춘 완전한 모습이다. 비신을 받치고 있는 귀부의 머리는 조각이 뚜렷하고 입에는 여의주를 물고 있다. 이수 부분은 운룡문과 쌍룡문으로 사실적으로 조각되어 있는 우수한 조각기법을 보여준다. 선각대사는 가지산 보림사를 연 체징선사에게 사사하고, 당나라에서 유학하고 14년 만에 돌아와 무위사에 8년간 머물렀다. 선각이란 이름과 편광탑의 명칭은 그가 입적하자 고려 태조가 내린 것이다.

공의 법통이나 당시 불교 상황을 확인할 수 있는 소중한 사료다. 또한 최고의 문장과 글씨가 담겨 있으니 문학이나 서체를 연구하는 데 매우 중요하다. 탑비는 미술사적으로도 가치가 높다. 단순히 비석만 세우는 게 아니라 비석을 지지하는 비신받침과 비석 위에 지붕돌을 얹는데, 여기에 장식 효과가 뛰어난 조각을 하기 때문이다.

탑비의 형식

비석을 받치는 대좌, 비문을 새기는 비신, 그리고 비신을 덮는 지붕돌 등 세 부분으로 이루어진다.

비받침(대좌)

비신을 지탱하는 부분으로 주로 거북이 형태를 조각한 후 등 위에 직사각형의 홈을 파서 비신을 끼우게 되어 있다. 거북이를 형상화한 것은 거북이 십장생의 하나로 장수를 상징하는 동물이기 때문에 비와 비의 내용이 후세에 영구히 전해지라는 의미를 담고 있다. 거북머리 대신 용으로 표현하기도 하는데, 이는 통일신라 태종무열왕릉비에서 처음 등장했다.

거북 모양이 아닌 네모로 깎은 방부 형태의 대좌도 있다. 방부는 네모의 대석에 아무 장식도 하지 않는 것이 보통이나 어떤 탑비에서는 꽃잎을 새기기도 한다.

비몸(비신)

승려의 행적을 기록하는 부분이다. 대개 긴 직육면체로 깎아 세우는데, 앞면을 비양, 뒷면을 비음이라 한다. 비몸의 상단부 또는 이수에 비의 명칭을 새기는데, 이것을 제액이라 한다. 전서로 쓴 것을 전액, 예서로 쓴 것을 예액이라 한다.

▲ 장흥 보림사보조선사창성탑비 비받침은 거북의 몸에 여의주를 문 용의 머리로 표현되었다. 비몸의 비문은 당대의 문장가인 김영이 짓고, 글씨는 김원과 김언경이 썼다고 한다. 처음 시작부터 7행의 '선(禪)' 자까지는 김원이, 그 다음 '사(師)' 부터는 김언경이 쓴 것이라고 한다.

▲ 문경 봉암사지증대사적조탑비 봉암사의 창건한 지증대사의 부도다. 지증대사는 구산선문의 하나인 희양산파의 창시자다. 882년 지증대사가 봉암사에서 입적하자 왕은 '지증'이란 시호와 '적조'라는 탑명을 내리고 최치원에게 비문을 짓도록 하였다. 최치원의 사산비명 가운데 하나로 유명하다.

비머리(개석)

탑비의 윗부분으로 개석 또는 관석이라고도 한다. 이수라는 명칭으로 사용되기도 하는데, 이수란 이무기를 새긴 비머리를 의미한다. 이수라 부르는 것은 지붕돌에는 이무기와 구름을 혼용해서 조각하는 게 일반적이기 때문이다. 이무기는 용과 비슷하게 생긴 상상의 동물이다. 용은 뿔이 있는데 비해 이무기는 뿔이 없는 게 특징이다. 이수가 변형되어 단순히 이수의 윤곽만을 나타내거나 꽃잎의 문양만을 새긴 것을 관석이라 부른다.

석등

불교에서 등불을 밝히는 것은 공양 중에서도 으뜸이다. 그러므로 석등은 절에서 행하는 의식에서 빠져서는 안 되는 중요한 도구이다. 석등의 기능은 등불을 밝히는 것이지만, 연등의 의미를 상징화하여 그 상징적 의미를 가람배치에 나타낼 생각으로 석등을 만든 것이다.

석등이 언제부터 생겨났는지는 정확하게 알 수 없다. 다만 익산 미륵사지와 부여 가탑리 폐사지에서 석등 파편이 출토된 것으로 보아 삼국시대부터 만들어진 것으로 알려져 있다. 석등의 구체적인 양식을 알 수 있는 것은 통일신라시대 이후의 작품을 통해서다. 이때부터 세부 조각이 복잡하고 화려한 공예적인 석등이 제작된다.

석등은 크게 다섯 부분으로 나눠진다. 맨 아래쪽부터 아래받침돌, 중간받침돌(기둥), 윗받침돌, 불을 밝히는 화사석, 그리고 맨 위의 지붕돌로 구성된다. 지붕돌 위에는 보주를 얹는 것이 일반적이다. 석등에서 가장 중요한 부분인 화사석은 팔각형에 네 면에 화창을 설치하는 것이 기본형이지만, 팔면에 모두 창이 있거나 육각형 또는 사각형으로 변화하기도 한다.

등에 불을 밝히는 것은 어둠과 번뇌를 물리치고
영원한 진리의 광명을 밝힌다는 의미다.
등의 밝힘으로 어두운 마음이 부처의 지혜처럼 밝아지고
따뜻한 마음이 온 세상에 퍼져 부처의 자비가 충만해진다고 한다.

통일신라

통일신라시대에 주류를 이루는 석등은 팔각 형태를 한다. 정사각형의 지대석 위에 복련(연꽃을 엎어놓은 모양의 무늬)을 조각한 팔각의 아래받침돌을 얹고, 그 위에 가늘고 긴 팔각의 기둥을 세우고, 다시 앙련(연꽃이 위로 향한 것처럼 그린 문양)을 새긴 팔각 윗받침돌을 두어 화사석을 받치는 형식이다. 지대석을 제외하고는 모두 팔각이다. 이런 석등은 단조로운 형태를 지니지만 각부의 비례가 더할 수 없이 조화를 이뤄 경쾌하면서도 우아한 느낌을 주는 것이 특징이다.

팔각형 석등 외에도 이형적인 형태의 석등도 등장한다. 먼저 간주석의 형태가 북 모양을 하고 있는 고복형이 있다. 석등의 전체적인 모습은 팔각형의 전형 양식과 별반 차이가 없지만, 간주석이 원형인 점이 다르다. 고복형 석등의 특징으로는 복련석이나 지붕돌의 귀꽃이 여느 석등에 비해 크게 표현된다는 점이다.

두 마리의 사자가 서로 마주보고 서서 화사석을 받치고 있는 쌍사자석등도 있다. 기둥 대신 사자 두 마리가 앞발을 들어 앙련석을 받치고 있는 형태다. 쌍사자석등은 통일신라시대에 유행하기 시작해 고려시대와 조선시대에 이르기까지 그 전통이 이어진다.

고려

고려시대 초기에는 전시대의 양식을 계승하고 있지만 점차 정사각형을 기본형으로 하는 독창적인 고려 양식이 나타난다. 원형의 기둥 위에 사각형의 화사석을 얹은 형식이 두드러지고, 육각의 화사석도 한때 유행했다.

기둥에는 두 마리 사자가 마주보고 서서 윗받침돌을 받들고 있는 통일신라시대 쌍사자석등 양식에서 쌍사자가 직접 윗받침돌을 받들지 않고 기둥에 장

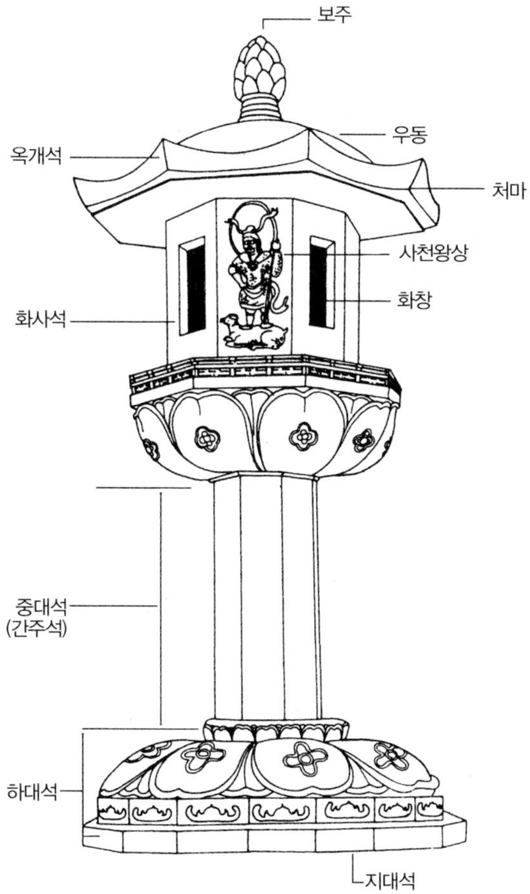
보주
우동
옥개석
처마
사천왕상
화창
화사석
중대석
(간주석)
하대석
지대석

석등의 세부 명칭

식되는 양식으로 변하고 있으며 화사석이 커지고 지붕돌의 처마가 두꺼워진다. 고려시대 석등은 통일신라에 비해 전체적으로 세련미가 떨어지고 둔중한 느낌을 준다.

조선

조선시대의 석등은 사각형을 기본으로 한다. 그러면서 우리나라 석등 형식의 특징이라 할 수 있는 가늘고 긴 기둥이 사라지고 짧고 두터운 형태의 기둥이 나타난다. 기둥이 짧게 바뀌는 반면에 화사석은 길고 커진다. 이런 변화는 조선시대에 임금이나 정승의 능묘 앞에 세우는 장명등으로 옮아가는 과도기적 현상이라 할 수 있다. 아래받침돌에는 복련을 돌리고 기둥은 넓어지면서 작아지고 윗받침돌에는 앙련을 조각하는 수법은 바로 장명등에서 흔히 볼 수 있는 것이다.

쉬어가기

연등

연등은 사월 초파일인 석가탄신일을 축하하는 의미로 제작하는 연꽃 모양의 등이다. 등이라는 것은 어둠을 밝히는 것이므로 불교에서는 이를 지혜에 비유한다. 부처의 지혜와 가르침을 대명등이라고 하여 부처의 법등이 중생의 어리석음과 세상의 어둠을 밝혀준다는 뜻을 가지고 있다. 불전에 등불을 켜고, 연등행사를 치르는 것은 부처의 지혜와 가르침을 배우고 실천해 온 세상에 진리의 법등을 밝히겠다는 것이다.

❶ 논산 관촉사석등 고려시대 석등. 사각형의 화사석을 2층으로 구성한 것이 특징이다.

❷ 구례 화엄사각황전앞석등 통일신라시대 석등. 지대석과 화사석을 연결하는 기둥이 장구모양을 하고 있는 것은 전라도 지방의 석등에서 보이는 특색이다.

❸ 보은 법주사쌍사자석등 통일신라시대 석등. 기둥을 뒷발을 들고 가슴을 마주하고 서서 앞발을 들어 앙련의 상대석을 받치는 사자로 대신하였다.

❹ 영주 부석사무량수전앞석등 신라시대 석등. 화사석 조각의 세련되고 단아함이 매우 뛰어나다.

당간지주

절에서 매달던 깃발이 바로 당이고, 당을 매달아 두는 장대가 당간, 그리고 당간을 좌우에서 지탱하는 두 개의 버팀목이 당간지주이다. 그러므로 당간지주가 서 있는 곳은 빈 벌판의 석탑과 마찬가지로 절이 있었음을 알 수 있다.

옛날에는 절 입구에 긴 장대에다 깃발을 매다는 게 하나의 관례였다. 절에서 기도나 법회 등의 의식이 있을 때 이를 알리고, 때로는 절의 종파를 알리기 위해 매달아 두었던 것이다.

당은 통일신라시대부터 성행했다. 그러나 당은 내구성이 없어 남아 있지 않고, 돌이나 쇠, 금동으로 만들어진 당간 역시 오랜 세월이 흐르면서 도난당하거나 풍화에 파손되어 전해지지 않는다. 다만 돌로 만들어진 당간지주만이 간혹 남아 있을 뿐이다.

당간지주의 기본 형식은 사각형 기둥을 60~100cm의 간격으로 마주 세운 것이다. 지주 사이에 당간을 설치하기 위해 사각형의 대석을 마련하고, 그 위에 원형 간대를 놓아 당간을 설치할 수 있도록 하였다. 당간은 대나무처럼 마디를 만들어 쌓아 기둥을 만들며, 꼭대기에는 용머리 장식을 하고 입에 도르래 역할을 하는 여의주를 물려 깃발을 걸 수 있도록 했다. 당간지주 안쪽에는 당간을 고정시키기 위해 중간에 간공이라는 구멍을 한두개 뚫고, 꼭대기에는 간구라는 구멍을 냈다.

당간지주는 안쪽면과 양 측면은 수직으로 되어 있고, 바깥 부분만 수직으로 올라가다가 꼭대기에 1단의 굴곡이 있는 것이 대부분이다. 이러한 기본형은 시대의 흐름에도 큰 차이를 보이지 않는다. 다만 각 면에 장식된 문양들은 시대에 따라 다르게 나타난다.

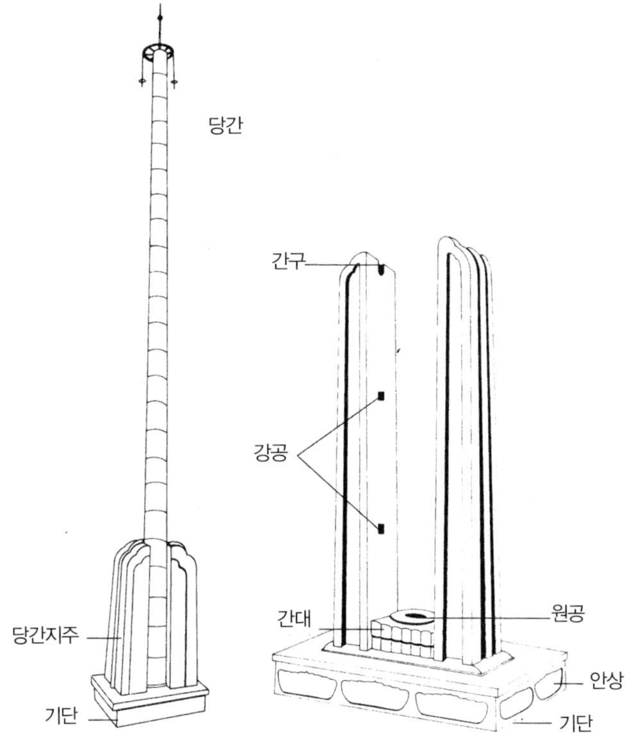

당간지주의 세부 명칭

▼ 강릉 굴산사지당간지주 통일신라시대 당간지주로 우리나라에서 가장 큰 규모다. 지주의 아랫부분이 땅에 묻혀 있어서 당간을 세웠던 기대석의 구조는 알 수 없다. 현존하는 대부분의 당간지주는 각 면에 선으로 문양을 조각하거나 홈을 파는 양식을 보이는 데, 굴산사지당간지주는 아무런 조각 장식이 없다. 가공에 있어서도 매우 소박하다. 지주의 안쪽 아래와 위 두 군데에 당간을 고정시키던 간이 마련되어 있다. 규모가 장대할 뿐 아니라 수법도 강인한 느낌을 잘 나타내고 있는 조형미를 자랑하고 있다.

© 장명확

불화

불교의 교리는 그 뜻이 심오하여 불자나 일반 대중이 이해하기란 결코 쉬운 일이 아니다. 불화는 어려운 불교의 교리를 알기 쉽게 전달하기 위하여 묘사한 그림이다. 흔히 '불교회화'를 줄여서 불화라고 하는데, 불탑이나 불상, 불경 등과 함께 신앙의 대상이 된다.

불화는 불상과 같이 예배의 대상으로 여겨지는 까닭에 어느 절에서나 쉽게 만날 수 있다. 그렇지만 불화가 언제부터 그려지게 되었는지는 정확하게 알 수 없다. 불교의 성립과 비슷한 시기였을 것이란 추측만 있을 뿐, 남아 있는 초기의 작품이나 관련 문헌이 없기 때문이다.

지금까지 알려진 최초의 불화는 기원전 2세기 경의 작품인 인도 아잔타석굴의 벽화이다. 우리나라 불화의 기원 역시 확실치가 않다. 『삼국유사』에 따르면 신라시대 원효 등 10성의 화상과 그 외의 불·보살상도 그렸다는 기록이 보이지만 전해지는 작품은 없다.

좁은 의미의 불화는 절의 법당 같은 곳에 모셔두고 예배의 대상이 되는 존상화를 가리킨다. 그러나 넓은 의미에서는 불자나 불자가 아닌 사람들을 교화하기 위해 그린 여러 가지 그림이나 사찰을 장엄하게 장식하는 단청 등 불교적인 목적을 가진 그림까지 포함시킨다.

불화의 종류

불교가 융성한 고려시대에 들어서면서 불화는 황금기를 맞았다. 이후 조선시대에도 많이 제작되었지만 대부분의 작품들은 일본으로 건너가 있다. 현재 우리나라 절에 남아 있는 불화의 대부분은 18세기 이후의 작품들이다.

벽화

일반적으로 벽화라고 하면 절 벽에 직접 그린 불화를 말한다. 여기에는 흙벽화, 돌벽화, 판벽화 등 여러 종류가 있다. 우리나라 절은 흙벽을 지닌 목조건물이기 때문에 흙벽화가 대부분이다. 그러나 아쉽게도 화재나 자연 재해에 약하기 때문에 조선 전기 이전의 작품들은 거의 없다. 돌벽화는 석굴사원이 많이 조성되는 인도 · 중국에서는 유행했지만 석굴사원의 조성이 흔치 않았던 우리나라에서는 볼 수 없는 것이다. 판벽화는 누각이나 건물의 바깥벽을 보호하기 위해서 나무를 붙이고 그 위에 그린 불화를 말하는데 나무 기둥이나 문짝 등에 그린 그림도 포함된다.

벽화에는 주로 부처의 일생을 그린 팔상도나 불교 교리를 깨우치는 과정을 그린 십우도가 주로 그려진다. 현존하는 불교 벽화의 가장 오래된 작품은 고려시대에 제작된 영주 부석사 조사당 벽화다. 정교한 구성과 유려한 필치, 세련된 채색을 보여주는 격조 높은 작품이다.

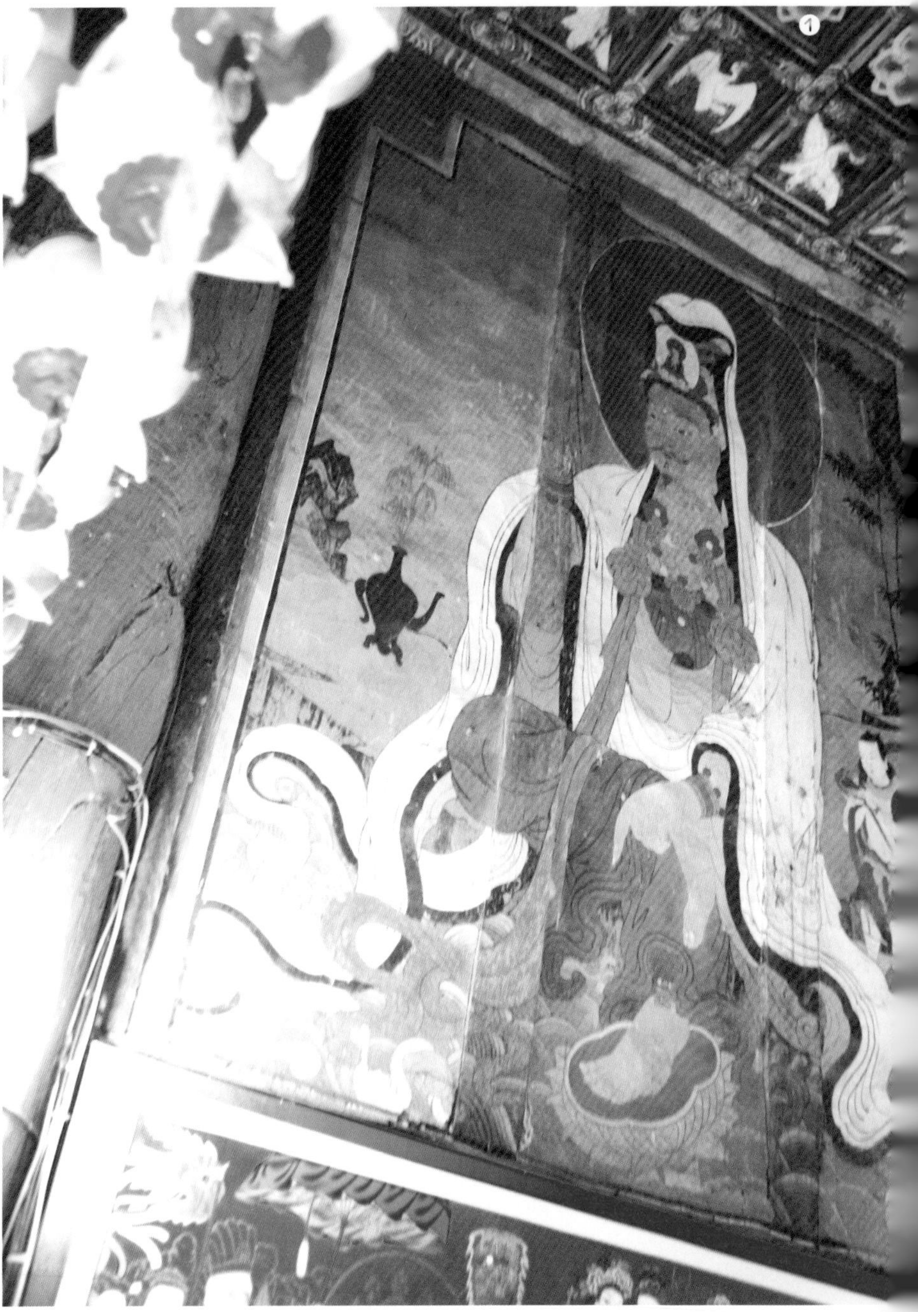

❶ 보성 대원사극락전수월관음도 전통적인 수월관음의 도상을 따르면서도 흔히 화면 하단 구석에 작게 묘사되는 선재동자가 관음 뒤에 뚜렷하게 표현되고, 두광 밖에서 나는 것으로 묘사되는 청조를 선재동자가 두 손으로 잡고 있는 점이 특이하다.

❷ 울진 불영사영산회상도 가운데 석가여래를 중심으로 10대 보살, 사천왕상, 상단의 10대 제가 등이 배열되어 있다. 일반적으로 영산회상도에는 8대 보살이 그려지는데, 불영사영산회상도에는 10대 보살을 표현한 것이 특징이다. 석가여래 아래 두 보살이 유난이 큰 것도 이채롭다.

❸ 강진 무위사극락전아미타후불벽화 앉은 모습의 아미타불을 중심으로 왼편에 관음보살, 오른편에 지장보살이 서 있는 아미타삼존불벽화다. 조선 성종 7년(1476)이라는 제작 연대와 화원 대선사 해련에 의해 조성되었다는 조성 작가를 명확히 알 수 있기에 조선 초기 불화 연구에 기준이 되는 작품이다. 온화한 색채나 표현 등 고려 후기 불화양식을 계승하면서도 조선 초기 대두된 양식을 반영하는 조선 전기 불화의 대표작이다.

탱화

탱화는 천이나 종이에 그린 뒤 족자나 액자의 형태로 만들어서 거는 족자형 불화다. 불교에서 거행하는 의식에 맞춰 적절하게 장식할 수 있는 장점을 지녔다. 또한 전각 안에 모신 불상 뒤에 걸리는 후불화이며 좌우 벽면에 걸기도 한다. 고려시대 탱화가 귀족적 취향을 나타내는 것이라면, 조선시대 탱화는 민중적 취향을 나타낸다.

그림의 주제는 신앙의 대상인 여러 불상을 그린 존상화와 불교의 경전 내용이나 교리를 알기 쉽게 상징적으로 그린 변상도다. 불교 신앙의 내용을 담고 있기 때문에 탱화를 제대로 이해하기 위해서는 불교 경전의 내용을 아는 것이 중요하다. 한국의 절에서는 어디든지 불상 뒤에 걸린 탱화가 있지만, 중국이나 일본에는 그렇지 못하다. 우리 탱화와 비슷한 불화가 있기는 하다. 그러나 탱화가 신앙의 대상으로 봉안되거나 후불탱화의 성격을 갖지는 않는다.

괘불

탱화의 일종으로 사찰에서 기우제, 영산재, 예수재, 수륙재 같은 야외 법회가 열릴 때 높이 걸 수 있도록 만든 걸개그림이다. 예배 의식에 사용하는 예배불이기 때문에 법회나 의식의 성격에 따라 알맞은 내용의 괘불을 봉안하는 것이 원칙이다.

일반 법회 때에는 영취산에서 진리를 설법하는 석가모니 부처님을 모신다. 장수와 극락정토를 기원하는 영산재에는 영산회상도를, 죽은 뒤에 행할 불사를 생전에 미리 지내는 예수재나 물 속과 땅 위에서 배회하는 원혼을 다음 생으로 천도하는 수륙재에는 지장회상도나 미륵불을 모시도록 되어 있다. 그러나 여러 종류의 괘불을 갖추지 못하는 경우가 많아 한 가지 괘불로 여러 형태의 의식을 모두 치르고 있다.

절 마당에 걸어 놓고 경내의 모든 불자들이 볼 수 있도록 해야 하므로 다른 불화와는 달리 상당히 크기 때문에 제작에 어려움이 따른다. 큰 것은 높이 15m 폭 10m나 된다. 괘불을 걸기 위해서는 많은 인력뿐 아니라 괘불석주 · 괘불대 등 여러 보조 도구들이 필요하다.

쉬어가기

불화의 내용은?

불화는 주로 부처의 깨달음, 설법, 수행에 관한 내용을 담고 있다. 대표적인 것으로는 팔상도, 영산회상도, 십우도 등이 있다.

팔상도는 석가의 일생 가운데 가장 극적인 장면만을 그린 불화다. 초기에는 보통 부처의 생애를 탄생, 득도, 설법, 열반 등 네 가지 장면으로 압축하여 묘사했으나 대승불교에서 여덟 장면으로 발전시켜 묘사한 것이 팔상도이다.

① 도솔천에서 내려오는 상
② 룸비니동산에서 내려와서 탄생하는 상
③ 4문에 짜가 속세를 관찰하는 상
④ 성을 넘어 출가하는 상
⑤ 설산에서 수도하는 상
⑥ 보리수 아래에서 마귀에게 항복받는 상
⑦ 녹야원에서 처음 포교하는 상
⑧ 사라쌍수 아래에서 열반에 드는 상 등이다.

영산회상도는 석가모니가 영취산에서 여러 불 · 보살에게 설법하는 모습을 묘사한 그림이다. 대웅전의 후불화로 봉안되거나 영산회상도를 봉안하기 위하여 지은 영산전의 후불화로 모셔진다. 석가가 보좌에 앉아 보살중과 십대 제자들에게 설법을 하고, 호법신인 사대왕이나 팔부신장이 도량을 호위하고 국왕과 대신, 천선녀가 설법을 듣는 광경으로 구성되어 있다.

십우도는 선종의 수행 입문 과정에서 깨달음의 경지에 이르는 길을 열 단계로 나누어 설명한 불화다. 불자의 수행로를 소를 찾는 것에 비유하여 설명하고 있기 때문에 심우도라고도 한다.

① 심우 : 자기의 본성인 소를 찾음
② 견적 : 소의 발자국을 봄
③ 견우 : 소를 발견함
④ 득우 : 소를 붙듦
⑤ 목우 : 소를 길들임
⑥ 기우귀가 : 소를 타고 깨달음의 세계인 집으로 돌아옴
⑦ 망우존인 : 소를 잊고 안심함
⑧ 인우구망 : 사람도 소도 공이라는 사실을 깨달음
⑨ 반본환원 : 있는 그대로의 전체 세계를 깨달음
⑩ 입전수수 : 중생제도를 위해 길거리로 나감

불구

불교 의식을 거행할 때 이용되거나 스님들이 사용하는 도구들을 일컬어 불구라고 한다. 범종, 목어, 법고, 향로 등의 의식 용구나 발우, 염주, 가사, 죽비 등의 수행 도구들은 일반인에게 익히 알려진 불구들이다. 이러한 불구는 불, 법, 승의 삼보로 돌아갈 수 있도록 맑은 마음을 얻는데 중요한 의미를 갖는다.

범종

종은 불교 의식에 사용되는 가장 중요한 것이자, 불전사물(범종, 법고, 목어, 운판) 중에서 으뜸을 차지한다. 종 가운데서도 특별히 절에 있는 종을 범종이라 한다.

절에서 사람을 모이게 하거나 시간을 알리기 위해서 종을 친다. 이것은 실용적인 기능일 뿐, 신앙적인 의미에서 보자면 종소리는 부처님의 말씀에 비유되기도 한다. 곧 경배의 대상인 셈이다. 불가에서는 종소리를 듣는 순간 모든 중생이 번뇌에서 벗어날 수 있다고 믿는다. 땅속에 있는 동물과 지옥의 중생들에게도 부처님의 가르침이 전한다고 생각한다.

절에서 치는 종을 범종이라고 하는 이유도 여기에 있다. 불교에서 '범(梵)' 이

▲ 경주 성덕대왕신종 현존하는 범종 가운데 가장 크고, 아름다운 종이다. 성덕대왕신종이라는 본명보다 '봉덕사종', '에밀레종' 이란 별칭으로 더 많이 알려져 있다. 봉덕사종이란 이름은 종이 처음 만들어져서 봉덕사에 걸어두었기 때문에 붙인 이름이다. 에밀레종이란 이름에는 슬픈 전설이 서려있다. 종을 주조하기 위해 전국에서 시주를 모았는데, 너무 가난해서 아무것도 바칠 것이 없던 부부가 어린 딸을 바쳤다. 결국 소녀는 종 속에 녹아 들어갔고, 완성된 종을 울릴 때마다 '에밀레' 하고 외치는 아이의 소리가 들리는 것 같다고 해서 에밀레종이라고 한다. 정상부에는 화려한 연꽃잎이 장식된 음관과 박진감 넘치는 용으로 장식한 용뉴가 있다. 종신의 위에는 견대(상대)를, 아래에는 구연대를 두르고, 그 속에 보상당초문을 장식하였다. 견대 밑에는 4개의 유곽을 설치하고, 유곽 밑에는 서로 마주보는 4구의 비천상을 배치하였다. 보상화가 구름처럼 피어오르고 하늘로 천의자락과 구슬 장식 등이 휘날리는 가운데 연꽃 위에 무릎을 세우고 공양하는 비천상은 우리나라 비천상을 대표하는 수작으로 꼽힌다. 종이 제작된 8세기 중엽은 통일신라의 예술이 극치를 이루던 전성시대로 당대 최고의 기술이 집약되었다. 황동 12만근, 높이 3.33m, 구경 2.27m라는 종의 크기도 그러하려니와, 거대한 종을 일정한 두께와 밀도로 한번에 주물을 부어 만든다는 것은 신비에 가까운 일이다.

란 우주만물이며, 진리이고 맑고 깨끗함이며 한없이 넓고 크고 좋다는 뜻이다. 종을 치면 마력을 항복시키고, 죄가 사해지고, 중생의 고통을 없애 보리를 성취한다는 이상과 기원이 일반화되어 종의 공양이 행해졌다. 종을 치는 것은 지옥에서 고통받는 중생을 구제한다는 의미를 담고 있다.

우리나라 범종의 기본 형태는 오대산에 있는 상원사종으로 설명한다. 전체적으로는 포탄의 탄두 부분을 잘라서 엎어놓은 형태이다. 몸체는 아래로 가면서 점점 넓어지다가 2/3되는 부분에서 가장 넓고 아래로 점점 오므라드는 모습이다.

종신은 상대 · 중대 · 하대의 3부분으로 나뉜다. 상대와 하대에는 화려한 문양으로 장식된 문양대가 돌려져 있다. 중대 상단에는 4곳에 사각형의 유곽이 같은 간격으로 배치되어 있다. 유곽 안에는 각각 9개씩의 돌기된 유두가 달려 있다.

종을 매다는 곳은 용뉴라 하여 몸을 굽힌 한 마리의 용을 두고, 그 옆에 음향의 효과를 위한 대나무 모양의 음통을 달았다. 종을 매다는 부분에 음통을 설치해 소리가 깊고 오랫동안 울리게 한 것은 다른 나라에선 볼 수 없는 우리 종만의 특징이다. 이러한 모양이 범종의 전형적인 형태로, 특히 신라의 범종은 세계에서 가장 아름다운 종으로 평가된다.

범종의 세부 명칭

음통 범종을 걸 때 지주 역할을 하는 곳. 음관, 용통이라고도 한다. 타종 시 종 내부의 잡음을 최소화하고 소리가 퍼지는 것에도 도움을 준다. 음통은 한국종이 지닌 독특한 특징으로 중국이나 일본의 종에서는 볼 수 없다.

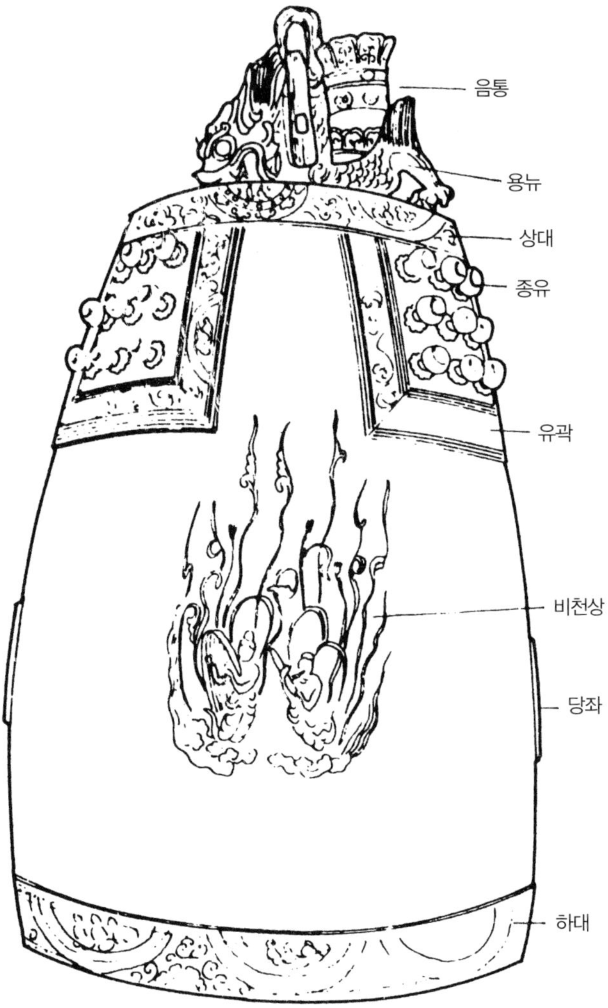

범종의 세부 명칭

용뉴 쇠줄을 연결해서 종을 매다는 범종의 가장 윗부분. 용뉴란 '용의 모습을 한 고리' 라는 뜻이다. 신라와 고려시대에는 한 마리의 용으로 표현했으나, 조선시대에 들어서는 두 마리 용으로 나타나기도 한다.

상대 · 하대 범종의 윗부분과 아랫부분에 표현된 테두리 장식. 상대는 종의 어깨 부분에 표현되었다 해서 견대라 부르기도 한다. 하대는 종의 아랫부분인 종구에 둘러져 있다. 종의 위 아래에 문양을 새긴 띠를 두른 이유에 대해서는 몇 가지 설이 있다. 그 중 타당한 것에는 범종의 아랫부분과 윗부분이 울림으로 인해 깨지지 않도록 단단하게 했다는 설과 아래위를 두툼하게 마감해서 굵은 울림소리가 나도록 하기 위한 것이라는 설이 있다.

유두 모양이 젖꼭지와 같다고 해서 유두라고 부른다. 유두는 유곽 안에 각각 9개씩 있는데, 이는 불교에서 말하는 중생계(10계) 가운데 불계를 제외한 9계(지옥, 아귀, 축생, 수라, 인간, 천상, 성문, 연각, 보살의 세계)를 의미한다.

유곽 범종에는 4개의 유곽이 표현되었다. 유곽의 숫자는 불교에서 설명하는 생명의 네 가지 형태인 사생, 곧 사람처럼 어머니의 몸속에서 생명을 받는 태생, 새 · 곤충처럼 알로 태어나는 난생, 습한 기운에 의해 생명을 받는 습생, 홀연히 몸을 바꿔 태어나는 화생을 상징한다. 사생은 바로 모든 중생을 나타낸다고 할 수 있다. 4개의 유곽과 각 유곽 안의 9개 꼭지는 사생과 구계의 중생을 모두 부처님의 세계로 인도하겠다는 깊은 의미를 담고 있다.

비천상 범종을 더욱 아름답게 하는 문양. 비천은 천상에 살면서 하늘을 날아다니는 선녀의 모습을 새긴 상이다. 구름 위에서 천의를 바람에 휘날

❶ 보성 대원사범종각

❷ 평창 상원사동종 신라시대의 종으로 현존하는 가장 오래된 종이다. 높이 1.67m, 입지름 91cm. 종 모양의 전체미나 장식미가 뛰어나며 종소리가 웅장해 통일신라시대의 대표적 작품을 꼽힌다. 특히 종신에 구름 위에서 하늘을 날며 공후(하프와 비슷한 현악기)와 생황(아악에 쓰이는 관악기의 하나)을 연주하는 비천상이 뛰어나다.

❸ 공주 갑사동종 높이 131cm, 입지름 91cm의 조선 초기 종이다. 정상부에 음통이 없고 두 마리의 용으로 고리를 만들었다. 상대에는 범어 31자를 새겼다. 종신에는 4개의 당좌를 마련하고 그 사이에 구름 위에 서 있는 지장보살을 표현하였다. 하단에는 보상화문을 가득 그렸다.

리며 악기를 연주하는 비천상의 매혹적인 자태는 범종의 우아함과 뛰어난 미적 조화를 이룬다. 학자들은 선녀들이 하늘을 날면서 종소리를 음악에 담아 33천까지 불음을 전한다는 의미로 해석하기도 한다.

당좌 범종을 치는 부분. 신라시대에는 당좌를 종 양편에 2개를 두고, 연꽃무늬를 주로 새겼다. 고려시대에는 사방에 모두 네 개의 당좌를 두었다. 당좌는 범종의 미학적인 부분에도 크게 작용을 하지만, 소리에도 밀접한 관련이 있다. 당좌를 범종의 밑부분에 두고 치면 소리가 뒤섞여서 시끄럽고 잘 깨지는 단점이 있다. 가장 적절한 위치는 밑에서 1/3쯤이 좋은데, 우리나라의 범종은 이 지점에 당좌를 만들어서 좋은 종소리가 나도록 하였다.

쉬어가기

법당의 처마에 매달려 있는 작은 종은 무엇인가요?

흔히 절의 대웅전이나 탑의 처마에 매달려 있는 작은 종을 보게 되는데, 이는 풍경이라고 한다. 다른 말로 '풍탁'이라고도 한다. 풍경은 주로 스님들을 경책하는 의미가 포함되어 있다. 좌선하는 수행자가 졸거나 마음이 나태해져서 자세가 흐트러질 때 이를 바로 잡아주는 역할을 하는 것이다. 풍경은 종의 방울에 물고기 모양을 한 얇은 판이 매달려 있다. 물고기가 잠잘 때도 눈을 감지 않는 것처럼 수행하는 사람도 언제나 깨어 있어야 한다는 것을 의미한다.

한국종이 중국 · 일본종과 다른 점

Summary

한국의 범종은 학명으로까지 '한국종'이라고 불릴 만큼 세계적으로 인정받는 문화유산이다. 1927년 5월에 우리나라를 다녀간 독일 국립박물관 겐멜 박사는 성덕대왕신종을 보고는 "이것은 세계 제일이다. 독일에 이런 종이 있다면 이것 하나만으로 능히 박물관이 될 수 있다"고 감탄했다.

범종의 가장 두드러진 특징은 종을 쳤을 때 우아하면서도 은은한 소리가 길게 퍼진다는 점이다. 소리가 맑고 여운이 길게 남아서 듣는 이의 마음을 정화시켜 준다. 성덕대왕신종의 소리는 사람의 목소리 진동수와 비슷해서 친근하게 다가올 뿐 아니라, 맑고 유장한 울림이 심금을 울린다 해서 '신의 소리'라는 명성이 자자하다.

한국종이 아름다운 소리를 낼 수 있었던 것은 납형법이라는 뛰어난 제작 기술 때문이다. 진흙으로 내형을 만들고, 그 위에 밀랍으로 만들고 싶은 범종을 표현한다. 범종 표면을 장식할 문양도 밀랍으로 조각하고 새긴다. 그런 다음 다시 진흙을 바른다. 진흙이 마르면 열을 가해 진흙 속의 밀랍을 녹이고 그 사이에 주물을 부어 범종을 만드는 기법이다. 납형법은 범종의 두께를 일정하게 만들 수 있을 뿐만 아니라 정교한 문양을 새길 수도 있는 고도의 제조 기술이다. 당시 중국이나 일본에서는 도저히 흉내낼 수 없었던 선진 기법인 셈이다.

범종은 외형적으로도 다른 특징을 지닌다. 먼저 음통과 종 표면의 문양 양식을 들 수 있다. 음통은 타종 시 발생하는 잡음을 걸러주는 필터 역할을 한다. 이는 신라시대의 범종에서 확립된 우리만의 독특한 양식이다. 용뉴에 표현한 용의 수는 우리나라의 범종은 한 마리의 용인데 반해, 중국종이나 일본의 범종에는 두 마리의 용이 대칭하고 있다. 종 표면을 장식한 문양을 보면, 중국이나 일본종은 전체적으로 단순한 선으로 되어 있다. 그에 반해 우리나라 범종은 상 · 하대에 화려한 문양을 두고, 종 가운데 섬세하면서도 아름다운 비천상을 조각하였다. 종을 치는 부분인 당좌가 조각되어 있는 것과 몸체에 명문이 새겨져 있는 것도 우리나라 범종만의 특징이다.

범종을 설치한 종루 바닥에 항아리를 묻거나 반달 모양의 홈을 판다. 이를 명동이라고 하는데, 타종 시 공간 내의 음파와 종신의 기본진동이 공명을 일으켜 최소의 에너지로 크게 그리고 길게 여운을 이어갈 수 있도록 한 것으로 생각된다.

일본은 한국종의 소리를 도저히 표현할 수 없었기에 임진왜란 등 각종 전란을 통해 수많은 범종을 약탈해 갔다. 현재 일본에는 신라 범종 6개, 고려 범종 23개가 넘어갔고, 상당수의 범종이 일본의 국보로 지정되어 있다.

법고

아침, 저녁 예불 때와 법요 의식을 거행할 때 치는 큰 북. 법고 소리는 지상의 모든 축생을 제도하는 힘이 있다고 한다. 북소리가 널리 퍼져나가는 것은 불법이 세상에 전파되는 의미를 담고 있다. 범종루에 걸려 있는 게 일반적이나 선종 계열의 절에서는 법당 동북쪽에 달아 놓고 주지의 상당(설법을 하기 위하여 법당에 오르는 것), 소참(설법에 참여함), 보설(선가의 설법으로 널리 정법을 설하여 중생에 개시함), 입당(설법하기 위하여 법당에 오름) 등의 법요 의식에서 수행의 정진을 위해 친다.

목어 · 목탁

절의 범종루를 살펴보면 물고기 모양의 조형물이 걸려 있는 것이 보인다. 잉어 모양의 불구는 속이 비어 있고 두드려 소리를 낸다. 우리나라에서는 두 종류가 있는데 물고기 모양의 것을 목어, 둥글게 되어 불경을 읽을 때 사용하는 목탁이 그것이다. 본래 중국 절에서는 부엌이나 식당에 걸어두고 식사 때를 알리는데 사용했다. 물고기 모양으로 만든 데 대한 정확한 기록은 없으나 일설에 의하면, 물고기는 언제나 눈을 감지 않으므로 수행자로 하여 자거나 졸지 말고 늘 깨어서 수도에 정진하라는 뜻으로 고기 모양으로 만들었다고 한다.

운판

범종루에 걸린 불전사물의 하나로 구름 모양의 생김새를 한 조형물이다. 청동이나 철로 얇게 만들며 두들겨 소리를 낸다. 운판의 소리는 하늘을 나는 날짐승과 허공을 떠도는 영혼을 제도한다는 의미를 담고 있다. 주로 아침, 저녁 예불 때 치지만, 선종 계열의 절에서는 부엌에 걸어두고 식사 시간을 알려 주기 위해서 사용되기도 한다. 구름 모양으로 맨 위에는 매달기 위한 구멍이 2개 뚫려 있고 그 아래로 당좌가 있는 것이 일반적이다.

금고

사찰의 종루나 금당 앞에 걸어두고 사람을 불러 모을 때 사용하는 일종의 타악기이다. 형태는 징과 같은 모양이다. 한 면은 두드리는 부분이고 다른 면에는 구멍이 뚫려 있다. 금고 안은 텅 비어 있다. 크기는 대개 지름이 약 50cm 내외이다. 『현우경』에는 "동고를 치면 8억의 사람이 모이고 은고를 치면 14억의 사람이 모이고 금고를 치면 모든 사람이 다 모인다."고 기록되어 있다.

번

번은 불전 안의 기둥이나 법회 때 번간에 매달아 마당 가운데 걸거나 또는 닫집에 거는 깃발이다. 증번, 당번이라고도 한다. 부처나 보살의 위엄과 덕을 나타내고, 불전의 분위기를 경건하고 엄숙하게 하기 위해 사용된다. 고대 인도에서는 성자를 표시하거나 전쟁에서 용감하게 싸운 사람의 무공을 알리기 위하여 세우던 것인데, 이것이 불교에 흡수되면서 악귀를 굴복시키는 상징물이 되었다.

닫집

불전 안 불상 위에 설치하는 것으로 부처가 거주하는 도솔천의 내원궁을 그대로 묘사하였다. 닫집은 집(불전) 속에 또 집을 지어 놓은 것과 같아서 불리는 이름이다. 천개, 산개, 보개, 화개, 현개라는 이름으로도 불린다. 산개는 인도에서 귀인이 무더위에 햇빛을 가리기 위해 사용하는 우산으로 햇빛을 가리는 실용적인 의미와 함께 부처의 지위와 권능을 상징하는 것이다. 그러나 닫집을 설치한 근본 목적은 불국토의 궁궐 모습을 불전 안에 재현하는 데 있다. 처음에는 천으로 만들었으나 시간이 흐르면서 금속이나 목재로 조각하여 만들기도 하였다. 수백 수천 나무 조각을 정교히 다듬고 깎아 짜 맞춘 극히 섬세하고 화려한 닫집은 궁전의 전각을 생각나게 하는 데 아무 부족한 것이 없다.

쉬어가기

스님들은 왜 삭발을 하나?

석가모니는 출가를 결심하고 "나는 사람들과 더불어 고통에서 해탈할 것을 서원하는 뜻으로 삭발을 하겠다"고 말한 후 머리를 깎고 수행길을 떠났다. 스님들의 삭발은 여기에서 비롯되었다. 불교에서는 머리카락을 사람들의 번뇌에 비유해서 번뇌초 또는 무명초라고 한다. 그래서 번뇌를 없앤다는 뜻에서 머리와 수염을 깎는다. 매달 4자나 9자가 들어 있는 날을 삭발일로 정하여 머리를 깎는다.

가사

승려가 입는 옷. 석가모니와 그의 제자들의 옷에서 유래했다. 왕궁이나 마을로 나들이 갈 때 입는 대의, 예배 · 참선 · 집회 때 입는 칠조의, 노동 · 여행 또는 잠잘 때 입는 오조의 등 3종류가 있다. 가사의 유래에 관해 하나의 전설이 전해진다. 고대 인도의 사위국이란 나라에 석가모니의 설법에 감동을 받아 불교에 귀의한 푸라세나짓 왕이 있었다. 하루는 왕이 말을 타고 길을 가다가 맞은편에서 걸어오는 불제자를 보고는 말에서 내려 공손하게 절을 했다. 그런데 가만히 보니 그들은 불제자가 아닌 바라문(브라만교의 성직자)이었다. 왕은 자신이 큰 실수를 저질렀다고 생각해서 석가모니를 찾아갔다. 그리고 누가 보아도 불제자와 바라문을 구별할 수 있도록 불제자들의 옷을 만들자고 청했다. 석가모니는 제자 아난에게 논을 가리키면서 "저런 모양으로 만들면 어떨까" 하고 말했는데, 이것이 가사의 유래가 됐다고 한다.

발우

승려들이 식사할 때 사용하는 밥그릇. 바리때, 바루라고도 한다. 주로 대추나무 · 단풍나무 등의 통나무를 이용해 만들며, 크고 작은 것을 5~7층 정도 포개어 1벌이 된

다. 승려 개개인이 1벌씩 가지며 표면에 광택이 있고 용량은 2두(斗) 정도 된다.

우리나라 절에서는 식사하는 것을 공양한다고 한다. 그러므로 발우공양이라 하면 평상시의 공양의식인 셈이다. 인도에서는 수행자들이 발우를 들고 돌아다니면서 불자들에게 보시를 받았는데, 이를 탁발이라고 한다. 탁발공양을 통해 얻은 음식을 함께 나누었는데, 여기에는 다른 사람이 베푼 음식의 은혜에 감사하는 마음이 담겨 있다.

염주

부처에게 예배할 때 손으로 돌리면서 염불하는 횟수를 세는데 사용하는 불구. 예배 도구로서 가장 널리 알려져 있다. 108번뇌를 뜻하는 의미에서 보리수 열매 108개를 꿰서 만든다. 염주는 오른손에 쥐도록 되어 있는데 항상 지니고 다니면서 불 · 법 · 승의 이름을 외우면서 구슬을 하나씩 넘기면 마음의 번뇌와 업보가 사라지고 평안을 얻는다고 한다.

『목환자경』이란 불교 경전에는 염주를 항상 가지고 다니면서 아미타불의 이름을 염하기를 10번 · 100번 · 만 번 · 20만 번이 차면 득생하고, 1백만 번이 넘으면 108번뇌를 끊을 수 있어 열반에 들게 된다고 하였다.

죽비

스님들이 좌선할 때 시작과 끝을 알리고, 발우공양을 행할 때 사용하는 불구다. 대나무를 두 쪽으로 갈라서 손잡이는 오른손에 쥐고 갈라진 부분을 왼손바닥에 쳐서 소리를 낸다. 영화나 드라마에서는 참선하는 스님들이 졸거나 자세가 흐트러질 때 '탁' 하고 쳐서 정신을 가다듬게 하는 장면에서 죽비가 종종 등장한다.

죽비는 모든 스님이 사용할 수 있는 것은 아니다. 예불을 드릴 때는 부처를 모시는 부전스님의 죽비 소리에 맞춰 불전에 모인 사람들이 절을 한다. 발우공양을 시작할 때와 공양을 마칠 때는 죽비를 세 번 친다. 발우를 펼칠 때도 마찬가지다. 찬상을 물리고 청수를 걷을 때는 한 번, 숭늉을 돌릴 때는 두 번 쳐서 소리를 낸다.

쉬어가기

불전사물은 무엇인가?

범종, 법고, 목어, 운판을 사물이라 하며 주로 범종각에 보관한다. 범종은 절에서 대중을 모으기 위해 때를 알릴 목적으로 치지만, 의식에서는 지옥에서 고통받는 중생을 구제하기 위한 목적으로 사용된다.

법고는 법을 전하는 북이란 말이다. 북소리가 세간에 널리 울려 퍼지듯이 불법의 진리도 중생의 가슴을 울려 일심을 깨우친다는 의미가 있다. 법고를 치는 것을 잘 살펴보면 나무로 된 채로 마음 심자를 그리면서 두드리는 것을 알 수 있다. 의식에서 법고는 축생을 제도하기 위한 법구이다. 목어는 고기 모양의 나무로 된 것. 어류를 제도하기 위해 사용한다. 목어를 줄여서 사용하는 것이 바로 목탁이다.

운판은 선종에서 재당이나 부구에서 대중에게 끼니 때를 알리기 위해 울렸던 법구이다. 운판을 치는 목적은 날아다니는 조류를 제도하기 위해 사용한다.

고 고유섭 선생은 한국의 목조건축에 대해 “세부가 치밀하지 않는데서 더 큰 전체로 포용되고 거기에 구수한 큰 맛이 생긴다”고 표현했다. 자연계의 질서를 흐트러뜨리지 않는 자연으로의 귀환을 목표로 삼은 목조건축의 조형미는 깊고 큰 멋을 지향한 조촐함과 의젓함이 묻어 있다.

Part 3

목조건축

목조건축의 특징

우리 건축의 세부적인 특징

목조건축 구성요소

공포

가구

지붕

대문

목조건축의 특징

중국의 만리장성이나 자금성을 보면 거대한 규모에 놀라고, 유럽의 건축물을 보면 세부장식의 아름다움에 감탄하게 된다. 이에 반해 우리나라의 건축물은 규모가 크지도, 세부장식이 정교하지도 못하다. 그러나 건축가들은 한국의 목조건축물에는 '한국적 아름다움' 이 담겨 있다고 말한다. 과연 목조건축물에서 한국적 아름다움이란 무엇일까.

'자연과 함께 하는 목조건축' 누구라도 한국 건축의 특징을 이렇게 말할 것이다. 이는 다른 나라에는 없는 다른 나라와는 확연히 구분되는 우리만의 특징이라 할 수 있다. 또한 건물의 규모와 입지의 선정, 그리고 재료의 사용 등에서 쉽게 찾아볼 수 있다.

자연과의 조화

한국의 전통 목조건축물은 위압적이지 않다. 2층 이상의 고층 건물을 찾기란 쉽지 않다. 궁궐과 절의 몇몇 건축물을 제외하고는 모두 단층건물이다. 이것은 자연과의 조화라는 근본 위에 음양오행설이 더해져 나타난 현상이다.

음양오행설에 의하면 산지가 많은 우리나라 지형에서 산은 양이며, 평지는

자연을 지배하지 않고,
자연과 조화를 이루며 더 아름다운
풍경을 만들어 내는 것이 선조들이
생각한 건축물이다.

© 장명확

음이다. 양이 강한 지세에 고층건물, 즉 양의 건물을 지으면 양와 양이 상극을 이뤄 지력이 약해진다고 믿었다. 따라서 지세에 순응하며 양과 음이 서로 보완 작용을 할 수 있도록 고층건물보다는 단층건물을 많이 지었다.

건축물의 규모에 있어서도 자연이란 존재는 크게 작용한다. 자연을 압도하는 크고 웅장한 건물이 아니라 주변 환경과 어울릴 수 있는 적절한 규모를 생각했다. 오늘날처럼 건물을 짓기 위해 주변의 자연환경을 파괴하는 것이 아니라 자연과 하나가 될 수 있는 그런 규모를 택하였다.

자연과의 공존

목조 건축물의 규모는 입지 선정에도 많은 영향을 받는다. 아무데나 건축물을 짓지 않고 자연경관과 어울리거나 부족함을 채워줄 수 있는 장소에 건축물이 들어섰다. 자연과의 조화를 넘어 자연을 한층 더 아름답게 하는 것. 이것이 우리 목조건축의 특징이라 할 수 있다.

자연과의 대응에서 자연 그대로의 모습을 크게 변형시키지 않으려는 노력은 여러 곳에서 볼 수 있다. 산골의 주택의 경우 억지로 정원을 조성하거나 집을 파헤치지 않고 사면으로 둘러싸인 자연 그대로를 정원으로 삼았다. 창을 열면 멀리 보이는 큰 소나무 한 그루는 정원수로 이용되었다. 절의 경우에 더욱 그렇다. 산 아래에서는 전혀 그 존재를 눈치 채지 못한다. 산길을 올라 일주문에 들어서야 비로소 절의 존재를 알게 된다. 이는 자연을 해치며 군림하는 것이 아니라 자연의 일부분으로서의 역할을 하는 것이다. 가까이에서 보면 주위 산세의 밋밋한 곳을 채워주는 역할도 한다.

자연을 억압하거나 지배하지 않고 자연 속에 파고 들어가 자연과 융합하여 자연의 아름다움을 더해 주며, 오히려 자연의 아름다움을 보완하는 그런 역할을 갖고 자연과 공존하는 정신이 한국의 목조 건축물에 담겨 있다. 이것은 중국이나 일본의 건축물과는 상당한 차이가 있는 요소로 한국 목조건축의 특징이기도 하며, 아름다움의 근원이기도 하다.

재료의 특성을 이용

자연은 인공의 건축을 포용하고, 인공의 건축은 자연을 끌어들여 서로 공존하는 것. 자연과의 조화, 즉 자연에 역행하지 않는 것은 비단 규모나 입지조건에만 국한되는 것은 아니다. 건축의 재료를 선택함에 있어서도 마찬가지이다.

한국의 건축물은 일본의 것에 비해 정교하지 못하다. 세부가공을 보면 훨씬 조잡하게 보인다. 우리의 기술 수준이 일본만 못해서 그런 것일까. 결코 아니다. 건축 재료로 사용된 목재가 무엇이냐에 따라 건축물을 짓고 가공했기 때문이다. 한국에서 가장 흔한 목재는 육송이었다. 육송은 송진이 많아 다듬고 손질하기 어렵고, 마름질 후에도 잘 터지고 비틀어지는 특성을 지녔다. 또한 장대한 부재를 얻기 힘들고 곧게 자란 목재가 드문 수종이다. 중국이나 일본에서 사용되는 목재에 비해 좋은 수종이라 할 수 없는 재료인 것이다. 따라서 육송 외에는 달리 선택할 목재는 없었다.

조상들이 선택한 방법은 육송의 재질을 가장 효과적으로 사용하는 것이었다. 육송의 특성을 무시하고 일본처럼 정교하게 세부가공을 한다면 틀어지고 터져서 더욱 볼품이 없는 건축물이 되고 말 것이다. 그러므로 육송이 틀어지고 터질 것을 감안한 정밀도를 찾아내 적용한 것이다. 이를 두고 한국의 목조 건축물이 정교하지 못하다든지 건축 기술이 떨어진다든지 하는 것은 우리 목조건축의 특징을 이해하지 못한 사람들의 편견이다. 건축 재료인 육송의 재질적 특성에 순응해 가장 효과적으로 사용하고, 필요 이상의 노력이나 정성을 쓰지 않는 현명함에서 나온 선택이다.

또 다른 특징으로 재료를 있는 모습 그대로 사용한다는 점이다. 흔히 절이나 고택에 가면 기둥이나 대들보에 S형으로 구부러진 큰 나무를 사용한 것을 볼 수 있다. 나무를 가공할 줄 몰라서 그런 것이 아니다. 가공함으로 인해 얻어지는 시각적 효과보다는 구부러진 나무를 매우 적절히 사용함으로써 목재가 지닌 최상의 특성을 활용하는 것이다. 그리고 직선의 부재가 갖는 단조로움을 탈피해 곡선을 아름답게 사용한다는 것이다.

이러한 특징을 가진 한국의 목조건축에 대해 고유섭 선생은 "세부가 치밀하지 않는데서 더 큰 전체로 포용되고 거기에 구수한 큰 맛이 생긴다." 고 표현하였다. 한국 목조건축의 조형미는 깊고 큰 멋을 지향한 조촐함과 의젓함이며, 자연계의 질서를 흐트러뜨리지 않는 자연으로의 귀환을 목표로 삼고 있다.

쉬어가기

가장 오래된 목조건물

우리나라에 남아 있는 가장 오랜 건물은 고려 공민왕 12년(1363)에 지붕을 보수하였다는 사실이 밝혀진 안동 봉정사 극락전이다. 건립 연대는 그보다 100년 내지 150년 정도 앞설 것으로 추정된다. 영주 부석사 무량수전은 봉정사 극락전이 조사되기 이전까지 가장 오래된 건물로 공인되었던 건물로 주심포양식의 완성된 형태를 보여주는 가장 아름다운 건물이다. 예산 수덕사 대웅전은 건립 연대가 정확하게 밝혀진 가장 오랜 건물이다. 1937~1940년 해체 · 수리될 당시 1308년에 건립되었다는 묵서명이 발견되었다.

가장 큰 목조건물

조선 선조 36년(1603)에 지어진 경남 통영의 세병관이 목조건축물 중에서 평면 면적이 가장 큰 건물이다. 선조 32년(1599)에 지어진 여수 진남관은 객사로서는 국내에서 가장 큰 단층 목조건물이다. 숙종 23년(1697)에 건립된 화엄사 각황전은 법당으로는 우리나라 최대 규모이다. 중층의 법당인 각황전은 상 · 하층이 모두 정면 7칸, 측면 5칸으로 된 팔작지붕의 다포양식이다.

▲ 한국 건축의 특징은 자연을 위압하지 않고 지세에 순응하며 서로 보완작용을 하는 것이다. 자연의 부족함을 채워줌으로써 자연을 한층 더 아름답게 하는 것이 전통적인 건축이 추구하는 이상이다.

▼ 우리 조상들은 곧으면 곧은 대로, 휘어지면 휘어진 대로 목재의 모습 그대로를 활용해 건물을 짓는 지혜를 선보였다. 구부러진 나무를 적절히 사용함으로써 직선이 지닌 단조로움을 피하고 곡선을 아름답게 사용하였다.

세부기법의 특징

건축물을 지을 때 튼튼함은 기본이요, 외형적 아름다움은 필수요소다. 조상들은 목조건축물을 지으면서 나무가 지닌 선의 단조로움을 피하고 건축물의 안정감을 주기 위해서 우리나라만의 독창적인 기법을 사용하였다.

배흘림(엔타시스)기둥

기둥의 중간 부분을 굵게 하고 위와 아래로 가면서 점점 가늘어지게 만드는 방법. 흔히 중간 부분이 뚱뚱해서 지붕의 무게를 더 많이 받칠 수 있다고 생각하지만, 배흘림기둥은 건축물 구조의 안정과 착시현상을 바로잡기 위한 수법이다. 시각적으로 상부의 육중한 지붕 가구를 안전하게 받치고 있는 것처럼 보여 건물전체에 안정감을 주는 효과가 있다.

선자연

지붕 추녀를 중심으로 양쪽으로 부채를 펼쳐놓은 것처럼 방사선으로 서까래가 걸린다. 이를 부챗살 모양이라고 해서 선자연이라 한다. 서까래 옆면을 얇게 만들어 붙여가는 방법으로 나무를 얇게 깎고, 나무와 나무를 서로 맞춰야 하기 때문에 엄청난 시간과 노력이 필요하다. 치밀한 계산을 하지 않고는 만들 수 없는 고급기술이다. 선자연을 사용하게 되면 지붕이 끝에서 위로 갈수록 서까래 골이 좁아지게 되어 건물이 부드럽고 정교한 느낌이 든다.

귀솟음

건물 기둥 중 네 귀퉁이에 세워지는 기둥을 가운데 기둥보다 조금 높게 만드는 기법이다. 귀기둥으로 인해 추녀의 선이 활처럼 휘며 지붕 양 끝이 치솟은 모양을 한다. 건물 기둥을 모두 같은 높이로 했을 때 정면에서 바라보면 건물의 양쪽 끝이 낮아 보이고 건물이 비뚤어져 보인다. 귀솟음은 시각적인 불안정감을 없애고 대비의 미를 꾀하고자 한 것이다. 그러나 귀솟음기법을 사용하면 건물 귀 부분의 상부 가구재를 다른 부분과 균일하게 치목할 수 없는 어려움이 있다.

안쏠림기법

건물의 바깥쪽에 세워진 기둥을 다른 기둥처럼 수직으로 세우지 않고 건물 안쪽으로 조금 기울여 세우는 기법이다. 기울기의 정도는 높이에 비례해 미세하게 한다. 안쏠림기법으로 기둥을 세우면 정면에서 볼 때 사다리꼴처럼 보여 견실하고 안정감이 있어 보인다. 건물의 하중이 밖으로 분산돼 건물이 파괴되는 것을 방지하고 건물을 오랫동안 단단하게 유지하도록 한다.

처마의 곡선

지붕을 정면에서 바라보면 처마선이 수평선이 아니라 중앙에서는 수평에 가까운 선으로 시작해 양끝으로 갈수록 점차 곡률이 커지면서 곡선으로 휘어 올라간다. 처마곡선은 착시현상을 교정하기 위한 기법으로 시각상의 오차를 없애 건물을 균형 있고 아름답게 보이는 역할을 한다. 만약 처마선을 수평으로 유지하였다면 좌우 끝이 밑으로 처져 보이게 된다.

'그게 뭐 별건가' 하고 대수롭지 않게 생각할 수도 있지만, 사실은 대단한 기술이다. 처마는 일정한 간격을 유지하며 걸려 있는 서까래의 궤적에 의해 선이 만들어진다. 서까래 끝을 기계적으로 나열하면 중국이나 일본 건축물처럼 처마는 수평이 되고 만다. 우리 조상들은 서까래 길이를 위치에 따라 다르게 설치함으로써 자연스럽게 날렵한 곡선을 만들어냈다.

목조건축 구성요소

목조건축물은 기초를 다져 기둥을 세우고, 그 위에 지붕을 올리기까지 세밀한 조형구조를 거친다. 건축물을 구성하는 요소도 많고, 그만큼 용어도 복잡하다. 각 구성요소의 용어와 기능을 아는 것이 목조건축물을 이해하는 첫걸음이다.

우리나라의 전통 목조건축물이 서구의 건축물과 다른 특징은 무엇일까. 건물의 외형보다 내부 공간과 외부 세계와의 조화에 비중을 두었다는 점이다. 눈에 보이지 않는 부분에도 세심한 손길을 뻗쳤기 때문에 세부 조형구조와 건축용어를 알지 못하면 전통 목조건축물의 참 멋을 알기 힘들다.

예를 들어 전북 고창의 선운사 대웅전(보물 제290호)에 대한 설명문을 살펴보자.

이 대웅전은 정면 5칸, 측면 3칸의 맞배지붕을 한 다포계 건물로 평면의 폭이 좁고 옆으로 길쭉하게 지어진 것이다. 따라서 건물의 측면에는 공포 대신 고주 두 개를 세워 종량을 받치도록 간단히 처리하였다. 건물 내부의 가구재 역시 간단하여 앞뒤 기둥의 공포에 걸친 대량 위에는 동자기둥 모양의 대공을 세워서 종량을 받쳤으며, 그 윗면에 우

물천장을 가설한 양식으로 조선 시대 중엽 무렵에 세워진 건물로 추정되고 있다.

앞면 5칸 · 옆면 3칸의 규모로, 지붕 처마를 받치기 위해 만든 기둥 위의 장식구조가 기둥과 기둥 사이에도 있는 다포 양식으로 꾸몄다. 지붕은 옆면에서 볼 때 사람 인(人)자 모양을 한 맞배지붕으로 옆면에는 높은 기둥 두 개를 세워 간단히 처리하였다. 전체적으로 기둥 옆면 사이의 간격이 넓고 건물의 앞뒤 너비는 좁아 옆으로 길면서도 안정된 외형을 지니고 있다. 건물 뒤쪽의 처마는 간략하게 처리되어 앞뒤 처마의 모습이 다르며 벽은 나무판으로 이루어진 널빤지벽이다. 안쪽 천장은 우물 정(井)자 모양을 한 우물천장을 설치하였고 단청벽화가 매우 아름답다.

Tip **칸(間)**

칸이란 목조건축물이 지닌 특징이라고 할 수 있다. 칸에는 두 가지 의미가 있다. 하나는 길이의 개념이다. 일반적으로 기둥과 기둥 사이를 주칸이라고 하는데, 이때는 길이를 말한다. 주칸은 기둥의 수보다 하나가 적다. 건축물의 안내판을 보면 정면 0칸, 측면 0칸이라는 것을 보게 되는데, 기둥이 2개 있으면 1칸이 된다. 기둥이 4개 있으면 3칸이 되는 것이다. 칸의 길이는 보통 7~10자(약 2~3m) 정도 된다. 중앙 부분의 주칸을 어칸, 그 양옆을 협칸, 협칸 양쪽을 툇칸이라 한다. 보통 어칸이 협칸이나 툇간에 비해 약간 넓게 만들어진다. 몇 칸집이라고 말할 때는 면적을 의미한다. 이때 1칸은 가로 세로 1칸으로 구성된 것을 가리킨다. 정면 3칸 측면 2칸으로 된 건물은 6칸(3X2)집이 된다.

위의 설명은 과거에 선운사 대웅전 옆에 붙어 있던 설명문이고, 아래 것은 현재 문화재청 홈페이지에서 제공하는 해설문이다.

도무지 무슨 말인지 알기 힘들다. 다포는 무엇이고, 또 공포 · 종량은 무슨 말인가.

여행 중에 목조건축물을 설명하는 안내문을 읽어본 경험이 있다면 누구나 한번쯤 겪어봤을 법한 일이다. 가뜩이나 설명도 어려운데, 무슨 전문용어가 이리도 많은지. 건축 공부를 한 사람이 아니고서는 그 뜻을 제대로 이해하기 힘들다.

우리가 기본적인 목조건축물에 대한 지식을 갖춰야 하는 이유가 바로 여기에 있다. 이 땅 곳곳에서 쉽게 마주치는 문화유산을 수박 겉핥기로 바라보며 지나치지 않고, 그 속에 담긴 역사와 문화의 특성을 제대로 이해하기 위해서다.

기초

건축물을 짓기 위해서는 가장 먼저 땅을 견고하게 다지는 작업이 필요하다. 이를 기초라고 한다. 기초는 건물을 지을 모든 면적에 시행하는 것이 아니라, 기둥이 놓이는 초석(주춧돌) 밑에만 한다. 땅을 단단하게 다지는 일을 달구질이라고 하며, 이때 사용하는 도구를 달구라 한다. 달구는 큰 돌이나 나무에 여러 가닥의 줄을 매어 사람들이 들었다 놓았다를 반복하며 땅을 다진다. 간혹 달구질의 의미로 달고질이라 쓰는 경우가 있으나 이는 잘못된 표현이다. 기초를 다진 후 기단을 꾸며 초석을 배열하고 그 위에 기둥을 세운다.

요즘이야 건물 높이에 비례해 땅을 파고 콘크리트로 튼튼하게 기초를 만들지만, 옛날에는 지하 시설을 만들지 않고 땅 위에 건물을 지었기 때문에 땅바닥을 튼튼하게 하는 일이 중요했다. 기초가 탄탄해야 건물의 무게를 충분히 받아낼 수 있기 때문이다. '사상누각' 이라는 말처럼 기초가 제대로 되지 않은 건축물은 언제 무너질지 모르는 위험을 안고 있다.

전통적인 기초법에는 적심석기초, 입사기초, 장대석기초, 판축기초, 토축기초, 항초기초 등이 있다.

적심석기초 초석이 놓일 위치를 생땅이 나올 때까지 판 후 잔 자갈을 층층이 다지면서 쌓아 올리는 방법. 잔 자갈을 적심돌이라고 부른다.

입사기초 초석이 놓일 위치를 생땅이 나올 때까지 판 후 물을 부어가며 모래를 층층이 다지는 방법. 모래 붓고 물로 채우고 달구로 다진다 하여 사수저축법이라고도 한다. 모래는 화강석이 풍화되어 만들어진 것을 사용한다.

장대석기초 지반이 약하거나 건물 규모가 클 때 사용되는 방법. 초석이 놓일 위치를 생땅이 나올 때까지 판 후 장대석을 우물 정(井)자로 쌓아 올리는 방법. 장대석은 직사각형 모양의 화강석을 말한다.

판축기초 초석이 놓일 위치를 생땅이 나올 때까지 판 후 기단 상단 높이까지 넓적한 돌을 20~30cm 두께로 깔고 그 위에 흙을 넣어 다지는 것을 반복하여 층층이 다지는 방법

토축기초 구덩이를 파서 흙을 채워가며 다지는 방법

향토기초 특별한 조치 없이 초석이 놓일 자리를 달구질하는 방법

쉬어가기

기초와 터닦기는 다르다

기초를 집터를 닦는 것이라 잘못 이해하기 쉽다. 터닦기는 집 지을 터를 만들기 위하여 높은 곳은 깎고 낮은 곳은 성토하여 평평한 대지를 만드는 것이다. 기초는 건물이 들어설 자리에 기둥이 내려앉는 것을 방지하기 위해 땅을 다지는 것을 말한다.

기단

건축물을 지을 때는 지면보다 높게 한다. 이처럼 집터를 잡고 터보다 한층 높게 단을 쌓은 것을 기단이라고 한다. 기단을 하는 이유는 땅에서 올라오는 습기를 막고 통풍이 잘 되도록 하고, 집안에 햇빛을 충분히 받아들일 수 있도록 하기 위해서다. 구조적으로는 기둥에서 전달되는 건물의 무게를 지반에 골고루 전달한다. 시각적으로는 건물을 높게 보이게 해서 위엄과 안정감을 느끼게 한다. 기단이 없으면 어딘지 모르게 건축물이 볼품없게 보인다. 기단의 높이는 건축물의 위계성을 부여하는 요소이기도 하다. 궁궐에서는 왕이 국정을 수행하던 정전이 업무를 보던 편전이나 다른 건물에 비해 기단이 높다. 양반집에서도 사랑채와 안채는 기단이 높고 행랑채는 낮다. 이는 기단을 통해 건물의 높이를 다

❶ 해남 미황사 유난히 석축을 많이 쌓은 모습이다. 비슷한 크기의 자연석을 가공하지 않은 상태에서 각 층이 구분되도록 바른층쌓기를 했다.

❷ 양산 통도사 쌓는 돌을 모두 정교하게 다듬은 다음 목조가구를 짜듯 격식을 갖추었다. 면석의 화려한 문양은 여느 전각의 기단부에서는 볼 수 없는 것이다.

르게 함으로써 서열을 부여한 것이다.

기단은 쌓은 단의 수에 따라 단층기단과 다층기단으로 구분된다. 우리나라의 목조건축물은 대부분 단층기단으로 되어 있다. 단, 궁궐의 정전은 다층기단이다. 경복궁 근정전, 창경궁 명정전, 창덕궁 인정전 등은 이층의 기단을 쌓고 건물바닥 주위로 단을 한 층 더 쌓아 삼층으로 된 다층기단을 가지고 있다. 이때 아래 두 단을 월대라고 부른다.

재료에 따라서는 토축기단 · 전축기단 · 석축기단 · 석전병용기단이 있고, 쌓는 방법에 따라서는 적석식기단, 가구식기단 등이 있다.

토축기단 진흙을 다져 쌓아 올려 만드는 기단. 견고하게 만들기 위하여 작은 돌을 섞어 쌓거나 목심을 박아 쌓기도 한다. 간혹 기와편을 섞어 쌓기도 한다. 일반 살림집에서 많이 사용되었다.

전축기단 벽돌을 쌓아 만든 기단

석축기단 돌을 쌓아 만든 기단. 가장 많이 사용된 방법이다.

석전병용기단 돌과 벽돌을 섞어 쌓은 기단. 다듬은 돌 사이에 벽돌을 쌓는다.

적석식기단 비슷한 크기의 자연석을 가공하지 않은 상태로 서로 이를 맞춰가면서 쌓은 기단. 보기에는 돌을 막 쌓은 것처럼 보이나 돌의 각 면이 서로 맞아야 기단이 튼튼하게 되므로 고도의 기술이 필요하다. 쌓는 방식에 따라 각 단의 층이 구분이 되도록 쌓는 바른층쌓기와 성벽의 석축과 같이 층 구분 없이 쌓는 허튼층쌓기로 구분된다. 조선시대에는 궁궐, 사찰, 서원, 주택 등 모든 건축물에 널리 쓰였다.

가구식기단 쌓는 돌을 정교하게 다듬어 맞추어 올리는 기단. 땅에 지대석을 깔고 그 위에 돌기둥을 세운다. 기둥 사이에 면석을 끼워 세운 후 위에 갑석을 놓아 마무리 한다. 목조가구를 짜듯 만든다고 해서 이름이 붙여졌다. 가구식기단의 예는 석탑에 잘 남아 있다.

초석

기둥을 세울 때는 땅이나 기단 위에 바로 올려놓지 않는다. 기둥을 받치는 큼지막한 돌을 놓고 올린다. 초석이란 흔히 '주춧돌' 이라 부르는 것으로 기둥을 받치기 위해 놓은 돌을 말한다. 초석을 두는 이유는 기둥에 지면의 습기를 막고, 기둥으로 전달되는 건물의 무게를 효과적으로 지면으로 전달하기 위해서다.

초석은 목조건축물의 구조를 파악할 수 있는 중요한 요소이기도 하다. 화재나 지진에 약한 목조건축물이라 하더라도 초석은 돌로 된 만큼 제 자리에 남아있게 된다. 역사학자들은 초석의 배열상태, 초석 간의 거리 등으로 당시 건물의 모양을 추정한다.

정평주초 초석의 윗면을 다듬어서 수평이 되도록 하고, 그 위에 기둥을 앉히는 방식. 기둥이 놓이는 자리의 가공형태에 따라 원형초석, 방형초석, 팔각형초석으로 나뉜다. 궁궐, 사찰 등에 주로 사용했다.

덤벙주초 초석을 가공하지 않고 자연석을 그대로 사용하는 방식. 초석의 표면이 매끄럽지 않아 기둥을 세울 때는 그랭이질을 해서 세운다. 그랭이질이란 기둥이 놓일 자리의 초석 상면 굴곡과 똑같이 기둥 밑면을 다듬는 것이다.

기둥

건물 공간을 형성하는 기본 뼈대가 되는 구조물이 기둥이다. 초석 위에 세워지는 기둥은 지붕의 무게를 지탱하고 지반에 전달하는 매개체 역할을 한다. 대들보와 함께 목조건축에서 가장 중요한 요소다. 대들보가 건축물의 수평력을 받는 것이라면, 기둥은 수직력을 받는다.

우리나라 건축물에 언제부터 기둥이 사용되었는지는 확실하지 않다. 다만 신석기시대 움집의 가장자리에 구멍을 파서 나무를 세우거나 바닥에 직접 세워 윗부분의 구조물을 받치게 한 것이 기둥의 시작이라고 할 수 있다.

기둥은 세 부분으로 나누어 윗부분을 기둥머리, 중간을 기둥허리, 밑부분을 기둥뿌리라고 한다. 재료에 따라서는 나무기둥과 돌기둥으로 구분된다. 그러나 우리나라는 목조건축물이 주로 지어졌기 때문에 대부분 나무기둥을 사용하였다. 돌기둥은 매우 드문데, 경복궁 경회루의 1층 기둥이 사각형의 돌기둥이다.

원통형기둥 기둥의 두께가 기둥뿌리에서 기둥머리까지 동일한 기둥. 건물을 정면에서 바라보면 안으로 패인 것처럼 보이는 단점이 있다. 배흘림기둥이나 민흘림기둥에 비해 사용된 예가 적다. 송광사 국사전, 내소사 대웅본전 등에서 그 예를 찾을 수 있다.

민흘림기둥 기둥뿌리에서 기둥머리로 올라가면서 두께가 좁아지는 기둥. 건물의 안정감을 주기 위한 기법 중 하나다. 사다리꼴과 같이 일정한 비율로

쉬어가기

다양한 기둥의 이름

기둥은 놓이는 위치와 기능에 따라 각기 다른 이름을 가지고 있다.

우주 : 건물의 모퉁이에 세운 기둥. 귀기둥이라고도 한다.

평주 : 건물의 바깥 둘레에 세운 기둥. 평기둥이라고도 한다.

고주 : 건물 내부의 세운 기둥. 고주는 하나일 수도 있고, 둘 이상일 수도 있다. 내부의 기둥이 외곽기둥보다 높기 때문에 고주라 한다.

활주 : 팔작지붕의 건물 추녀 밑을 받치는 기둥. 한옥은 추녀가 밖으로 많이 빠져 나오기 때문에 처지기 쉽다. 추녀가 내려앉는 것을 방지하기 위해 부가적으로 설치한 보조기둥이다.

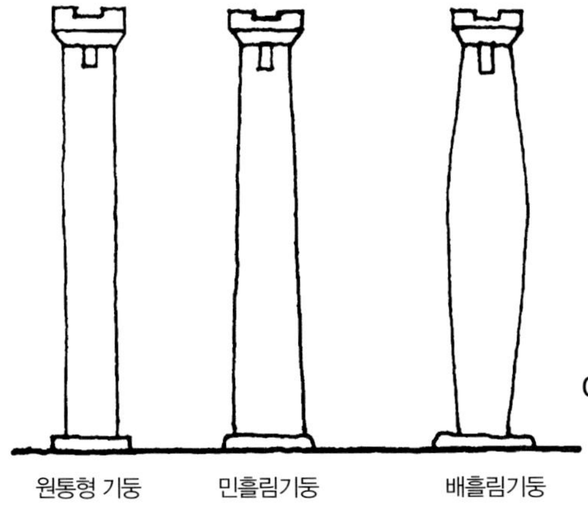

여러 가지 기둥 모양

좁아지는 것이 아니라 각 지점마다 체감되는 비율을 달리하여 좁아진다. 조선 중기 이후 다포계의 건물에서 많이 나타난다. 대표적인 건물로는 화엄사 각황전, 쌍봉사 대웅전, 개암사 대웅전, 해인사 응진전 등이 있다.

배흘림기둥 기둥허리 부분이 굵고 기둥머리와 기둥뿌리로 가면서 두께가 좁아지는 항아리 모양의 기둥. 그리스, 로마의 신전건물에서도 배흘림기둥을 사용했는데, 이를 엔타시스(entasis)라고 한다. 우리나라에서는 고구려 고분벽화에 나타나는 것으로 보아 삼국시대 또는 그 이전부터 사용되었음을 알 수 있다.

배흘림은 육중한 지붕을 안전하게 받치고 있는 것처럼 보이도록 하는 효과가 있다. 기둥뿌리에서 기둥머리까지 동일한 두께로 되어 있다면 가운데 부분이 얇아 보인다. 이를 보정하고 시각적으로 안정감을 주기 위해 사용된 기법이 배흘림이다. 고려시대와 조선 초기의 주심포계와 다포계의 건물에 주로 사용되었다. 대표적인 건물로는 봉정사 극락전, 부석사 무량수전, 수덕사 대웅전, 강릉 객사문 등이 있다.

공포

기둥 위에서 대들보 아래까지 짧은 부재를 십자로 여러 개 중첩하여 짜 맞춘 것을 말한다. 지붕을 안정되게 받치면서 그 무게를 기둥이나 벽으로 전달하는 기능을 한다. 또한 실내 공간을 넓히고 건물을 높게 해 장중한 느낌을 준다.

공포는 우리나라 목조건축의 특징 중의 하나다. 공포는 주두 위에서 보 방향 부재와 도리 방향 부재가 십자로 교차하며 짜여진다. 보는 기둥 앞뒤를 연결하는 부재로 보 방향이라고 하면 보와 같은 방향으로 놓인 부재를 말한다. 도리는 기둥을 좌우로 연결하는 부재이므로 도리 방향이라고 하면 도리와 같은 방향으로 놓이는 부재를 이른다. 보 방향의 대표적인 부재는 살미, 도리 방향의 대표적인 부재는 첨차다. 살미와 첨차를 겹쳐 쌓을 때는 주두와 모양은 같고 크기가 작은 소로 사이에 끼워 넣는다.

우리나라 목조건축물에 공포가 언제부터 사용되었는지는 확실하지 않다. 4~5세기 고구려 고분벽화에 공포 구조가 나타나는 것으로 보아 최소한 삼국시대, 아마도 그 이전에 공포가 사용되었을 것으로 추정된다.

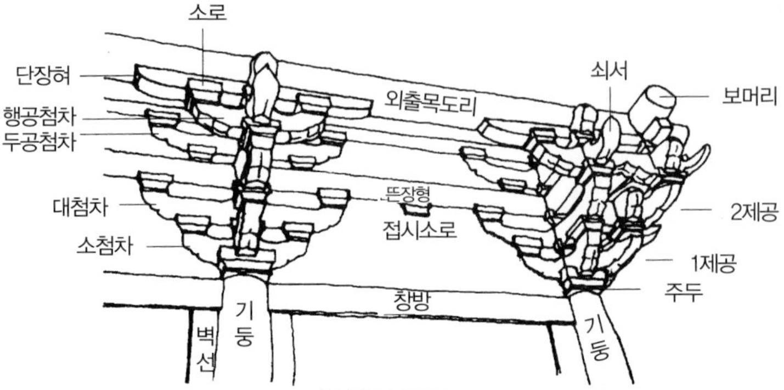

주심포 공포

공포의 종류

우리나라 목조건축물은 포의 배치 형태에 따라 주심포와 다포형식, 포의 형태에 따라 익공과 하앙식으로 구분한다.

주심포

기둥의 위에만 공포가 짜이는 형식이다. 지붕의 무게가 공포와 기둥을 통하여 지면으로 전달되는 구조체계를 가지기 때문에 벽에는 무게가 거의 전달되지 않는다. 기둥 위에 평방 없이 바로 주두를 놓고 공포를 올린다. 기둥 사이에는 창방이라는 수평부재가 기둥머리를 파고 기둥과 기둥을 연결한다. 건물 안 천장은 서까래가 노출된 연등천장을 하였다.

주심포 건물은 외관상 단아한 맛을 나타내며 건물 세부 부재의 치목에 의한 화려함보다는 건물 전체에서 보여주는 구조적인 아름다움을 나타낸다. 전통 목조건축의 가구 형식 중 가장 오래된 형식으로 기둥에 배흘림이 있고 대부분 간단한 맞배지붕을 한다. 봉정사 극락전(국보 제15호), 부석사 무량수전(국보 제

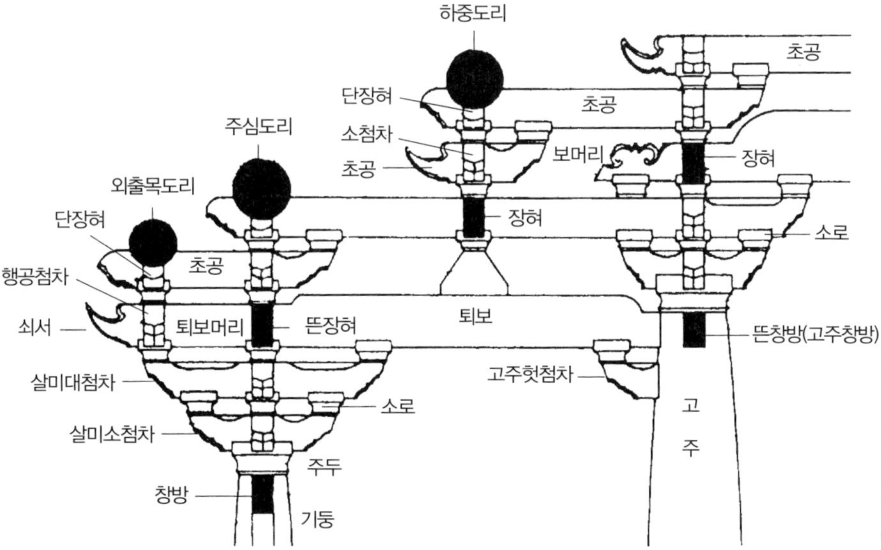

주심포 공포

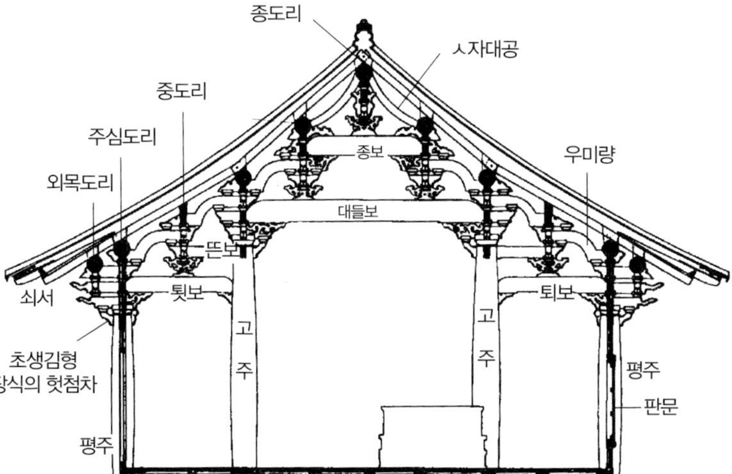

주심포 단면도

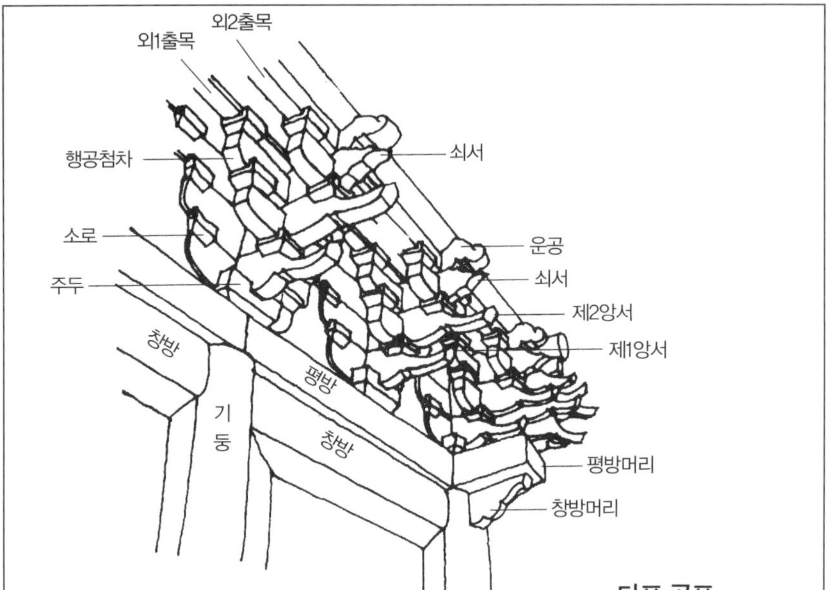

다포 공포

18호)·조사당(국보 제19호), 수덕사 대웅전(국보 제49호), 무위사 극락전(국보 제13호) 등이 대표적이다.

다포

기둥의 위뿐만 아니라 기둥과 기둥 사이에도 공포를 놓아 매우 화려한 모습을 가지는 형식이다. 다포란 포가 많다는 의미다. 지붕의 무게가 기둥뿐만 아니라 벽을 통해서도 지면에 전달되므로 기둥머리를 연결하는 창방만으로는 상부의 하중을 지탱하기 어렵다. 그래서 창방이 더 굵어지고, 그 위에 평방이라는 수평부재를 하나 더 올려 공포를 구성한다.

다포계 건축물은 규격화된 부재를 많이 사용함으로써 기둥의 배흘림이 심하지 않고 곡선형 부재보다는 직선 부재의 사용이 많다. 주심포에 비해 화려하게

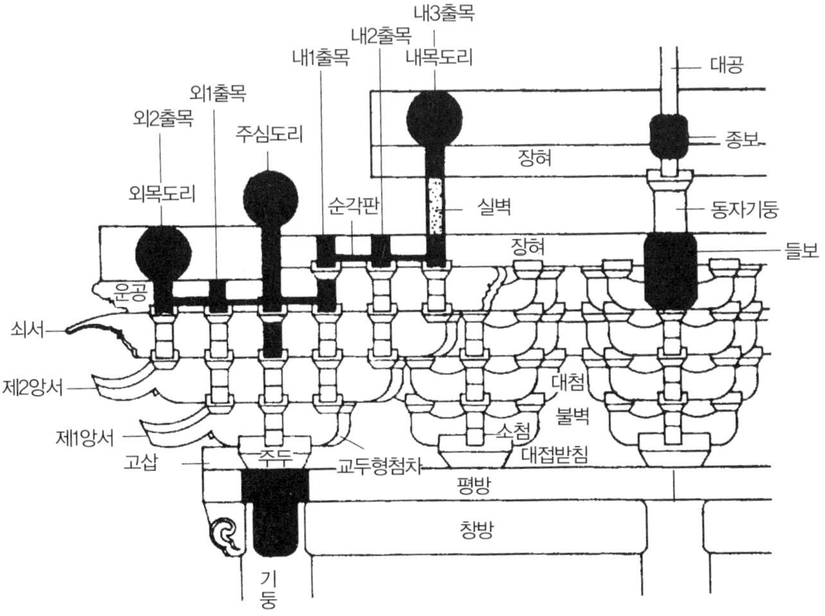
내3출목
내2출목
내1출목
내목도리
대공
외1출목
외2출목
주심도리
종보
장혀
외목도리
순각판
실벽
동자기둥
장혀
들보
운공
쇠서
제2앙서
대첨
불벽
제1앙서
소첨
대접받침
고삽
주두
교두형첨차
평방
창방
기둥

다포 공포

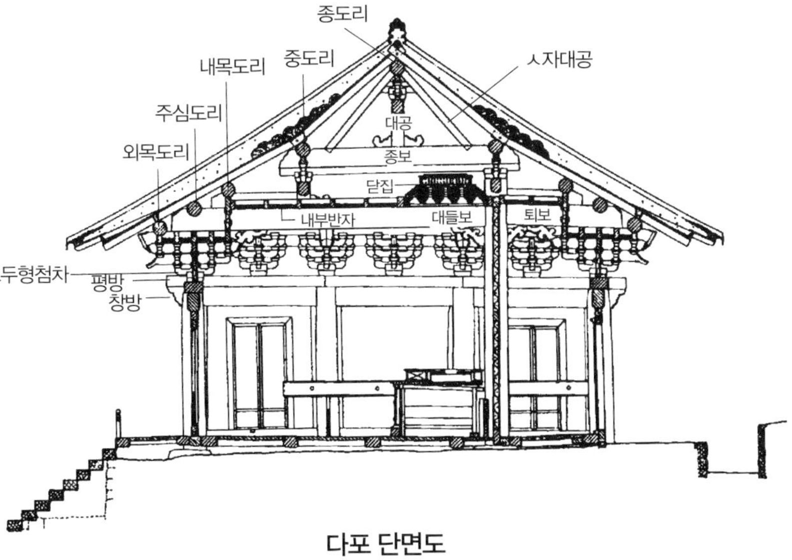
종도리
중도리
내목도리
ㅅ자대공
주심도리
대공
외목도리
종보
닫집
내부반자
대들보
퇴보
교두형첨차
평방
창방

다포 단면도

보이지만 합리적이면서도 단조로움의 반복이 주는 기계미가 특징이다. 건물을 장중하게 보이게 하기 위해 포도 많고, 포작도 여러 층 겹쳐지는 구조로 실내공간이 확장되어 천장에 반자를 설치하는 것이 유리하다. 일반적으로 다포계 건물은 우물천장을 하였다.

개심사 대웅전(보물 제143호), 신륵사 조사당(보물 제180호), 봉정사 대웅전(보물 제55호) 등이 대표적이다.

익공

새 날개 모양으로 부재를 기둥머리를 관통시켜 끼우고 그 위에 주두, 두공, 쇠서를 짜서 공포를 꾸미는 형식이다. 목조건축의 공포 중 가장 간결한 구조이다. 보를 바로 받치도록 되어 있기 때문에, 구조적으로 견고하며 지붕처리도 맞배에서 팔작 · 우진각 등 마음대로 할 수 있다.

주심포나 다포와 같이 출목이 있어 지붕 처마를 앞으로 길게 밀어내는 역할도 없고, 주심도리를 높게 올리는 역할도 없다. 기둥 위에 새 날개처럼 뻗어 나온 첨차식의 장식을 설치해 장식효과를 얻고, 주심도리를 높이는 역할을 한다. 외관상으로는 주심포와 유사하게 보이나 헛첨차의 위치에 놓이는 쇠서, 보아지가 하나의 형태로 기둥과 주두를 함께 감싸고 있어 주두 위에 놓이는 쇠서의 하단부와 서로 맞닿게 되는 형태를 가진다.

익공은 놓이는 쇠서의 수에 따라 초익공과 이익공, 물익공으로 나눈다. 초익공은 익공이 1개인 경우, 이익공은 익공이 2개, 물익공은 익공의 수와 상관없이 익공의 끝 모양을 둥그렇게 조각한 것이다.

이익공은 초익공 위에 주두와 같은 형태의 납작한 재주두를 놓아 대들보 머리를 받치기도 한다. 익공양식은 외관이 다포계의 건물처럼 화려하지 않으나 부재의 양이 훨씬 줄어든다는 장점을 지녔다.

치목과 결구의 합리적인 방법 때문에 사찰의 부속건물이나 궁궐의 편전과 침전, 문루 그리고 향교나 서원, 상류주택 등 조선시대의 각종 건물에 폭넓게 사용되었다. 종묘 정전(국보 제227호), 경복궁 경회루(국보 제224호), 해인사 장경판고(국보 제52호), 청평사 회전문(보물 제164호) 등이 대표적인 예이다.

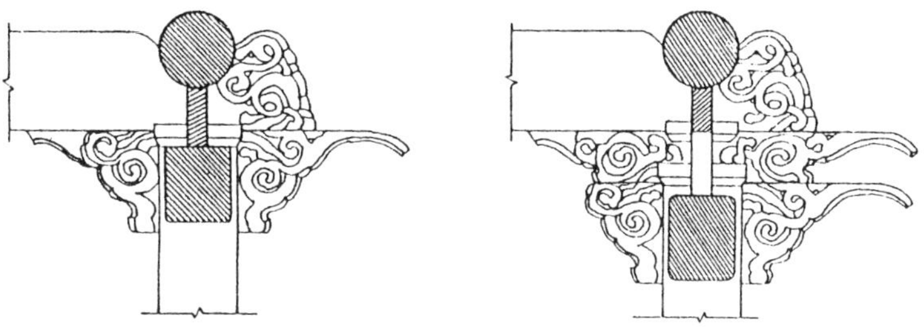

익공

하앙

완주 화암사 극락전에서만 보이는 독특한 공포 양식이다. 사용된 예가 하나뿐이어서 일반적인 구조의 특성을 설명하기 어렵다. 화암사 극락전에 표현된 형식을 바탕으로 설명하면 중도리와 주심도리를 잇는 경사진 살미의 일종으로 하앙 부재를 갖는 공포 형식을 말한다. 처마를 많이 빼기 위한 공포의 하나인데 수평으로 자른 공포 중간을 경사진 부재가 관통하여 짜여지기 때문에 복잡하고 까다로워 사용되지 않았다.

공포의 부재

교두 살미나 첨차의 밑면 끝을 활처럼 깎아 낸 모양 또는 그 부분

내목 기둥의 안쪽

두공 주두 위에 짜이는 공포 부재의 총칭. 익공형식의 공포에서 도리와 평행하게 주두 위에 얹은 첨차

부연 처마서까래나 들연 끝에 덧붙여 얹는 사각형의 짧은 서까래. 처마서까래를 길게 하면 처마가 낮아져 미관상 보기에 좋지 않다. 채광에도 문제가 된다. 이때 처마를 위로 올라가게 해서 채광도 좋게 하고 건물을 멋스럽게 하는데 부연을 사용한다.

보아지 기둥머리 또는 주두에 끼워 보의 짜임새를 보강하는 짧은 부재.

살미 기둥 위의 도리 사이를 소의 혀 모양으로 꾸민 부재를 통칭하는 말. 보 방향으로 놓인다. 통일신라와 고려 초까지는 첨차와 같은 모양으로 만들어지다가 고려 중기 이후에 장식적으로 변화되었다.

소로 두공, 첨차, 제공, 장혀 등을 받치는 네모진 나무. 접시받침이라고 한다. 형태는 주두와 유사하나, 크기는 작다.

쇠서 기둥 위에 도리방향의 첨차와 십자로 짜여지는 부재. 형태가 소의 혓바닥과 같아서 이름 붙여졌다.

장혀 도리 밑에서 도리방향으로 놓이는 폭이 좁고 긴 부재. 장혀 밑에는 소로가 받치고 있어 지붕의 무게가 소로를 통해 첨차에 전달된다. 다포건물에서는 기둥 위에 놓이지 않고 기둥과 기둥 사이에 놓인다.

제공 첨차와 살미가 층층이 짜인 부재.

주두 기둥 위나 창방, 평방 등 수평으로 놓이는 부재에서 공포를 받치는 부재. 공포의 가장 밑부분에 놓여 지붕의 무게를 기둥에 직접 전달

한다.

창방 기둥머리와 기둥머리를 연결해 장혀나 소로, 화반을 받는 부재. 기둥을 서로 잡아매는 역할을 한다.

첨차 주두 또는 소로에 얹혀 도리 방향으로 짜여지는 부재. 살미와 교차하여 십자맞춤을 한다.

출목 기둥 중심에서 밖으로 나가 도리를 받친 첨차

평방 공포를 받치기 위하여 창방 위에 수평으로 올려놓은 폭이 넓은 부재. 다포 건물에 쓰인다.

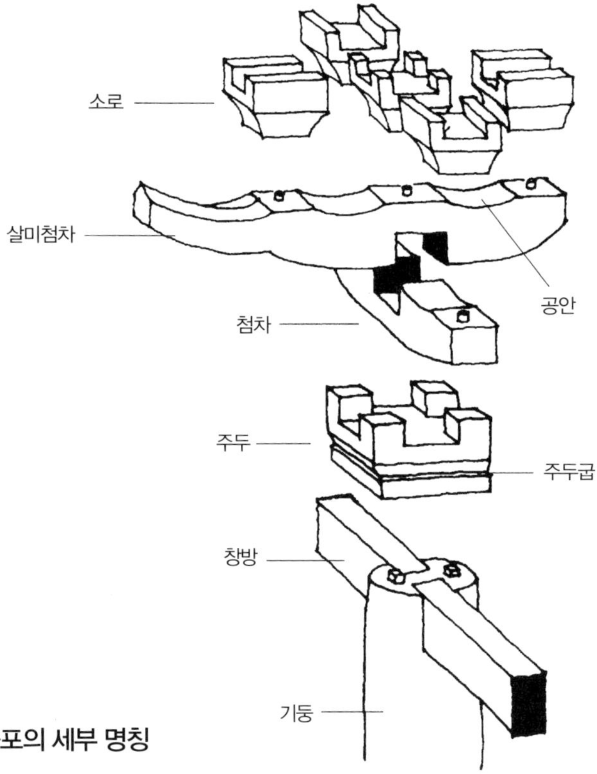

공포의 세부 명칭

화려함과 웅장함 갖춘 그림 단청

Summary

사찰이나 고궁에 가면 화려한 색으로 칠해진 건물이 눈에 들어온다. 세월의 흔적이 묻어나거나 건물을 더욱 고풍스럽게 만드는데, 이것을 단청이라고 한다.
단청이란 원래 색채로 그린 모든 그림을 통틀어서 일컫는 말이다. 좁은 뜻으로는 천장이나 기둥에 도안적인 문양이나 비천 · 용 등을 그린 것을 말한다. 불교에서는 불상이나 보살 등을 그린 그림도 단청의 범주에 포함한다.
단청을 하는 이유는 목조건축물이 지닌 재질의 단점을 가려 장식효과를 높이는 데 있다. 근본적으로는 건물을 비바람과 벌레로부터 보호하는 실용적인 기능과 각종 문양을 통해 잡귀를 막는 벽사와 길흉화복을 기원하는 상징적인 의미를 담고 있다. 옛날에는 궁전이나 법당의 권위를 나타내기 위해 일반 살림집은 단청을 하지 않았으며, 법적으로도 못하도록 금지했다. 단청이 본래 고대사회에 지배세력의 건축물이나 국가적 차원의 의식, 종교 의례를 치르는 건물에 대해 일반 건물과 구분하고 엄숙함을 나타내기 위해 시작되었기 때문이다.
단청하는 순서는 나무의 표면을 깨끗하게 마름질하고 색이 잘 먹도록 바탕에 아교를 칠한다. 그런 다음 색이 잘 살도록 녹색으로 가칠을 한다. 그 위에 그림을 덧붙여 그린다. 만일 다양하고 복잡한 도안을 그려 넣을 경우에는 출초라고 해서 종이에 문양을 그리는 작업이 추가된다. 종이에 그려진 문양은 모양에 따라 바늘로 구멍을 내고 하얀 가루가 든 주머니로 톡톡 때린다. 그러면 문양에 따라 점선으로 나타나는데, 이를 타분이라고 한다. 타분을 거쳐 그려진 밑그림에 따라서 색을 칠하는 시채과정을 마치고 검정색으로 외곽선을 그리면 단청이 완성된다.
단청의 구성 부위에 따라 의장양상이 나뉜다. 윗부분은 천상세계를 표현하는 부분으로 천계의 신격이 표현된 천장 문양을 그린다. 그 아래는 하늘 주위의 여러 상징적인 세계 등을 표현해 천장을 받치고 있는 부재에 상서로운 오색구름, 무지개, 연꽃장식을 한다. 마지막으로 기둥 아래에는 현세 인물들의 권위와 존엄성을 붉은색, 푸른색으로 단조롭게 표현한다. 이 모든 것은 자연과 조화를 이루는 형태로 자연에 순응하여 자기가 일체가 되려는 의식을 반영한 것이다.

• 단청은 오방색이 기본

단청에 사용되는 색은 청 · 적 · 백 · 흑 · 황의 오방색이 기본이다. 지금은 인공적인 안료를 써서 색을 내지만, 조선시대에는 천연안료를 사용해 광택이 없고 역광에서 봐도

제 빛깔을 발했다. 천연안료는 자연에서 채취할 수 있는 광물질과 석물질에서 얻었다. 검은색은 소나무 송진을 태운 그을음을 사용했고, 가장 많이 사용되는 녹색은 경상도 장기현에서 나는 초록색 암석을 가루로 만든 다음 물에 넣고 저어 앙금을 만들어 말려서 아교에 개서 썼다. 백색은 조개껍질을 빻아 같은 방법으로 아교에 개서 사용했다고 한다.

● 단청은 누가 하나

단청은 크게 궁궐 단청과 사찰 단청으로 나눌 수 있다. 궁궐 단청은 경공장이 속해있는 선공감에서 맡아 수행하였다. 선공감에는 도채공이라는 단청화공이 있어 궁전을 비롯한 객사, 관아, 사묘, 누정 등의 단청을 도맡아 색칠하였다. 단청화공은 세습적으로 하는 사람들이 있고, 재능이 있는 어린이를 견습공을 뽑아 양성하기도 하였다.

사찰은 사찰대로 자신들의 화공집단을 가지고 있었다. 큰 절의 경우 단청공이 한 명씩 있었다. 단청공은 단청뿐만 아니라 사찰 안에서 필요한 불상이나 불화, 조각 등의 제작도 겸하였다. 또 재주가 있는 어린이를 뽑아 도제식의 양성기관에서 체계적인 양성까지 도맡아 일을 했다.

● 단청의 종류

건물의 용도에 따라 가칠단청, 긋기단청, 모로단청, 금단청 등 4가지 정도로 격을 나누어 사용한다.

가칠단청 무늬 없이 단색으로 칠한 단청. 일반적으로 건물 기둥은 붉게 칠하고, 그 외에는 녹색으로 칠한다. 장식성보다는 부식을 방지하는 기능성에 충실한 것이다. 현재 남아 있는 건물에서는 보기 드문 예이다.

긋기단청 가칠단청 위에 선만 그린 것. 표현이 단순하기는 해도 선만으로도 훨씬 정리된 느낌을 준다. 단정하면서도 검소한 느낌을 주는 서원 등에 주로 사용되었다.

모로단청 서까래의 끝부분이나 보 · 창방 등의 가로부재의 양 끝부분에만 각종 문양을 장식한 단청. 문양이 부재 전체를 채우지는 않고, 가운데 부분은 긋기단청으로 마감한다. 주로 궁궐 같이 화려한 건물에 사용되었다.

금단청 부재의 모든 부분을 문양으로 꽉 채운 가장 화려한 단청. 금을 입혔다고 해서 금단청이 아니라 문양으로 모두 채워진 단청을 금단청이라고 한다. 주로 사찰 건물에서 사용되었다.

가구

인간의 신체가 각각의 뼈들이 짜맞추어져 이루어지듯, 목조건축물을 만드는 데도 뼈대가 필요하다. 건축물을 지탱하는 뼈대의 얽기를 가구라고 한다. 기둥, 보, 도리 등이 중요한 가구 부재이며, 이들 부재가 어떤 형식을 갖느냐하는 것이 가구법이다.

목조건축물은 조각을 하나하나 맞추는 퍼즐과 같다. 틀에 뜨거운 쇳물을 부어 찍어내는 주물이 아니라 각각의 재료들을 하나 둘 짜 맞춰야 한다. 가구는 목조건축의 구조를 이루는 부재의 짜임새를 총칭하는 말이다. 지붕, 벽, 바닥틀 등을 포함한다.

좁은 의미에서 가구란 지붕가구만을 일컫는다. 즉 기둥이나 공포 위에 얹혀 내부공간을 형성하는 보, 도리, 대공, 서까래 등의 조합을 말한다. 이들 부재들은 지붕의 무게를 공포와 기둥에 고루 분산시키면서 내부공간을 형성하는 역할을 한다.

가구는 각 부재 간에 맞춤이나 형태 등에서 일정한 형식을 갖추고 있어 아무리 복잡한 것이라도 그 형식에 부합되기 마련이다.

가구의 부재

보

건물의 앞뒤 기둥을 연결해 서까래와 도리를 타고 내려온 지붕의 무게를 최종적으로 받는 수평부재. 보를 통해 기둥으로 무게가 전달된다. 목조건축에서 수직으로 놓이는 가장 중요한 것이 기둥이라면, 수평으로 놓이는 가장 중요한 것은 보다. 한자어로는 량(樑)이라고 쓴다.

보는 놓이는 위치와 기능에 따라 명칭도 다양하다. 크게 대들보와 보충보로 구분할 수 있다. 보충보는 기둥과 보, 보와 보 사이, 보 위에 놓이는 보다. 마룻보, 중종보, 퇴보, 충량, 우미량 등이 있다.

건물이 크고 구조가 복잡할수록 보는 여러 겹으로 짜이고, 지붕 모양에 따라서도 위치가 달라진다. 맞배지붕에서는 앞뒤 기둥에 걸리고, 팔작지붕이나 우진각지붕에서는 충량이 대들보와 직각이 되도록 걸린다.

대들보

작은 보에서 전달되는 무게를 받기 위해 기둥과 기둥 사이에 건너지른 보. 지붕을 받치는 가장 큰 보로 모든 건물에 사용된다. 일명 '누운기둥' 이라고도 한다. 대들보는 휘어진 나무를 효과적으로 사용해 자연미를 살린 것이 특징이다.

우미량

기둥 사이를 연결하지 않고, 위에 있는 도리와 밑에 있는 도리 사이를 연결하는 보. 크기가 작다. 소꼬리처럼 휘어져 있다고 해서 우미량이라고 한다. 팔작지붕이나 우진각지붕에서는 볼 수 없고 고려시대와 조선시대 초기의 맞배지붕 건물에 주로 나타난다.

충량

바깥머리는 기둥 위에 짜이고 안머리는 대들보 중간에 가로 걸치는 보. 측면을 통과하는 중도리 등을 떠받아 지붕 합각부의 무게를 지탱해 대들보와 평주로 분산시키는 역할을 한다. 측면이 2칸 이상인 팔작지붕과 우진각지붕의 건물에서 볼 수 있다.

마룻보

대들보 위의 동자기둥 또는 고주에 얹혀 중도리와 마룻대를 받치는 보. 일반적으로 도리가 5개인 5량 이상의 가구에 놓여 마루대공을 받쳐준다. 보 중에서 가장 위에 놓인다. 흔히 사용하는 '종보'는 마룻보의 잘못된 표현이다.

중종보

건물의 규모가 큰 7량 이상의 집에서 대들보와 마룻보 사이에 거는 보.

퇴보

고주가 있을 경우나 툇칸이 달릴 경우에 사용되는 짧은 보. 일반적으로 대들보보다 한 단 낮게 걸친다. 모습이 아치형이어서 홍예보라고 부른다.

도리

지붕의 서까래를 직접 받치는 부재. 가장 위에 보와 수직방향으로 놓인다. 지붕의 안쪽, 처마에는 서까래를 두는데, 지붕의 무게가 처음으로 도리가 받아 보

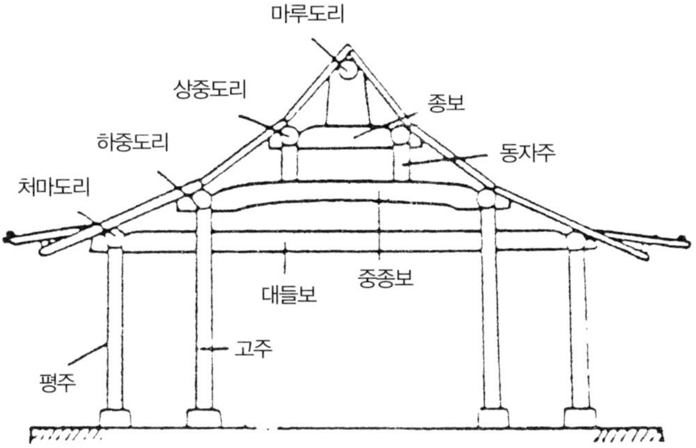
마루도리
상중도리
종보
하중도리
동자주
처마도리
대들보
중종보
고주
평주

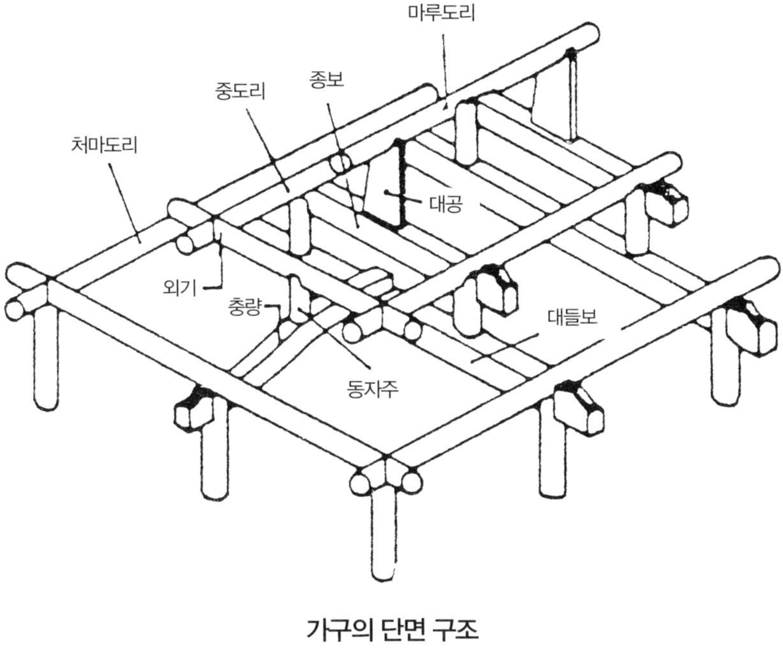
마루도리
종보
중도리
처마도리
대공
외기
충량
대들보
동자주

가구의 단면 구조

에 전달한다. 단면의 형태에 따라 둥근 굴도리와 네모난 납도리가 있다. 일반 민가에서 납도리를 사용하고, 양반집에 굴도리를 많이 사용한 것으로 보아 굴도리가 격이 높은 것으로 여겨졌다.

도리의 수를 통해 3량집, 5량집, 7량집 등으로 부른다.

대공

대들보 위에 얹혀 그 위의 보나 도리 등을 받쳐주는 부재. 형태나 형식에 따라 동자대공 · 접시대공 · 화반대공 · 포대공 · 판대공 · 인자대공 등으로 구분된다.

서까래

처마에 설치되어 지붕의 무게를 도리에 전달하는 부재. 도리 위에 지붕의 경사진 방향으로 걸쳐 댄다. 지붕 형태를 이루고, 처마곡선을 형성한다. 길이에 따라 장연과 단연으로 나뉜다. 장연은 중도리에서 처마내밈까지 긴 서까래가 필요한 처마에 사용되고, 단연은 종도리에서 중도리 또는 중종도리에서 중도리까지 짧은 간살 사이에 쓰인다.

가구의 구성

가구는 건축물의 규모와 관계가 있다. 가구가 크고 복잡할수록 건축물은 웅장하고 위엄이 있어 보인다. 가구의 구성은 일정한 형식을 갖는데, 이 형식을 결정짓는 요소가 도리다. 도리가 몇 겹으로 걸려 있느냐에 따라 3량집, 5량집, 7량집 등으로 분류한다. 이때 양집이라고 하는 것은 건물 내부에 있는 도리가 몇

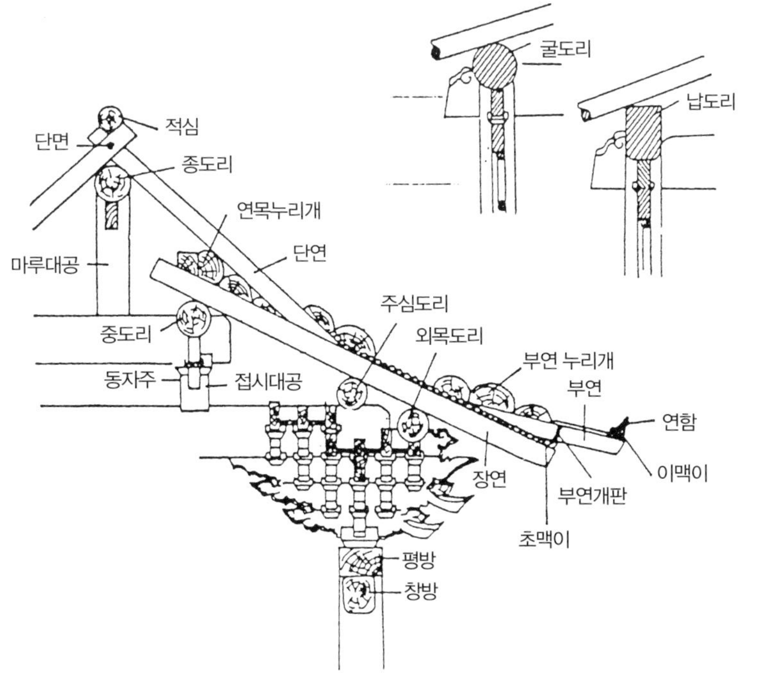

가구의 단면 구조

줄 걸려 있느냐 하는 데 따른 것이다.

건축물을 짓는 데 필요한 최소 도리 수는 3개이다. 가구 구성의 기본 단위는 3량집인 셈이다. 앞뒤 기둥 위에 주심도리를 얹고, 보 중앙에 대공을 세워 종도리를 얹어 3개의 도리가 서까래를 받치는 구조다. 3량집은 기둥과 기둥 사이가 좁고 보 길이도 짧아 작은 건물이나 민가에서 많이 이용된다.

일반 한옥에서 많이 사용되는 형식은 5량집이다. 서까래를 받을 수 있는 도리 3개를 설치하고, 서까래를 장연과 단연으로 만들어 쓰면 기둥 사이는 넓어

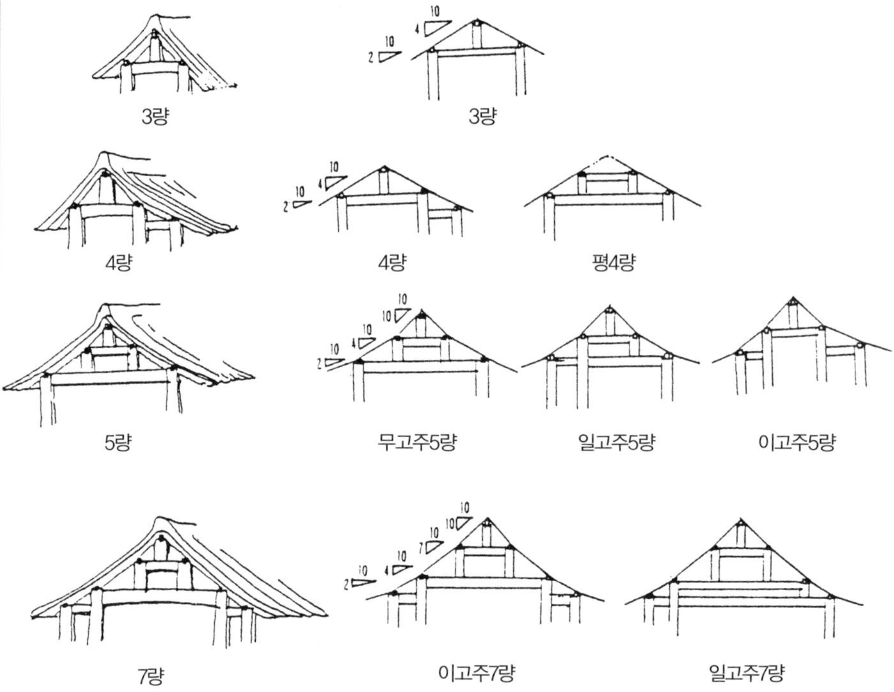

가구 형식

질 수 있게 된다. 이렇게 해서 5개의 도리가 걸리게 한 것이 5량집이다. 자세히 살펴보면 대들보 위에 마룻보가 있고, 그 중간에 대공을 놓고 대공 위에 종도리, 마룻보 양쪽에 중도리, 대들보 양쪽에 주심도리를 올린 구조다.

5량집이라도 기둥에 따라서 무고주5량집, 1고주5량집, 2고주5량집이 있다.

무고주5량집은 건축물의 앞뒤 평주를 만으로 구성된다. 개심사 대웅전, 강릉 객사문 등에서 볼 수 있지만, 잘 사용하지 않는 방법이다. 왜냐하면 한옥에서는 툇칸이 마련되어 내부에 고주를 세우기 때문이다.

5량집에 도리를 두 개 더 첨가하면 7량집이 되고, 여기에 다시 도리 두 개를 더하면 9량집이 된다. 일반 주택에서는 7량집 이상의 큰 건물은 보기 힘들고 궁궐이나 사찰의 건물에서 주로 볼 수 있다.

쉬어가기

'전 · 각 · 루'의 차이

전은 왕과 왕비가 업무를 보거나 생활하는 건물 또는 부처님을 모시는 건물에 사용하는 명칭이다. 경복궁의 근정전, 각 사찰의 대웅전 등이 그 대표적인 예이다. 각은 전과 같은 큰 건물의 부속 건물을 칭하는 것으로, 전보다는 그 격이 한 단계 떨어지는 것이다. 루는 2층의 건물을 일컬어 사용하는 용어로 진주의 촉석루, 밀양의 영남루 등이 그 예이다.

지붕

지붕은 건축물에서 가장 화려하고 중요한 요소다. 지붕의 멋스러움이 건축물의 첫인상을 결정한다. 지붕을 떠받치기 위하여 기둥도 필요하고, 서까래도 필요하다. 지붕이 없어도 괜찮다면 이러한 부재들은 존재할 이유가 없다.

지붕은 모자와 같다. 모자는 몸을 치장하는 패션 아이템으로도 중요하지만, 눈비로부터 머리를 보호하고 뜨거운 태양열이나 차가운 공기를 차단시켜 주어 몸을 보호하는 기능을 한다. 지붕도 건축물에 대해서 똑같은 역할을 한다. 눈과 비의 침수를 막아 나무의 부식을 방지하고 건물의 모습을 아름답게 치장한다.

외부환경으로부터 건축물을 보호해야 하기 때문에 지붕은 기후 조건에 따라 모양이 다르게 나타난다. 비가 많이 내리는 더운 지역에서는 지붕의 경사가 심하다. 빗물이 고이지 않고 빠르게 흘러내리도록 하기 위해서이다. 또 빗물이 지붕의 경사면을 타고 떨어질 때 집안이나 벽면에 스며들지 않도록 해야 하므로 지붕이 크고 물매(지붕의 경사진 정도)도 각이 커진다. 반대로 건조한 사막지역

에서는 지붕이 수평으로 만들어진다. 비가 적은 탓에 빗물을 효과적으로 받아서 저장해야 하기 때문이다.

여름철 강우량이 많고, 겨울철에는 추운 기후를 가진 우리나라의 지붕은 비교적 큰 편에 속한다. 지붕의 크기는 처마의 깊이가 얼마냐에 따라 결정되는데, 우리나라 목조건축물의 처마 길이는 약 80% 정도이다. 처마의 깊이는 건축물의 기둥 높이를 기준으로 했을 때 높이에 비해 도리에서 서까래 끝까지의 폭이 얼마나 되는가를 가늠하여 말한다. 처마의 깊이가 클수록 지붕의 면적은 넓어지고, 물매도 급하게 된다.

지붕의 처마가 깊어지는 이유는 간단하다. 건물을 짓는데 사용되는 목재가 습기에 약하기 때문이다. 빗물이 지붕에서 떨어질 때 건물에 튀지 않도록 하는 일이 매우 중요해서 처마를 깊게 하였다.

햇빛을 효과적으로 이용하는 것도 이유의 하나다. 계절별로 해가 떠서 질 때까지의 태양의 각도를 계산해 여름철에는 처마가 햇빛을 막는 차양막 역할을 하고, 겨울철에는 낮게 뜬 해가 방안에 들어올 수 있도록 처마의 깊이를 고려한다.

형태에 따른 분류

우리나라의 전통 목조건축물의 지붕 모양은 매우 다양하다. 크게 분류를 하자면 맞배지붕, 우진각지붕, 팔작지붕 등의 3가지 기본형으로 구분할 수 있다. 이외에도 정(丁)자지붕, 십자지붕, ㄷ자지붕, ㅁ자비붕, 솟을지붕 등 여러 지붕 형태가 있다. 삼국시대에는 대부분 맞배지붕을 올렸다. 고려 중기에 중국에서 새로운 형식인 팔작지붕이 건너오면서(학계의 추측) 널리 퍼졌다.

맞배지붕은 엄숙하고 경건한 기풍이 흐르고, 팔작지붕은 날아갈 듯한 화려한 멋이 특징이다. 보통 여러 지붕 모양이 같은 건물군 내에서 쓰일 때는 지붕의 형식이 건물의 위계와 관련되기도 한다. 팔작지붕이 가장 위계가 높고 우진각지붕, 맞배지붕 순으로 위계가 점차 낮아진다.

맞배지붕

건물의 앞뒷면에만 지붕면이 형성되는 가장 간단한 형식의 지붕이다. 옆에서 보면 책을 반쯤 펴놓은 팔(八)자 모양이다. 두 개의 지붕면이 서로 만나 삼각형을 이루는 삼각벽면을 박공면이라고 하기 때문에 '박공지붕' 이라고도 한다.

맞배지붕은 양 옆면에서 보면 지붕면 테두리(내림마루)와 측면 가구가 그대로 드러나기 때문에 구조물이 이루는 아름다운 가구미를 보여준다. 구조가 간단한 만큼 재료가 적게 드는 장점이 있다. 주로 주심포 건물에서 많이 사용되었다. 대표적인 건물로는 수덕사 대웅전(국보 제49호), 무위사 극락보전(국보 제13호), 개심사 대웅전(보물 제143호) 등이 있다.

우진각지붕

맞배지붕에서는 지붕면이 보이지 않는 양 옆면을 삼각형 모양으로 끌어내려 건물의 네 면에 추녀가 고르게 만들어지는 지붕이다. 용마루에서 합쳐지는 형태의 지붕이라 '모임지붕' 이라고도 한다. 지붕의 앞뒷면은 사다리꼴 모양이고, 양 측면은 삼각형의 형태를 이룬다. 함석지붕에서 보는 것과 같은 형식이다.

우진각지붕은 용마루 양끝에서 건물 옆면의 양모서리로 각각의 추녀마루를 만들어 용마루와 연속되는 경사진 지붕마루를 구성한다. 용마루가 짧은 것이

◀ 강진 무위사극락전 조선 세종 12년(1430) 건립된 대표적인 맞배지붕 건물이다. 고려 말기 이후의 건축물에서 곡선재를 많이 사용했는데, 무위사극락전은 직선재를 사용해 단정하고 엄숙하면서도 균형 있는 짜임새가 일품이다. 기둥과 들보가 그대로 드러난 측면은 수덕사 대웅전과 같은 유연한 아름다움은 없지만 직선적이고 기능적인 면을 잘 나타내고 있다.

특징이다. 지붕면을 곡면으로 하면서 처마선도 양끝 추녀로 갈수록 치켜 오르는 곡선으로 만들어주었다. 주로 성문이나 누문에 많이 사용하였다. 대표적인 건물로는 서울 숭례문(국보 제1호), 광화문 등을 들 수 있다. 사찰의 경우 해인사 장경판전에서 실례를 찾을 수 있다.

팔작지붕

용마루와 내림마루, 추녀마루를 모두 갖춘 가장 화려하고 아름다운 구성미를 지닌 지붕이다. 용마루 부분에 박공이 있고, 그 아래에는 추녀마루가 부채살 펴지는 듯한 모양을 하고 있다. 맞배지붕과 우진각지붕을 합쳐 놓은 모양이라고 생각하면 쉽다. 일명 '합각지붕' 이라고도 한다.

네 모서리의 처마 끝이 길게 뻗치면서 위로 솟아 유려한 곡선을 이루는 모습이 힘차고 화려한 느낌을 준다. 위엄이 있어 보여 주로 건물의 규모가 크거나 격식을 차릴 때 사용하는 지붕 형태다. 궁궐이나 사찰의 건물 등에서 흔히 볼 수 있다.

쉬어가기

정자의 지붕은 형태가 다르다

팔각정이나 육각정 등의 정자는 지붕이 길게 뻗지 않고 우산처럼 추녀마루가 중앙의 꼭지점에서 만난다. 추녀마루만 있고, 용마루와 내림마루는 보이지 않는 특징이 있다. 이런 지붕의 형태를 모임지붕이라고 한다. 지붕의 평면 모양에 따라 사모지붕, 육모지붕, 팔모지붕이라 부른다.

▲ 경복궁 경회루 팔작지붕의 위용을 유감없이 보여주는 큰 건물이다. 경회루는 나라에 경사가 있거나 외국 사신이 왔을 때 연회를 베풀던 누각이다.

◀ 경복궁 광화문 경복궁 남쪽에 있는 정문이다. 처음에는 사정문이라는 이름으로 불리다가, 세종 7년(1425) 집현전에서 광화문으로 명칭을 바꾸었다. 3개의 무지개문 위에 우진각지붕으로 된 문루를 올렸다.

기와는 종류에 따라 쓰임새가 다르다

Summary

기와는 쓰임새에 따라 여러 종류로 나뉜다. 기본적인 기와는 지붕면을 형성하는 수키와와 암키와, 추녀 끝에 단 막새 등이다. 이 외에도 건축물을 치장하기 위해서 치미, 귀면귀와 등의 장식기와도 사용된다.
옛날에는 추녀 끝을 장식한 막새가 건축물의 아름다움을 완성하는 요소라고 생각해 중시했다. 백제에서는 막새의 예술성을 높이 여겨 와박사제도를 두어 전문가를 배출하기도 했고, 조선에서는 막새를 만드는 기와장이에게 최고의 월급을 주었다.

수키와 · 암키와 : 가장 기본적으로 사용되는 기와. 지붕면을 이루는 기와로 눈과 빗물에 대한 누수를 방지한다. 수키와는 원통형으로 생겨 암키와와 암키와 사이에 놓인다. 기와 끝에 언강이라는 낮은 단을 두어 겹쳐 놓을 수 있도록 했다. 암키와는 널찍한 곡면으로 된 바닥기와다.

막새 : 지붕의 추녀 끝에 사용되는 기와다. 수키와 끝에 원형으로 부착된 것은 수막새, 암키와 끝에 기다랗게 달린 것이 암막새이다. 지붕 모서리에 달린 수키와는 귀막새라고 한다. 막새에는 연꽃, 동물, 귀신 등의 다양한 문양이 새겨진다. 막새의 문양은 시대와 지역에 따라 다르게 나타나 고고학이나 미술사 연구에 중요한 자료가 된다.

치미 : 용마루 양쪽 끝에 높게 부착한 대형 장식기와. 길상과 벽사의 의지의 부합에서 비롯한 것이라고 한다.

망새 : 지붕마루 끝에 엎어대는 내림새 모양의 기와

귀면기와 : 마루 끝에 사악한 것을 물리친다는 의미에서 세운 귀신이 형상으로 장식한 기와

서까래기와 : 서까래가 끝에 다는 기와. 서까래의 부식을 막고 장식을 하기 위해 사용되었다.

부연막새 : 부연 끝에 다는 장식기와

토수 : 지붕 네 귀의 추녀 끝에 끼우는 장식기와. 용머리나 거북 머리 모양으로 만든다.

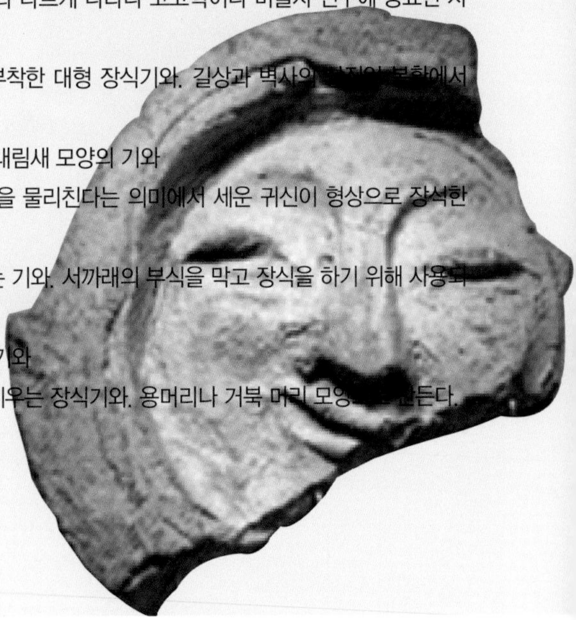

재료에 따른 분류

건축물을 짓는 재료가 무엇이냐에 따라 목조건축, 석조건축 등으로 나뉘듯 지붕도 어떤 자재를 이용했는지에 따라 구분된다. 우리나라 전통 목조건축물에서 사용하고 있는 지붕은 기와지붕, 초가지붕, 너와지붕, 굴피지붕 등이 있다.

기와지붕

학이 날개를 활짝 편 듯 호쾌한 기상과 용마루와 추녀의 매끄러운 곡선은 기와지붕에서 볼 수 있는 한국 건축물의 아름다움이다. 나무나 짚으로 얼기설기 엮어 만들던 지붕에 비해 구조도 복잡하고 장식적인 기법도 많이 사용되어 기와지붕은 목조건축에서 가장 발달한 형태의 지붕이라고 할 수 있다. 다른 지붕에 비해 품격을 갖추었기 때문에 왕실과 관아, 양반집에서는 당연히 해야 하는 것으로 여겼다.

기와의 재료는 모래가 적당하게 섞인 진흙이다. 진흙으로 용도에 따라 각기 다른 형태의 기와를 구워 만든다. 우리나라에는 중국을 통해서 유입되었다. 한나라 무제가 기원전 108년 위만조선을 멸망시키고 한사군을 설치한 기원전 2~1세기 경에 들어온 것으로 보고 있다. 본격적으로 기와가 제작되어 건물에 사용된 것은 삼국시대부터다. 통일신라의 고급스런 집에서는 유약을 발라 구운 녹유기와와 청기와가 사용되기도 했다.

나무나 짚에 비해 튼튼하고 방수도 뛰어나 오랫동안 사용할 수 있는 장점이 있다. 하지만 지붕이 지나치게 무거워지는 단점도 있다. 조상들은 이를 보완하기 위하여 무거운 지붕의 무게를 효과적으로 받치고 지면에 전달할 수 있도록 지붕과 기둥 사이에 복잡한 가구를 설치하였다.

초가지붕

초가는 지붕을 볏짚이나 밀짚 혹은 억센 줄기를 가진 풀을 사용하여 덮은 집이다. 역사를 거슬러 올라가면 초가지붕은 신석기시대와 청동기시대 사람들이 살던 움집에서 시작되었다고 볼 수 있다.

움집은 원형 또는 원형에 가까운 사각형의 땅을 파고, 가운데 높은 기둥을 세운 후 둘레에 다시 기둥을 세워 비바람을 막기 위해 억새나 갈대 등으로 덮었다. 이것이 움집의 지붕이자 초가지붕의 시초인 셈이다.

초가지붕은 기와지붕에 비해 구조가 간단하고 추수하고 남은 볏짚을 이용해 경제적인 부담이 적다는 장점이 있다. 지붕을 올릴 때는 볏대로 이엉을 엮고, 바람에 날아가지 않도록 가로와 세로로 새끼줄을 잡아맸다. 볏짚은 속이 비어 있어 단열효과가 뛰어나다. 여름철에는 뜨거운 태양열을 막아주고, 겨울에는 집안의 따뜻한 공기가 밖으로 나가는 것을 효과적으로 막아주기 때문에 일반 서민들의 살림집에서 많이 사용하였다.

『구당서』 '동이전 고려조' 에는 "사는 곳은 반드시 물 좋은 산골짝 오목한 곳에 모여 살며 지붕은 모두 띠로써 덮는데 오직 사찰과 궁궐, 관청만이 기와를 얹었다" 라고 기록되어 있다. 이처럼 특별한 건물을 제외하고는 거의 초가지붕을 얹었음을 알 수 있다.

너와 · 굴피지붕

너와집과 굴피집은 큰 나무를 얻을 수 있는 산간에서 화전민이나 주민들이 짓고 산다. 큰 나무를 잘라 널빤지를 만들 수 있는 곳에서는 너와지붕, 껍질을 벗길 수 있는 곳에서 굴피지붕을 올렸다.

너와지붕은 나무판이나 돌판으로 지붕을 이은 것을 말한다. 강원도에서는

'느에집' 또는 '능에집' 이라고도 부른다. 주로 200년 이상 된 소나무를 가로 20cm, 세로 30cm, 두께 3cm 정도로 자른 송판을 사용한다. 지붕에 덮을 때는 너와를 상단에서부터 끝을 물려가면서 놓는다. 그런 다음 바람에 날아가지 않도록 돌을 얹는다. 너와를 만들 때는 톱을 사용하지 않고 반드시 도끼질을 해야 한다. 그 이유는 톱으로 나무를 켜면 섬유질이 나타나지 않고 골이 형성되지 않아 배수가 제대로 되지 않기 때문이다. 배수에 문제가 생기면 나무가 쉽게 썩는다. 돌로 너와집을 지을 때는 검은색 점판암 계열의 돌을 사용한다.

강원도 삼척시 도계읍 신리에 중요민속자료 제33-10호로 지정된 너와집이 보존되어 있다. 굴피지붕은 참나무·굴참나무·상수리나무 등의 속껍질을 덮은 것이다. 2겹의 굴피는 끝이 겹쳐지게 처마쪽에서 위쪽으로 잇는다. 잇기가 끝나면 비와 바람에 훼손되지 않도록 너시래라는 장대를 여러 개 걸쳐놓고 지붕 끝에 묶거나 돌을 올려 고정시킨다. 굴피는 수명이 길어 20년에 한번씩 지붕을 교체한다고 한다. 비가 오거나 습할 때는 부피가 늘어나 비나 습기를 막아주지만 겨울에는 건조하여 수축하므로 틈새가 생겨 난방에 어려움이 있다.

강원도 삼척시 신기면 대이리에 중요민속자료 제223호로 지정된 굴피집이 보존되어 있다.

쉬어가기

지붕도 장식을 하나요?

지붕에 특별한 장식을 한다. 초가지붕에서는 용마름('ㅅ' 자형으로 엮은 이엉)을 빳빳하게 다림질하거나, 지붕을 일 때 쓰는 새끼를 보기 좋게 꼰다거나 해서 치장을 한다. 기와지붕에서는 기와에 문양을 넣어 장식하거나 조형물을 놓아 꾸미기도 한다. 대표적인 것으로 치미와 잡상이 있다. 치미는 기와의 한 종류로 용마루 양 끝에 놓여 건물의 격을 높인다.

잡상은 추녀마루 위에 놓이는 여러 가지 인물상이다. 소설 '서유기'에 나오는 인물 및 토신을 형상화해 장식한다. 일반적인 잡상의 순서는 ①삼장법사 ②손오공 ③저팔계 ④사오정 ⑤마화상 ⑥삼살보살 ⑦미구룡 ⑧천산갑 ⑨이귀박 ⑩나토두 순이다.

지붕 구성

지붕마루 지붕면과 지붕면이 만나거나, 지붕면이 끝나는 부분에 기와를 쌓아 마무리 한 부분

용마루 지붕 중앙에 가장 높이 있는 수평마루. 한국의 용마루는 가운데가 약간 처져서 곡선을 이루는데 반해, 일본과 중국의 용마루는 수평을 이룬다.

내림마루 맞배지붕에서 지붕의 양쪽 마무리를 깨끗하게 마감하기 위해서 생기는 지붕마루. 팔작지붕에서는 용마루 양끝에서 수직으로 내려오는 부분이다. 박공(합각) 부분에 만들어진다. 우진각지붕과 모임지붕에서는 박공이 생기지 않으므로 내림마루가 없다.

추녀마루 지붕의 모서리를 향해 45도 각도로 만들어지는 지붕마루. 귀마루라고도 한다. 추녀가 없는 맞배지붕에는 추녀마루가 없다.

박공 두 개의 지붕면이 서로 만나 삼각형을 이루는 삼각벽면. 합각부라고도 한다.

서까래 가구편 참조

뺄목 부재의 머리가 다른 부재의 구멍이나 홈을 뚫고 내민 부분. 보통 부재의 크기보다 가늘게 만들어진다. 맞배집에서는 도리와 장혀가 길쭉하게 빠져 뺄목이 되고, 다포집에서는 네 귀퉁이에서 창방, 평방의 뺄목이 '+' 자형으로 짜인다.

처마 서까래가 도리 밖으로 내민 부분. 지붕이 벽보다 밖으로 나온 부분이다.

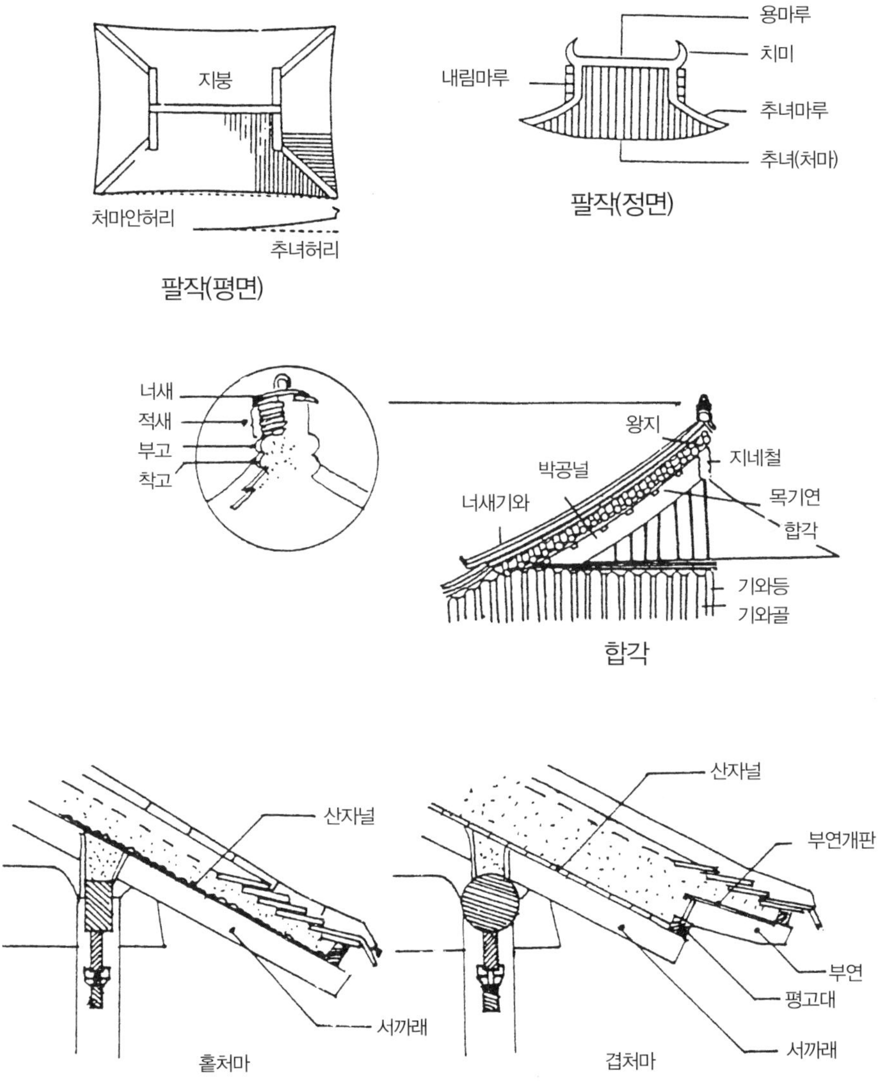

지붕
처마안허리
추녀허리
팔작(평면)
용마루
치미
내림마루
추녀마루
추녀(처마)
팔작(정면)
너새
적새
부고
착고
왕지
지네철
박공널
목기연
너새기와
합각
기와등
기와골
합각
산자널
서까래
홑처마
산자널
부연개판
부연
평고대
서까래
겹처마

지붕과 처마

대문

대문은 집의 시작이자, 다양한 상징성을 가진 얼굴이다. 단순히 집안에 사는 사람들이 드나드는 통로가 아니다. 조상들은 사람들의 안녕과 행복을 기원하는 시작으로 여겼다. 대문을 잘 세우면 장수와 복을 누리며, 건강하고 평안하다고 생각했다.

집을 만드는 일이 끝나면 마지막으로 담장을 쌓고 대문을 낸다. 다른 사람들이 함부로 집 안을 들여다보거나 들어오지 못하게 하기 위함이다. 대문은 집 밖에서 집 안으로, 집 안에서 집 밖으로 드나드는 통로 구실을 한다. 담장이 외부세계와의 단절을 의미한다면, 대문은 세상과 소통하는 창인 셈이다.

대문은 집의 규모, 집주인의 지위·부에 따라 다르게 나타난다. 지체 높은 양반집에서는 솟을대문을 주로 사용했고, 일반 백성들은 평대문이나 사립문 등을 사용했다. 그렇지 않은 경우도 종종 있다. 누각 밑을 지나 안으로 들어가면 그 자체로 문 역할을 하기도 하고, 담장 한 켠을 뚫어 놓고 아무런 장치를 하지 않아도 문이 되기도 했다. 심지어 입구에 커다란 돌을 세워 놓는 것으로 문을 삼기도 했다. 이처럼 사용하는 사람들이 마음으로 서로 동의하면 무엇이든 문이

대문은 집 안으로 열린다.
이는 대문을 통해 복이 집 안으로
들어오기를 바라는 마음에서다.

© 장명확

될 수 있었다.

대문에는 통로 이상의 의미가 담겨 있다. 우리 조상들은 대문을 집안에 사는 사람들의 안녕과 행복을 기원하는 시작이라고 여겼다. 대문을 통해 복이나 재물운이 들어오기도 하고, 잡귀나 악운이 들어온다고 생각했다. 그래서 대문을 잘 단속해 잡귀나 나쁜 기운을 물리치기 위한 조치가 취해졌다. 주로 잡귀를 물리치는 비방이나 그림, 글귀, 부적 등을 대문에 붙이거나 매달아 두었다. 처용의 얼굴을 붙여 놓거나 가시가 많은 엄나무 가지를 몇 가닥 묶어 문 위에 걸어 놓으면 잡귀가 겁이 나서 달아난다고 믿었다.

우리나라뿐만 아니라 중국에서도 춘제(음력설)에 대문에 붉은 부적을 붙이는 풍습이 있다. 중국 고대 전설에 의하면 춘제에 사람을 잡아먹으러 오는 귀신이 붉은 색을 싫어한다.

솟을대문

양반집이나 서원, 향교의 정문으로 주로 쓰이던 대문이다. 보통 3칸으로 대문을 만들고, 가운데 칸은 담장 보다 높게 만든다. 대문에 엄격한 위엄이 표현된 것이다. 가운데 칸이 높아진 이유는 조선시대 종2품 이상의 벼슬아치가 타고 다니던 수레인 초헌이 자유롭게 드나들 수 있도록 하기 위한 조치였다. 초헌을 타고 출입할 때 머리가 대문에 부딪치지 않도록 한 배려다. 이것이 양반집의 상징처럼 되어 나중에는 초헌을 타고 다니지 않는 일반집에서도 널리 사용하였다.

솟을대문 좌우에는 방이나 마굿간을 두는 게 일반적이다. 마굿간에는 주인이 타는 말을 두었고, 방에는 청지기가 기거하면서 집안일을 돌봤다. 문 자체의 높이는 그리 높은 편이 아니지만 수평선을 뚫고 올라오도록 한 절묘한 대비기법으로 시각적인 효과가 극대화 시켰다.

평대문

대문의 지붕과 대문 좌우의 담장이 같은 높이로 만들어 진 대문이다. 솟을대문보다 격조가 한 단계 낮다고 여겼다.

사립문

민가에서 사용하는 대문을 통칭해 사립문이라고 한다. 본래는 싸리나무로 엮어 만든 대문을 일컫지만, 대나무 · 수숫대 등으로 만든 문도 사립문이라고 한다. 사립문은 한 칸으로 만들어 여닫을 수 있도록 했다. 간혹 사립문을 만들면서 발처럼 가로세로로 문양을 넣어가면서 짠 대문을 볼 수 있다. 이런 대문은 바잣문이라고 한다.

쉬어가기

대문은 집 안으로 열린다

옛날에는 대문을 달 때 집 안으로 열리도록 했다. 지금의 아파트는 내부 공간의 활용도를 높이기 위해 밖으로 열리도록 했지만, 한옥이나 일반 주택에는 아직도 문이 안으로 열리도록 하고 있다. 왜 그랬을까? 집 안으로 복이 들어오게 한 것이다. 매년 봄이 오면 대문에 '입춘대길'이란 글씨를 써서 붙여 놓은 것도 대문을 통해 복이 들어오기를 바라는 마음에서 였다. 이 뿐만이 아니다. 대문이 집 밖으로 열리면 지나가는 사람에게 방해가 되기 때문에 배려를 한 것이다.

Summary

• **궁궐 배치는 북악을 등지고 나산을 바라보도록 배치**

한양이 조선의 중심이라면, 궁궐은 한양 도성의 중심이다. 궁궐은 왕과 왕족이 생활하는 주거공간이면서 동시에 나랏일을 행하던 정치적 공간이다. 외국의 사신이 왔을 때는 외교적인 공간이기도 하다. 한 마디로 궁궐은 조선을 대표하는 얼굴이다.

정궁의 이름을 경복궁이라고 지은 정도전은 궁궐을 이렇게 정의했다.

"신이 살펴보건대, 궁궐이란 임금이 머무는 곳이요, 사방에서 우러러보는 곳입니다. 신민들이 정성으로 조성한 것이므로, 그 제도를 장엄하게 하여 존엄성이 드러나도록 해야 합니다. 또 명칭도 아름답게 하여 보는 이로 하여금 감동스럽게 해야 합니다"

궁궐은 국가의 통치이념과 왕실의 위엄이 자연스레 배어 있도록 해야 한다. 중국의 성리학을 통치 이념으로 받아들인 조선은 중국의 도성과 궁궐제도를 그대로 따랐다. 따라서 『주례』, 『예기』, 『의례』 등의 중국 고전을 궁궐 건축의 기준으로 삼았다.

"북악이 뒤에 드높아 궁궐이 빛을 더하고, 남봉이 앞에 치솟았는데 성곽이 사방으로 둘렀다"

세종 때 명나라 사신 예겸이 말한 당시 한양의 모습이다.

조선을 건국한 태조 이성계는 1394년 고려의 수도 개경이 지력을 다했다고 보고, 북악을 주산으로 남산을 안산으로 하는 한양을 새 왕조의 도읍지로 정했다.

한양을 도성으로 정한 만큼 북악을 기준으로 궁궐을 남쪽으로 향하도록 배치하고, 남쪽에 시가지를 형성하는 방법을 썼다. 이를 전조후시라 한다. 궁궐의 왼쪽에는 왕실 조상의 사당인 종묘를, 오른쪽에는 토신과 곡신에게 제사 지내는 사직단을 배치했다. 이를 좌묘우사라 한다.

궁궐을 꾸미는 또 하나의 원칙은 궁궐을 3개의 구역으로 나누어 각 구역마다 회랑을 두르고 문을 세운 것이다. 여기서 3개의 구역이란 조정의 관리들이 업무를 보는 행정 관청 구역, 왕이 신하들과 정치를 행하는 정전과 편전 구역, 왕과 왕비가 생활하는 침전 구역을 말한다. 침전 구역 뒤에는 왕과 왕비가 휴식을 취하고 정서를 함양하는 후원을 두었다. 이들 구역들은 회랑과 담으로 둘러싸여 마치 단절된 것처럼 보이나, 실은 동서남북을 연결하는 문으로 이동이 가능하다.

궁궐지에 따르면 경복궁의 창건 당시 규모는 390여 칸이었다. 1867년 흥선대원군이 새롭게 건립하고 난 뒤 규모는 7,225칸에 이르렀다. 이처럼 거대한 규모의 대궐에 큰 문, 작은 문을 합쳐 모두 238개의 문이 있었다. 이는 구중궁궐이란 표현에서도 알 수 있듯이 궁궐이 수많은 문과 담으로 겹겹이 둘러싸여 있음을 의미한다.
궁문은 궁궐과 바깥 세상을 연결하는 통로인데, 특히 정문은 반드시 남쪽을 향하도록 하였다. 그것은 나라를 다스림에 있어 올바른 정치를 구현한다는 상징이었다.

• 4대 궁궐의 역사

경복궁은 천도와 함께 창건된 정궁이다. 도성의 북쪽에 있다고 하여 '북궐' 이라고도 불렸다.
태조는 경복궁 낙성식 때 정도전에게 이름을 짓게 하였다. 정도전은 『시경』에 있는 "이미 술에 취하고 덕에 배가 부르니 군자 만년에 복이 빛나리라(旣醉以酒 旣飽以德 君子萬年 介爾景福)"라는 구절 중 맨끝 두 글자를 따 경복궁이라 하였다. 경복이라는 말은 길이길이 크게 복을 누린다는 뜻이다. 새로운 왕조의 번영을 기원하는 뜻이 담겨 있다.
정궁이기는 했지만 경복궁은 오래 사용되지 않았다. 정종이 개경으로 도읍을 옮기면서 궁을 비우게 되었고, 태종 때 다시 한양으로 도읍을 정했지만 태종은 경복궁으로 들어가지 않고 새로운 궁인 창덕궁을 지어 그곳에 기거했다.
경복궁은 세종 9년(1427)에 가서야 정궁으로 다시 사용됐지만, 1592년 임진왜란으로 건물이 모두 불에 타버렸다. 그 뒤 280여 년이 지난 1872년 흥선대원군에 의해 중건될 때까지 폐허로 남아야 했다. 임진왜란 이후에는 제2의 궁이라 할 수 있는 창덕궁이 정궁 구실을 했다.
창덕궁은 태종이 1405년 한양으로 재천도를 하면서 창건한 이궁이다. 한양 도성의 동쪽에 있다고 해서 '동궐' 로도 불렸다. 궁을 새로 지은 것은 풍수설에 따른 것으로 정궁인 경복궁의 지세를 문제 삼은 결과였다. 하지만 그것은 표면적인 이유일 뿐, 실제로는 태종의 왕위 계승 과정과 밀접한 관련을 맺고 있다. 경복궁은 태종이 권좌에 오르기 위해 방석, 방번 등 이복형제들과 정치적 동지인 정도전 등 개국공신들을 제거한 살육의 현장이었다. 태종은 이를 몹시 꺼림칙하게 생각했던 것이다.
창덕궁이 역사의 무대로 본격 등장하기 시작한 것은 임진왜란 이후다. 전란의 소용돌이 속에서 경복궁과 창덕궁 등 서울의 주요 궁궐이 모두 소실되었는데, 광해군이 창덕궁을 재건립함으로써 이후 300여년 간 창덕궁이 경복궁을 대신해 정궁의 역할을 하였다.
창덕궁에서는 크고 작은 사건이 끊이질 않았다. 광해군 15년에 일어난 인조반정이 대

Summary

표적인 사건이다. 이 때 창덕궁의 대부분이 소실되었다. 실록은 이렇게 전한다.

"왕(광해군)이 이미 숨은 뒤에 군사들이 궁궐에 들어왔다. 궁중은 텅 비어 사람이 없었고, 왕을 찾기 위해 뒤졌으나 못 찾았다. 이 때 횃불을 잘못 버려 궁전이 잇달아 불탔다. 금화도감이 군사들로 하여금 불을 끄게 하였으나 인정전만 남고 모두 탔다"

결국 인조를 중심으로 한 반정군에 의해 잿더미가 된 창덕궁은 25년이 지난 1647년에 중건되었으며, 그 뒤 효종 · 현종 · 영조가 창덕궁에서 즉위식을 치르는 등 정궁으로 사용되었다.

폐허로 남아 있던 경복궁이 정궁으로 부상한 것은 대원군 시절이었다. 대원군은 외척들의 발호와 외세의 침략으로 실추된 왕실의 위상을 확립하고, 시들어가는 조선왕조를 부흥시키려는 의도로 경복궁 중건에 전력을 기울였다.

고종 2년(1865) 4월에 시작된 공사는 1872년 9월 경복궁 중건을 위해 설치한 영건도감이 해체되기까지 약 7년의 시간이 걸렸다. 공사에 들어간 비용만도 천문학적인 액수인 773만6898냥(대략 쌀 155만 가마)이나 되었다. 대원군은 중건에 필요한 공사비를 원납전이라는 화폐를 발행하여 모금하거나 반강제적으로 징수했기 때문에 백성들이 받는 고통은 이루 말할 수 없었다.

궁이 완성되자 고종은 1888년 창덕궁에서 경복궁으로 이주했다. 그러나 조선왕조의 운명을 되돌려 놓기에는 이미 때가 늦었다.

외국 열강들의 세력다툼 속에서 1895년에는 고종의 왕비 명성황후가 경복궁 침전에서 일본 낭인들에게 시해되는 끔찍한 사건이 벌어졌다. 그 이듬해에는 을미사변으로 국민의 대일 감정이 악화된 틈을 이용해 친러파인 이범진 등이 고종을 러시아 공사관으로 데려간 이른바 '아관파천'을 일으켜 경복궁은 결국 주인을 잃은 채 빈 궁궐이 되었다.

1910년 나라의 주권을 일본에 빼앗기자 경복궁의 수난은 계속되었다. 일본인들은 4000여 칸에 달하는 궁궐 건축물을 헐어서 민간에 팔았다. 1917년 창덕궁의 내전에서 발생한 대형화재를 핑계 삼아 경복궁의 교태전, 강녕전 등 10여 개 전각을 제멋대로 뜯어 창덕궁의 대조전, 희정당을 복원했다. 급기야는 조선의 정기를 끊으려는 목적으로 근정전 앞에 조선총독부 청사를 지었다.

조선에는 경복궁과 창덕궁 이외에도 창경궁, 덕수궁 등의 이궁이 있다. 창덕궁과 담 하나를 사이에 두고 붙어 있는 창경궁은 창덕궁과 비슷한 시기에 건립되었다. 창경궁은 궁궐 배치에 있어 다른 궁궐과 다르다. 경복궁 · 창덕궁이 남향 배치를 따른데 반해, 창경궁은 정전인 명정전을 중심으로 궁 전체가 동향으로 자리잡고 있다. 원래 창경궁은 고려의 수강궁터였으나 태종이 머물면서 수강이라 이름 붙였고, 그 뒤 성종이 1483년에 수강궁을 정비하면서 별궁으로 탄생했다. 세조의 비인 정희왕후 윤씨, 덕종의 비 소혜왕후 한씨, 예종의 계비 안순왕후 한씨를 모시기 위해 지은 일종의 대비궁이었다.

조선 초기에는 궁궐로 활용되지 못하다가 임진왜란 이후 창덕궁이 정궁의 역할을 하면서 창덕궁의 부속 궁궐로 활용되기 시작했다. 주로 왕대비나 대비 · 후궁들이 기거했으며, 왕실의 제사를 이곳에서 지냈다. 궁궐지에 따르며 "창덕궁 전체의 건물은 1731칸이며, 창경궁은 2379칸"이라고 할 정도로 규모가 방대했지만, 여러 차례 화재로 불타고 일제가 동 · 식물원(창경원)을 조성한다고 마구 훼손해 옛 자취를 크게 잃었다.

또 하나의 별궁으로 덕수궁이 있다. 원래 성종의 형인 월산대군의 집이었는데, 임진왜란으로 궁궐이 모두 불타자 의주로 피난갔던 선조가 한양으로 돌아와 임시 거처로 사용하면서 궁으로 격상되었다.

덕수궁은 고종 말년에 역사의 수면 위로 떠올랐다. 1895년 경복궁에서 러시아 공사관으로 피신했던 고종은 2년 후인 1897년 덕수궁으로 거처를 옮겼다. 정치적으로 가장 혼란한 시기에 덕수궁은 조선의 중심이 된 것이다. 이때부터 비로소 정전인 중화전을 비롯한 거물들이 세워지면서 궁궐의 면모를 갖추기 시작했다. 고종은 일제의 강압에 의해 황제의 자리를 아들 순종에게 물려주고 1919년 덕수궁의 침전인 함녕전에서 쓸쓸한 최후를 맞았다. 순종도 창덕궁에 머물다 친일파의 등살에 밀려 나라를 넘겨주고 폐위당한 뒤 1926년 한많은 일생을 마쳤다.

경복궁, 창덕궁, 창경궁, 덕수궁 등 서울의 4대 궁궐은 27왕 519년의 사직을 이은 조선 왕조의 영욕성쇠가 그대로 서려 있는 역사적 공간이면서 조선의 철학과 이념, 예술적 심미안이 투영되어 있는 정신적 공간이기도 하다.

조선시대의 학자 양성지는 우리나라를 '성곽의 나라'라고 했다. 성곽이 수가 많아서 그런 것만 아니다. 외침에 대한 방어력, 유사 시 주민들을 보호하는 행정적 기능, 자연재해로부터 인명과 재산을 보호하는 기능까지 수행하는 성곽의 축조 기술이 뛰어났기 때문이다.

Part 4

성과

성과

성곽

외적의 침입에 대비하여 흙이나 돌 따위로 높이 쌓아올린 큰 담을 말한다. 하지만 보다 넓은 의미로 보면 공동체 구성원들을 통제하는 행정적인 목적과 자연재해로부터 인명과 재산을 보호하는 목적까지 포함된다.

조선 세종 때의 학자 양성지는 우리나라를 '성곽의 나라'라고 했다. 일찍이 중국에서도 "고구려 사람들은 성을 잘 쌓고 방어를 잘 하므로 쳐들어갈 수 없다."라고 말할 정도로 우리 조상들의 성곽 축조 기술은 뛰어났다.

이 땅의 전략적 요충지에는 반드시 성곽이 자리하고 있지만, 우리나라에 언제부터 성곽이 조성되었는지는 정확히 알 수는 없다. 문헌상에 나타난 것으로는 중국의 역사서인 『사기』 조선전에 평양성의 존재를 언급하고 있는 것이 최초의 기록이다. "한이 위만을 침공했을 때 왕검에 이르니 우거가 성을 지키고 있었다."라는 기록으로 보아 고조선의 말기, 대체로 기원전 2세기에는 성곽이 있었음이 분명하다. 또한 여러 달이 지나도 성을 함락시키지 못할 정도로 본격적인 성곽전이 전개되었음을 알 수 있다.

▲ 문경관문 경북 문경에서 충북 충주로 넘어가는 문경새재에 설치된 3개의 관문 중 1관문인 주흘문이다. 문경새재는 지리적 · 군사적 요충지로 옛부터 중요시 되어왔다. 임진왜란 때 명나라 장수들에 의해 관문을 설치하자는 제안이 처음 나왔고, 선조 때 임진왜란이 끝나고 영의정 유성룡이 적극적으로 관문을 설치해야 한다고 주장하였다. 그래서 문경에서 주흘산을 넘어 중원으로 빠져나가는 산골짜기에 3개의 관문이 설치되었다.

그러나 안타깝게도 평양성은 북한 지역에 있어 직접 눈으로 확인할 길이 요원하다. 남한에서 확인된 성곽의 기록은 2세기 이후의 삼한시대에 처음 등장한다. 초기 철기시대인 김해 회현리 패총에서 성책(성에 둘러친 목책)을 설치했던 흔적이 발견되었다. 학자들은 철기문화 속에서 삼국의 왕권이 강화되기 시작한 1세기 무렵에는 성곽과 비슷한 방어시설이 있었을 것으로 추정한다. 삼한의 여러 세력들도 취락지 주변에 성을 가지고 있어 성을 기초 단위로 한 성읍 국가를 이루고 있었다고 보인다.

처음에는 흙을 파서 도랑을 만들거나 흙으로 담을 쌓았다. 시간이 지나면서 나무로 만든 목책과 돌로 쌓은 석축, 벽돌로 쌓는 방어시설을 갖추게 되었다. 성곽이라고 했을 때는 안쪽의 것을 성 또는 내성, 바깥쪽의 것을 곽 또는 외성이라고 구분을 하지만, 일반적으로 성이라 부른다.

성곽의 종류

도성

왕궁이 있는 수도를 방어하기 위해 구축한 성곽이다. 왕권이 강화된 삼국시대부터 면모를 갖추게 된다. 국가 권력의 핵이라 할 수 있는 국왕이 거주하는 행정 중심지에 내곽인 궁성과 외곽인 나곽(나성)을 갖춘 도성을 축조하였다.

삼국시대 백제의 수도였던 부여와 고구려의 수도 평양에는 외곽을 두른 나성의 일부가 남아 있어 도성이 축조되었음을 알 수 있다. 그러나 신라에서는 도성을 축조하지 않았다. 대신 월성을 비롯해 경주를 둘러싼 산위에 남산산성 · 선도산성 등을 쌓았다. 한편 고려와 조선시대의 도성은 국도의 시가지를 둘러싼 주위의 산 능선을 따라 성벽을 구축하였다.

도성을 전투를 위해 축조한 성이 아니기 때문에 전쟁이 발발하면 산성으로 이주해 싸운다.

Tip 나성

2중으로 구성된 성곽에서 왕궁을 둘러싼 작은 성벽을 왕성, 내성이라 부르고, 도시까지 감싼 바깥 부분의 긴 성벽을 나성, 나곽이라 부른다.

궁성

왕이 기거하는 궁궐과 통치에 필요한 관청들이 있는 지역을 둘러싼 성벽을 궁성이라고 한다. 궁성은 도성 내에 위치하는 경우가 많으며, 흔히 왕이 거처한다 하여 왕성이라 부르기도 한다. 서울의 경복궁, 창덕궁 등의 왕궁을 비롯해 경주의 월성, 부여의 부소산성 내 왕궁지가 궁성의 대표적인 예다.

읍성

읍성은 지방행정관서가 있는 고을에 세워지는 성이다. 역대 선왕의 위패를

▲ 수원 화성 본래 수원성은 흙을 쌓아 만든 단순한 읍성이었다. 그러나 정조가 아버지인 사도세자의 무덤을 이장하면서 새로운 도시를 건설하였다. 수원부를 화성이라 개칭하고, 도시를 둘러싼 성곽 공사를 정조 18년(1794) 시작하여 2년 뒤 완공을 하였다. 화성은 전통적인 축성 경험을 바탕으로 실학자 정약용의 이론을 설계의 기본 지침으로 삼아 축조하였다. 당시의 과학적 지식을 총동원하고 중국 성곽의 장점을 취해 길이 5.52km에 달하는 성곽을 만들었다. 화성은 우리나라 성곽 중에서 가장 치밀하면서도 우아하고 장엄한 면모를 갖춘 과학적인 성곽이다.

▼ 서울 창경궁 성종 15년(1483) 세조의 비인 정희왕후 윤씨, 덕종의 비 소혜왕후 한씨, 예종의 계비인 안순왕후 한씨의 거처를 마련하기 위하여 지은 궁궐이다. 경복궁의 동쪽에 위치하고 있어 '동궐'이라고 불린다. 조선 전기에는 많이 사용되지 않다가 임진왜란 이후 경복궁 등 3대 궁궐이 모두 불탄 뒤 창덕궁과 창경궁만 재건됨에 따라 창덕궁이 정궁으로 사용되었다. 신임년의 사화, 숙종 때 희빈 장씨의 처형, 영조 때 사도세자의 죽음 등 많은 사건이 창덕궁에서 일어났다.

모신 종묘와 토지의 신과 곡식의 신에게 제사를 드리는 사직단이 있는 곳을 도라 한다면, 이것이 없는 곳을 읍이라 한다. 성 안에는 관아, 민가 등이 들어서 있어 군·현의 주민을 보호하고 군사적·행정적인 기능을 한다. 유사시에는 성문을 굳게 닫고 웅크리며 군관민이 함께 성을 지켰다. 읍성은 우리나라에서만 나타나는 특별한 존재로 고려 말에 처음으로 등장해 조선 초기에 많이 세워졌다.

읍성은 고려 말 왜구의 침입에 대비하여 연해주에 축조한 것이 처음이다. 이후 조선시대에 들어오면서 지방마다 전란에 대비하여 고을 주민의 일부를 수용할 수 있는 읍성이 많이 만들어졌다. 성종대의 『동국여지승람』에는 330개의 행정구역에 190개의 읍성이 있다고 기록되어 있다.

읍성의 구조를 살펴보면, 성내에는 중앙의 북쪽에 관아와 객사를 두고 그 좌측에는 향교를 두었다. 도로는 성문에서 객사 또는 동헌에 이르는 중심도로와 동서 성문 사이를 잇는 도로가 서로 교차되게 +자형으로 조성하고 연못이나 우물 등의 시설을 추가하였다. 성문은 동서남북 각 방면에 두었는데 문루를 세워 위엄을 갖추었고 성벽에는 요소요소에 여장, 치, 포대 등을 설치했다. 성벽 외부에는 자연 또는 인공의 해자를 설치하여 유사시에 대비하였다.

산성

우리나라 성곽의 주류를 이루는 것은 산성이다. 국토의 70%가 산지인 지형적 특성을 이용해 '산성의 나라' 라 불릴 만큼 산성을 많이 축조하였다. 산성은 유사시에 신속하게 피할 수 있도록 생활 근거지에서 가깝고, 들판을 건너오는 적을 빨리 발견해서 대비할 수 있도록 주변을 잘 내려다 볼 수 있는 위치를 선택했다. 그러나 평지에서 멀리 떨어진 산 속에 산성을 쌓기도 한다. 지리적 이점을 살려 지구전을 펴려는 생각에서다.

❶ 서산 해미읍성 현존하는 읍성 가운데 원형이 가장 잘 보존된 곳이다. 조선시대 성종 22년(1491) 왜구의 침입에 대비하여 쌓았다. 둘레 2km, 성벽 높이 4~5m로 북쪽의 야산을 둘러쌓은 평지형 성이다. 정문인 진남문은 축조 당시의 원형을 그대로 유지한 것으로 무지개 모양의 홍예로 틀어 올린 석문과 팔작지붕이 위풍당당하게 위용을 자랑한다. 북서쪽에는 적의 접근을 막기 위해 성 밖에 깊이 판 해자가 아직도 남아 있다. 읍성을 축성할 당시 충청도의 모든 장정들이 동원되었다고 하는데, 그 증거가 되는 기록이 진남문 아래 성벽에 남아 있다. 천주교 역사에서는 1866년 흥선대원군의 천주교 박해로 천여 명의 신도들이 감옥소에 갇히고 처형당한 피의 순교사를 써 내려간 아픔의 현장이다.

❷ 고창읍성 조선시대 읍성으로 '모양성'이라는 이름으로 잘 알려져 있다. 성곽의 둘레는 1,684m로 대부분 자연석을 사용하였다. 성문은 동 · 서 · 북에 3개를 두었고, 치 6개, 수구문 2개, 옹성 등의 시설을 갖추고 있다. 읍성의 축조 연대에 대한 기록은 없고, 조선 숙종 때 이항이 주민의 도움을 받아 세웠다는 설과 단종 원년(1453)에 축성하였다는 설이 있다. 성벽에는 제주시, 화순시, 나주시 등의 글자가 새겨 있어 성을 축조하기 위해 전라도의 여러 지역에서 인부가 동원된 사실을 알 수 있다.

▲ 단양 온달산성 신라와 고구려가 남한강을 사이에 두고 대치하였던 군사적 요새이다. 고구려의 온달장군의 전설이 얽혀 있는 장소다. 『삼국사기』 온달열전을 보면 "온달이 아단성 아래에서 전사하였다"는 기록이 있다. 그러나 아단성은 서울 광진구에 있는 아차산성이라는 의견이 있어 어디가 진짜인지는 분명하지 않다. 온달산성은 둘레가 683m로 산허리를 에워싼 테뫼식 산성이다. 성벽은 일부 구간이 무너져 있기는 해도 안팎을 잘 다듬은 돌로 견고하게 쌓아 보존상태가 좋다.

산성의 형식은 입지 조건과 지형 선택의 기준에 따라 몇 가지로 구분된다. 산봉우리를 중심으로 정상 주위에 머리띠를 두른 것처럼 축조한 산성을 테뫼식이라고 한다. 대개 규모가 작은 산성에 채택되었다. 성벽은 토축으로 한 것이 많고, 둘레는 400~600m 가량 되는 것이 보통이다.

산성 안에 넓은 계곡을 포함하고 있는 것을 포곡형이라고 한다. 계곡을 둘러싼 주위의 산릉에 따라 성벽을 축조한 것이다. 성내의 계곡물은 평지 가까운 곳에 마련된 수구를 통하여 밖으로 흘려보낸다. 성벽은 견고한 석벽으로 축조되었고 성의 둘레는 2,000m 내외지만 6,000m 이상의 대형 산성도 적지 않다.

장성

국경의 변방에 외적을 막기 위해서 쌓은 것이 장성이다. 흔히 행성, 관성이라 부르기도 한다. 장성은 이름 그대로 길이가 수십 킬로미터나 되는 큰 규모의 성으로 산과 산을 연결하여 축조되는 것이 보통이다.

우리나라 장성 가운데 가장 규모가 큰 것은 압록강 입구에서 동해안 정평까지 연결된 천리장성이다. 고려 현종 때 착수하여 정종 10년(1044) 완성한 것으로 쌓는데 12년이나 걸렸다.

산등성이를 통과하는 부분은 토축에 의거하였고 평지는 석축으로 쌓았다. 평지의 성벽은 높이와 너비가 각 25척이나 되었다. 대체로 초기에 축성된 여러 성들을 연결시켰으며 산지의 경우 안쪽과 바깥쪽의 흙을 파내서 그 흙으로 토성을 쌓았다. 조선 세종 때에도 여진을 막기 위해 의주에서 경원에 이르는 압록강과 두만강 연변에 많은 행성을 쌓았는데 이를 통틀어 장성이라고 불렀다.

행재성

평상시에는 왕이 거주하지 않다가, 필요 시 왕이 임시로 머무는 성이다. 일종의 궁성이라고 할 수 있는데, 국방이나 행정상 중요한 지점에 위치한다. 고려시대에는 수도 개경 이외에도 남경, 서경 등에 궁성을 두었다.

성곽 축조방법

일정지역에 모여 사는 사람들은 외침에 대비하며 스스로의 거주영역을 확보하기 위해 인공적인 구조물을 만들었는데, 그것이 바로 성곽이다. 성곽은 재료에 따라 토성, 석성, 토성혼축성 등이 있다.

토성

토성의 주재료는 흙이다. 흙을 쌓아 올려 성을 지을 때 가장 중요한 것은 흙이 무너지지 않아야 한다는 점이다. 토성 축조에 사용된 방법에는 삭토법, 판축법, 성토법, 보축법 등이 있다. 삭토법은 흙을 깎아 내는 방식이다. 지형을 이용하는 수법으로 성벽이 될 부분의 흙을 적절하게 깎아 급경사로 만든다.

이때 성벽 안팎에는 황이라는 방어용 구덩이를 파는 게 보편적이다. 판축법은 일정한 두께의 흙을 올려 단단하게 다지고 다시 그 위에 같은 수법으로 계속 흙을 쌓는 방법이다. 공사기간도 길고 노동력도 많이 필요하지만 가장 튼튼한 토성을 만들 수 있다. 성토법은 토성 축조에 가장 많이 사용되는 방법이다. 흙을 필요한 높이까지 쌓아 올린 후 평평하게 두들겨 성벽의 모양새를 갖춘다.

보축법은 자연 지형을 최대한 활용해 방어력을 갖추지 못한 곳에 부분적으로 흙을 쌓아 성벽이 연결되도록 지세를 보충하는 것이다.

석성

돌로 성을 쌓는 공법에는 협축법과 내탁법이 있다. 협축법은 성벽의 안팎을 모두 수직에 가깝게 돌로 쌓는 것을 말한다. 내탁법은 바깥쪽만 돌을 이루고 안쪽은 흙과 잡석으로 다져서 밋밋하게 쌓아올리는 방법이다. 삼국시대의 산성은 주로 내탁법을 사용했다. 조선시대의 산성에서도 흔히 볼 수 있다.

돌을 쌓을 때는 '물림쌓기' 란 공법을 사용했다. 아랫돌에 비해 윗돌을 1치 3푼(4.02cm)씩 뒤로 물려 쌓아 전체적으로 성벽이 15도 가량의 경사를 유지하도록 한 것이다. 이는 성벽이 무너지지 않고 오랫동안 견딜 수 있도록 한 공법이다.

삼국 시대의 축성술은 백제를 통해 일본에 전해져 규슈(九州) 지방과 대마도에는 '조선식 산성' 이란 이름으로 많이 남아 있다. 일본에 건너간 백제인 기술자들은 7세기 전반부터 후반에 걸쳐 대규모의 '조선식 산성' 을 쌓았는데, 대표적인 것으로는 북규슈의 태재부(太宰府) 방위를 위해 축조한 대야성, 기진성, 대마도의 금전성 등을 들 수 있다.

토성혼축성

흙과 돌을 적절히 혼합해서 쌓은 성을 토성혼축성이라 한다. 토성혼축성에는 일정한 높이를 돌로 쌓고 외부에 흙을 덧쌓는 방법과 흙과 돌을 섞어서 쌓는 방법이 있다.

쉬어가기

성의 축성법

성을 쌓는 데는 협축과 내탁의 두 가지 방법이 있다. 협축은 성벽의 안팎을 모두 수직에 가까운 석벽으로 쌓은 것을 말하며, 내탁은 바깥쪽만 석벽을 이루고 안쪽은 흙과 잡석으로 다져서 밋밋하게 쌓아올린 것을 말한다. 삼국시대 산성은 내탁법을 주로 사용하였다. 조선시대의 산성에서도 흔히 볼 수 있다. 이유는 내탁법의 산성이 성곽을 방어하기 편리했기 때문이다.

우리나라 산성의 특징

Summary

• 자연의 방어력 이용

산지가 많은 지형적 특성을 고려해 성을 쌓을 때 자연의 방어력을 극대화하는 방법을 사용했다. 여러 개의 계곡을 둘러싸며 구축되기도 하고 산등성이의 구불거리는 지형을 그대로 이용하기도 한다. 산의 경사면을 이용하니 성벽을 평지에서 보다 낮게 쌓아도 밖에서 볼 때는 높아 보이는 효과를 얻을 수 있다. 반면 성 안에서는 성벽이 낮아서 유사시 방어에 유리하다. 계곡은 폭이 좁고 물이 흘러서 적병의 이동이 불편할 뿐만 아니라 행동도 자유롭지 못해 공격력을 약화시키는 이점이 있다. 자연 지형이 취약한 부분에는 방어에 유리하도록 구조물을 쌓거나 주변 지형을 인위적으로 변형시키는 방법을 썼다.

• 지형 활용한 효율적 구조

성을 축조할 때 산의 능선을 최대한 활용하다보니 부대시설을 배치할 때도 같은 방법을 사용했다. 성문은 계곡을 중심으로 왼편이나 오른편에 설치해 드나들기 편리하도록 했다. 성문 앞길은 직선이 아닌 S자형으로 부대시설의 배치에 있어서 산의 능선을 최대로 활용하여 축조하였다. 수문과 성문을 계곡의 중앙과 그 좌우에 설치하여 다니기 편리하도록 했다. 반대로 담문은 산등성이로 통하는 능선부의 바로 아래 비탈진 부분을 이용하여 설치했다. 치성은 산성의 경우 비교적 평탄한 지형의 성벽이 곧게 뻗은 곳에서 산등성이 쪽에 배치되었으며 대부분 곡선을 이룬다.

• 자연석이 주재료

우리나라는 성을 쌓는 주재료가 돌이다. 그렇기 때문에 흙으로 판축의 기법을 사용해 쌓은 중국의 토성과는 축성기술면에서 차이를 가질 수밖에 없다. 우리나라의 성은 석성으로 자연할석의 평평한 한쪽면을 성벽의 바깥부분으로 맞대어 쌓고, 그 안쪽에 석재를 뗄 때 생기는 부스러기를 넣으며, 다시 그 안쪽에 흙과 잡석을 채우는 내탁의 방법을 사용하였다. 이 방법은 작업 비용을 최소화하는 장점이 있다.

성을 쌓는 재료는 주변에서 손쉽게 얻을 수 있는 돌을 이용했다. 돌이 없는 산이라면 경사면을 깎아 성벽을 만들기도 했다.

• **수비 유리한 위치 선정**

평지의 경우에는 물을 이용하여 천연의 저지선을 만들었고, 산성의 경우는 규봉(넘겨다보는 산)을 피하며 위로부터 공격을 못하도록 위치를 선정한다. 또한 성을 부수는 무기인 충차가 산의 험한 지형을 올라오기 어려운 점을 충분히 이용하였다.

평지성은 대개 앞에는 물이 좌우에서 합쳐져 자연적 참호를 이루게 하고, 뒤에는 험준한 산에 의지하도록 하여 자연에 방어력을 의존하는 경향이 크다. 이러한 위치 선정은 사람의 힘을 가장 덜 들이고 적을 방어할 수 있다는 것이 특징이다.

구성 요소

성문

성의 안과 밖을 연결하는 통로. 유사시에 적의 공격을 막고 전세가 유리해지면 적을 역습하거나 격퇴하기 위하여 적절한 위치에 만들어 놓은 출입문이다. 성문은 성내에 필요한 물자를 운송하기 위해 편리한 위치에 설치하기 때문에 적의 공격 목표가 되기 쉽다. 따라서 이 같은 취약점을 보완하기 위해 성문 지역에는 여러 가지 보완시설을 한다.

사용 목적에 따라 정문, 간문, 암문, 수문 등이 있으나, 일반적으로 성문이라 하면 정문을 일컫는다.

암문

남의 눈에 잘 띄지 않는 곳에 만든 비상 출입구. 일반 성문과 같이 문루를 세우지 않고 성벽의 일부를 이용하여 은밀한 곳에 설치한다. 성내에 필요한 병기, 식량 등 각종 물자를 운반하고, 적에게 포위당했을 때 극비리에 구원을 요청하거나 원병을 받는 통로로 사용된다.

수문

성곽의 배수를 위한 시설. 성내의 물을 성외로 내보내거나 성외의 물을 성내로 끌어들이는 문으로 성벽의 일부를 열어 설치하므로 허점이 될 수 있어 여러 가지로 보완장치를 하여 설치한다.

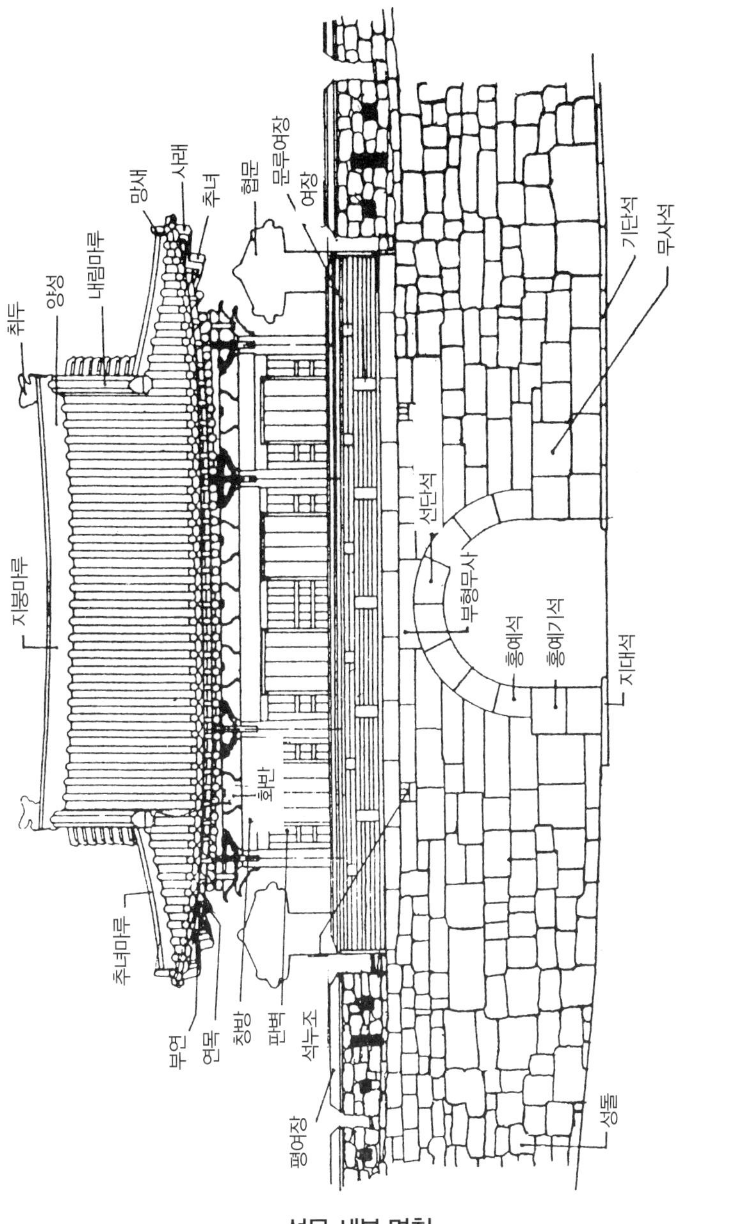
취두
양성
내림마루
망새
사래
추녀
협문
문루여장
여장
지붕마루
선단석
기단석
무사석
부형무사
홍예석
홍예기석
지대석
화반
추녀마루
부연
연목
창방
판벽
석누조
평여장
성돌

성문 세부 명칭

문비

출입구에 설치된 문짝. 보통 목재를 이용해 제작하여 겉면에 철엽을 씌워 화공 등에 대비하였고 성문은 안쪽에서 걸어 잠글 수 있도록 했다. 문짝의 크기는 외부에서 보는 개구부보다 약간 크게 하여 문을 닫을 경우 틈이 없도록 하였다.

철엽

성문의 주재료가 나무라는 약점을 보완하기 위하여 성문의 표면에 붙인 20~40cm 크기의 철판쪽. 철엽은 화상, 총탄 등을 막아낼 수 있도록 한 것이다.

문루

성문 위에 누각으로 설치된 구조물. 문루는 외관상 위엄을 갖게 하고 유사시에는 장수의 지휘처로 활용하였다. 적을 조기에 발견하고자 감시하는 기능을 가지고 있어 초루라고도 한다.

옹성

성문은 적군에게 공격당하기 쉽기 때문에 성문 외부에 성문을 보호하기 위하여 이중의 성벽을 쌓게 된다. 이것이 옹성으로 모양이 반으로 쪼갠 항아리와 같아서 붙여진 이름이다. 적이 성문에 접근하여 성문을 뚫으려 할 때 문루와 옹성에서 사방으로 협공할 수 있는 구조로 되어 있다. 옹성은 형태에 따라 사각형 옹성, 반원형 옹성 등이 있다.

적대

성문 가까이의 성벽을 돌출시켜 좌우에 설치한 치를 말한다. 성체에 설치된

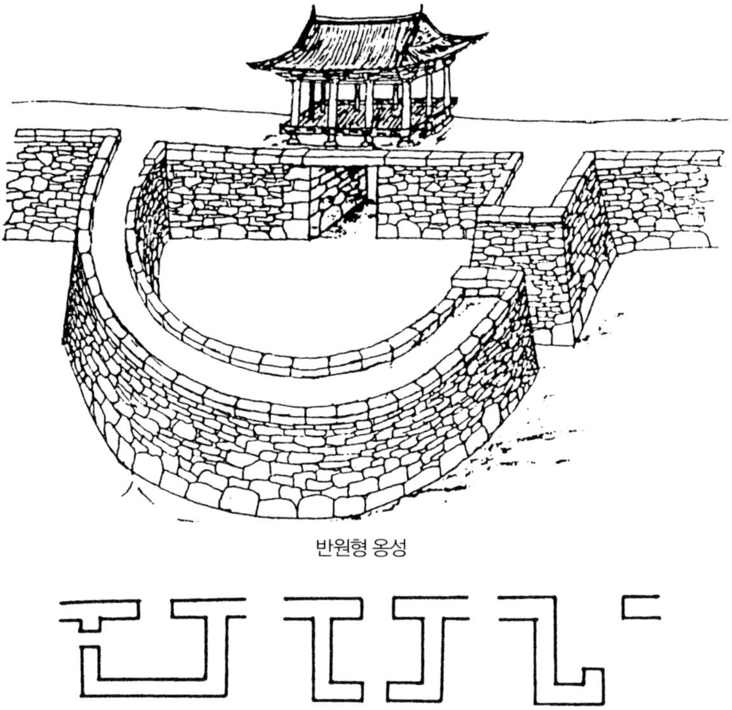

옹성의 여러 모습

치와 구분하기 위해 적대라고 부른다. 성문이 공격받을 때 가까이에서 공격할 수 있게 만든 방어시설이다.

체성

성곽의 가장 근본을 이루는 성곽의 몸통 부분 즉 성벽을 말한다. 체성의 경사도는 적을 방어하는데 매우 중요한 것으로 경사가 심하면 방어력은 커지지만 안정성이 떨어지므로 돌을 쌓는 기술 수준에 따라 적절하게 축조한다. 보통 성곽의 높이는 성체의 높이를 말한다.

여장

체성 위의 구조물로 적의 공격으로부터 몸을 보호하기 위하여 낮게 쌓은 담장을 말한다. 방패의 역할을 하면서 활이나 총을 쏘기 위해 구멍을 내었다. 바깥쪽에서 보면 성벽의 연장으로 성벽이 높아 보이고 안쪽의 활동을 볼 수 없도록 되어 있다. 적의 공격에 대한 방어 기능과 공격을 가할 수 있는 근·원총안, 타구 등의 구조를 설치하였다. 형태는 평여장, 볼록(凸)형, 반원형 등이 있다.

일반적인 여장에는 타(화살을 막기 위한 성체 위의 구조물)와 타구(성벽 위의 여장 구간마다 잘린 부분의 움푹한 구간)가 있고 타에는 총안(여장에 뚫어 놓은 구멍으로 총이나 활을 쏠 수 있는 구멍)을 둔 경우로, 평여장 볼록 여장, 반원형 여장 등이 있다.

평여장 대표적인 여장의 형태이다. 타와 타 사이에 타구를 설치하고 크기가 일정한 장방형의 형태를 하고 있는데 타에는 총안을 3개소 둔 형태가 일반적이다.

볼록여장 평여장이 변형된 형식의 여장으로 평여장의 형대에서 타구를 두 단 접어 만든 형태이다. 타의 모양이 자연형이 되고 타구는 형으로 되어 원근의 적을 일시에 공격할 수 있도록 한 여장이다.

반원형여장 반원형의 타를 연속으로 붙여놓은 형태와 단독으로 한 개만 설치한 형태가 있는데 타의 중심에 원총안 1개소, 좌우에 통안 2개소를 설치하였다.

총안

성벽 위에서 적에게 총이나 활을 쏠 수 있도록 여장에 뚫어놓은 구멍. 원거리를 관측하고 사격할 수 있는 원총안과 성벽 가까이의 적병에 대비하여 경사도

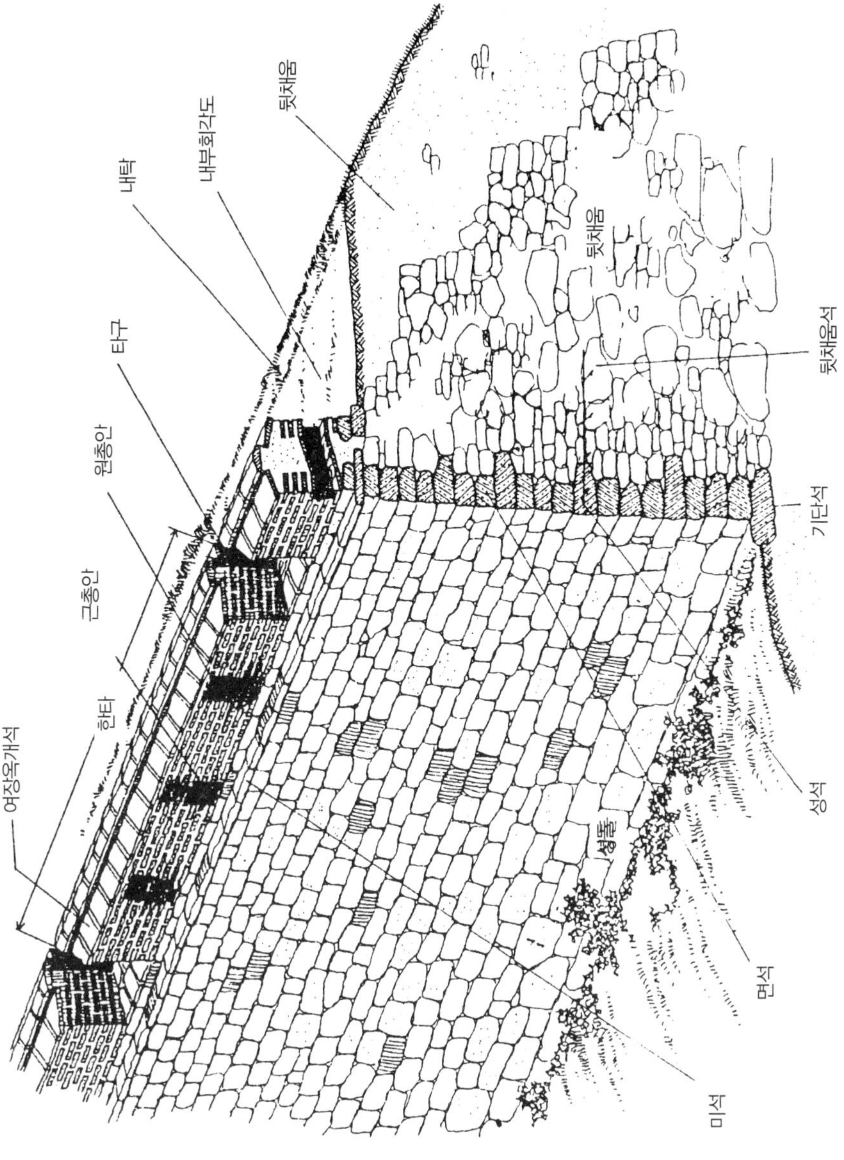

성벽 구성 단면도

를 크게 한 근총안(30~60도)이 있다.

치

성벽에서 적의 접근을 빨리 관측하고 성벽에 접근하는 적을 정면 또는 측면에서 격퇴시킬 수 있도록 성벽의 일부를 돌출시켜 장방형으로 쌓은 구조물이다. 산성에서는 성벽과 능선이 교차되는 높은 지점에 만들고, 평지성에서는 일정한 간격을 유지하면서 설치하였다.

각루

성곽에서 성벽에 부착된 치의 일종으로 모서리 부분에 설치한 것이다. 방형의 성에서는 모퉁에 설치하였고, 산성 등 자연 지세에 따라 조성된 경우에는 관측과 지휘가 용이한 돌출 지역에 설치하였다.

해자

성벽 주변에 호를 파거나 둔덕을 만든 인공적인 구조물로 성의 방어력을 증진시키는 시설물이다. 일반적으로 물이 있거나 흐르는 경우는 해자라 하고 물이 없는 경우는 황(隍)이라고 하였다. 성벽 외곽에다 성벽으로부터 일정한 간격을 두고 넓고 깊게 팠다. 해자는 성벽의 외부에만 설치한 것이 아니고 성의 내부에도 설치하였는데, 해자를 팔 때 생기는 흙은 토루, 내탁 등의 축성 재료로 사용하였다.

화성은 부왕에 대한 효의 산물

Summary

수원을 '효의 도시'라 부르는 데는 조선 제 22대 정조의 효심이 밑바탕에 깔려 있다. 정조가 뒤주에 갇혀 죽은 아버지 사도세자의 영혼을 달래기 위하여 아버지의 무덤이 위치했던 수원에 지은 도성이 화성이기 때문이다.

사도세자의 능은 원래 지금의 서울 휘경동 배봉산 자락에 있었다. 그러나 정조는 즉위 13년째인 1789년 아버지 사도세자의 능을 명당으로 옮기기 위해 수원군의 융릉으로 옮겼다. 그 뒤부터 정조는 비운에 간 아버지의 명복을 빌기 위해 수없이 융릉을 찾았다. 능사찰인 용주사를 창건한 이유도 같은 이유에서다.

수원 행차가 잦아지자 정조는 수원군이 위치한 경기 화성군 태안읍 일대가 너무 비좁다고 여겼다. 그래서 북쪽으로 5km 정도 위치한 팔달산 기슭으로 수원 시가지를 옮기기로 결정했다. 주민들을 이주시키고 수원의 이름을 화성으로 바꾸고 수원군에서 화성 유수부로 도시의 격을 높였다.

정조는 내심 도읍을 아예 한양에서 수원으로 옮길 생각까지 했다. 아버지를 가까이에서 모시고 싶은 심정에서였다. 정약용 등 실학자들에게 지시해 1794년부터 팔달산에 성을 쌓기 시작해 2년 6개월 만에 완공했다. 화성 안에는 부친의 능참길 때 머물기 위한 행궁도 지었다.

화성은 성곽 건축 및 도시 계획에 있어 최고의 걸작으로 남아 있다. 화성은 기존 전통을 계승하면서도 실험적인 건축미를 선보였다. 기존 성곽과는 달리 벽돌을 주재료로 사용하였고, 성 자체가 방어시설이 되도록 꾸몄다. 성곽 안 도심은 여러 도로가 열십자로 만나도록 해 상점이 들어서도록 하였다. 경제적 기능을 고려한 근대 계획도시로서의 면모를 갖춘 셈이다.

정조는 결국 신하들의 반대에 부딪혀 천도의 꿈은 이루지 못했다. 이루지 못한 꿈을 죽어서라도 이루려고 했는지, 그는 아버지의 무덤 옆인 건릉에 묻혔다. 수원에 화성을 짓고 대역사를 일으킨 이면에는 당쟁으로 추락한 왕권을 강화하려는 의도도 숨어 있었다.

정조의 지극한 효심이 깃든 수원 화성은 1997년 유네스코로부터 세계문화유산으로 등재되었다.

단단한 화강암에 예술혼을 불어 넣어 뛰어난 작품으로 탄생시킨 한국의 석공기술은 세계 최고다. 수백 년, 수천 년이 지나도 변하지 않는 석조건축물의 기능성과 유려한 예술미는 우리의 자랑이다.

Part 5

석조건축

석비

돌다리

석빙고

석비

우리가 흔히 '비석'이라고 말하는데, 어떤 역사적 사건이나 개인의 행적을 후세에 전하기 위해 돌에 글을 새겨 놓은 것을 석비라고 한다. 그러나 엄밀하게 말하면 비는 비신(몸돌) · 이수 · 귀부로 된 것을 말한다. 자연석의 한 면을 갈아서 글을 새기고 위를 둥글게 한 것을 갈(碣)이라 한다.

우리나라 최초의 석비는 85년에 세워진 것으로 추정되는 점제현신사비다. 평안남도 용강에 있는 비는 오곡의 풍성함을 토속산신에게 기원하는 비문이 남아 있다. 그 다음으로 중국 지안현(집안)에 있는 고구려 호태왕비(광개토대왕비), 신라 진흥왕의 척경비와 순수비가 세워졌다. 이들 석비 중 진흥왕 척경비와 순수비만 남한에 현존한다.

우리나라에는 석비 외에도 나무로 만든 목비, 쇠로 제작한 철비 등도 있었다. 하지만 내구성이 약한 목비는 남아 있는 것이 없고, 철비만 몇 기 남아 있다. 현존하는 비는 거의 모두 석비다.

비는 어떻게 해서 세우게 된 것일까. 비의 기원에 대해서는 여러 가지 설이 분분하다.

비가 역사 연구에 중요한 이유

'비에는 역사적 사실을 알 수 있는 많은 내용이 담겨 있다. 비에 새겨진 글씨는 서체 연구에 도움이 된다. 비받침이나 비머리에 장식된 거북이나 이무기 등을 통해서는 조각기술이나 전통 문양을 공부하는데 도움이 된다. 가장 중요한 이유는 비문의 내용에 당시 사회상이 충실하게 반영되어 있기 때문이다. 묘비를 보면, 주인의 신상내력, 관직명, 업적 등이 적혀 있고, 역사 기록에 남아 있지 않은 여러 사실을 확인할 수 있다. 비에 대한 유래를 살펴보자.

첫째, 옛날 장례의식에서 풍비를 세우던 데서 유래했다는 설이다. 풍비란 무덤에 관을 내리기 위한 도구다. 큰 나무를 석비 모양으로 깎은 후 끝에 구멍을 뚫는다. 그런 후 관을 묻을 광 아래위에 세우고 구멍에 밧줄을 끼우고 관과 연결해서 하관한다. 풍비는 장례가 끝난 후 바로 제거하지 않았기에, 여기에 죽은 이의 공덕을 적은 데서 비가 시작됐다는 것이다.

둘째, 궁궐의 뜰에 세운 일영비에서 유래했다는 설이다. 일영비는 돌기둥으로 일종의 해시계 같은 것이다. 여기에 글자를 새김으로써 비가 되었다고 보는 것이다.

셋째, 역성혁명으로 나라를 제운 제왕이 신에게 제사하던 봉선의식에서 유래했다는 설이다. 봉이란 높은 산에 올라가 천신에 제사하는 의식이고, 선은 작은 산에 올라가 산천신에게 제사하는 의식을 말한다. 이 중 봉이 비의 유래가 되었다는 것인데, 산 정상에 글자를 새긴 돌을 세워 산의 높이를 더한다는 뜻이 담겨 있다.

넷째, 무덤에 표시물로 세운 팻말에서 유래했다는 설이다. 나무로 깎은 말뚝의 한쪽을 평평하게 해서 죽은 이의 이름 등을 적었는데, 이것이 훗날 돌에 새기는 비석으로 발전했다고 보는 것이다.

▲ 창녕 신라진흥왕척경비 신라 진흥왕 순수비 중 하나. 신라가 창녕의 비사벌가야를 점령하고 영토를 확장한 사실을 적은 비이다. 단순히 영토 확장만이 아니라 신라왕의 통치력이 점령지역 내에 두루 미치게 하기 위해 율령에 따른 제도의 적용 기준 등 민심을 수습하기 위한 것이 비석을 세운 궁극적인 목적이 있음을 알 수 있다. 비문은 마모가 심해 앞부분은 판독이 어려우나, '신사' 라는 간지를 통해 진흥왕 22년(561)에 세워진 것임을 알 수 있다. 황초령비나 마운령비 등 다른 순수비에서 보이는 '순수관경' 이라는 비명이 없지만, 진흥왕의 행차를 수행한 신하들의 이름이 적혀 있는 것으로 순수비에 속하는 것이라고 할 수 있다.

석비의 종류

석비는 비문의 내용이 무엇이냐에 따라 탑비, 묘비, 신도비, 사적비, 기념비, 송덕비 등으로 구분된다. 탑비는 고려시대에 많이 세워졌으며, 고승의 일생을 기록한 것으로 부도와 함께 세워진다. 묘비는 말 그대로 무덤에 세우는 비다.

비에는 죽은 사람의 이름, 가계, 행적 등을 자세히 기록한다. 묘비 중에서도 왕의 것은 능비라고 한다. 신도비는 묘비의 일종이다. 특별 묘비와 신도비는 조선시대에 크게 유행하였는데, 그 이유는 유학을 받들면서 효를 중시하게 되자 비석을 세우는 것이 조상에 대한 효를 나타내는 표현으로 여겨졌기 때문이다.

그러나 신도비는 조선시대에 3품 이상의 고관만 세울 수 있었다. 조선시대 왕릉에도 신도비가 세워졌으나, 문종 때 이를 금지하여 왕릉 신도비는 세종대왕 능에 세운 게 마지막이다. 사적비와 기념비는 궁궐이나 절 등을 짓거나 증축하고 기념으로 세우는 비다. 송덕비는 주로 관리들의 공덕을 치하하기 위해 세운다.

쉬어가기

비석은 왜 건물 안에 있나

아무리 단단한 돌이나 쇠라고 해도 자연 상태에 그대로 노출되어 있으면 균열이나 마모가 생기게 된다. 결국에는 글자를 알아볼 수 없게 된다. 특히 오랜 세월에 걸쳐 비바람을 맞게 되면 마모되는 속도는 더욱 크다. 태양의 직사광선을 오래 받는 것도 좋지 못하다. 비를 보호하기 위해 설치한 것을 비각이라고 하는데, 이는 비와 태양으로부터 비를 보호하기 위해서 만든 것이다. 비각을 처음부터 세우는 예는 드물고, 나중에 보호용으로 만든 것이 대부분이다.

돌다리

다리는 물을 건너기 위한 시설이다. 우리 조상들은 다리에 생명을 불어 넣었다. 오래도록 무너지지 않고 사용할 수 있는 과학의 힘과 아무리 보아도 질리지 않는 예술의 기가 담겨 있다.

다리는 강이나 하천을 가로질러 건설되어 사람이나 우마차가 편히 통행할 수 있도록 한 건축물이다.

이 땅의 크고 작은 하천에는 큼지막한 돌덩이를 중간 중간 이어 놓은 징검다리, 통나무와 솔가지 등 작은 나무를 엮어서 만든 섶다리 등 무수히 많은 다리가 놓여 있었다. 그러나 돌다리를 제외한 대부분의 다리가 오랜 세월이 흐르는 동안 홍수 같은 자연재해에 사라지고 현재 옛 모습을 온전하게 간직한 것은 거의 남아 있지 않다.

돌다리 중에는 특별한 기능을 지닌 것도 있다. 서울 청계천 본류에 놓였던 10개 다리 중 하나인 수표교가 그것이다. 현재까지도 옛 모습을 완전하게 간직하고 있는 수표교는 조선 세종 2년(1420)에 축조되었다. 당시에는 인근 소와 말을 거래하는 시장인 마전이 있어서 마전교라 불렀다. 수표교라는 이름을 얻게 된 것은 청계천에 흐르는 수량을 측정하기 위해 하천 수위계, 즉 수표를 설치하면서 부터다.

돌다리는 다리 밑이 무지개처럼 휘어 있는 반원형의 홍예교가 대부분을 차지한다. 일명 아치교, 홍교, 무지개다리라고 불리기도 한다.

홍예교는 하천 양쪽에서 돌을 쌓아 올라가다 중앙에 이맛돌이라는 쐐기모양의 돌을 넣어서 완성한다. 이맛돌만 빠지지 않으면 홍예교는 절대 무너지지 않는다고 한다. 다리 밑을 무지개모양으로 하는 것은 수평으로 했을 때보다 돌과 돌 사이에 작용하는 압축력을 효과적으로 이용할 수 있기 때문이다. 다리를 가설할 때 석회 등의 접착제를 사용하지도 않는다. 또한 홍예교는 일반 다리에 비해 아름다운 외형을 지니고 있기도 하다.

쉬어가기

이색 돌다리 진천농교

충북 진천군 굴티마을 앞 세금천에는 진천농교라는 독특한 형태의 돌다리가 놓여 있다. 멀리서 보면 마치 물을 건너기 위한 지네가 몸을 좌우로 흔들며 기어가는 형상을 하고 있다. 전국적으로 유례가 없는 다리는 자연석으로 쌓은 다리 중 동양에서 가장 오래되고 긴 다리라고 한다.

작은 돌을 물고기 비늘 모양으로 안으로 물려가며 쌓아 올렸다. 돌을 쌓을 때는 석회를 바르지 않고 돌을 생긴 모습을 잘 맞물리게 쌓았다. 다리 위에는 커다란 통돌을 하나 또는 둘을 올려 사람이 지날 수 있도록 했다. 전체적으로 다리의 폭과 두께가 위로 갈수록 좁아지고 다리 기둥 양끝을 유선형으로 만들었는데, 이는 물의 흐름에 영향을 덜 받도록 하기 위한 것이다. 원래는 다리 길이가 100m가 넘고 교각 수도 28개였다고 하나, 지금은 길이 93m, 교각 24개만 남아 있다.

『상산지』에는 고려 고종 때 무신이었던 임연이 놓았다고 기록되어 있다. 임연이 농교를 놓은 것과 관련해 다음과 같은 이야기가 전한다.

어느 겨울날 임연이 세금천에서 세수를 하고 있는데, 하천을 건너지 못해 애를 태우는 젊은 부인을 보았다. 부인은 친정아버지가 돌아가셨다는 소식을 듣고 가는 중에 다리가 없어 물을 건너지 못하고 있었다. 부인의 딱한 처지를 들은 임연은 당장 용마를 타고 돌을 실어 날라 다리를 놓았다. 다리를 놓고 난 후 용마는 기운이 빠져 죽고 용마에 실었던 마지막 돌이 떨어져 마을의 용바위가 되었다고 한다.

❶ 순천 선암사승선교 조선 후기에 축조된 돌다리로 '신선의 세계로 오르는 다리' 라는 이름처럼 계곡과 강선루, 그리고 돌다리가 어우러진 모습이 일품이다. 기다란 화강암을 다듬은 장대석으로 무지개 모양으로 쌓았는데, 다리 아래서 보면 잘 조각된 둥근 천장과도 같다. 승선교 밑바닥의 한복판에는 용머리를 조각한 돌이 튀어 나와 있다. 용머리는 장식적 효과는 물론 석축 구조에 있어서도 매우 중요한 역할을 한다고 한다. 선암사에는 이것을 뽑으면 다리가 무너진다는 말이 있다.

❷ 순천 송광사삼청교 송광사 경내로 들어가는 입구인 우화각을 받치고 있는 무지개다리. 능허교' 라고도 한다. 조선 숙종 대인 1700년에서 1711년 사이에 건조되었다. 홍예의 천정에는 여의주를 입에 문 용머리돌이 튀어 나와 있다. 송광사 삼청교는 흥국사의 홍교처럼 웅장한 무게는 없지만, 건물과 함께 어우러져 뛰어난 시각적 효과를 보이고 있다.

❸ 여수 흥국사홍교 조선시대에 계특대사가 축조한 것으로 현존하는 무지개 돌다리 중에는 규모가 가장 크다. 86개의 화강암을 부채모양으로 맞춰 올린 홍예(무지개)는 단아하고 시원스러운 느낌을 준다. 홍교의 가설에 대해서는 이곳에 있는 300명의 승병이 하는 일 없이 놀고 있는 것이 아까워 절에서 노동력을 활용하기 위한 방편으로 다리를 놓았다는 이야기가 있다.

석빙고

우리 조상들은 냉장고가 없던 옛날에도 겨울에 얼음을 채취해 저장했다가 얼음이 녹지 않게 잘 보관해서 여름에 사용했다. 거짓말 같지만 사실이다. 그 증거가 얼음 저장 창고인 석빙고다.

기록에 따르면 신라시대에 이미 얼음을 저장하는 창고가 있었으며, 얼음을 관리하기 위해 빙고전이라는 관직을 두었다고 한다. 하지만 안타깝게도 신라시대는 물론 고려시대의 석빙고는 남아 있지 않다. 현재 남아 있는 석빙고는 모두 조선시대에 만들어진 것들이다.

일반적으로 빙고는 도성에서 멀지 않은 강가에 위치한다. 아마도 겨울철 꽁꽁 언 강에서 얼음을 떼어 옮기기 편리한 위치에 창고를 두었기 때문일 것이다. 조선시대 한양에는 서빙고, 동빙고, 내빙고 등 3개의 얼음창고가 있었다. 그 중 가장 규모가 큰 서빙고는 귀빈이나 관료 및 환자나 죄수에게 나누어 줄 얼음을 저장했다. 8개의 저장고에 총 13만 4974정(丁)의 얼음을 보관했다. 이는 동빙고의 12배, 내빙고의 3배가 넘는 규모였다고 한다. 정은 얼음을 저장해 두는 단위

창녕 석빙고. 빙실길이 11m, 너비 3.6m로 큰 규모는 아니지만, 지금도 사용할 수 있을 만큼 원형이 잘 유지되어 있다. 남쪽에 조그맣게 난 입구를 따라 들어가면 천장이 둥그렇게 만들어진 실내가 나온다. 빙실바닥은 흙바닥으로 되어 있으며, 북쪽으로 경사가 져서 빙실 북측 구석진 곳에서 배수공을 통해 물이 빠져나가도록 하였다. 벽은 작은 돌을 차곡차곡 쌓아 수직으로 하였다. 석빙고 입구 옆에 서 있는 '석빙고비'의 기록으로 조선 영조 18년(1742) 현감 신후서가 만들었음을 알 수 있다.

▲ 경주 석빙고 반월성 안의 북쪽 성벽 위에 만들어진 조선시대 석빙고. 빙실길이 18.8m, 너비 5.94m, 높이 4.97m로 현존하는 석빙고 중에서 가장 규모가 크다. 입구와 실내 바닥의 깊이에 차이가 있어 계단을 두었다. 안으로 들어갈수록 바닥이 경사지게 하여 가장 안쪽에서 배수가 되도록 하였다. 내부에는 천장을 반원형으로 둥글게 하여 홍예 5개를 만들어 올리고 그 사이에 길고 큰 돌을 걸쳤다. 천장에는 3개의 환기구멍을 설치하였다. 석빙고 옆에 있는 비석을 보면, 처음에는 목조건물로 만들어졌음을 알 수 있다. 그러나 목재를 사용한 얼음보관창고는 매년 지어야 했기 때문에 백성들의 고생이 심해 영조 14년(1738) 부윤 조명겸이 돌로 만들었다고 되어 있다. 석빙고 입구의 문지방 돌에는 '숭정기원후재신유이기개축(崇禎紀元後再辛酉移基改築)'이라 하여 석빙고를 축조하고 4년이 지나 다시 빙고를 수리하고 현재 위치로 옮겼왔음을 알리는 기록이 있다.

로, 1정은 두께 4치(약 12cm) 둘레 6자(약 180cm)였다. 동빙고는 성동구 옥수동에 설치되었던 창고로 나라에서 의식을 거행할 때 사용되는 얼음을 저장했다. 세 빙고 중 가장 규모가 작았다. 서빙고와 동빙고는 내구성이 약한 목재로 만들어진 빙고였기 때문에 지금은 남아 있지 않다. 내빙고는 왕실에서 사용하는 얼음을 관리하던 곳으로 창덕궁의 요금문 안에 있었다.

얼음은 음력 12월부터 저장을 했다가 이듬해 음력 2월부터 반출하였다. 궁중의 부엌에서 사용하는 얼음은 음력 2월부터 음력 10월까지, 관아에서 사용하는 얼음은 음력 5월 15일부터 음력 7월 15일까지, 관원에게는 음력 6월 한달 동안 배급하였다.

축조방법

현존하는 석빙고는 축조방법이나 규모가 거의 비슷하다. 더운 여름에도 얼음을 보관해야 하기 때문에 땅을 깊게 파서 굴을 만들고 잘 다듬은 돌을 쌓아 벽을 만든다. 밑바닥은 약간 경사지도록 하고 홈을 내서 배수구를 설치했다. 이는 얼음이 녹은 물이 잘 빠지도록 해서 보관중인 얼음이 쉽게 녹지 않도록 하기 위해서다. 천장은 돌을 잘 맞물리게 해서 무지개 모양(홍예)으로 짜 올렸다. 무지개 모양을 4~5개씩 연결하고, 그 사이마다 환기구멍을 두어 공기가 원활하게 흐르도록 했다. 천장 위로 흙을 덮은 후 잔디를 입혀 태양열을 막았다. 반월형 천장 위에 흙과 잔디를 얹은 석빙고의 외형은 마치 커다란 무덤처럼 생겼다.

쉬어가기

서빙고는 본래 지명이 아니다

서울 용산구에 위치한 서빙고동은 조선시대 얼음을 저장하는 창고가 있었던 곳이어서 붙여진 이름이다. 조선시대 초에는 한성부 성저십리 지역이었다. 영조 27년(1751) 한성부 남부 둔지방 서빙고1계라 불렸다가, 1946년에 지금의 서빙고동으로 이름이 바뀌었다.
빙고는 조선시대에 얼음의 채취 · 보존 · 출납을 맡아보던 관아다. 서빙고는 서쪽에 위치한 빙고이다. 동빙고와 함께 예조의 속아문에 속했다. 위치는 지금의 서빙고초등학교와 서빙고파출소 일대이다. 주로 한강에서 얼음을 채취해 저장했는데, 만약 겨울이 따뜻해 한강이 얼지 않으면 산 계곡에서 얼음을 가져다가 보관하였다. 서빙고는 고종 31년(1894) 동빙고와 함께 폐지되었다.

Summary

• 국보 제24호

• 창건

석굴암에 대한 가장 오래된 문헌인 일연의 『삼국유사』에 의하면, 8세기 중엽인 통일신라 경덕왕 10년(751) 김대성이 불국사를 창건할 때 왕명으로 석굴암을 착공한 것으로 되어 있다.

김대성은 현생의 부모를 위해서는 불국사를, 전생의 부모를 위해서는 석굴암을 지었다고 한다. 그러나 그는 24년이란 긴 세월에도 불구하고 석굴암의 완성을 보지 못하고 죽고, 국가에서 공사를 맡아 완공하였다. 경문왕이 불국사와 석굴암을 창건하라는 명을 내린 데에는 당시 귀족 세력이 강화되면서 왕권이 흔들리게 되자 중앙집권적인 왕권 강화라는 정치적인 목적이 있었다.

창건 이후 신라와 고려시대의 연혁은 전혀 알려지지 않는다. 다만 조선 숙종 29년(1703) 종열이 중수하면서 굴 앞에 계단을 쌓았고, 영조 34년(1758)에 중수하였다는 기록으로 보아 창건 이후 조선 중기까지 아무런 변화 없이 그 모습을 유지해 왔음을 알 수 있다.

• 복원

한동안 일부 불교신자들에게만 알려져 있던 석굴암은 일제시대 때 한 일본인 우편배달부에 의해 발견된 뒤 복원 공사를 하게 되었다. 그러나 엉터리 복원 공사로 인해 천년을 지켜온 모습에 금이 가고 말았다.

석굴암은 일본에 의해 세 차례에 걸친 보수공사를 받았다. 1차 공사는 1913년부터 1915까지로 일본의 고건축학자 세키노 데이의 주도하에 완전 해체된 뒤 재조립되었다. 이때 석굴을 튼튼하게 지탱시키기 위해 돔 형태로 된 석굴의 외부에 1m 두께로 콘크리트를 발랐다. 그리고 해체 한 석굴을 다시 조립하면서 기존의 석재 외에 200여 개가 넘는 새로운 석재를 추가로 사용했다. 결국 원형을 훼손하는 큰 잘못을 범한 것이다.

잘못된 공사의 결과는 2년이 채 못돼서 드러났다. 석실에 물이 새어 습기가 가득차는 지경에 이르게 된 것이다. 이에 2차 공사(1917)로 천장에 하수관을 설치하여 물을 밖으로 빠지게 하였다. 그러나 결과는 마찬가지였다.

1920년부터 4년에 걸쳐 석굴을 덮고 있는 흙을 걷어내고 콘크리트 위에 방수용 아스팔트를 덧붙인 3차 공사(1920~1923)를 시행하였다. 그리고 관을 설치해 석실 바닥에 흐르는 지하수를 밖으로 빼내는 배수공사를 하였다.

3차의 보수공사를 통해서도 석실 내부의 습기문제가 해결되지 않자, 1927년 일본은 보일러실을 설치하고 고온의 수증기를 석실 벽에 쏘임으로써 이끼를 제거하였다. 이 방법은 해방 전까지만 해도 몇 년에 한 번씩 실시되었다. 하지만 화강암에 수증기를 뿜는 것은 오랜 시간 동안 서서히 진행될 자연적인 풍화작용을 짧은 시간에 단축하는 부작용만 낳았을 뿐이다.

해방 이후 1962년부터 1964년까지 우리 정부는 석굴암의 원형에 기초한 복원 정비 사업을 실시하였다. 문화재관리국에서 나온 『석굴암 수리공사보고서』(1967)에는 복원 작업의 필요성을 두 가지로 지적하고 있다. 첫째, 일본이 무차별하게 벌인 보수공사로 석굴 구조에 변화가 생겼다는 점이다. 새로운 석재를 추가하여 기본 틀에 변형을 가져왔고, 콘크리트의 사용으로 자연적으로 이루어지던 통풍이 막혀 물이 새고 습기가 낀다고 보았다. 둘째, 석굴 앞에 전실을 복원하지 않았다는 점이다. 석굴암의 전면을 그대로 방치하여 토함산에서 올라오는 해풍과 굴 주변의 먼지 등에 무방비 상태로 놓였다는 것이다.

따라서 습도 문제를 해결하기 위해 석굴을 감싼 콘크리트에 120cm 간격을 두고 새로운 돔을 만들고자 하였다. 그리고 석굴암의 모습을 알 수 있는 귀중한 회화자료인 겸재 정선의 '경주골굴석굴도'에 그려져 있는 대로 석실 입구에 목조전실을 세웠다. 이때 일본이 팔부신중 가운데 아수라와 가루라 2상을 금강역사와 마주보도록 한 것을 다른 팔부신중 옆으로 옮겨 금강역사 좌우에서 4상씩 대칭되게 세웠다. 이 외에도 석실 바닥의 지하수에 배수로를 만들었고, 방습 장치 등을 설치하였다.

그러나 얼마 지나지 않아 습기가 차고 누수가 일어나게 되자 1966년에 콘크리트 돔 사이에 공조기를 설치하여 인공적으로 공기를 주입하고 뽑아내는 공사를 했다. 그리고 1971년에는 관광객의 출입을 막기 위해 유리벽을 설치했다.

• **구조**

석굴암은 전실과 통로, 그리고 주실 등 3부분으로 구성되어 있다. 전실은 예불을 드리는 방형의 공간으로 양옆에는 4구씩 팔부신중과 통로 입구 좌우에 금강역사가 있다. 통로 좌우에는 사천왕상이 2구씩 배치되었다. 통로를 지나면 천정이 돔 형태로 된 주실이 있다.

주실은 천상계를 나타내며 원형의 공간으로 되어 있다. 중앙에 본존불을 두고, 벽면에는 빙둘러 제석 · 대범천, 문수 · 보현보살, 십대제자, 십일면관음보살을 두었다. 주실의 위쪽, 본존불의 얼굴 높이에는 10개의 감실을 만들어 보살을 안치하였다.
사람이 예불을 드리는 공간은 네모, 본존불이 있는 천상계는 둥그렇게 한 구성은 동양적인 세계관인 천원지방(天圓地方), 즉 '하늘은 둥글고 땅은 모나다'는 사고에서 비롯된 것이다.

• 감실

주실의 위쪽에는 본존불의 얼굴 높이로 좌우에 각각 다섯 개의 감실을 만들어 보살상 7구와 유마거사상 1구가 안치되어 있다. 감실 안의 보살들은 본존불을 향해 각기 다른 자세와 표정을 지어보이며 부처를 찬양하는 듯한 모습이다. 특이한 것은 두광도 없고, 천의도 입지 않은 유마거사가 보살들 사이에 끼어 있다는 점이다. 유마거사는 인도 비사리국의 왕자로 석가모니의 속가제자다. 유마거사를 감실에 둔 것은 머리를 깎지 않고 중이 되지 않아도 불법을 행하면 누구라도 불국토에 들어갈 수 있다는 것을 상징한다.

• 불상

본존불

주실 중앙에는 우리나라 불상을 대표하는 높이 3.4m의 본존불이 있다. 높은 연화대좌 위에서 우아하고 위엄 있는 미소를 지어보이고 있다. 화강암을 깎아 만들었지만, 인공적인 부자연스러움을 찾아 볼 수 없다. 부드러운 곡선을 이루는 어깨, 가부좌한 다리, 명상에 잠긴 듯 가늘게 뜬 눈, 엷은 미소가 묻어나는 입 등 어느 것 하나 허점을 찾아보기 힘들다.
본존불이 어떤 부처님이냐 하는 것에 대해서는 의견이 분분하다. 수인의 형태가 항마촉지인을 하고 있고, 본존불 주위에 십대제자가 있고, 문수 · 보현보살이 협시보살로 있다는 점 등으로 석가여래로 보는 견해가 지배적이다.
그러나 본존불 뒤에 십일면관음보살이 중요한 위치를 점하고 있는 것을 주목하여 아미타불이라고도 한다. 관음보살은 중생을 구제해 극락세계로 인도하는 아미타불의 보처보살이고, 본존불의 앉아 있는 서쪽은 서방극락정토가 있는 방향이며 이곳의 주인이 아미타불이라는 것을 들어 본존불은 아미타불이라는 설도 있다.

십일면관음보살

주실에서 십대제자 좌우로, 본존불의 바로 뒷면에 있는 십일면관음보살은 석가모니의 대자대비한 마음을 형상화한 것이다. 얼굴에는 보일 듯 말 듯한 약한 미소를 머금고, 몸에는 화려한 장신구로 치장을 했다. 다른 조각들에 비해 얼굴 부위가 입체감이 두드러지고 장식이 화려하다. 이렇게 환조에 가까울 정도로 입체감을 준 것은 관음보살이 독립적인 신앙의 대상임을 강조하는 측면도 있지만, 본존불의 뒤편에 있어 태양빛이 정면으로 비치기 때문에 조각의 그림자가 드러나지 않아 평면에 선으로 그린 것 같은 인상을 주기 때문이다. 작은 부분에까지 세심한 정성을 기울인 신라인들의 뛰어난 예술성을 보여주는 예라 할 수 있다.

문수보살 · 보현보살

주실에서 제석천 · 대범천 다음에 있는 문수 · 보현보살은 각각 지혜와 실천을 상징하는 보살이다. 왼쪽이 문수보살이고 오른쪽이 보현보살이다. 보살은 깨달음을 얻었지만, 부처가 되는 것을 보류하고 중생을 구제하기 위해 불법을 펴는 실천자를 말한다. 머리 뒤에 원형의 광배가 있고 전신에 아름다운 장신구가 걸쳐져 있다. 보현보살은 머리에 꽃 모양의 보석으로 장식한 보관을 쓰고 있으며, 왼손은 가볍게 천의를 잡고 있다. 문수보살은 오른손에 잔을 들고 왼손은 내려서 손가락을 구부리고 있다.

십대제자

주실에서 문수보살 · 보현보살 좌우로 각각 5구씩 대칭하여 있는 십대제자상이 있다. 십대제자는 사리불, 마하목건련, 마하가섭, 수보리, 부루나, 마하가전연, 아나율, 우파리, 라후라, 아난타 등으로 석가모니 생존 시 직접 설법을 들은 제자들이다. 표정, 자세, 손에 쥔 물건 등에 따라 각각의 모습에 특징이 있는데, 이것은 이들이 불법을 행하는데 있어 맡은 임무가 각각 다르기 때문이다. 다른 조각들이 상상속의 것을 형상화한 것에 반해, 이들은 실존했던 사람들이기 때문에 얼굴이나 자세가 상당히 이국적으로 표현되어 있다.

제석천 · 대범천

주실에서 본존불 좌우에 대칭해 있는 제석천 · 대범천은 불법을 수호하는 신 가운데 가장 높은 신이다. 본존불을 향해 왼쪽에 제석천, 오른쪽에 대범천이 머리에 보관을 쓴 우아한 모습으로 오른손에는 불자를 들고 커다란 연잎 위에 서 있다. 불자는 자루 끝에 삼이나 짐승의 털을 묶은 것으로 불법을 수행하는 사람이 마음의 번뇌를 떨쳐내는데 사용하는 상징적인 수행용구다.
머리 뒤에는 염주로 엮어진 두광이 있다. 제석천은 천둥과 번개의 신으로 사천왕 위에 있는 도리천의 천왕이다. 왼손에는 더러운 때를 씻어주는 정수를 담은 물병인 군지를 들고 있다. 대범천은 사바세계를 다스리는 천왕이다. 범천의 '범'은 우주 최고의 원리를 뜻하는 것으로, 대범천은 이것을 신격화한 것이다. 왼손에는 절대 지혜의 상징인 금강저를 들고 있다. 제석천 · 대범천은 인도 브라만교에 나오는 신이었으나, 석가모니의 교화를 받아 불법을 펴는데 필요한 신이 된 것이다.

금강역사
전실의 정면, 통로 입구 좌우에 있는 금강역사는 불법을 수호하는 신으로 수문장 역할을 하며 인왕이라고도 한다. 상체의 근육이 발달한 용맹스런 무사의 모습을 하고 있으며, 머리 뒤에는 원형의 두광을 조각해서 금강역사가 힘과 지혜를 함께 갖추고 있음을 나타내었다. 왼쪽의 역사는 입을 벌려 "아"하고 기합을 지르는 모습이고, 오른쪽의 역사는 기합을 "흠"하고 안으로 들어마시며 공격에 대비하는 방어의 자세를 취하고 있다. 이 금강역사들이 취하고 있는 자세는 태권도의 기본형과 같아서 태권도의 역사가 오래되었음을 말해주는 자료가 되기도 한다.

사천왕
주실로 들어가는 통로 좌우에 있는 사천왕은 동서남북 사방을 관장하는 수호신이다. 왼쪽에 동방지국천 · 서방광목천이, 오른쪽에 남방증장천 · 북방다문천이 두 발로 악귀를 밟고 서 있는 모습을 하고 있다. 사천왕은 인간세상보다 한 단계 높은 사왕천에서 불도를 행하는 중생들의 선과 악을 늘 살핀다고 한다. 원래는 고대 인도에서 숭상했던 신들의 왕이었으나, 불교에 귀의하여 불법의 수호신이 되었다.

팔부신중
전실 양쪽 벽면에 있는 팔부신중은 불법을 수호하는 신들이다. 천룡팔부라고도 한다. 왼쪽에 아수라 · 긴나라 · 야차 · 용이, 오른쪽에 가루라 · 마후라가 · 건달바가 나열되어 있다. 상상 속의 동물로 표현된 팔부신중은 원래 인도의 신들이었으나, 석가모니에게 교화받아 불법의 수호신이 되었다.

박종홍과 석굴암

근대의 철학가이자 교육자였던 박종홍(1903~1976)은 1922년 『개벽』에 '한국미술사'란 칼럼을 연재하였다. 독자들의 반응이 무척이나 좋았음에도 불구하고 석굴암을 쓰고 난 그는 한국미술사 연재도, 그의 연구도 그만두었다. 그 이유는 그가 『개벽』에 실었던 글에서 찾을 수 있다.

"(상략) 석굴암을 보더라도 그들 조각 하나하나가 또는 전체가 무엇을 의미하는 것이며, 그러니까 이것은 어떤 위치, 저것은 어떤 자세, 그리고 거기에는 어떠한 정신이 나타나 있는가를 알아야 적절한 감상이 가능할 것이다. 그렇다면 불교 전체에 대한 지식이 요구됨을 짐작할 수 있다.

나는 어느 해인가 리프스의 미학책을 가지고 경주 석굴암을 찾아가 그 앞에 있는 조그만 암자에서 한여름을 보낸 일이 있었다. 리프스의 조각이론을 가지고 석굴암을 설명해보려 하였던 것이다. 석굴암 속에서 거의 살다시피 하면서 무한 애를 써보았으나, 어떻게 하면 좋음직하다는 엄두도 나지 않았다. 오래 머물러 있었던 덕에 아침 저녁으로 광선 관계가 달라진다든가, 특히 새벽에 해돋을 때도 좋지만, 둥근 달이 석가상을 비추일 때면 석굴암 전체가 그야말로 신비의 세계가 된다는 것을 알게 되었다.

나의 우리 미술사는 석굴암을 설명할 수 없는 나 자신의 부족함을 느끼자 계속할 용기가 없어지고 말았다. 나는 기초적인 학문부터 다시 시작하여야 되겠다고 절실히 느꼈다. 그 후에 나는 섣불리 석굴암 설명을 하려면 차라리 아니한만 못하다는 결심이 잘한 일이라고 알게 되었다.

일본 사람 야나기 무시요네가 『조선과 그의 미술』이라는 저술에서 석굴암을 광선관계를 가지고 상당히 세밀하게 고찰하였기 때문이다. 탄복한 것이 사실이다. 그리고 우리가 우리의 것을 연구하면서 남의 나라 사람보다는 잘하여야 면목이 서지, 그보다 못하려면 차라리 발표하지 않는 것이 좋다고 생각하였던 것이다. 그리하여 나의 한국미술사는 중단된 셈이다."

옛 무덤에는 이야기가 있다. 개인의 이야기, 나라의 역사가. 지역과 시기를 달리하면서 나타나는 무덤의 형식과 축조술을 통해 우리는 과거의 인물을 만나고 역사를 이야기 한다.

Part 6

고분

선사시대

삼국시대

고려시대

조선왕릉

고분

고분이란 역사적으로 오래된 무덤을 말한다. 하지만 역사학이나 고고학에서 말하는 고분은 오래된 무덤 중에서도 특정한 시기, 일정한 형식을 갖춘 지배층의 무덤을 말한다. 굳이 지배층의 무덤으로 한정한 것은 이들 무덤이 신앙, 미술, 기술 등 해당 시대의 가장 발전된 문화적 수준을 잘 보여주는 연구자료가 되기 때문이다.

사람이 시신을 매장한 흔적은 약 7~8만년 전인 중기구석시대부터 나타났다고 하며, 청동기시대 이후에 형식이 다양해진다. 무덤 중에서 가장 간단한 형식은 시신을 땅 위에 놓고 돌로 덮어버리는 것이다. 이를 돌무지무덤이라고 한다. 구덩이를 파고 흙으로 덮는 것은 구덩무덤(토장묘)이라고 한다. 이들 무덤에는 시간이 흐르면서 지면에 둥글게 흙을 쌓게 되었는데, 이를 봉토라고 한다.

무덤 형태는 계급사회로 들어오면서 변화된다. 권력을 가진 왕족이나 귀족은 자신들의 힘을 과시하고 죽어서도 유지하기 위해 일반 서민들과는 차별화된 무덤을 조성했다. 일반 서민들은 구덩무덤을 기본으로 간단한 형식의 무덤을 만들지만, 권력자들은 크고 복잡한 무덤을 조성한다.

무덤 안에는 장식류, 무기류, 의식용 그릇류 등 많은 껴묻거리(부장품)를 매장하였다. 출토된 유물은 제작 연대가 비슷한 것들이어서 연대 연구에도 매우 중요하다. 옛날 사람들은 죽음에 일정한 형식과 의미를 부여했는데, 지배층의 무덤일수록 더욱 뚜렷하게 나타난다. 우리가 지배층의 무덤, 즉 고분을 중시하는 이유가 여기에 있다. 학자들이 말하는 특정 시기란 선사시대의 부족사회, 고대 왕권이 확립된 삼국시대, 통일신라시대 이후 불교의 성행으로 화장법이 유행해 고분 축조가 쇠퇴되는 시기까지를 말한다.

무덤이 커지고 내부에 각종 껴묻거리를 풍부하게 매장하였기 때문에, 고분은 기록에 나타나는 고대인의 생활과 풍속을 실제로 보여주거나 보충 설명해 준다. 껴묻거리는 통일신라시대 이후에는 빈약하거나 사라지게 된다.

쉬어가기

총(塚)과 분(墳)은 이렇게 다르다

무덤의 이름을 보면 천마총, 황남대총, 장군총이라고 해서 총이라고 불리는 것이 있고, 반면에 송산리고분, 능산리고분이라 해서 분이라 불리는 것이 있다. 다 같은 무덤인데 어느 것은 총으로, 또 어느 것은 분으로 이름을 붙이는 것일까?
분은 흙무덤으로 일정한 형식을 갖춘 유력자의 무덤을 말한다. 총은 문헌상으로 또는 출토된 유물을 토대로 살펴봤을 때 왕이나 왕비의 무덤으로 추정되지만, 무덤의 주인이 확실하지 않은 경우에 붙인다. 만약 매장자의 신원이 확실하다면 (왕)릉이라고 명명한다.

선사시대

신석기시대에 처음으로 무덤이 나타난 이래 초기 철기시대까지 우리나라에는 다양한 무덤의 형태가 등장한다.

청동기시대에는 북방 시베리아 계통의 무덤에 영향을 받아 한 장씩의 판석(편평한 판 모양의 돌)으로 관을 만든 돌널무덤(석관묘)이 나타난다. 돌널무덤이 확대 · 발전하면서 여러 장의 판석으로 관보다 큰 곽을 만드는 돌덧널무덤(석곽묘)이 생겨났다. 이 시대의 가장 특징적이며 대표적인 무덤은 고인돌(지석묘)이다.

초기 철기시대에는 중국 전국시대 묘제인 덧널무덤(토광목곽묘)이 들어와 지배계층의 무덤으로 널리 퍼졌다.

돌무지무덤(적석묘)

구덩이를 파서 시신을 놓거나 구덩이 없이 시신을 두고 그 위에 흙 대신 돌을 덮는 형태의 무덤. 들짐승으로부터 시신이 훼손되는 것을 막기 위해 만든 가장 원시적인 묘제다. 이러한 돌무지무덤이 발전해 지하에 돌널 시설을 한 돌널무덤이 되고, 돌널이 땅 위로 올라오면서 고인돌로 진화하기도 한다.

돌널무덤(석관묘)

돌널무덤이란 돌로 관을 만들어 조성한 무덤이다. 널이란 시신을 안치하는 관을 말한다. 석관묘라고도 한다. 고인돌, 돌뚜껑움무덤(석개토광묘), 독널무덤(옹관묘) 등과 함께 청동기시대를 대표하는 무덤 양식 중 하나다. 시베리아, 중국 동북지방, 일본 등 넓은 지역에 분포하고 있다. 우리나라에서는 거의 전역에 분포하지만, 금강 중 · 하류지역에 가장 밀집되어 있다.

구조는 무덤 구덩이를 판 후 한 장의 판석으로 바닥과 각 벽을 만들고 그 위에 뚜껑돌을 덮는다. 바닥과 뚜껑, 네 벽을 각각 1~2매의 판석으로 상자모양의 관을 만들었다고 하여 돌상자무덤(석상묘)라고도 한다. 일부 돌널무덤에서는 판돌 외에도 깬돌이나 강돌을 사용하거나 흙바닥을 그대로 이용한 것도 있다. 지상에는 봉토와 뚜껑돌(개석) 같은 표식시설이 없어 쉽게 발견되지 않는다.

돌덧널무덤(석곽묘)

지면을 깊게 파고 자갈 등의 석재로 덧널을 만든 무덤 양식. 돌덧널이란 관(널)을 넣어 두기 위해 돌로 널방(상자)을 따로 짜 맞춘 것을 말한다. 석곽묘라고도 하며, 북한에서는 돌곽무덤이라고 부른다.

돌덧널무덤은 판돌이 한 장이 아니고 여러 장으로 이어져 벽면을 형성한다. 때로는 판돌과 막돌을 섞어 쓰거나 막돌만을 쓰기도 한다. 막돌을 사용한 돌덧널무덤은 청동기시대와 초기 철기시대에 중국 요령성, 길림성 일대에서 널리 사용하였다. 돌널무덤과 함께 예맥족에 의하여 우리나라에 들어왔다.

고인돌(지석묘)

청동기시대의 가장 대표적인 무덤인 고인돌은 생긴 모습부터 특이하다. 주로 지면에 커다란 돌 2개를 세우고, 그 위에 거대한 바위(덮개돌)를 올린 형태이거나 지면에 작은 돌을 놓고 큰 바위를 받쳐 놓은 형태를 하고 있다. 그냥 보기에는 무덤이라기보다는 거석 조형물이라고 생각하기 쉽다. 고인돌이란 이름은 굄돌, 고임돌에서 유래되었다. 큰 돌을 밑에서 받치고 있다고 해서 지석묘(支石墓)라고도 한다. 덮개돌은 2~4m인 것들이 많으며, 큰 것은 8m 이상인 것도 있다.

고인돌은 생긴 모습이나 시신이 놓이는 위치에 따라 크게 탁자식, 바둑판식, 개석식 등으로 구분한다.

탁자식 고인돌은 생긴 모양이 책상과 같아서 붙여진 이름이다. 일반적으로 강화도를 중심으로 한반도 중부 이북지방에 많이 분포되어 북방식 고인돌이라고도 한다. 구조적인 특징으로는 시신을 지하가 아닌 지상에 안치한다는 점이다. 지면에 판돌로 돌무덤방을 설치하다 보니 덮개돌과 지면 사이의 간격이 넓

▲ 고창고인돌 고창지역은 한 지역에 다양한 크기와 모양의 고인돌이 400여 기 이상 밀집해 있다. 단일면적으로는 세계에서 가장 조밀한 분포를 보이며, '거석문화의 보물창고'로 알려져 있다.

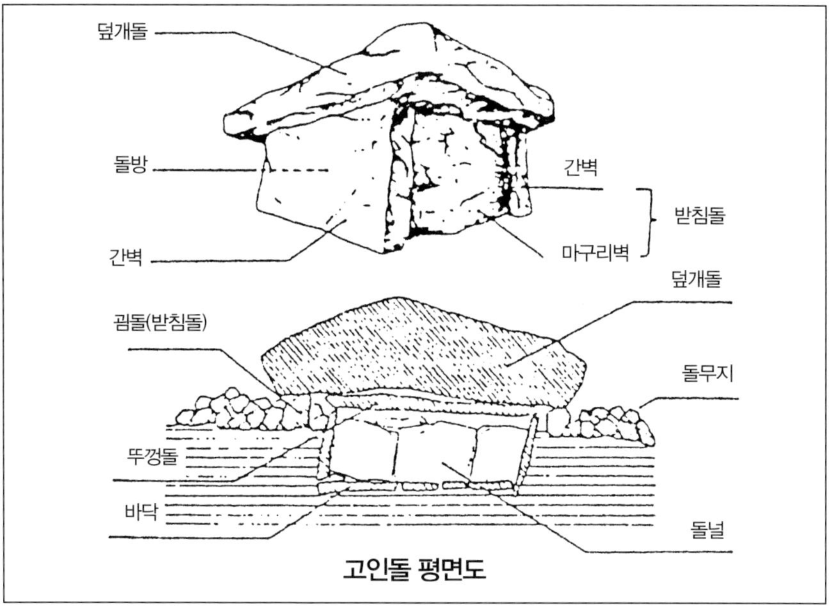

▲ 강화고인돌 우리나라 고인돌 중 가장 규모가 크고 표준적인 모습이다. 북방식 고인돌 중에서 가장 남쪽에 위치하고 있다.

은 책상 모양이 된다.

바둑판식 고인돌은 호남과 영남 등 남부지방에서 집중되어 있어 남방식 고인돌이라고도 한다. 지하에 돌덧널이나 돌널 등의 매장 시설을 만들어 시신을 안치한다. 지상에는 4매에서 8매 정도의 받침돌을 놓고 그 위에 커다란 덮개돌을 올리는데, 그 모습이 마치 바둑판과 흡사하다.

개석식 고인돌은 지하에 시신을 매장하는 형식은 바둑판식 고인돌과 같지만, 받침돌 돌을 두지 않고 무덤방 위에 바로 덮개돌을 올린다. 변형 고인돌이라고도 한다. 덮개돌이 땅속에 반 정도 파묻혀 있거나 지면에 놓여 있어 고인돌이라고 인식하기 어렵다. 덮개돌의 가공 상태와 주변 입지 조건 등이 일반적인 바위와는 차이를 보이기 때문에 고인돌이라는 것을 짐작할 수 있다.

우리나라에 고인돌이 어떻게 생겨났는지에 대해서는 정확하게 밝혀지지 않았다. 다만 한반도에서 저절로 생겨났다는 자생설, 동남아시아에서 바닷길을 통해 전해졌다는 남방설, 시베리아나 중국 동북지역의 돌널무덤에서 파생되었다는 북방설 등이 있다.

자생설은 우리나라에 가장 많은 고인돌이 밀집되어 있다는 사실에 근거한 것이다. 고인돌은 북유럽, 서유럽, 지중해 연안 등지의 유럽과 동남아시아, 인도, 일본 큐슈, 중국 동북지방, 우리나라 등 아시아 지역에 골고루 분포하는 묘제다.

그러나 한반도에만 약 5만여 기가 밀집되어 있다. 특히 전남지방에만 2만여 기가 분포하고 있어 우리나라 고유의 무덤이라는 설이다. 우리나라의 고인돌은 수와 형식상의 역사적 가치를 인정받아 2000년도에 전남 고창, 화순, 경기 강화의 고인돌유적이 유네스코 세계문화유산으로 등재되었다.

남방설은 동남아시아에서 해로를 통해 우리나라와 중국 동북해안지방에 전해졌다는 설이다. 우리나라 고인돌의 분포가 평안도에서 전라도에 이르는 서해안 지역에 집중적으로 분포하고 있기 때문이다.

북방설은 돌널무덤에서 변화 · 발전하였다는 설이다. 그 증거로 고인돌에서 출토되는 유물이 중국 랴오닝(요녕) 지방의 청동기문화와 닮아서 이 지역의 돌덤무덤에서 변형된 것이라는 주장이 설득력을 얻고 있다. 돌널무덤에서 변화되어 새로운 형태의 무덤이 탄생된 것이라면 북방설은 자생설에 포함될 수도 있다.

고인돌에서 출토되는 유물은 돌칼 · 돌화살 · 간토기 · 청동기 · 장신구 등이 있다. 이 중 돌칼과 돌화살이 가장 대표적이다. 비파형동검이 출토되는 경우도 있으나 청동제품의 발견은 극히 드물다.

쉬어가기

고인돌은 어떻게 만들었을까

고인돌을 만들기 위해 사용한 돌은 대부분 암벽에서 떼어낸다. 바위 틈이나 암석의 결을 이용하여 인공적으로 구멍을 뚫고, 구멍에 나무쐐기를 박은 다음 물을 부어서 나무를 불려서 필요한 돌을 떼어내는 방법이 일반적이다.

암벽에서 떼어낸 돌은 둥근 통나무와 밧줄을 사용해 옮겼다. 여러 개의 둥근 통나무를 두 겹으로 엇갈리게 깔고 돌을 끈으로 묶어 끈다거나 지렛대를 이용해 이동시켰다. 돌의 무게가 가볍고 거리가 가까운 곳은 지렛대식, 먼 거리는 끌기식을 이용했을 것으로 추정된다.

운반되어 온 돌, 특히 덮개돌은 고임돌에 흙을 경사지게 쌓고 그 위로 끌어 올리는 방법을 사용했을 것으로 보인다. 이렇게 생각하는 이유는 덮개돌과 고임돌 사이에 흙으로 메워져 있던 흔적이 가끔씩 발견되기 때문이다.

고인돌은 지배계급의 산물이다 VS 아니다

Summary

고인돌은 계급사회에서 지배계층의 무덤이라고 보는 견해가 일반적이다. 그 이유는 거대한 규모에서 찾을 수 있다. 고인돌을 만들 때 가장 힘든 작업은 받침돌과 덮개돌에 사용되는 거대한 돌을 채석하고, 운반해서 세우는 과정이라고 할 수 있다. 사용되는 돌은 인근 산에 있는 바위를 옮겨오기도 하지만 암벽에서 잘라내 다듬은 것들이 대부분이다. 이 돌들, 특히 덮개돌은 크기가 너무 커서 서너 명의 힘으로는 도저히 옮길 수가 없다.

고고학적 실험에 의하면 1톤의 돌을 1마일(1.6km) 옮기려면 16~20명이 필요하다고 한다. 강화도의 강화지석묘(사적 제137호)의 덮개돌의 경우 길이 6.5m, 너비 5.2m. 무게 50톤에 달한다. 전남 화순의 대신리 고인돌군집에 있는 한 고인돌의 덮개돌은 길이 7.3m, 폭 5.0m, 두께 4m, 무게 약 280톤이라는 어마어마한 크기를 자랑한다.

실험 결과를 토대로 계산해 보면, 강화지석묘는 800명에서 1,000명이, 화순 고인돌은 4,400명에서 5,600명의 인원이 필요하다는 결과가 나온다. 물론 규모가 3~5톤 되는 작은 것들도 얼마든지 있다. 그렇다 하더라도 하나의 고인돌을 세우기 위해서는 최소한 50여 명 이상의 인원은 동원되어야 했을 것이다. 당시로서는 대규모 인력을 동원한 어마어마한 행사였을 것이다.

이를 토대로 유추해 보면 고인돌 사회는 많은 인력을 동원할 수 있는 사회, 즉 북방의 유목사회보다는 정착해서 농경생활을 하는 부족집단이었음을 생각할 수 있다. 또한 노동력을 동원할 수 있는 지배계층이 있었으리라는 것도 추정할 수 있다.

반면 고인돌을 세운 사회의 기본구조는 평등사회였다는 관점도 있다. 이러한 주장의 근거로 고인돌의 수, 구조와 무덤방의 크기, 껴묻거리의 보편성 등을 든다.

우선 계급사회의 산물이라고 하기에는 지배자 또는 지배층의 무덤이 지나치게 많다는 것이다. 한 시대의 사회에서 지배층의 무덤이 5만기 이상 발견되면서도 그보다 더 수가 많았을 것인 일반인의 무덤이 거의 발견되지 않고 있다는 것이 상식적으로 납득이 되지 않는다는 주장이다.

고인돌의 구조에 대해서도 덮개돌의 크기와 규모가 다르게 나타나지만, 무덤방의 크기는 대동소이하다는 것이다. 일반적으로 무덤에 신분이나 계급이 반영되면 제일 먼저 시신이 안치되는 무덤방이 커지게 마련이다. 그럼으로써 무덤의 규모가 커지고 설계도

고창 고인돌군

복잡해진다. 하지만 고인돌은 그렇지 않다. 고인돌의 크기를 가지고 신분의 고하를 논하는 발상은 원초적인 것이라는 게 평등사회였다고 보는 학자들의 주장이다.

껴묻거리의 종류도 청동기시대의 보편적인 것들이다. 돌칼 · 돌화살 · 간토기 · 청동기 · 장신구 등이 발굴되지만, 지배계급이 사용했을 것으로 추정되는 장식품 등 특수한 유물은 극히 소수다. 전남지역에서 비파형동검이 출토되는 경우도 있으나 고인돌 전체를 봤을 때는 청동제품의 발견은 드물다.

삼국시대

고구려

고구려의 고분은 중국 지린성(길림성) 지안현(집안현) 퉁거우(통구)를 중심으로 한 압록강 유역과 평양을 중심으로 한 대동강 유역에 집중 분포되어 있다. 고구려의 고유묘제는 널방이 지상에 조성된 돌무지무덤이다. 그러다 후기로 가면서 중국의 영향을 받아 흙무덤(봉토분)이 많이 만들어졌다.

돌무지무덤(적석총)

고구려 건국 초부터 조성된 재래식 무덤이다. 초기의 돌무지무덤은 땅위에 자연석(강돌)을 네모지게 깔고 관을 놓은 뒤 다시 강돌을 얹는 간단한 구조였다. 이러한 방식으로 돌을 높이 쌓기 위해서는 계단식이 불가피했으며, 벽이 무너지는 것을 방지하기 위해 4면에 큰 돌을 몇 개씩 세워놓은 것이 보통이다. 돌무지무덤의 외형은 일반적으로 피라미드형을 이룬다.

점차 시간이 지나면서 2~3세기쯤부터는 강가에서 산기슭으로 생활터전을 옮기게 되면서 둥그런 강돌보다 산돌의 모난 부분을 다듬어 무너지지 않게 쌓아 올렸다.

3세기 말에서 4세기 초가 되면 중국계 돌방무덤의 영향을 받아 퉁거우 지방의 돌무지무덤에도 중심부에 널길이 있는 돌방이 만들어진다. 돌방이 만들어지면서 돌무지무덤은 더욱 웅장해진다. 대표적인 무덤이 장군총과 태왕릉이다.

돌무지무덤은 5세기 초 장수왕의 평양 천도(427년) 이후 쇠퇴하기 시작한다. 장군총처럼 큰 무덤의 축조가 점점 어려워지자 귀족들은 벽화로 무덤 내부를 장식할 수 있는 흙무덤으로 전환한 것으로 보인다.

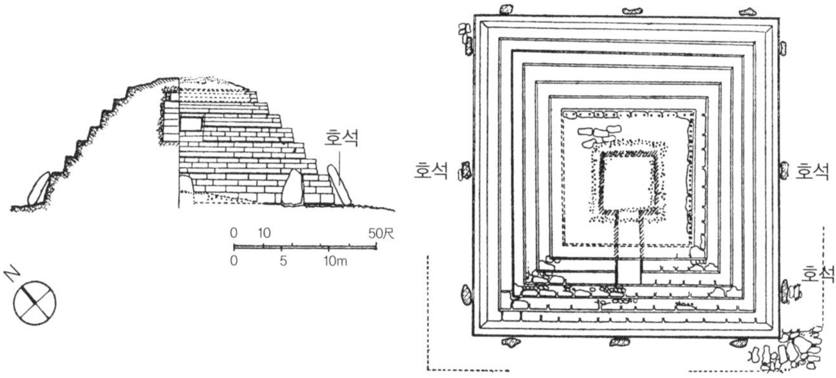

고구려 장군총 구조도

고구려의 돌무지무덤은 백제와 신라의 묘제에 큰 영향을 주었다. 서울 석촌동과 한강 유역의 백제시대 돌무지무덤과 경주 등지의 신라시대 돌무지덧널무덤 종류는 고구려 돌무지무덤의 영향을 받은 것들이다.

흙무덤(봉토분)

장수왕이 만주의 국내성에서 대동강 유역의 평양으로 천도하면서 나타난 가장 큰 변화는 흙무덤이 많이 만들어진다는 점이다. 흙무덤은 3세기 후반에서 4세기 전반 사이에 랴오닝 지방의 중국계 흙무덤의 영향을 받아 나타난다.

흙무덤은 널길을 갖춘 굴식돌방(횡혈식석실)을 반지하 또는 지면 가까이에 만들고 그 위에 흙으로 봉토를 만들어 덮은 것이다. 봉토를 할 때 무덤을 견고하게 하기 위해 돌방 외부에 돌을 쌓고, 그 위에 진흙을 덮고, 다시 숯이나 석회를 깐다. 마지막으로 흙을 씌워 다지고 잔디를 입혀 마무리한다.

▲ 춘천 방동리고분 신숭겸 묘 남쪽에 있는 2기의 고구려고분이다. 2기 중 하나의 고분을 통해 구조를 파악할 수 있는데, 내부는 크고 작은 깬돌을 쌓아서 만든 돌방무덤이다. 주목할 만한 것은 천장을 3~4단 올리면서 위로 올라갈수록 모서리의 각을 줄인 모줄임천장이 분명하게 확인된다는 점이다. 방동리고분은 고구려 벽화고분 후기 양식이 지방화된 형태로, 이는 춘천지방이 6세기 중엽에는 고구려의 영토였음을 알려준다.

흙무덤은 돌무지무덤과 다른 특징을 가지고 있는데, 모줄임천장과 채색벽화다.

모줄임천장은 돌방의 천장을 마감하는 방법이다. 벽 위에 천장돌을 올릴 때 모서리의 각을 줄이면서 천장을 좁혀 올라가는 기술이다. 벽과 벽이 만나는 네 귀퉁이에 삼각형이 되도록 돌을 비스듬하게 놓아 보통 2~3층, 많게는 5층까지 천장을 올린다. 귀죽임천장 또는 말각조정식천장이라고도 한다. 이렇게 해서 완성한 천장은 돌방 내부의 공간을 넓히는 효과를 준다.

채색벽화는 흙무덤의 가장 큰 특징이다. 돌방 내부의 벽과 천장에 화려한 벽화가 그려진 것은 흙무덤에서만 볼 수 있다. 강서고분의 사신도, 쌍영총의 기마상 · 남녀입상, 수렵총의 수렵도 등은 당시의 풍속을 알려주는 대표적인 고분벽화이다.

백제

도읍의 이동이 많았던 백제는 도읍지의 위치에 따라 다양한 무덤 형태를 보인다. 서울에서는 간단한 널무덤(토광목곽묘) 외에 고구려식의 돌무지무덤(적석총), 돌방무덤(석실분)이 축조되었다. 공주로 내려가면서 돌무지무덤은 사라지고 차츰 사각형의 백제식 돌방이 만들어졌다. 독무덤(옹관묘)도 있었으며, 6세기 초에는 중국 남조의 영향을 받아 벽돌무덤(전축분)도 세워졌다. 부여에서는 장방형 돌방무덤이 조성되고, 그것이 전라도지방으로 확산되었다.

돌무지무덤(적석총)

고구려의 영향을 받아 한강유역에 분포하는 백제의 무덤형태. 얕은 대지 위에 돌을 네모나게 층층으로 쌓아 올리고 가운데 시신을 넣은 형식이다. 돌무지무덤은 고구려의 대표적인 묘제여서 백제가 아닌 고구려의 무덤이라고 생각하기 쉽다. 하지만 서울 석촌동의 백제식 돌무지무덤은 외부를 계단식 피라미드형으로 하고 내부를 진흙으로 다져 올라가는 판축법을 사용한 것이 고구려의 무덤과 다르다. 고구려의 돌무지무덤과 이 일대에 거주하던 토착세력의 양식이 혼재되어 나타난 것이라고 할 수 있다.

또한 '삼국사기' 에 보면 "(백제) 욱리하 가에 돌로 무덤을 쌓아 조상의 뼈를 묻었다" 는 기록이 있어 백제에 돌무지무덤을 조성하였음을 알 수 있다. 욱리하는 지금의 한강을 말한다.

독무덤(옹관묘)

크고 작은 항아리 또는 독을 관으로 사용하는 매장방법. 우리나라에는 청동기시대 이래로 계속된 무덤이다.

▲ 서울 석촌동백제초기돌무지무덤 백제가 한강 유역을 점하고 있던 초기의 유적지이다. 봉분을 흙으로 쌓지 않고 돌을 쌓아 올린 돌무지무덤은 고구려의 전형적인 묘제이다. 석촌동돌무지무덤은 백제의 건국 세력이 문화적으로 고구려와 밀접한 관계에 있었음을 보여준다. 모두 5기의 고분이 있는데, 그 중 제일 큰 3호분은 긴변 49.6m, 짧은변 43.7m, 높이 4.5m의 규모로 사각형 기단 형식의 돌무덤이다. 4세기경 축조된 것으로 추측되며, 만주 통구에 있는 장군총에 버금가는 큰 규모이다.

독무덤은 특징에 따라 몇 가지 형식으로 분류된다. 먼저 관으로 사용된 토기가 항아리인 경우 호관묘, 독일 때는 옹관묘로 구분한다. 항아리의 입구를 막은 방법에 따라 2개의 토기를 옆으로 눕혀 아가리를 맞대거나 맞물린 형태인 합구식과 큰 항아리 뚜껑 또는 덮개용의 작은 토기를 맞붙인 합개식으로 나눈다. 항아리의 사용 개수에 따라 단관식, 이관식, 삼관식으로 분류하기도 한다.

백제 지역에서는 부여 송국리 · 염창리, 서울 석촌동 · 가락동, 남원 두락리, 고창 신월리, 공주 봉정리, 나주 반남면 일대, 영암 내동리, 함평 마산리 등지에서 상당수 발굴되었다. 특히 영산강 유역의 영암, 나주 등지에서 발견되는 독무덤은 다른 지역과 차별되는 큰 독무덤이 유행해 주목을 끈다. 뛰어난 토기 제작 기술이 아니면 만들기 힘든 대형 독을 관으로 사용하고 있어 지배층이 독무덤을 조성한 것으로 보인다.

▲ 부여 능산리고분군 능산리 산의 남쪽 경사면에 3기씩 2열을 이룬 6기와 북쪽으로 50m 정도 떨어져서 1기가 있다. 일반적으로 백제시대의 왕릉이라고 알려져 있으나, 누구의 능인지 정확히 밝혀지지는 않았다. 발굴 당시 고분은 도굴된 상태여서 부장품은 거의 발견되지 않았고, 무덤 벽면에 벽화만 남아 있었다. 특히 1호분의 사신도가 유명하다. 무덤방의 벽면과 천장의 돌은 잘 다듬어 매끈하게 하고, 그 위에 주 · 황 · 청 · 흑색의 안료를 사용하여 동벽에 청룡, 서벽에 백호, 북벽에 현무(거북), 남벽에 주작(봉황)의 사신도를 그리고 천장에는 연화문과 구름무늬가 각각 표현되어 있다.

벽돌무덤(전축분)

벽돌무덤은 중국 남조의 영향을 받아 웅진시대(공주시대, 475~538)에 새롭게 등장한 무덤의 형태이다. 구조는 구덩이를 파서 바닥과 벽을 벽돌을 사용해 널방을 만들고, 그 위에 흙을 덮어서 봉분을 만들었다. 벽을 쌓을 때는 벽돌을 가로놓기와 세로놓기를 반복하였다.

천장은 궁륭식이라 하여 반원형으로 만들었다. 무덤의 단면을 보면 터널과 모양새가 흡사하다. 궁륭식천장은 벽돌을 올리면서 밑에서부터 조금씩 안으로 기울어지게 쌓는다. 널방 앞에는 관을 옮길 수 있는 짧은 널길을 만들고, 그 밖은 무덤바깥길을 냈다.

백제시대를 통틀어 공주에 무령왕릉과 송산리 6호분 2기만 남아 있다.

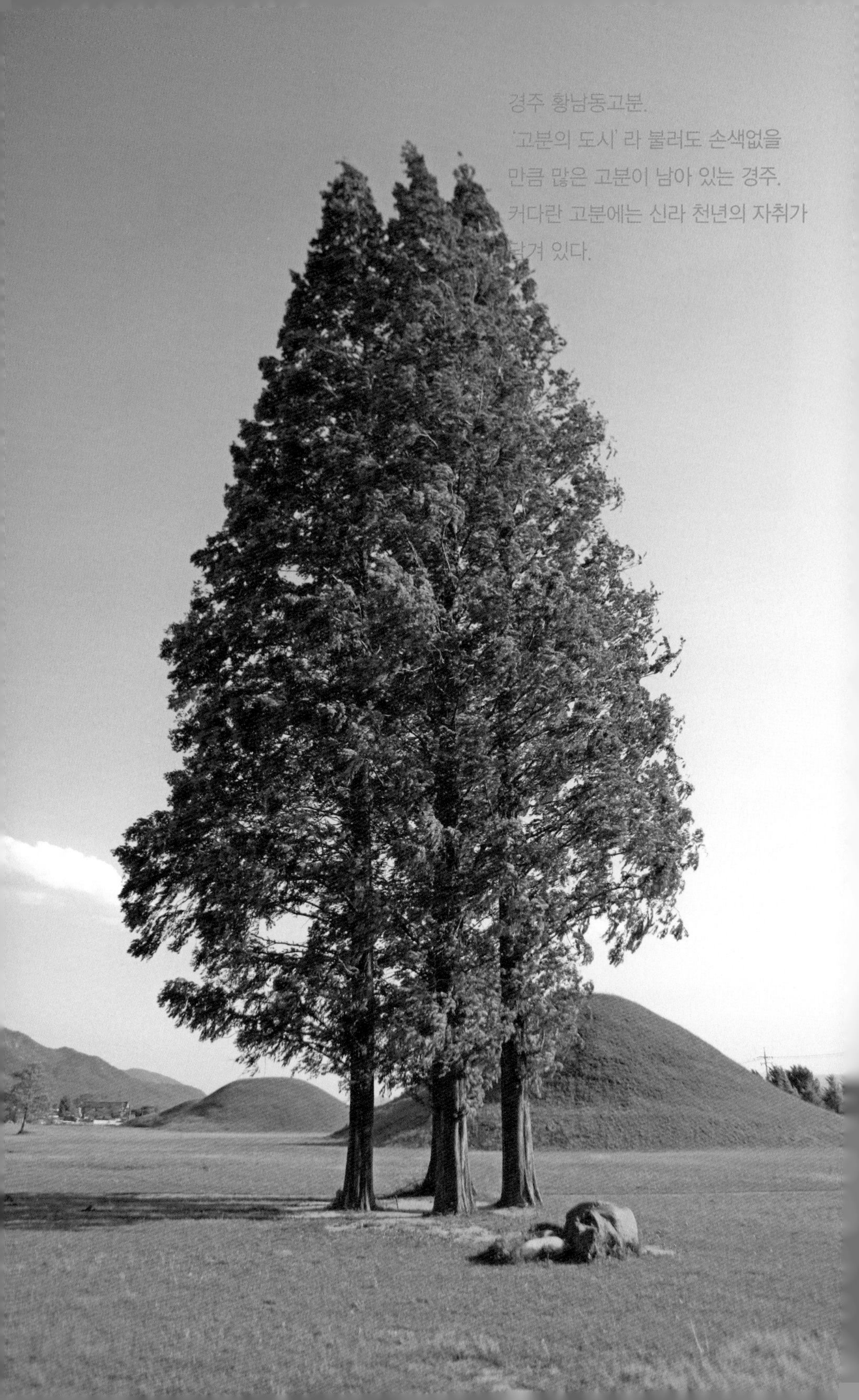

경주 황남동고분.
'고분의 도시'라 불러도 손색없을
만큼 많은 고분이 남아 있는 경주.
커다란 고분에는 신라 천년의 자취가
담겨 있다.

신라

신라시대에는 고구려, 백제와는 다른 독특한 형태의 무덤이 조성되었다. 후기에는 고구려, 백제식의 돌방무덤이 나타나지만, 초기부터 경주를 중심으로 축조된 신라의 대표적인 무덤 형태는 돌무지덧널무덤(적석목곽분)이다.

돌무지덧널무덤(적석목곽분)

원삼국시대의 덧널무덤 전통을 이어받은 신라 특유의 묘제다. 구덩이를 파거나 땅 위에 돌을 깔고 나무로 큰 상자(덧널)를 만든 다음 그 안에 목관과 껴묻거리를 넣는다. 덧널 주위를 돌로 채우고 다시 진흙으로 덮는다. 진흙을 바르는 이유는 빗물이 스며드는 것을 방지하기 위해서이다. 그리고 흙을 쌓아서 커다란 봉분을 만든다. 이러한 구조는 고구려나 백제 또는 인접한 가야의 무덤과 뚜렷이 구별되는 신라만의 특징이다. 금관총 · 금령총 · 천마총 등이 이에 속한다.

돌무지덧널무덤은 신라 초기의 덧널무덤이 고구려의 돌무지무덤과 한강 유역의 봉토분의 영향을 받아 경주지역에 등장하였다. 무덤이 만들어지는 시기는 4세기 전반, 소멸시기는 6세기 전반이다. 이 시기는 신라가 고대국가의 형태를 갖추고 왕권을 확립해가는 때라 돌무지무덤이 왕권강화와 연관성을 맺고 있는 것으로 추정한다.

굴식돌방무덤(횡혈식석실분)

굴식돌방무덤은 대충 다듬은 돌로 직사각형(장방형) 또는 정사각형(방형)의 무덤방을 만들고 한쪽 벽에는 무덤방과 통하는 널길을 둔다. 무덤방은 돌문으로 막는 것이 일반적이다. 널길은 돌로 막혀 있지만, 부부합장 등 추가장을 할 때는 막아놓은 돌을 걷어내고 관이나 시신을 옮길 때 사용한다.

신라에 돌방무덤이 나타나는 것은 6세기 후반이다. 고구려 · 백제의 'ㄱ' 자형 또는 '모' 자형 돌방무덤이 경상북도 지방에 전해지고, 통일신라시대에는 주된 묘제로 사용되었다.

경주 노서동고분군 내 일부 고분과 북천 이북의 용강동 · 황성동 일대의 고분군은 평지에 축조된 것이며, 경주 일대의 거의 모든 구릉지대에도 분포하고 있다.

통일신라

통일신라시대에 접어들면서 무덤에 봉분 이외의 시설이 생겨난다. 가장 눈에 띄는 것은 호석이다.

호석이란 봉분 밑부분에 돌을 두른 시설이다. 병풍석이라고도 한다. 봉토가 붕괴되는 것을 방지하고 벌레나 짐승들로부터 피해를 막는 역할을 한다. 고구려와 백제의 고분에서도 무덤 주위에 돌을 둘렀는데, 호석 계통이라고 볼 수 있다. 통일신라 이후부터는 호석이 무덤을 꾸미는 장식의 의미가 더해지고, 십이지신상 등의 조각을 새겨 무덤을 보호하려는 주술적 성향도 보인다. 대표적인 것은 홍덕왕릉 · 경덕왕릉 · 김유신묘 · 괘릉 등이다.

불교가 성행하면서 화장이 유행한 것도 큰 변화다. 화장을 한 뼈를 항아리에 담아 묻는 매장법이 성행하였다. 항아리는 구덩이를 파고 묻거나, 돌로 덧널을 만들어 항아리를 넣기도 한다. 무덤의 장소가 평야지대에서 구릉지대로 옮겨 간 것도 변화라고 할 수 있다.

신라고분은 도굴이 불가능하다?

Summary

고분에는 묻힌 사람의 지위와 부에 따라 껴묻거리의 종류와 양이 달라진다. 그렇기 때문에 항상 도굴꾼의 표적이 되었다. 그렇다고 영화에 등장하는 피라미드처럼 고분에 도굴을 막기 위한 별도의 장치를 하지는 않았다. 그럼에도 신라 고분이 도굴이 불가능하다는 것은 구조가 도굴을 할 수 없기 때문이다.

신라 고분이라고 해서 다 도굴이 불가능한 것은 아니고, 경주 지역에서 특별하게 유행한 돌무지덧널무덤만 그렇다. 고구려 · 백제의 대표적 고분은 굴식돌방무덤(횡혈식석실분)이라 해서 무덤 안에 시신을 안치하는 돌방을 만들고, 널길이라는 돌방으로 들어가는 길을 두었다. 이들 무덤은 무덤 입구를 찾아 들어가면 너무나 쉽게 도굴을 할 수 있는 약점이 있다.

반면 신라의 돌무지덧널무덤에는 안으로 들어 갈 수 있는 문이 없다. 구덩이를 파거나 지상에 돌을 깔고 나무덧널을 세운 다음, 그 안에 관과 껴묻거리를 안치한다. 나무덧널은 사람 머리 크기만한 돌을 쌓아 덮고 그 위에 점토 등의 흙을 입혀 다진다. 이런 구조의 돌무지덧널무덤은 도굴이 불가능하다. 시간이 지나면서 나무덧널이 썩으면서 무너져 그 위에 쌓았던 돌과 나무가 내려앉기 때문이다. 내려 깔린 돌과 흙을 파내고 유물을 찾아내는 것도 어렵고, 다른 사람한테 들키지 않기 도굴하기 위해서는 무덤에서 어느 정도 떨어진 위치에서 땅을 파고 들어가 돌방을 찾아야 하는데 자칫 잘못하면 돌더미에 깔려 죽을 수도 있다. 돌무지덧널무덤의 독특한 구조 덕분에 경주의 신라 고분에는 어마어마한 부장품들이 고스란히 보존될 수 있었다. 천마총이나 황남대총의 관속에서 발굴된 황금관, 금동 신발 등은 신라의 찬란한 문화를 생생하게 전해준다.

고려

고려시대에는 통일신라 무덤의 전통을 계승하였다. 개성 부근에 남아 있는 고려 왕릉들은 통일신라 왕릉처럼 돌문을 갖춘 돌방무덤으로 공민왕릉이 가장 대표적인 예이다. 가장 두드러진 특징은 풍수지리설에 의해 명당자리를 찾아 무덤을 쓰기 시작했다는 점이다. 명당이란 큰 산과 물이 있는 배산임수의 지형에 지맥이 흐르다가 멈춘 곳이다. 무덤 뒤에 내룡이라 하여 주산이 있고, 그 좌우로 청룡과 백호 지세로 지맥이 뻗어 있다. 묘역 안에 시내가 흐르되 동쪽으로 흘러 모아지는 곳이면 더욱 좋다.

조선

조선시대 무덤의 대표적인 것은 왕릉이다. 왕릉은 조선 왕조의 유교적, 풍수적 전통을 바탕으로 한 독특한 건축과 조경양식 등 능원제도가 잘 나타나 있으며, 시대적 흐름에 따른 통치철학과 정치상황 등을 잘 반영하고 있는 독특한 문화유산이다. 또한 지금까지도 제례의식 등 무형의 유산을 통하여 역사적인 전통이 이어져 내려오는 소중한 자산이다. 유네스코는 조선 왕릉의 이러한 점들이 세계유산으로 등재되기에 손색이 없다고 판단해 2009년 세계문화유산으로 등재되었다.

조선시대는 풍수지리설을 중하게 여기기도 했지만, 유교의 입장에서는 새롭게 왕위를 이을 왕이 부왕의 죽음 앞에 예를 다하는 것이 도리로 여겨졌다. 따라서 왕릉은 당연히 최고 길지를 선택해 조성했다. 효의 윤리이기도 했지만 국가의 번영과도 관련 깊은 것이다.

왕이 죽으면 장례는 왕의 시신을 안치한 빈소의 제사와 호위를 담당하는 빈전도감, 왕의 장례에 관한 업무를 책임지는 국장도감, 왕릉 축조를 맡은 산릉도

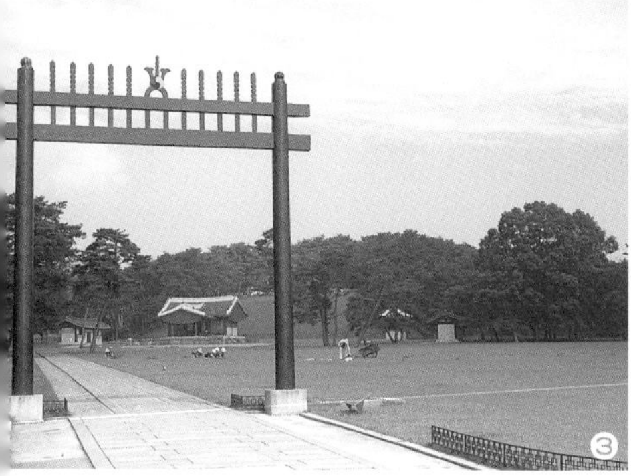

❶ 남양주 사릉 조선 제7대 왕인 단종의 비 정순왕후 송 씨의 능이다.

❷ 남양주 홍릉 조선 제26대 왕인 고종황제와 명성황후가 잠들어 있다.

❸ 여주 영릉 조선 4대 임금인 세종대왕과 소헌왕후 심 씨의 합장릉이다.

❹ 서울 태릉 조선 제11대 왕인 중종의 계비인 문정왕후 윤 씨의 능이다.

❺ 남양주 광해군묘 조선 제15대 왕인 광해군의 무덤이다.

❻ 화성 건릉 조선 제22대 정조와 부인 효의왕후 김씨 합장릉이다.

감에서 순서대로 진행을 한다. 왕의 무덤 자리는 미리 정해 놓지 않고 왕실에서 그때마다 상지관이라 해서 풍수지리에 밝은 지관을 보내 최고의 명당을 찾도록 했다.

명당을 선택하면 마지막으로 토질 검사를 한다. 관이 들어설 땅은 물기가 없으면서도 너무 건조하지 않아야 하기 때문이다. 또 흙의 입자가 곱고 윤이 나야 이상적이라고 여겼다. 이 같은 까다로운 조건이 만족되어야 비로소 왕의 무덤 자리로 손색이 없다. 왕릉 조성을 위하여 명당을 찾는데 대략 3개월에서 5개월 정도 걸렸다. 능역에 동원된 총 인원은 6,000명 내지 9,000명에 달했다고 한다.

조선시대에는 모두 40여 기의 왕릉이 조성되었다. 저마다 특색은 지니고 있지만, 기본적인 능제는 크게 다르지 않다. 태조 이성계의 능인 건원릉을 표본으로 조선 왕릉의 형식을 살펴보면 다음과 같다.

능역 입구에는 신성한 장소임을 알리는 홍살문이 서 있고, 그 뒤로 참도라 해서 얇고 넓적한 돌을 길게 깔았다. 살아서나 죽어서나 흙을 밟지 않는 임금에 대한 예우의 뜻이 담겨 있다. 홍살문 오른쪽에 벽돌을 네모 반듯한 모양으로 깐 판위가 있다. 왕이 선왕의 제사를 지내러 올 때 이곳에서 절을 하고 들어간다.

참도를 따라 올라가면 전면에 정(丁)자 모양의 정자각이 서 있다. 이곳은 제례를 올리는 장소다. 정자각으로 오를 때는 반드시 동쪽 계단으로 올라갔다가 제사가 끝난 뒤에는 서쪽 계단으로 내려온다.

무덤 앞에는 섬돌처럼 장대석을 3단 형식으로 쌓았다. 첫 단 공간에는 석마와 무인석, 둘째 단 공간에는 문인석이 각각 한 쌍씩 서로 마주 보도록 세워졌다. 문인석 사이 한가운데에 팔각형으로 된 석등인 장명등을 앉혔다. 마지막 단에는 봉분 바로 앞에 제물을 차려 놓는 상석, 그 좌우로 망주석이 세워졌다. 봉분 밑부분에는 12각의 호석을 둘러 봉분이 무너지지 않도록 보호하고 있다.

봉분 주위로 다시 난간석을 두르고 석양과 석호 두 쌍을 각각 좌우로 벌여 놓았다. 왕의 자리에 오르지 못한 추존왕릉은 한 쌍으로 줄여 왕릉과 차별을 두었다. 봉분 주위로는 능을 감싸듯 앞면만 터놓은 담장인 곡장을 둘렀다.

왕릉은 배치상으로 볼 때 몇 가지 형식으로 나눌 수 있다. 왕이나 왕비 어느 한 쪽만을 매장한 단릉, 왕과 왕비의 능을 같은 구릉에 나란히 배치한 쌍릉, 정자각 좌우로 두 개의 구릉에 각기 1능씩 두는 형식, 부부를 같은 봉토에 합장하는 형식 등이다.

조선 초기에는 왕과 왕비가 각각 떨어져 독립된 능을 이루는 단릉과 같은 공간에 나란히 배치한 쌍릉 형식이 사용되었다. 세종대왕의 무덤인 영릉에서 처음으로 하나의 봉분에 두 개의 널방을 마련한 합장 무덤이 처음 나타나면서 19세기까지 많이 사용되었다.

쉬어가기

왕릉이 서울과 경기도에 모여 있는 까닭은

조선시대 왕릉은 서울을 중심으로 크게 벗어나지 않는다. 대부분 서울과 근교의 고양시, 광명시, 남양주시, 구리시, 파주시, 화성시, 김포시 등 경기도에 위치한다. 왕릉은 풍수가 좋은 명당에 위치한다고 하는데, 그렇다면 우리나라의 명당은 모두 서울 근교에 모여 있는 것일까? 그렇지는 않다. 그 해답은 왕릉의 입지를 법으로 규정했기 때문이다.

왕릉은 도성인 한양으로부터의 거리, 주변지역과의 거리, 도로와의 관계, 경계, 풍수지리를 고려한 주변 산세와의 관계 등을 통하여 입지를 선정했다. 이를 기준으로 조선시대 초기에는 도성에서 10리 이내, 인가에서 100보 이내에 묘지를 쓰는 것을 법전으로 금지했다. 이후 후기에 들어서는 한양으로부터 100리 이내, 인가로부터 50보 이내에는 매장을 하지 못하도록 하였다.

그러나 제7대 임금인 단종의 묘인 장릉은 한양에서 멀리 떨어진 강원도 영월에 있다. 그 이유는 단종이 세조에게 왕위를 찬탈당하고 영월로 유배를 간 뒤 그곳에서 사약을 받고 죽었기 때문에 불가피하게 조성된 것이다.

왕릉에 세워진 석물의 의미

석마 문 · 무인석의 상징적인 교통수단을 나타낸다.

문 · 무인석 왕을 섬기는 신하를 의미한다. 왕이 살아있을 때처럼 왕을 보호하고 왕에게 경배하는 형태로 왕의 권위를 살려주는 장식적인 의미가 강하다. 성종 5년(1474)에 석상과 석인을 설치하는 규정을 법으로 정하였다.

장명등 사찰의 석등을 모방해 세운 것. 무덤에서 형식상 불을 밝히는 상징적 의미로 세웠다. 우리나라에만 있는 독특한 양식이다.

망주석 먼 곳에서 능을 쉽게 알 수 있도록 하는 표지. 영혼이 자기의 능(유택)을 찾아오게 하는 안내 역할을 한다.

호석 봉분 밑부분에 두른 돌. 12지신상이나 모란 등을 양각하여 묘를 보호하는 수호신 역할을 하며, 봉분침하와 해충 침입을 막는다.

석양 · 석호 왕을 사악한 영으로부터 지켜주는 수호신. 석호는 능을 지키는

▲ 남양주 유릉 조선 제27대 왕 순종과 비 순명효황후 민 씨, 계비 순정효황후 윤 씨를 합장한 능이다.

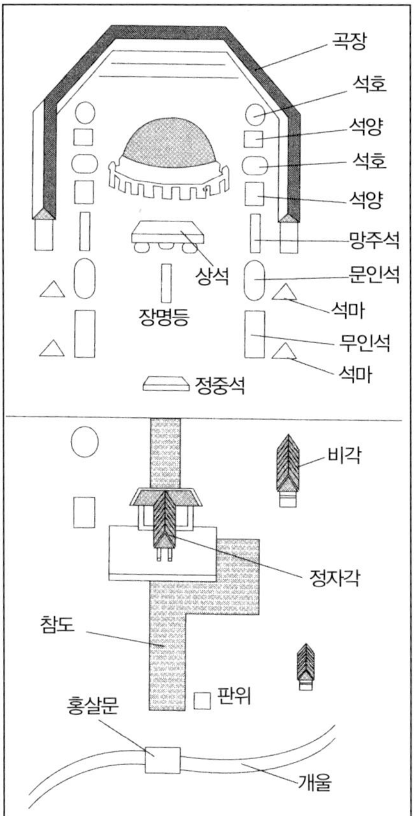

조선왕릉 상세도

수호신의 뜻을, 석양은 사악한 것을 물리친다는 의미와 명복을 비는 뜻을 담고 있다. 영물인 양과 호랑이는 밖을 향해 언제든지 방비할 수 있는 준비태세를 갖추고 있다.

곡장 봉분 주위에 능을 감싸 듯 앞면만 터놓은 담장. 풍수적으로 살기를 띤 바람이 봉분 안으로 들어오지 못하게 함과 동시에 명당의 기운이 밖으로 빠져나가지 못하게 막는 역할을 한다.

쉬어가기

능 · 원 · 묘의 차이

왕족들의 무덤은 묻히는 사람의 신분에 따라 능, 원, 묘로 구분한다. 능은 왕과 왕비의 무덤, 원은 왕세자와 왕세자비 또는 왕의 어머니와 아버지 무덤, 묘는 기타 왕족의 무덤을 말한다. 왕에서 군으로 신분이 격하된 연산군과 광해군의 무덤은 연산군묘, 광해군묘라 불린다. 반면 왕위에 오르지 못하고 죽었지만 임금의 칭호를 받은 원종이나 덕종의 무덤은 장릉, 경릉 등 능으로 격상하여 부른다.

부록

문화유산 여행코스
국보 · 보물 목록

서울

경복궁→국립민속박물관→창덕궁→창경궁 · 종묘→덕수궁

조선을 건국한 태조 이성계가 새로운 정치 이념을 펼치기 위해 지력이 다한 개경을 버리고, 풍수가 뛰어난 한양으로 천도한 이래 약 600년간 서울은 조선을 거쳐 대한민국의 수도로 그 역할을 하고 있다. 조선의 다섯 왕궁 중 유일한 정궁으로 위엄을 지켜온 경복궁과 우리 조상의 생활사를 한눈에 살필 수 있는 국립민속박물관을 통해 소홀하기 쉬운 서울의 문화유산을 재조명한다.

유네스코로부터 세계문화유산으로 지정된 창덕궁과 종묘를 통해 우리 문화유산의 우수성을 마음껏 느낄 수 있다. 또한 울창한 숲으로 둘러싸여 있어, 도심 속의 휴식처로도 손색이 없는 곳이다. 본래 수강궁이었던 창경궁은 일본인이 동물원과 식물원을 개설해 창경원이라 격하시켰던 것을 1983년 창경궁이란 이름을 되찾으면서 자존심을 회복하였다.

석촌동 백제고분군→방이동 백제고분군→몽촌토성→암사동 선사유적지

백제 초기의 도읍지인 한성의 고분을 통해 백제와 고구려 · 신라와의 관계를 조명하고, 올림픽공원 안에 있는 몽촌토성에서 한강 유역의 지리적 중요성을 살펴본다. 그리고 약 6천년 전 신석기시대 사람들이 살았던 암사동 선사유적지에서 선사시대의 주거형태, 빗살무늬토기, 돌도끼, 돌화살 등을 둘러보며 선사시대인의 생활상을 눈으로 확인한다.

남한산성(수어장대 · 현절사 · 청량대 · 연무관)→삼전도비

남한산성은 병자호란 때 인조가 몸을 피해 45일 동안 청나라 군대에 대항하다 마침내 청 태종에게 굴욕적인 항복의 예를 갖춘 한 맺힌 역사의 현장이다. 남한산성에서 항복을 한 인조는 삼전도에 끌려가 청 태종 앞에 세 번 무릎 꿇어 절하고 머리를 아홉 번 땅에 조아리며 사죄를 구한 오욕을 겪었다. 그 날의 쓰라린 기억을 상기시켜 주듯 송파구 삼전동에는 삼전도비가 말없이 우두커니 서 있다.

경기도

▶강화도

갑곶돈대(강화역사관)→광성보→덕진진→초지진→전등사→강화지석묘→고려궁지

한반도의 역사에 커다란 회오리가 몰아칠 때면 어김없이 그 중심에 강화도가 있었다. 삼국시대에는 각 나라의 각축장으로, 고려 때에는 몽고의 침략으로, 조선에 와서는 정묘호란, 병인양요, 신미양요 그리고 운양호 사건까지 강화도는 격동기 역사의 중심부에 있었다. 우리 역사가 투영된 거울과도 같은 강화도에서 외세에 대항해 혼신의 힘을 다한 선조들의 정신을 배울 수 있다.

▶여주

명성왕후 생가→강한사→영 · 녕릉→신륵사→목아박물관→고달사지

한말 비극적 역사의 주인공인 명성왕후의 생가를 돌아보고, 우암 송시열의 영정을 모신 강한사에서 조선시대 큰 선비의 얼을 되새긴다. 우리 역사상 가장 위대한 성군으로 칭송받는 세종대왕의 무덤인 영릉을 둘러보고, 나옹선사가 입적한 곳으로 유명한 신륵사에서 시원한 강바람을 맞으며 남한강의 절경을 감상한다.

▶수원

화성→융건릉→용주사

정조가 부친인 사도세자(장조)를 위해 만들어 낸 '효의 도시' 수원. 세계문화유산의 하나로 우리나라 성곽 중에서 가장 치밀하고 우아하며, 과학적인 수원 화성을 둘러본다. 사도세자와 정조의 무덤이 있는 융건릉과 아버지의 명복을 빌기 위해 창건했다는 용주사에는 정조대왕의 지극한 효심이 배어난다.

▶능내

정다산 유적지(묘 · 생가 · 사당)→수종사→합수머리

남한강과 북한강이 하나로 만나는 합수머리를 이루는 남양주시 능내 일대의 풍광이 여행자의 마음을 시원하게 풀어준다. 조선 후기 실학사상을 집대성해 500권에 이르는 『여유당전서』를 남긴 정약용의 유적지에서 그의 실학정신을 배운다.

조카의 왕위를 찬탈한 죄책감에 시달린 세조가 그 악업을 씻고자 창건했다는 수종사는 전망이 동방 제일이라 할 만큼 뛰어나다.

충청북도

▶단양 · 충주

단양 수양개유적전시실→단양적성비→청풍문화재단지→미륵리사지→수안보온천→탄금대→중원탑→중원고구려비

한강 유역까지 점령한 신라가 요충지에 성을 쌓으며 세운 단양적성비를 통해 신라의 관직제도를 배운다. 충주댐 건설로 인해 수몰 위기에 몰렸던 문화유산을 모아놓은 청풍문화재단지에서 이 지역의 생활 문화를 살피고, 월악산의 수려한 산세 속에 자리잡은 미륵리사지에서 고려 초기의 석굴사원을 본다. 우륵과 신립 장군의 일화가 얽힌 탄금대와 고구려의 남족 진출의 증거인 중원고구려비도 본다.

▶공주 · 부여

곰나루→송산리고분군 · 무령왕릉→공산성→공주국립박물관→낙화암→고란사→부여국립박물관→궁남지→정림사지→무량사→능산리고분

백제의 두 번째 수도인 공주와 세 번째 수도인 부여에서 백제 문화의 정수를 맛본다. 무령왕릉과 능산리고분에서 백제 무덤 양식의 변천을 살펴보고, 낙화암에서는 꽃잎처럼 몸을 던진 삼천궁녀와 백제의 멸망사를 되새겨본다. 지혜도 목숨도 셀 수 없다는 무량사에서 단종에 대한 절개와 의리를 지킨 김시습의 삶을 되돌아본다.

충청남도

▶서산

솔뫼성지→서산마애삼존불→보원사지→개심사→해미읍성→수덕사→덕산온천→추사고택

천주교 최고의 성지인 솔뫼성지와 해미읍성에서 슬픈 천주교 역사를 배우고, 백제의 미소라 불리는 서산마애삼존불의 따뜻한 모습을 둘러본다. 편안하고 정겨운 개심사에서는 닫힌 마음을 활짝 열고, 비구니 사찰로 유명한 수덕사에서는 연도가 밝혀진 우리나라 최고의 목조건물인 대웅전을 본다.

▶아산

이충무공묘지→현충사→민속박물관→외암리민속마을

구국의 영웅 이순신 장군의 무덤 앞에서 아직도 우리의 마음속에 살아 있는 충무공의 우국충절을 되새긴다. 나무로 깎아 만든 남녀 장승의 인사를 받으며 들어서는 외암리민속마을에서는 아담한 초가의 돌담을 휘감은 호박덩굴과 돌담 사이에서 익어가는 밤, 대추를 바라보며 어린 시절 뛰놀던 고향의 정취를 느낀다.

강원도

▶철원

순담계곡→승일교→철의 삼각지 전적관, 고석정→DMZ 안보관광지→노동당사→도피안사

광복의 기쁨이 채 가시기도 전 우리를 또다시 슬픔에 잠기게 했던 6.25 전쟁의 멍에가 피부로 느껴지는 여행지다. 6.25전쟁 중 가장 치열했던 전투 지역으로 철원·평강·김화를 잇는 철의 삼각지를 꼽는다. 그 격전의 현장에서 분단 조국의 상처를 되새기며 전쟁의 교훈과 나라 사랑의 마음을 확인시켜 주는 살아 있는 안보 교육의 현장이다.

▶양양·고성

낙산사→진전사지→청간정→청학정→어명기가옥→왕곡마을→통일전망대→건봉사

우리나라 3대 관음도량의 하나로 사찰 중 유일하게 바다에 접해 있는 낙산사. 의상대사와 만해 한용운의 발자취가 어린 낙산사에서 관음보살의 자비를 느껴본다. 최북단에 위치한 금강산 건봉사에서는 부처의 진신사리를 친견하며 통일에의 염원을 기도한다. 관동팔경의 일경으로 뛰어난 풍경을 자랑하는 청간정에 잠시 오른 뒤 왕곡마을에서 강원도의 전통 가옥 구조를 공부한다.

▶강릉

대관령→굴산사지→객사문→오죽헌→선교장→해운정→경포대→진또배기→참소리박물관

험준한 태백산맥의 준령을 넘어서면 강릉에는 몇 안 되는 고려시대 건물인 객사문이 기다린다. 이이의 외가인 오죽헌과 전형적인 양반 가옥의 모습을 보여주는 선교장은 강릉 여행의 핵심. 멀리 경포호가 한눈에 조망되는 경포대는 관동팔경의 하나로 자리매김 했고, 하늘을 향해 솟은 진또배기도 볼만하다. 돌아오는 길에 들르는 참소리박물관에서는 축음기의 모든 것을 볼 수 있다.

▶평창

이효석생가→방아다리약수→월정사→상원사→사고지

이효석의 『메밀꽃 필 무렵』의 내용만큼이나 구수한 풍경이 있어 단연 문학여행의 일번지로 손꼽히는 코스다. 소설 속에서 동이가 허생원을 업고

건넜던 개울 곁에 복원한 문학공원과 이효석생가에서 그의 문학세계를 접한다. 어른 2~3명이 손을 잡아야 간신히 품에 안기는 아름드리 전나무 숲이 일품인 월정사의 숲길은 청정도량으로 들어가는 관문이다. 고려 초기 석탑인 월정사팔각구층석탑, 석탑 앞의 석조보살상 등을 둘러보고, 우리나라에서 가장 오래된 종과 세조의 인연 설화가 깃든 상원사로 향한다.

▶영월

소나기재→선돌→청령포→장릉→보덕사→자규루→고씨동굴

예로부터 명산준령들과 산간 계곡이 조화를 이룬 천혜의 비경 지대이자 산간 오지였던 영월. 조선 제6대 단종의 유배지가 되면서부터 한과 슬픔이 묻힌 역사의 현장으로 바뀌었다. 단종이 유배 생활 동안 기거한 청령포, 무덤인 장릉, 외로운 심정을 노래한 자규루 등 단종의 흔적이 곳곳에 남아 있다.

▶동해 · 삼척

무릉계곡→삼화사→추암촛대바위→죽서루→척주동해비

영화 '달마가 동쪽으로 간 까닭은'의 무대가 되면서 유명세를 치뤘던 무릉계곡과 1천 300년의 긴 역사를 자랑하는 삼화사를 간다. 바다의 금강이라는 해금강의 추암촛대바위에 들러 움츠렸던 가슴을 펼치며 묵은 찌꺼기를 떨쳐 낸다. 죽서루는 관동팔경 중 제일 큰 누각이며, 절벽 아래 휘어지고 꺾어져 흐르는 오십천의 물줄기가 장관을 이루는 곳이다.

전라북도

▶고창

선운사→도솔암마애불→인촌 김성수 생가→고창고인돌→신재효 생가→고창읍성(모양성)

시인 서정주가 생전에 가장 사랑했고, 동백꽃으로 유명한 선운사를 둘러보고, 민족주의자인 인촌 김성수 생가를 찾아 그의 애국운동을 살펴본다. 세계문화유산으로 지정된 고창의 고인돌을 찾아보고, 판소리를 새롭게 정리하고 부흥시킨 신재효 생가를 찾아 한국 소리의 맥과 멋을 느껴보는 것도 큰 매력이다. 아직도 원형이 잘 유지된 고창읍성의 성벽을 따라 걸으면서 우리 선조들의 뛰어난 석조건축 기술을 감상한다.

▶부안 · 익산

내소사→반계 유형원 유허지→개암사→구암리 고인돌군→망해사→왕궁리 오층석탑→미륵사지오층석탑

전나무 숲길과 대웅보전의 아름다운 꽃창살 문양으로 널리 알려진 내소사를 지나, 『반계수록』의 저자인 반계 유형원 유허지를 둘러보며 그의 실학사상을 배운다. 변한의 왕궁터였다는 개암사, 청동기시대의 독특한 묘제인 고인돌 군락지를 둘러보고 서해로 떨어지는 아름다운 일몰을 감상할 수 있는 망해사에서 여유로운 시간을 갖는다. 돌아오는 길에 백제의 궁궐터라 전해지는 왕궁리의 오층석탑과 우리나라 석탑의 시원 양식인 미륵사지오층석탑을 본다.

▶남원

광한루→만복사지→실상사 · 백장암삼층석탑과 석등

영원한 사랑의 테마인 『춘향전』의 고장이며, 김시습의 『금오신화』 가운데 '만복사저포기'의 무대인 남원. 이곳에서 남녀의 지고지순한 사랑이야기를 되새긴다. 전라도와 경상도를 연결하는 교통의 요충지로 삼국시대에는 백제와 신라의 각축장이요, 정유재란 때에는 전라도로 침공하는 왜군에 의해 처참한 전화를 입은 남원의 역사를 배운다.

전라남도

▶광주

광주국립박물관→증심사→망월동 5 · 18묘역

빛 고을 광주~ 평등한 세상을 꿈꾸는 '무등'의 도시이다. 무등산 자락의 증심사에서 강진 무위사의 극락전과 같은 건축양식을 보이는 오백전을 통해 전통 건축물의 아름다움을 확인한다. 목숨을 바쳐 민주화를 일군 영령들이 잠들어 있는 5 · 18묘역을 참배한다.

▶담양

소쇄원→환벽당→식영정→송강정→면앙정

담양은 조선시대 가사문학의 산실. 선비들이 시를 읊고 가사를 지은 정자를 순례한다. 숲과 계곡, 정자가 완벽한 아름다움을 자랑하는 소쇄원을 비롯해 송강 정철이 학문을 시작했던 환벽당, '성산별곡' 을 지은 식영정, 송순이 관직을 그만둔 뒤 후진 양성에 힘썼던 면앙정 등은 호남가단을 이루며 조선 시단을 이끌어온 정자 문화의 일번지다.

▶화순

조광조적려유허비→영벽정→쌍봉사→운주사

쌍봉사에는 가장 아름다운 부도인 철감선사탑을 비롯해 철감선사탑비, 목탑의 구조를 알려주는 대웅전이 있다. 천불산 골짜기를 따라 천불천탑의 전설이 서린 운주사는 신비스러움으로 가득한 절이다. 각양각색으로 생긴 부처와 석탑들은 다가올 용화세상을 암시하는 듯하다.

▶승주 · 보성

송광사→선암사→낙안읍성→벌교 홍교→『태백산맥』 배경지

조계산 자락의 송광사와 선암사. 삼보사찰 중 승보사찰로 불리는 송광사의 법맥을 살펴보고, 선암사에서 우리나라에서 가장 아름다운 돌다리와 자연 그대로의 아름다움이 돋보이는 건축물을 감상한다. 서산의 해미읍성과 함께 읍성의 표본이라 불리는 낙안읍성에서 선인들의 생활상을 엿본다.

▶구례 · 하동

매천 황현사당→화엄사→운조루→연곡사→쌍계사→하동차밭→악양면 평사리

지리산 자락에 둘러싸인 천년 고찰 화엄사에서 우리 문화유산의 우수성을 확인한다. 경술국치를 통분하며 절명시 4편을 남기고 자결한 애국지사 황현의 사동도 들러본다. 강변 드라이브 정취가 압권인 섬진강의 물길 따라 가다 동서 화합의 장인 화개장터를 지나 쌍계사에서 잠시 숨을 고르고, 최초로 차나무가 심어진 하동 차밭에서 한 잔의 차를 즐긴다. 소설 『토지』의 무대가 된 악양면 평사리에서 격동의 한국 근대사를 배운다.

▶여수

여천선소→진남관→향일암→흥국사

아름다운 남해안의 비경을 간직한 여수반도 곳곳에는 이순신 장군과 관계된 유적지가 널브러져 있다. 진남관은 68개의 기둥이 세워진 우리나라 최대의 단층 목조건물이고, 흥국사는 왜적과 싸우던 승병들이 머물던 호국 사찰이다. '해를 향한 암자' 라는 뜻의 향일암은 남해 수평선으로 치솟는 일출 광경이 장관이다.

▶강진

영광 불갑사→월남사지→무위사→영랑생가→청자도요지→다산초당→백련사

단아한 아름다움이 돋보이는 무위사 극락보전과 불교 벽화의 최고 걸작이라는 극락보전의 후불탱화를 본다. 김영랑 생가에서 섬세하고 세련된 언어로 순수 낭만주의 시인이라 평가되는 김영랑의 문학세계를 엿본다. 정약용이 10년 동안 유배 생활을 하며 학문을 꽃피운 다산초당에 들러 그의 실학사상을 되새겨본다.

▶해남

녹우당→대흥사→미황사→땅끝마을→보길도(윤선도 유적지)

국문학의 비조 윤선도의 삶과 문학을 해남 녹우당과 보길도에서 만날 수 있다. 삼재가 들지 않는 천하 명당에 자리잡은 대흥사에서는 추사 김정희를 비롯한 명필가의 글시를 감상할 수 있다. '영험한 하느님의 마누라' 라는 별명을 가진 괘불로 유명한 미황사는 한반도 최남단에 위치한 사찰이다. 제주도를 향해 가다 우연히 발견한 섬 보길도가 너무 아름다워 눌러 앉은 윤선도. 섬 곳곳에 그의 흔적이 남아 있다.

▶진도

남도석성→쌍계사→운림산방→용장산성→벽파진→지도대교→명량해전 울돌목

진도 아리랑을 비롯해 강강수월래, 진도 씻김굿, 진도 들노래, "압록강 동쪽에 그를 따를 이가 없다"는 평을 듣던 소치 허유로 대표되는 남농화, 추사 이후 한국 서예의 맥을 이었다는 손재형의 글씨. 이들이 일궈낸 예술 문화와 고유의 토속 문화가 어우러져 '전통 민속의 보고'라 불리는 진도의 문화유산을 마음껏 접할 수 있다. 용장산성과 남도석성, 그리고 명량해전의 신화를 이룬 울돌목에서 몽고와 일본에 맞서 싸웠던 호국혼을 더듬어본다.

경상북도

▶영주

희방사→소수서원→선비문화촌→부석사

꼭 갖출 것만 갖추었다는 부석사는 우리 건축 미술의 극치를 보여준다. 자연의 터를 빌려 그 일부분으로 건축되었지만, 오히려 주위의 모든 환경이 마치 부석사를 위해 있는 것처럼 되어버렸다. 부석사에서 한국 목조건축의 특징을 살펴본다. 최초의 사액서원인 소수서원에서는 유학의 전래와 교육기관에 대해 고찰한다.

▶안동

봉정사→안동제비원→의성 김시 종가댁→신세동칠층전탑→동부동오층전탑→하회마을→병산서원

퇴계 이황 이후 주자학의 전통을 이어온 안동은 '선비 정신'으로 상징되는 유교 문화의 본고장이다. 경북 북부의 척박한 자연 환경 속에서 '열 끼를 굶어도 내색을 않는다', '대추 한 개 먹고 요기한다' 는 소리를 들으며 굽힐 줄 모르는 선비 정신을 꽃피운 안동 사람들의 정신과 소중한 문화유산을 살핀다.

▶대구 팔공산 자락

동화사→파계사→제2석굴암→은해사→관봉석조여래좌상

팔공산은 대구 시민의 고마운 휴식 공간이다. 산자락에는 의병을 모집해 훈련시키던 호국사찰 동화사를 비롯해 제2석굴암, 파계사, 은해사 등 영남 불교의 정신을 엿볼 수 있는 많은 사찰이 여행자를 기다린다. 팔공산 관봉 정상에 있는 일명 '갓바위부처' 는 모든 소원을 들어주는 영험함이 있어 언제나 사람들의 발길로 북적인다.

▶고령 · 합천

고령 양전동 암각화→지산동 가야고분군→가야유물전시관→농산정→해인사→청량사

대가야의 문화가 집약된 지산동고분과 출토 유물을 통해 고대국가로 성장하지는 못했지만 뛰어난 문화를 간직한 가야의 진면목을 살펴보고, 불보사찰인 해인사에서는 세계적 자랑거리인 팔만대장경을 견식한다. 팔만대장경을 통해 몽고의 침입과 항전, 그리고 대장경을 간행하게 되는 시대적 상황을 알아보자.

▶경주 1. 시내권

보문단지→민속공예촌→불국사→석굴암→분황사→국립경주박물관→안압지→천마총→첨성대→김유신장군묘

신라 천년의 도읍지로 찬란한 신라 문화를 간직한 경주는 도시 자체가 박물관이다. 불교 문화의 정수라 할 수 있는 불국사와 석굴암에서는 신라인의 불심과 뛰어난 예술혼을, 천마총에서는 독특한 신라의 묘제를, 안압지에서는 조경 예술의 극치를 만날 수 있다.

▶경주 2. 감포지구

골굴암→기림사→감은사지→이견대→문무대왕릉

골굴암은 '한국의 돈황석굴' 이라 불리는 곳이다. 석회암 절벽에 법당굴이 있고, 기림사에는 국내에서는 보기 드문 건칠보좌상이 있다. 감은사지에는 삼층석탑 2기가 당당하게 서 있는데, 신라 석탑의 전형을 이루는 것으로 석탑 연구에 좋은 본보기다. 만파식적과 용의 전설이 전해지는 이견대와 문무대왕릉은 호국의 의지가 서린 곳이다.

▶경주 3. 남산지구

배리석불입상→삼릉→삼릉계곡 마애관음보살상→삼릉계곡 선각여래좌상→삼릉계곡 석불좌상→삼릉계곡 마애석가여래좌상→용장사곡삼층석탑→용장사지 마애여래좌상→용장사곡 석불좌상→용장사터

『삼국유사』의 저자인 일연이 경주 남산을 일컬어 "절은 천상의 별만큼 많고 탑은 기러기떼처럼 솟아 있는 곳" 이라고 했다. 신라의 전성기 때 무수히 많은 절과 불상 그리고 탑이 조성된 불국토요, 극락의 땅이 남산이다. 남산의 골짝마다, 바위마다 새겨진 불상에서 극락정토를 기원했던 신라인의 정신을 만날 수 있다.

경상남도

▶양산 · 울주

내원사→통도사→울주 반구대암각화→천전리각석

삼보사찰 중에서 부처의 진신사리가 모셔져 법보사찰로 불리는 통도사를 둘러본다. 불상이 없는 대웅전 등 수많은 문화유산이 여행자의 발길을 기다린다. 선사시대의 암각화가 있는 반구대와 천전리에서 선사시대인의 예술적 감각과 생활상을 만난다.

▶창녕

술정리 동 · 서삼층석탑→석빙고→교동고분군→진흥왕척경비→관룡사

가야의 찬란한 문화가 흠뻑 느껴지는 창녕은 작은 도시지만 다양한 문화유산을 접할 수 있다. 경주의 석가탑에 비견할 수 있을 정도로 잘 다듬어진 술정리탑과 몇 기 안 남은 얼음창고인 석빙고, 가야시대의 고분 등에서 찬란한 가야문화의 진수를 접하게 된다. 진흥왕의 4개 순수비 중 하나인 창녕비, 깎아지른 화왕산의 기암을 배경으로 들어선 관룡사도 반드시 돌아봐야 할 문화유산이다.

▶밀양

운문사→운강고택→영남루→아랑사→표충비→표충사→얼음골→석남사

비구니의 낭랑한 독경 소리가 아름답게 울리는 운문사와 석남사는 비구니 수련도량으로 유명하다. 아리랑의 고장 밀양에는 조선 3대 누각 중에서도 으뜸이라는 영남루가 밀양강가 벌벽 위에서 위용을 자랑한다. 영남루 아래의 아랑사는 아리랑의 전설을 만든 주인공 동옥낭자의 사당이다. 밀양의 2대 불가사의라는 표충비와 얼음골의 신비를 보는 것도 밀양 여행의 묘미다.

▶진주

진주성(촉석루 · 의암 · 국립진주박물관)→진주향교→청곡사

절개를 지킨 조선 여인의 순결함이 깃든 고장 진주. 비록 미천한 관기 출신이지만 누구보다 성스러운 여인이었던 논개는 진주의 상징이다. 논개의 붉은 넋이 오늘도 남가의 푸른 물결을 타고 말없이 흐르고 있다. 남강변에 세워진 영남 제일루 촉석루와 의암에서 논개의 넋을 기리고, 진주향교와 청곡사 등을 불러본다.

■ 국보(2011. 9 문화재청 홈페이지 기준)

지정번호	명칭	소유자	소재지
1	서울 숭례문	국유	서울 중구 남대문로4가 29
2	서울 원각사지 십층석탑	국유	서울 종로구 종로2가 38-2
3	서울 북한산 신라 진흥왕 순수비	국유	서울 용산구 용산동 6가 168-6 국립중앙박물관
4	여주 고달사지 승탑	국유	경기 여주군 북내면 상교리 411-1
5	보은 법주사 쌍사자 석등	법주사	충북 보은군 속리산면 사내리 209 법주사
6	충주 탑평리 칠층석탑	국유	충북 충주시 가금면 탑평리 11
7	천안 봉선홍경사 갈기비	국유	충남 천안시 성환읍 대홍리 319-8
8	보령 성주사지 낭혜화상탑비	국유	충남 보령시 성주면 성주리 80-4
9	부여 정림사지 오층석탑	국유	충남 부여군 부여읍 동남리 254
10	남원 실상사 백장암 삼층석탑	백장암	전북 남원시 산내면 대정리 975
11	익산 미륵사지 석탑	국유	전북 익산시 금마면 기양리 97
12	구례 화엄사 각황전 앞 석등	화엄사	전남 구례군 마산면 황전리 12 화엄사
13	강진 무위사 극락보전	무위사	전남 강진군 성전면 월하리 1174 무위사
14	영천 은해사 거조암 영산전	은해사	경북 영천시 청통면 신원리 622 은해사 거조암
15	안동 봉정사 극락전	봉정사	경북 안동시 서후면 태장리 901 봉정사
16	안동 법흥사지 칠층전탑	국유	경북 안동시 법흥동 8-1
17	영주 부석사 무량수전 앞 석등	부석사	경북 영주시 부석면 북지리 148 부석사
18	영주 부석사 무량수전	부석사	경북 영주시 부석면 북지리 148 부석사
19	영주 부석사 조사당	부석사	경북 영주시 부석면 북지리 151
20	경주 불국사 다보탑	불국사	경북 경주시 진현동 15-1 불국사
21	경주 불국사 삼층석탑	불국사	경북 경주시 진현동 15-1 불국사
22	경주 불국사 연화교 및 칠보교	불국사	경북 경주시 진현동 15-1 불국사
23	경주 불국사 청운교 및 백운교	불국사	경북 경주시 진현동 15-1 불국사
24	경주 석굴암 석굴	석굴암	경북 경주시 진현동 999
25	경주 태종무열왕릉비	국유	경북 경주시 서악동 844-1
26	경주 불국사 금동비로자나불좌상	불국사	경북 경주시 진현동 15 불국사
27	경주 불국사 금동아미타여래좌상	불국사	경북 경주시 진현동 15 불국사
28	경주 백률사 금동약사여래입상	백률사	경북 경주시 일정로 186 국립경주박물관
29	성덕대왕신종	국유	경북 경주시 일정로 186 국립경주박물관
30	경주 분황사 모전석탑	분황사	경북 경주시 구황동 312
31	경주 첨성대	국유	경북 경주시 인왕동 839-
32	합천 해인사 대장경판	해인사	경남 합천군 가야면 치인리10 해인사
33	창녕 신라 진흥왕 척경비	국유	경남 창녕군 창녕읍 교상리 28-1
34	창녕 술정리 동 삼층석탑	국유	경남 창녕군 창녕읍 술정리 412-20
35	구례 화엄사 사사자 삼층석탑	화엄사	전남 구례군 마산면 황전리 산20-1
36	상원사동종	상원사	강원 평창군 진부면 동산리 산1 상원사
37	경주 황복사지 삼층석탑	국유	경북 경주시 구황동 103
38	경주 고선사지 삼층석탑	국유	경북 경주시 인왕동 76 국립경주박물관
39	경주 나원리 오층석탑	국유	경북 경주시 현곡면 나원리 676
40	경주 정혜사지 십삼층석탑	국유	경북 경주시 안강읍 옥산리 1654
41	청주 용두사지 철당간	국유	충북 청주시 상당구 남문로2가 48-19
42	순천 송광사 목조삼존불감	송광사	전남 순천시 송광면 신평리 12 송광사
43	혜심고신제서	송광사	전남 순천시 송광면 신평리 12 송광사
44	장흥 보림사 남 · 북 삼층석탑 및 석등	보림사	전남 장흥군 유치면 봉덕리 45 보림사
45	영주 부석사 소조여래좌상	부석사	경북 영주시 부석면 북지리 149 부석사
46	부석사조사당벽화	부석사	경북 영주시 부석면 북지리 149 부석사
47	하동 쌍계사 진감선사탑비	쌍계사	경남 하동군 화개면 운수리 207 쌍계사
48	평창 월정사 팔각 구층석탑	월정사	강원 평창군 진부면 동산리 63-1 월정사
49	예산 수덕사 대웅전	수덕사	충남 예산군 덕산면 사천리 19
50	영암 도갑사 해탈문도	갑사	전남 영암군 군서면 도갑리 8 도갑사

지정번호	명칭	소유자	소재지
51	강릉 임영관 삼문	국유	강원 강릉시 용강동 58-1
52	합천 해인사 장경판전	해인사	경남 합천군 가야면 치인리 10 해인사
53	구례 연곡사 동 승탑	연곡사	전남 구례군 토지면 내동리 산54-1 연곡사
54	구례 연곡사 북 승탑	연곡사	전남 구례군 토지면 내동리 산54-1 연곡사
55	보은 법주사 팔상전	법주사	충북 보은군 내속리면 사내리 209 법주사
56	순천 송광사 국사전	송광사	전남 순천시 송광면 신평리 12 송광사
57	화순 쌍봉사 철감선사탑	쌍봉사	전남 화순군 이양면 증리 195-1 쌍봉사
58	청양 장곡사 철조약사여래좌상 및 석조대좌	장곡사	충남 청양군 대치면 장곡리 14 장곡사
59	원주 법천사지 지광국사탑비	국유	강원 원주시 부론면 법천리 산70
60	청자사자유개향로	국유	서울 용산구 서빙고로 137 국립중앙박물관
61	청자비룡형주자	국유	서울 용산구 서빙고로 137 국립중앙박물관
62	김제 금산사 미륵전	금산사	전북 김제시 금산면 금산리 39 금산사
63	철원 도피안사 철조비로자나불좌상	도피안사	강원 철원군 동송읍 관우리 450 도피안사
64	보은 법주사 석련지	법주사	충북 보은군 내속리면 사내리 209 법주사
65	청자기린유개향로	전성우	서울 성북구 성북로 102-11 간송미술관
66	청자상감유죽연로원앙문정병	전성우	서울 성북구 성북로 102-11 간송미술관
67	구례 화엄사 각황전	화엄사	전남 구례군 마산면 황전리 12 화엄사
68	청자상감운학문매병	전성우	서울 성북구 성북구 성북로 102-11 간송미술관
69	심지백 개국원종공신녹권	동아대학교	부산 서구 구덕로 255 동아대학교 박물관
70	훈민정음	전성우	서울 성북구 성북로 102-11 간송미술관
71	동국정운 권1, 6	전성우	서울 성북구 성북로 102-11 간송미술관
72	금동계미명삼존불입상	전성우	서울 성북구 성북로 102-11 간송미술관
73	금동삼존불감	전성우	서울 성북구 성북로 102-11 간송미술관
74	청자압형수적	전성우	서울 성북구 성북동 97-1 간송미술관
75	표충사 청동 은입사 향완	표충사	경남 밀양시 단장면 구천리 산31-2 표충사
76	이순신 난중일기 및 서간첩 임진장초	최순선	충남 아산시 염치읍 현충사길 130
77	의성 탑리리 오층석탑	국유	경북 의성군 금성면 탑리리 1383-1
78	금동미륵보살반가사유상	국유	서울 용산구 서빙고로 137 국립중앙박물관
79	경주 구황동 금제여래좌상	국유	서울 용산구 서빙고로 137 국립중앙박물관
80	경주 구황동 금제여래입상	국유	서울 용산구 서빙고로 137 국립중앙박물관
81	경주 감산사 석조미륵보살입상	국유	서울 용산구 서빙고로 137 국립중앙박물관
82	경주 감산사 석조아미타여래입상	국유	서울 용산구 서빙고로 137 국립중앙박물관
83	금동미륵보살반가사유상	국유	서울 용산구 서빙고로 137 국립중앙박물관
84	서산 용현리 마애여래삼존상	국유	충남 서산시 운산면 용현리 2-10
85	금동신묘명삼존불입상	이건희	서울 용산구 이태원로 55길 60-16 삼성미술관 리움
86	개성 경천사지 십층석탑	국유	서울 용산구 용산동 6가 168-6 국립중앙박물관
87	금관총 금관 및 금제 관식	국유	경북 경주시 일정로 186 국립경주박물관
88	금관총 금제 허리띠	국유	경북 경주시 일정로 186 국립경주박물관
89	평양 석암리 금제 띠고리	국유	서울 용산구 서빙고로 137 국립중앙박물관
90	경주 부부총 금귀걸이	국유	서울 용산구 서빙고로 137 국립중앙박물관
91	도제기마인물상	국유	서울 용산구 서빙고로 137 국립중앙박물관
92	청동 은입사 포류수금문 정병	국유	서울 용산구 서빙고로 137 국립중앙박물관
93	백자철화포도문호	국유	서울 용산구 서빙고로 137 국립중앙박물관
94	청자소문과형병	국유	서울 용산구 서빙고로 137 국립중앙박물관
95	청자칠보투각향로	국유	서울 용산구 서빙고로 137 국립중앙박물관
96	청자귀형수병	국유	서울 용산구 서빙고로 137 국립중앙박물관
97	청자음각연화당초문매병	국유	서울 용산구 서빙고로 137 국립중앙박물관
98	청자상감모란문항	국유	서울 용산구 서빙고로 137 국립중앙박물관
99	김천 갈항사지 동 · 서 삼층석탑	국유	서울 용산구 용산동 6가 168-6 국립중앙박물관
100	개성 남계원지 칠층석탑	국유	서울 용산구 용산동 6가 168-6 국립중앙박물관

지정번호	명칭	소유자	소재지
101	원주 법천사지 지광국사탑	국유	서울 종로구 세종로 1 (구)국립중앙박물관
102	충주 정토사지 홍법국사탑	국유	서울 용산구 용산동 6가 168-6 국립중앙박물관
103	광양 중흥산성 쌍사자 석등	국유	광주 북구 매곡동 산83-3 국립광주박물관
104	(전)원주 흥법사지 염거화상탑	국유	서울 용산구 용산동 6가 168-6 국립중앙박물관
105	산청 범학리 삼층석탑	국유	서울 용산구 용산동 6가 168-6 국립중앙박물관
106	계유명전씨아미타불비상	국유	충북 청주시 상당구 명암로 143 국립청주박물관
107	백자철화포도문호	이화여자대학교	서울 서대문구 이화여대길 52 이화여자대학교 박물관
108	계유명삼존천불비상	국유	충남 공주시 관광단지길 34 국립공주박물관
109	군위 아미타여래삼존 석굴	국유	경북 군위군 부계면 남산리 1477
110	이제현초상	국유	서울 용산구 서빙고로 137 국립중앙박물관
111	안향초상	소수서원	경북 영주시 순흥면 내죽1리 152-8 소수박물관(소수서원 내)
112	경주 감은사지 동 · 서 삼층석탑	국유	경북 경주시 양북면 용당리 55-3, 55-9
113	화청자양류문통형병	국유	서울 용산구 서빙고로 137 국립중앙박물관
114	청자상감모란국화문과형병	국유	서울 용산구 서빙고로 137 국립중앙박물관
115	청자상감당초문완	국유	서울 용산구 서빙고로 137 국립중앙박물관
116	청자상감모란문표형병	국유	서울 용산구 서빙고로 137 국립중앙박물관
117	장흥 보림사 철조비로자나불좌상	보림사	전남 장흥군 유치면 봉덕리 45 보림사
118	금동미륵보살반가사유상	이건희	서울 용산구 이태원로 55길 60-16 삼성미술관 리움
119	금동연가7년명여래입상	국유	서울 용산구 서빙고로 137 국립중앙박물관
120	용주사 동종	용주사	경기 화성시 송산동 188 용주사
121	하회탈및병산탈	하회병산동민	서울 용산구 서빙고로 137 국립중앙박물관
122	양양 진전사지 삼층석탑	국유	강원 양양군 강현면 둔전리 100-2
123	익산 왕궁리 오층석탑 사리장엄구	국유	전북 전주시 완산구 쑥고개로 249 국립전주박물관
124	익산 왕궁리 오층석탑 사리장엄구 - 은제 도금 금강경	국유	전북 전주시 완산구 쑥고개로 249 국립전주박물관
125	익산 왕궁리 오층석탑 사리장엄구 - 유리 사리병	국유	전북 전주시 완산구 쑥고개로 249 국립전주박물관
126	익산 왕궁리 오층석탑 사리장엄구 - 금제 방형 사리합	국유	전북 전주시 완산구 쑥고개로 249 국립전주박물관
127	익산 왕궁리 오층석탑 사리장엄구 - 금동여래입상	국유	전북 전주시 완산구 쑥고개로 249 국립전주박물관
128	익산 왕궁리 오층석탑 사리장엄구 - 청동 주칠 도금 사리외함	국유	전북 전주시 완산구 쑥고개로 249 국립전주박물관
129	강릉 한송사지 석조보살좌상	국유	강원 춘천시 우석로 70 국립춘천박물관
130	녹유골호	국유	서울 용산구 서빙고로 137 국립중앙박물관
131	불국사 삼층석탑 사리장엄구	불국사	서울 종로구 우정국로 55 조계종 불교중앙박물관
132	불국사 삼층석탑 사리장엄구 - 금동사리외함	불국사	서울 종로구 우정국로 55 조계종 불교중앙박물관
133	불국사 삼층석탑 사리장엄구 - 은제사리합	불국사	서울 종로구 우정국로 55 조계종 불교중앙박물관
134	불국사 삼층석탑 사리장엄구 - 은제 사리완	불국사	서울 종로구 우정국로 55 조계종 불교중앙박물관
135	불국사 삼층석탑 사리장엄구 - 유향	불국사	서울 종로구 우정국로 55 조계종 불교중앙박물관
136	불국사 삼층석탑 사리장엄구 - 금동방형사리합	불국사	서울 종로구 우정국로 55 조계종 불교중앙박물관
137	불국사 삼층석탑 사리장엄구 - 무구정광대다라니경	불국사	서울 종로구 우정국로 55 조계종 불교중앙박물관
138	불국사 삼층석탑 사리장엄구 - 동환	불국사	서울 종로구 우정국로 55 조계종 불교중앙박물관
139	불국사 삼층석탑 사리장엄구 - 경옥제곡옥	불국사	서울 종로구 우정국로 55 조계종 불교중앙박물관
140	불국사 삼층석탑 사리장엄구 - 홍마노환옥	불국사	서울 종로구 우정국로 55 조계종 불교중앙박물관
141	불국사 삼층석탑 사리장엄구 - 수정절자옥	불국사	서울 종로구 우정국로 55 조계종 불교중앙박물관
142	불국사 삼층석탑 사리장엄구 - 수정보주형옥	불국사	서울 종로구 우정국로 55 조계종 불교중앙박물관
143	불국사 삼층석탑 사리장엄구 - 수정환옥	불국사	서울 종로구 우정국로 55 조계종 불교중앙박물관
144	불국사 삼층석탑 사리장엄구 - 녹색유리환옥	불국사	서울 종로구 우정국로 55 조계종 불교중앙박물관
145	불국사 삼층석탑 사리장엄구 - 담청색유리제과형옥	불국사	서울 종로구 우정국로 55 조계종 불교중앙박물관
146	불국사 삼층석탑 사리장엄구 - 유리제소옥	불국사	서울 종로구 우정국로 55 조계종 불교중앙박물관
147	불국사 삼층석탑 사리장엄구 - 향목편	불국사	서울 종로구 우정국로 55 조계종 불교중앙박물관
148	불국사 삼층석탑 사리장엄구 - 금동 비천상	불국사	서울 종로구 우정국로 55 조계종 불교중앙박물관
149	불국사 삼층석탑 사리장엄구 - 동경	불국사	서울 종로구 우정국로 55 조계종 불교중앙박물관
150	불국사 삼층석탑 사리장엄구 - 차	불국사	서울 종로구 우정국로 55 조계종 불교중앙박물관

지정번호	명칭	소유자	소재지
151	불국사 삼층석탑 사리장엄구 – 목탑	불국사	서울 종로구 우정국로 55 조계종 불교중앙박물관
152	불국사 삼층석탑 사리장엄구 – 수정대옥	불국사	서울 종로구 우정국로 55 조계종 불교중앙박물관
53	불국사 삼층석탑 사리장엄구 – 홍마노	불국사	서울 종로구 우정국로 55 조계종 불교중앙박물관
154	불국사 삼층석탑 사리장엄구–수정제가지형옥	불국사	서울 종로구 우정국로 55 조계종 불교중앙박물관
155	불국사 삼층석탑 사리장엄구–유리제과형옥	불국사	서울 종로구 우정국로 55 조계종 불교중앙박물관
156	불국사 삼층석탑 사리장엄구–유리소옥	불국사	서울 종로구 우정국로 55 조계종 불교중앙박물관
157	불국사 삼층석탑 사리장엄구–심향편	불국사	서울 종로구 우정국로 55 조계종 불교중앙박물관
158	불국사 삼층석탑 사리장엄구–섬유잔결	불국사	서울 종로구 우정국로 55 조계종 불교중앙박물관
159	불국사 삼층석탑 사리장엄구–중수문서	불국사	서울 종로구 우정국로 55 조계종 불교중앙박물관
160	서울 삼양동 금동관음보살입상	국유	서울 용산구 서빙고로 137 국립중앙박물관
161	금동관음보살입상	이건희	경기 용인시 용인시 처인구 포곡읍 에버랜드로 562번길 38 호암미술관
162	금동보살입상	이건희	서울 용산구 이태원로 55길 60–16 삼성미술관 리움
163	구미 죽장리 오층석탑	국유	경북 구미시 선산읍 죽장리 505–2
164	고려말 화령부 호적관련고문서	국유	서울 용산구 서빙고로 137 국립중앙박물관
165	징비록	유영하	경북 안동시 도산면 퇴계로 1997 한국국학진흥원
166	청자진사연화문표형주자	삼성문화재단	서울 용산구 이태원로 55길 60–16 삼성미술관 리움
167	금동보살삼존입상	이건희	서울 용산구 이태원로 55길 60–16 삼성미술관 리움
168	혜원풍속도	전성우	서울 성북구 성북로 102–11 간송미술관
169	금동 용두보당	삼성문화재단	서울 용산구
170	대구 비산동 청동기 일괄	삼성문화재단	서울 용산구 이태원로 55길 60–16 삼성미술관 리움
171	검 및 칼집 부속	삼성문화재단	서울 용산구 이태원로 55길 60–16 삼성미술관 리움
172	투겁창 및 꺾창	삼성문화재단	경기 용인시 이태원로 55길 60–16 삼성미술관 리움
173	전 고령 금관 및 장신구 일괄	삼성문화재단	서울 용산구 이태원로 55길 60–16 삼성미술관 리움
174	군선도병	삼성문화재단	서울 용산구 이태원로 55길 60–16 삼성미술관 리움
175	나전 화문 동경	이건희	서울 용산구 이태원로 55길 60–16 삼성미술관 리움
176	정문경	숭실대학교	서울 동작구
177	동국정운	건국대학교	서울 광진구 아차산로 263 건국대학교박물관
178	화순 대곡리 청동기 일괄	국유	광주 북구 하서로 110 국립광주박물관
179	검	국유	광주 북구 하서로 110 국립광주박물관
180	팔주령	국유	광주 북구 하서로 110 국립광주박물관
181	쌍두령	국유	광주 북구 하서로 110 국립광주박물관
182	삭도	국유	광주 북구 하서로 110 국립광주박물관
183	도끼	국유	광주 북구 하서로 110 국립광주박물관
184	정문경	국유	광주 북구 하서로 110 국립광주박물관
185	영암 월출산 마애여래좌상	국유	전남 영암군 영암읍 회문리 산26–8
186	귀면청동로	국유	서울 용산구 서빙고로 137 국립중앙박물관
187	전 논산 청동방울 일괄	이건희	서울 용산구 이태원로 55길 60–16 삼성미술관 리움
188	전 논산 청동방울 일괄–팔주령	이건희	서울 용산구 이태원로 55길 60–16 삼성미술관 리움
189	전 논산 청동방울 일괄–간두령	이건희	서울 용산구 이태원로 55길 60–16 삼성미술관 리움
190	전 논산 청동방울 일괄–조합식쌍두령	이건희	서울 용산구 이태원로 55길 60–16 삼성미술관 리움
191	전 논산 청동방울 일괄–쌍두령	이건희	서울 용산구 이태원로 55길 60–16 삼성미술관 리움
192	울주 천전리 각석	국유	울산 울주군 두동면 천전리 산210
193	십칠사찬고금통요	국유	서울 관악구 신림동 산56–1 서울대학교규장각외
194	십칠사찬고금통요 권16	국유	서울 관악구 관악로 599 103동 서울대학교 규장각한국학연구원
195	십칠사찬고금통요 권17	국유	서울 서초구 반포대로 201 국립중앙도서관
196	동래선생교정북사상절	사유	서울 성북구
197	동래선생교정북사상절 권4, 5	전성우	서울 성북구 성북로 102–11 간송미술관
198	동래선생교정북사상절 권6	조병순	서울 중구
199	송조표전총류 권7	국유	서울 관악구 관악로 599 103동 서울대학교 규장각한국학연구원
200	조선왕조실록	국유	서울 관악구 서울 관악구 관악로 599 103동 서울대학교 규장각

지정번호	명칭	소유자	소재지
			한국학연구원, 부산 연제구 경기장로 28 국가기록원 역사기록관
201	조선왕조실록 정족산사고본	국유	서울 관악구
202	조선왕조실록 태백산사고본	국유	부산 연제구 경기장로 28 국가기록원 역사기록관
203	조선왕조실록 오대산사고본	국유	서울 관악구
204	기타산엽본	국유	서울 관악구
205	비변사등록	국유	서울 관악구 관악로 599 103동 서울대학교 규장각한국학연구원
206	일성록	국유	서울 관악구 서울 관악구 관악로 599 103동 서울대학교 규장각한국학연구원
207	무령왕 금제관식	국유	충남 공주시 관광단지길 34 국립공주박물관
208	무령왕비 금제관식	국유	서울 용산구 서빙고로 137 국립중앙박물관
209	무령왕 금귀걸이	국유	충남 공주시 관광단지길 34 국립공주박물관
210	무령왕비 금귀걸이	국유	충남 공주시 관광단지길 34 국립공주박물관, 서울 용산구 서빙고로 137 국립중앙박물관
211	무령왕비 금목걸이	국유	충남 공주시 관광단지길 34 국립공주박물관
212	무령왕 금제 뒤꽂이	국유	충남 공주시 관광단지길 34 국립공주박물관
213	무령왕비 은팔찌	국유	충남 공주시 관광단지길 34 국립공주박물관
214	무령왕릉 청동거울 일괄국유	충남 공주시	관광단지길 34 국립공주박물관
215	무령왕릉 청동거울 일괄－신수문경	국유	충남 공주시 관광단지길 34 국립공주박물관
216	무령왕릉 청동거울 일괄－의자손명 수대문경	국유	충남 공주시 관광단지길 34 국립공주박물관
217	무령왕릉 청동거울 일괄－수대문경	국유	충남 공주시 관광단지길 34 국립공주박물관
218	무령왕릉 석수	국유	충남 공주시 관광단지길 34 국립공주박물관
219	무령왕릉 지석	국유	충남 공주시 관광단지길 34 국립공주박물관
220	무령왕비 베개	국유	충남 공주시 관광단지길 34 국립공주박물관
221	무령왕 발받침	국유	충남 공주시 관광단지길 34 국립공주박물관
222	백자철화매죽문대호	국유	서울 용산구 서빙고로 137 국립중앙박물관
223	청자인형주자	국유	서울 용산구 서빙고로 137 국립중앙박물관
224	백자진사매국문병	국유	서울 용산구 서빙고로 137 국립중앙박물관
225	청자양각죽절문병	이건희	서울 용산구 이태원로 55길 60-16 삼성미술관 리움
226	청화백자매조죽문호	국유	서울 용산구 서빙고로 137 국립중앙박물관
227	청동 은입사 봉황문 합	삼성문화재단	서울 용산구 이태원로 55길 60-16 삼성미술관 리움
228	진양군영인정씨묘출토유물	삼성문화재단	서울 용산구 이태원로 55길 60-16 삼성미술관 리움
229	백자상감초화문편병삼성문화재단	서울 용산구	이태원로 55길 60-16 삼성미술관 리움
230	묘지	삼성문화재단	서울 용산구 이태원로 55길 60-16 삼성미술관 리움
231	잔	삼성문화재단	서울 용산구 이태원로 55길 60-16 삼성미술관 리움
232	청자철채퇴화점문나한좌상	최영길	서울 강남구
233	금동 수정 장식 촛대	이건희	서울 용산구 이태원로 55길 60-16 삼성미술관 리움
234	백자상감연당초문대접	국유	서울 용산구 서빙고로 137 국립중앙박물관
235	청화백자송죽문호	동국대학교	서울 중구 필동3가 26 동국대학교박물관
236	분청사기인화문태호	고려대학교	서울 성북구 안암동 1 고려대학교박물관
237	분청사기조화어문편병	박준형	서울 용산구 서빙고로 137 국립중앙박물관
238	분청사기박지연어문편병	성보문화재단	서울 관악구 남부순환로 152길 53 호림박물관
239	완당세한도	손창근	서울 용산구
240	장양수 홍패	울진장씨대종회	경북 울진군 울진읍 고성리 708
241	구미 선산읍 금동여래입상	국유	대구 수성구 청호로 321 국립대구박물관
242	구미 선산읍 금동보살입상	국유	대구 수성구 청호로 321 국립대구박물관
243	구미 선산읍 금동보살입상	국유	대구 수성구 청호로 321 국립대구박물관
244	상지은니묘법연화경	국유	서울 용산구 서빙고로 137 국립중앙박물관
245	양평 신화리 금동여래입상	국유	서울 용산구 서빙고로 137 국립중앙박물관
246	영양 산해리 오층모전석탑	국유	경북 영양군 입암면 산해리 391-6
247	천마총금관	국유	경북 경주시 일정로 186 국립경주박물관

지정번호	명칭	소유자	소재지
248	천마총 관모	국유	경북 경주시 일정로 186 국립경주박물관
249	천마총 금제 허리띠	국유	경북 경주시 일정로 186 국립경주박물관
250	황남대총 북분 금관	국유	서울 용산구 서빙고로 137 국립중앙박물관
251	황남대총 북분 금제 허리띠	국유	서울 용산구 서빙고로 137 국립중앙박물관
252	유리제병및배	국유	서울 용산구
253	황남대총 남분 금목걸이	국유	서울 용산구
254	토우장식장경호	국유	경북 경주시 일정로 186 국립경주박물관, 서울 용산구 서빙고로 137 국립중앙박물관
255	신라백지묵서대방광불화엄경 주본 권1~10, 44~50	삼성문화재단	서울 용산구 이태원로 55길 60-16 삼성미술관 리움
256	충주 청룡사지 보각국사탑	국유	충북 충주시 소태면 오량리 산32-2
257	단양 신라 적성비	국유	충북 단양군 단성면 하방리 산3-1
258	경주 단석산 신선사 마애불상군	국유	경북 경주시 건천읍 송선리 산89
259	금동보살입상	공유	부산 남구 유엔평화로 63 부산시립박물관
260	봉화북지리마애여래좌상	국유	경북 봉화군 물야면 북지리 산108-2
261	대방광불화엄경 진본 권37	(재)아단문고	서울 서대문구 충정로 9길 10-10 (재)아단문고
262	대방광불화엄경 주본 권6	조병순	서울 중구
263	대방광불화엄경 주본 권36	조병순	서울 중구
264	충주 고구려비	국유	충북 충주시 가금면 용전리 입석부락 280-11
265	합천 해인사 고려목판	해인사	경남 합천군 가야면 치인리 10 해인사
266	합천 해인사 고려목판 – 묘법연화경	해인사	경남 합천군 가야면 치인리 10 해인사
267	합천 해인사 고려목판 – 화엄경관자재보살소설법문별행소	해인사	경남 합천군 가야면 치인리 10 해인사
268	합천 해인사 고려목판 – 대불정여래밀인수증요의제보살만행수능엄경	해인사	경남 합천군 가야면 치인리 10 해인사
269	합천 해인사 고려목판 – 대방광불화엄경세주묘엄품	해인사	경남 합천군 가야면 치인리 10 해인사
270	합천 해인사 고려목판 – 금강반야바라밀경	해인사	경남 합천군 가야면 치인리 10 해인사
271	합천 해인사 고려목판 – 화엄경보현행원품	해인사	경남 합천군 가야면 치인리 10 해인사
273	합천 해인사 고려목판 – 법화경보문품	해인사	경남 합천군 가야면 치인리 10 해인사
274	합천 해인사 고려목판 – 합천 해인사 고려목판 – 인천 보감	해인사	경남 합천군 가야면 치인리 10 해인사
275	합천 해인사 고려목판 – 불설예수시왕생칠경	해인사	경남 합천군 가야면 치인리 10 해인사
276	합천 해인사 고려목판 – 삼십팔분공덕소경	해인사	경남 합천군 가야면 치인리 10 해인사
277	합천 해인사 고려목판 – 불설아미타경	해인사	경남 합천군 가야면 치인리 10 해인사
278	합천 해인사 고려목판 – 대방광불화엄경략신중	해인사	경남 합천군 가야면 치인리 10 해인사
279	합천 해인사 고려목판 – 화엄경변상도 주본	해인사	경남 합천군 가야면 치인리 10 해인사
280	합천 해인사 고려목판 – 대방광불화엄경정원본	해인사	경남 합천군 가야면 치인리 10 해인사
281	합천 해인사 고려목판 – 대방광불화엄경 진본	해인사	경남 합천군 가야면 치인리 10 해인사
282	합천 해인사 고려목판 – 대방광불화엄경 주본	해인사	경남 합천군 가야면 치인리 10 해인사
283	합천 해인사 고려목판 – 대방광불화엄경소	해인사	경남 합천군 가야면 치인리 10 해인사
284	합천 해인사 고려목판 – 대방광불화엄경수소연의초	해인사	경남 합천군 가야면 치인리 10 해인사
285	합천 해인사 고려목판 – 금강반야바라밀경	해인사	경남 합천군 가야면 치인리 10 해인사
286	합천 해인사 고려목판 – 불설장수멸죄호제동자다라니경	해인사	경남 합천군 가야면 치인리 10 해인사
287	합천 해인사 고려목판 – 대각국사문집 권1~20, 23	해인사	경남 합천군 가야면 치인리 10 해인사
288	합천 해인사 고려목판 – 대각국사외집 권1~13	해인사	경남 합천군 가야면 치인리 10 해인사
289	합천 해인사 고려목판 – 남양선생시집	해인사	경남 합천군 가야면 치인리 10 해인사
290	합천 해인사 고려목판 – 백화도량발원문약해	해인사	경남 합천군 가야면 치인리 10 해인사
291	합천 해인사 고려목판 – 당현시범	해인사	경남 합천군 가야면 치인리 10 해인사
292	합천 해인사 고려목판 – 약제경론염불법문왕생정토집 권상	해인사	경남 합천군 가야면 치인리 10 해인사
293	합천 해인사 고려목판 – 십문화쟁론	해인사	경남 합천군 가야면 치인리 10 해인사
294	천마도장니	국유	서울 용산구 서빙고로 137 국립중앙박물관
295	도리사 세존사리탑 금동 사리기	직지사	경북 김천시 대항면 운수리 216 직지사
296	보협인석탑	동국대학교	서울 중구 장충단로 127 동국대학교박물관
297	감지은니불공견삭신변진언경 권13	이건희	서울 용산구 이태원로 55길 60-16 삼성미술관리움

지정번호	명칭	소유자	소재지
298	백지묵서묘법연화경	성보문화재단	서울 관악구 남부순환로 152길 53 호림박물관
299	대불정여래밀인수증료의제보살만행수능엄경(언해)	동국대학교	서울 중구 장충단로 127 동국대학교중앙도서관
300	금동탑	삼성문화재단	서울 용산구 이태원로 55길 60-16 삼성미술관 리움
301	흥왕사명 청동 은입사 향완	삼성문화재단	서울 용산구 이태원로 55길 60-16 삼성미술관 리움
302	감지은니대방광불화엄경 정원본 권31	삼성문화재단	서울 용산구 이태원로 55길 60-16 삼성미술관 리움
303	인왕제색도	이건희	서울 용산구 이태원로 55길 60-16 삼성미술관 리움
304	금강전도	이건희	서울 용산구 이태원로 55길 60-16 삼성미술관 리움
305	아미타삼존도	삼성문화재단	서울 용산구 이태원로 55길 60-16 삼성미술관 리움
306	청화백자매죽문호	이건희	서울 용산구 이태원로 55길 60-16 삼성미술관 리움
307	청자상감용봉모란문개합	이건희	서울 용산구 이태원로 55길 60-16 삼성미술관 리움
308	평창 상원사 목조문수동자좌상	상원사	강원 평창군 진부면 동산리 산1 상원사
309	청화백자매죽문호성보문화재단	서울 관악구	남부순환로 152길 53 호림박물관
310	경복궁근정전	국유	서울 종로구 세종로 1-1 경복궁
311	경복궁경회루	국유	서울 종로구 세종로 1-1 경복궁
312	창덕궁인정전	국유	서울 종로구 와룡동 2-71 창덕궁
313	창경궁명정전	국유	서울 종로구 와룡동 2-1 창경궁
314	종묘정전	국유	서울 종로구 훈정동 1-2 종묘
315	천상열차분야지도각석	국유	서울 종로구 효자로12 국립고궁박물관
316	보루각자격루	국유	서울 중구 정동 5-1 궁중유물전시관
317	혼천시계	고려대학교	서울 성북구 안암로 145 고려대학교박물관
318	전 영암 거푸집 일괄	숭실대학교	서울 동작구 상도로 369 숭실대학교 한국기독교박물관
319	이화 개국공신녹권	이종섭	전북 정읍시
320	영태이년명납석제호공유	부산 남구	유엔평화로 63 부산시립박물관
321	감지은니묘법연화경	이건희	서울 용산구 이태원로 55길 60-16 삼성미술관 리움
322	감지금니대방광불화엄경보현행원품	이건희	서울 용산구 이태원로 55길 60-16 삼성미술관 리움
323	경주 장항리 서 오층석탑	국유	경북 경주시 양북면 장항리 1083
324	고산구곡시화병	서정철	서울 종로구 관훈동 30-8 동방화랑
325	소원화개첩	서정철	서울 종로구 관훈동 30-8 동방화랑
326	송시열초상	국유	서울 용산구 서빙고로 137 국립중앙박물관
327	윤두서자화상	윤형식	전남 해남군
328	초조본 대반야바라밀다경 권249	이건희	경기 용인시 경기 용인시 처인구 포곡읍 에버랜드로 562번길 38
329	울진 봉평리 신라비	국유	경북 울진군 죽변면 봉평리 521
330	초조본 현양성교론 권11	이건희	서울 용산구 이태원로 55길 60-16 삼성미술관 리움
331	초조본 유가사지론 권17	명지학원	경기 용인시 처인구 명지로 116 명지대학교박물관
332	초조본 신찬일체경원품차록 권20	국유	서울 용산구 서빙고로 137 국립중앙박물관
333	초조본 대보적경 권59	국유	서울 용산구 서빙고로 137 국립중앙박물관
334	공주의당금동보살입상	국유	충남 공주시 관광단지길 34 국립공주박물관
335	조선방역지도	국유	경기 과천시 교육원로 86 국사편찬위원회
336	동궐도	고려대학교, 동아대학교	서울 성북구
337	이원길 개국원종공신녹권	(재)아단문고	서울 서대문구 충정로 9길 10-10 (재)아단문고
338	초조본 대승아비달마잡집론 권14	(재)아단문고	서울 서대문구 충정로 9길 10-10 (재)아단문고
339	청자음각연화문매병	이건희	서울 용산구 이태원로 55길 60-16 삼성미술관 리움
340	청자양인각연당초 · 상감모란문은구대접	국유	서울 용산구 서빙고로 137 국립중앙박물관
341	청자음각연화절지문매병	이헌	서울 서초구
342	전 덕산 청동방울 일괄	이건희	서울 용산구 이태원로 55길 60-16 삼성미술관 리움
343	팔주령	이건희	서울 용산구 이태원로 55길 60-16 삼성미술관 리움
344	쌍두령	이건희	서울 용산구 이태원로 55길 60-16 삼성미술관 리움
345	조합식쌍두령	이건희	서울 용산구 이태원로 55길 60-16 삼성미술관 리움
346	간두령	이건희	서울 용산구 이태원로 55길 60-16 삼성미술관 리움

지정번호	명칭	소유자	소재지
347	초조본 대방광불화엄경 주본 권1	공유	경기 용인시 기흥구 상갈로 6 경기도박물관
348	초조본 대방광불화엄경 주본 권29 대한불교천태종	구인사	서울 서초구 우면동 56
349	청화백자죽문각병	이건희	서울 용산구
350	분청사기상감용문호	국유	서울 용산구 서빙고로 137 국립중앙박물관
351	분청사기박지모란문철채자라병	국유	서울 용산구 서빙고로 137 국립중앙박물관
352	백자호	이건희	서울 용산구 이태원로 55길 60-16 삼성미술관 리움
353	백자대호	우학문화재단	경기 용인시 처인구 용인대학로 134 용인대학교 수장고
354	청화백자산수화조문대호	우학문화재단	경기 용인시 처인구 용인대학로 134 용인대학교 수장고
355	포항 냉수리 신라비	국유	경북 포항시 북구 신광면 토성리 342-1 신광면사무소
356	초조본 대방광불화엄경 주본 권13	김종규	서울 종로구
357	초조본 대방광불화엄경 주본 권2,75	성보문화재단	서울 관악구 남부순환로 152길 53 호림박물관
358	초조본 아비달마식신족론 권12	성보문화재단	서울 관악구 남부순환로 152길 53 호림박물관
359	초조본 아비담비파사론 권11, 17	성보문화재단	서울 관악구 남부순환로 152길 53 호림박물관
360	초조본 불설최상근본대락금강불공삼매대교왕경 권6	성보문화재단	서울 관악구 남부순환로 152길 53 호림박물관
361	청자모자원형연적	전성우	서울 성북구 성북동 97-1 간송미술관
362	초조본 현양성교론 권12	국유	서울 용산구 서빙고로 137 국립중앙박물관
363	초조본 유가사지론 권32	국유	서울 용산구 서빙고로 137 국립중앙박물관
364	초조본 유가사지론 권15	국유	서울 용산구 서빙고로 137 국립중앙박물관
365	기마인물형토기	국유	경북 경주시 일정로 186 국립경주박물관
366	초조본 유가사지론 권53	이길녀	인천 연수구 옥련동 567-22 가천박물관
367	초조본 대방광불화엄경 주본 권36	한솔제지(주)	서울 강남구
368	초조본 대방광불화엄경 주본 권74	대한불교천태종 구인사	서울 서초구 우면동 56 관문사
369	성거산 천흥사명 동종	국유	서울 용산구 서빙고로 137 국립중앙박물관
370	백자주자	성보문화재단	서울 관악구 남부순환로 152길 53 호림박물관
371	영주 흑석사 목조아미타여래좌상 및 복장유물	흑석사	경북 영주시 이산면 석포리 1380-1 흑석사, 대구 수성구 청호로 321 국립대구박물관
372	불상	흑석사	경북 영주시 이산면 석포리 1380-1 흑석사
373	전적	흑석사	대구 수성구 청호로 321 국립대구박물관
374	직물류	흑석사	대구 수성구 청호로 321 국립대구박물관
375	기타 복장물 오항,칠약,오곡,칠보류,사리함	흑석사	대구 수성구 청호로 321 국립대구박물관
376	통감속편	손성훈	경기 성남시 분당구 하오개로 323 한국학중앙연구원
377	초조본 대반야바라밀다경 권162, 170, 463	유상옥	서울 강남구
378	울주 대곡리 반구대 암각화	국유	울산 울주군 언양읍 대곡리 991
379	백자발	이건희	서울 용산구 이태원로 55길 60-16 삼성미술관 리움
380	백제 금동대향로	국유	충남 부여군 충남 부여군 부여읍 금성로 5 국립부여박물관
381	백제 창왕명 석조사리감	국유	충남 부여군 부여읍 금성로 5 국립부여박물관
382	익산 왕궁리 오층석탑	국유	전북 익산시 왕궁면 왕궁리 산80-1
383	양산 통도사 대웅전 및 금강계단	통도사	경남 양산시 하북면 지산리 583 통도사
384	용감수경 권3~4	고려대학교	서울 성북구 안암로 145 고려대학교 중앙도서관
385	평창 상원사 중창권선문	월정사	강원 평창군 진부면 동산리 63 월정사 성보박물관
386	부여 규암리 금동관음보살입상	국유	충남 부여군 부여읍 금성로 5 국립부여박물관
387	청화백자철사진사국화문병	전성우	서울 성북구 성북로 102-11 간송미술관
388	나주 신촌리 금동관	국유	서울 용산구 서빙고로 137 국립중앙박물관
389	칠장사오불회괘불탱	칠장사	경기 안성시 죽산면 칠장리 764 칠장사
390	안심사영산회괘불탱	안심사	충북 청원군 남이면 사동리 271 안심사
391	갑사삼신불괘불탱	갑사	충남 공주시 계룡면 중장리 52 갑사
392	신원사노사나불괘불탱	신원사	충남 공주시 계룡면 양화리 8 신원사
393	장곡사미륵불괘불탱	장곡사	충남 청양군 대치면 장곡리 15 장곡사
394	화엄사영산회괘불탱	화엄사	전남 구례군 마산면 황전리 12 화엄사

지정번호	명칭	소유자	소재지
395	청곡사영산회괘불탱	청곡사	경남 진주시 금산면 갈전리 18 청곡사문화박물관
396	승정원일기	국유	서울 관악구
397	여수 진남관	국유	전남 여수시 군자동 472
398	통영 세병관	국유	경남 통영시 문화동 62
399	삼국유사 권3~5	곽영대	서울 종로구
400	삼국유사	국유	서울 관악구 관악로 599 103동 서울대학교 규장각한국학연구원
401	태안 동문리 마애삼존불입상	국유	충남 태안군 태안읍 동문리 산5
402	해남 대흥사 북미륵암 마애여래좌상	대흥사	전남 해남군 삼산면 구림리 산8-1 북미륵암
403	백자대호	이건희	서울 용산구 이태원로 55길 60-16 삼성미술관 리움
404	백자대호	남화진	서울 종로구 사직로 34 국립고궁박물관
405	안동 봉정사	대웅전봉정사	경북 안동시 서후면 태장리 901 봉정사
406	경주 남산 칠불암 마애불상군	국유	경북 경주시 남산동 산36-4
407	강진 무위사 극락전 아미타여래삼존벽화	무위사	전남 강진군 성전면 월하리 1194
408	순천 송광사 화엄경변상도	송광사	전남 순천시 송광면 신평리 12 송광사
409	문경 봉암사 지증대사탑비	봉암사	경북 문경시 가은읍 원북리 485번지

■ 보물(2011. 9 문화재청 홈페이지 기준)

지정번호	명칭	소유자	소재지
1	서울 흥인지문	국유	서울 종로구 종로6가 69
2	옛 보신각 동종	국유	서울 용산구 서빙고로 137 국립중앙박물관
3	서울 원각사지 대원각사비	국유	서울 종로구 종로2가 38-3
4	안양 중초사지 당간지주	국유	경기 안양시 만안구 석수동 212-1
5	여주 고달사지 원종대사탑비국유	경기 여주군	북내면 상교리 419-3
6	여주 고달사지 원종대사탑	국유	경기 여주군 북내면 상교리 산46-1
7	여주 고달사지 석조대좌	국유	경기 여주군 북내면 상교리 420-5
8	용인 서봉사지 현오국사탑비	국유	경기 용인시 수지읍 신봉리 산110
9	강화 장정리 오층석탑	국유	인천 강화군 하점면 장정리 산193
10	사인비구 제작 동종	국유	기타 전국
11	사인비구 제작 동종 - 포항보경사서운암동종	보경사	경북 포항시 북구 송라면 중산리 622 보경사
12	사인비구 제작 동종 - 문경김룡사동종	김룡사	경북 김천시 대항면 운수리 216 직지사박물관내
13	사인비구 제작 동종 - 홍천수타사동종	수타사	강원 홍천군 동면 덕치리 9 수타사
14	사인비구 제작 동종 - 안성청룡사동종	청룡사	경기 안성시 서운면 청룡리 28 청룡사
15	사인비구 제작 동종 - 서울화계사동종	화계사	서울 강북구 수유동 487 화계사
16	사인비구 제작 동종 - 통도사 동종	통도사	경남 양산시 하북면 지산리 583 통도사성보박물관
17	사인비구 제작 동종 - 의왕청계사동종	청계사	경기 의왕시 청계동 산11 청계사
18	사인비구 제작 동종 - 강화동종	공유	인천 강화군 하점면 강화대로 994-19 강화역사박물관
19	하남 동사지 오층석탑	국유	경기 하남시 춘궁동 466
20	하남 동사지 삼층석탑	국유	경기 하남시 춘궁동 465
21	수원 창성사지 진각국사탑비	국유	경기 수원시 팔달구 매향동 13-1
22	보은 법주사 사천왕 석등	법주사	충북 보은군 속리산면 사내리 209 법주사
23	충주 억정사지 대지국사탑비	국유	충북 충주시 엄정면 괴동리 360-1
24	충주 정토사지 법경대사탑비	국유	충북 충주시 동량면 하천리 177-6
25	청양 서정리 구층석탑	국유	충남 청양군 정산면 서정리 16-2
26	보령 성주사지 오층석탑	국유	충남 보령시 성주면 성주리 73
27	보령 성주사지 중앙 삼층석탑		
28	당유인원기공비	국유	충남 부여군 부여읍 동남리 산 16-1 국립부여박물관
29	김제 금산사 노주	금산사	전북 김제시 금산면 금산리 39 금산사
30	김제 금산사 석련대		
31	김제 금산사 혜덕왕사탑비	금산사	전북 김제시 금산면 금산리 산4-1
32	김제 금산사 오층석탑	금산사	전북 김제시 금산면 금산리 39 금산사
33	김제 금산사 금강계단	금산사	전북 김제시 금산면 금산리 39 금산사
34	김제 금산사 육각 다층석탑		
35	김제 금산사 당간지주	금산사	전북 김제시 금산면 금산리 28-3
36	김제 금산사 심원암 삼층석탑	금산사	전북 김제시 금산면 금산리 산1
37	남원 만복사지 오층석탑	국유	전북 남원시 용당읍 왕정리 481-1
38	만복사지석좌	국유	전북 남원시 용담읍 왕정리 494-11
39	남원 만복사지 당간지주	국유	전북 남원시 용담읍 왕정리 533
40	남원 실상사 수철화상탑	실상사	전북 남원시 산내면 입석리 57 실상사
41	남원 실상사 수철화상탑비	실상사	전북 남원시 산내면 입석리 57
42	남원 실상사 석등	실상사	전북 남원시 산내면 입석리 50-1 실상사
43	남원 실상사 승탑	실상사	전북 남원시 산내면 입석리 205-7
44	남원 실상사 동 · 서 삼층석탑	실상사	전북 남원시 산내면 입석리 50-1
45	남원 실상사 증각대사탑	실상사	전북 남원시 산내면 입석리 57
46	남원 실상사 증각대사탑비		
47	남원 실상사 백장암 석등	백장암	전북 남원시 산내면 대정리 975 실상사 백장암
48	남원 실상사 철조여래좌상	실상사	전북 남원시 산내면 입석리 50 실상사
49	남원 용담사지 석조여래입상	국유	전북 남원시 주천면 용담리 292-1
50	남원 만복사지 석조여래입상	국유	전북 남원시 왕정동 482-1

지정번호	명칭	소유자	소재지
51	익산 연동리 석조여래좌상	국유	전북 익산시 삼기면 연동리 산220-2
52	익산 고도리 석조여래입상	국유	전북 익산시 금마면 동고도리 400-2, 동고도리 1086
53	보령 성주사지 서 삼층석탑	국유	충남 보령시 성주면 성주리 73
54	나주 동점문 밖 석당간	국유	전남 나주시 성북동 229-9
55	나주 북망문 밖 삼층석탑	국유	전남 나주시 대호동 824(삼향사 경내)
56	문경 내화리 삼층석탑	국유	경북 문경시 산북면 내화리 47-1
57	봉화 서동리 동 · 서 삼층석탑	국유	경북 봉화군 춘양면 서동리 91
58	예천 개심사지 오층석탑	국유	경북 예천군 예천읍 남본리 200-3
59	고령 지산리 당간지주	국유	경북 고령군 고령읍 지산리 3-5
60	안동 운흥동 오층전탑	국유	경북 안동시 운흥동 231
61	안동 조탑리 오층전탑	국유	경북 안동시 일직면 조탑리 139-2
62	안동 안기동 석조여래좌상	국유	경북 안동시 안기동 152-13
63	영주 숙수사지 당간지주	국유	경북 영주시 순흥면 내죽리 158
64	영주 영주동 석조여래입상	국유	경북 영주시 가흥동 2-15
65	경주 불국사 사리탑	불국사	경북 경주시 진현동 산1-1
66	경주 서악동 마애여래삼존입상	국유	경북 경주시 서악동 산92-1
67	경주 배동 석조여래삼존입상	국유	경북 경주시 내남면 용장리 65-1
68	경주 보문사지 석조	국유	경북 경주시 보문동 848-16
69	경주 서악동 삼층석탑	국유	경북 경주시 서악동 705-1
70	경주 석빙고	국유	경북 경주시 인왕동 449-1
71	경주 효현동 삼층석탑	국유	경북 경주시 효현동 419-1
72	경주 황남동 효자 손시양 정려비	국유	경북 경주시 황남동 240-3
73	경주 망덕사지 당간지주	국유	경북 경주시 배반동 964-2
74	경주 서악동 귀부	국유	경북 경주시 서악동 1006-1
75	함안 대산리 석조삼존상	국유	경남 함안군 함안면 대산리 1139
76	산청 단속사지 동 삼층석탑	국유	경남 산청군 단성면 운리 303-2
77	산청 단속사지 서 삼층석탑	국유	경남 산청군 단성면 운리 302
78	양산 통도사 국장생 석표	국유	경남 양산시 하북면 백록리 718-44
79	창녕 송현동 마애여래좌상	국유	경남 창녕군 창녕읍 송현리 105-4
80	춘천 근화동 당간지주	국유	강원 춘천시 근화동 793-1
81	춘천 칠층석탑	국유	강원 춘천시 소양로2가 162-2
82	원주 거돈사지 원공국사탑비	국유	강원 원주시 부론면 정산리 144
83	홍천 희망리 삼층석탑	국유	강원 홍천군 홍천읍 희망리 151-7 읍사무소
84	홍천 희망리 당간지주	국유	강원 홍천군 홍천읍 희망리 376-26
85	강릉 한송사지 석조보살좌상	국유	강원 강릉시 죽헌동 177-4 강릉시립박물관
86	강릉 대창리 당간지주	국유	강원 강릉시 옥천동 334
87	강릉 수문리 당간지주	국유	강원 강릉시 옥천동 43-9
88	강릉 신복사지 석조보살좌상	국유	강원 강릉시 내곡동 403-2
89	강릉 굴산사지 승탑	국유	강원 강릉시 구정면 학산리 731
90	강릉 굴산사지 당간지주	국유	강원 강릉시 구정면 학산리 1181
91	강릉 신복사지 삼층석탑	국유	강원 강릉시 내곡동 403-2
92	탑산사명 동종	대흥사	전남 해남군 삼산면 구림리 799 대흥사
93	영암 도갑사 석조여래좌상	도갑사	전남 영암군 군서면 도갑리 4
94	대반열반경소 권9~10	송광사	전남 순천시 송광면 신평리 12 송광사
95	여주 창리 삼층석탑	국유	경기 여주군 여주읍 창리 132
96	여주 하리 삼층석탑	국유	경기 여주군 여주읍 창리 132
97	파주 용미리 마애이불입상	국유	경기 파주시 광탄면 용미리 산8,9
98	제천 사자빈신사지 사사자 구층석탑	국유	충북 제천시 한수면 송계리 1002-1
99	충주 미륵리 오층석탑	국유	충북 충주시 수안보면 미륵리 56
100	충주 미륵리 석조여래입상	국유	충북 충주시 수안보면 미륵리 58

지정번호	명칭	소유자	소재지
101	괴산 원풍리 마애이불병좌상	국유	충북 괴산군 연풍면 원풍리 산124-2
102	충주 철조여래좌상	공유	충북 충주시 지현동 269 대원사
103	천안 천흥사지 당간지주	국유	충남 천안시 성거읍 천흥리 234
104	당진 안국사지 석조여래삼존입상	국유	충남 당진군 정미면 수당리 687-1
105	당진 안국사지 석탑	국유	충남 당진군 정미면 수당리 687-1
106	서산 보원사지 석조	국유	충남 서산시 운산면 용현리 150
107	서산 보원사지 당간지주	국유	충남 서산시 운산면 용현리 105,992
108	서산 보원사지 오층석탑	국유	충남 서산시 운산면 용현리 119-1
109	서산 보원사지 법인국사탑	국유	충남 서산시 운산면 용현리 119-2
110	서산 보원사지 법인국사탑비	국유	충남 서산시 운산면 용현리 119-2
111	부여 보광사지 대보광선사비	국유	충남 부여군 부여읍 동남리 산16-1 국립부여박물관
112	부여 정림사지 석조여래좌상	국유	충남 부여군 부여읍 동남리 254
113	(전)광주 성거사지 오층석탑	국유	광주 남구 구동 16-2
114	광주 지산동 오층석탑	국유	광주 동구 지산동 448-4
115	담양 개선사지 석등	국유	전남 담양군 남면 학선리 593-2
116	광양 중흥산성 삼층석탑	국유	전남 광양시 옥룡면 운평리 90-1
117	청도 봉기리 삼층석탑	국유	경북 청도군 풍각면 봉기리 719-5
118	안동 평화동 삼층석탑	국유	경북 안동시 평화동 71-108
119	안동 이천동 마애여래입상	국유	경북 안동시 이천동 산2
120	영주 석교리 석조여래입상	국유	경북 영주시 순흥면 석교리 160-2
121	상주 화달리 삼층석탑	국유	경북 상주시 사벌면 화달리 857, 417-4
122	상주 증촌리 석조여래입상	국유	경북 상주시 함창읍 증촌리 258-3
123	상주 복용동 석조여래좌상	국유	경북 상주시 서성동 163-48
124	상주 증촌리 석조여래좌상	국유	경북 상주시 함창읍 증촌리 258-3
125	경주 굴불사지 석조사면불상	국유	경북 경주시 동천동 산4
126	경주 율동 마애여래삼존입상	국유	경북 경주시 율동 산60-1
127	경주 보문사지 당간지주	국유	경북 경주시 보문동 856-3
128	경주 남산동 동 · 서 삼층석탑	국유	경북 경주시 남산동 227-3
129	경주 무장사지 아미타불 조상 사적비	국유	경북 경주시 암곡동 산1-9
130	경주 무장사지 삼층석탑	국유	경북 경주시 암곡동 산1-7
131	경주 삼랑사지 당간지주	국유	경북 경주시 성건동 129-1
132	합천 반야사지 원경왕사비	국유	경남 합천군 가야면 치인리 산1-19, 산1-1
133	합천 월광사지 동 · 서 삼층석탑	국유	경남 합천군 야로면 월광리 369-1, 365-1
134	광주 증심사 철조비로자나불좌상	증심사	광주 동구 운림동 56 증심사
135	구례 화엄사 동 오층석탑	화엄사	전남 구례군 마산면 황전리 12 화엄사
136	구례 화엄사 서 오층석탑	화엄사	전남 구례군 마산면 황전리 12 화엄사
137	경질	송광사	전남 순천시 송광면 신평리 12 송광사
138	대구 산격동 연화 운룡장식 승탑	국유	대구 북구 산격동 1370 경북대학교박물관
139	경주 남산 미륵곡 석조여래좌상	국유	경북 경주시 배반동 산66-2
140	문경 봉암사 지증대사탑	봉암사	경북 문경시 가은읍 원북리 485 봉암사
141	평창 월정사 석조보살좌상	월정사	강원 평창군 진부면 동산리 63-1
142	서울 문묘 및 성균관	국유	서울 종로구 명륜동3가 53
143	서울 동관왕묘	국유	서울 종로구 숭인동 238-1
144	서산 개심사 대웅전	개심사	충남 서산시 운산면 신창리 1
145	예천 용문사 대장전	용문사	경북 예천군 용문면 내지리 391 용문사
146	창녕 관룡사 약사전	관룡사	경남 창녕군 창녕읍 옥천리 292 관룡사
147	밀양 영남루	국유	경남 밀양시 내일동 40
148	공주 중동 석조	국유	충남 공주시 웅진동 360 국립공주박물관
149	공주 반죽동 석조	국유	충남 공주시 웅진동 360 국립공주박물관
150	공주 반죽동 당간지주	국유	충남 공주시 반죽동 302-2

지정번호	명칭	소유자	소재지
151	구례 연곡사 삼층석탑	연곡사	전남 구례군 토지면 내동리 1354
152	구례 연곡사 현각선사탑비	연곡사	전남 구례군 토지면 내동리 산54-1 연곡사
153	구례 연곡사 동 승탑비	연곡사	전남 구례군 토지면 내동리 산54-1 연곡사
154	구례 연곡사 소요대사탑	연곡사	전남 구례군 토지면 내동리 산54-1 연곡사
155	장흥 보림사 동 승탑	보림사	전남 장흥군 유치면 봉덕리 산10-1
156	장흥 보림사 서 승탑	보림사	전남 장흥군 유치면 봉덕리 산50 보림사
157	장흥 보림사 보조선사탑	보림사	전남 장흥군 유치면 봉덕리 산10-1
158	장흥 보림사 보조선사탑비	보림사	전남 장흥군 유치면 봉덕리 산10-1
59	함안 방어산 마애약사여래삼존입상	국유	경남 함안군 군북면 하림리 산131
160	유성룡종손가문적	유영하	경북 안동시
161	유성룡 종가 문적 – 진사록	유영하	경북 안동시 도산면 퇴계로 1997 한국국학진흥원
162	유성룡 종가 문적 – 난후잡록	유영하	경북 안동시 도산면 퇴계로 1997 한국국학진흥원
163	유성룡 종가 문적 – 근폭집	유영하	경북 안동시 도산면 퇴계로 1997 한국국학진흥원
164	유성룡 종가 문적 – 중흥헌근	유영하	경북 안동시 도산면 퇴계로 1997 한국국학진흥원
165	유성룡 종가 문적 – 군문등록	유영하	경북 안동시 도산면 퇴계로 1997 한국국학진흥원
166	유성룡 종가 문적 – 유지	유영하	경북 안동시 도산면 퇴계로 1997 한국국학진흥원
167	유성룡 종가 문적 – 정조어제당장서화첩제문	유영하	경북 안동시 도산면 퇴계로 1997 한국국학진흥원
168	유성룡 종가 문적 – 당장시화첩	유영하	경북 안동시
169	유성룡 종가 문적 – 당장서첩	유영하	경북 안동시
170	유성룡 종가 문적 – 유성룡비망기입대통력	유영하	경북 안동시
171	유성룡 종가 문적 – 유성룡 호성공신교서	유영하	경북 안동시 도산면 퇴계로 1997 한국국학진흥원
172	강화 정수사 법당	정수사	인천 강화군 화도면 사기리 산90
173	청양 장곡사 상 대웅전	장곡사	충남 청양군 대치면 장곡리 14
174	춘천 청평사 회전문	청평사	강원 춘천시 북산면 청평리 674
175	강릉 오죽헌	강릉시	강원 강릉시 죽헌동 201
176	서울 홍제동 오층석탑	국유	서울 용산구 용산동 6가 168-6 국립중앙박물관
177	정읍 은선리 삼층석탑	국유	전북 정읍시 영원면 은선리 43
178	경주 천군동 동 · 서 삼층석탑	국유	경북 경주시 천군동 550-2, 550-3
179	문경 봉암사 삼층석탑	봉암사	경북 문경시 가은읍 원북리 490-2
180	화순 쌍봉사 철감선사탑비	쌍봉사	전남 화순군 이양면 증리 산195-1
181	문경 봉암사 정진대사탑	봉암사	경북 문경시 가은읍 원북리 산1-1
182	문경 봉암사 정진대사탑비	봉암사	경북 문경시 가은읍 원북리 481-2
183	울주 망해사지 승탑	국유	울산 울주군 청량면 율리 산16-3
184	청양 장곡사 철조비로자나불좌상 및 석조대좌	장곡사	충남 청양군 대치면 장곡리 15 장곡사
185	송광사경패	송광사	전남 순천시 송광면 신평리 12 송광사
186	순천 송광사 금동 요령	송광사	전남 순천시 송광면 신평리 12 송광사
187	서울 사직단 정문	국유	서울 종로구 사직동 1-38
188	강화 전등사 대웅전	전등사	인천 강화군 길상면 온수리 635 전등사
189	강화 전등사 약사전	전등사	인천 강화군 길상면 온수리 635 전등사
190	여주 신륵사 조사당	신륵사	경기 여주군 북내면 천송리 282 신륵사
191	청양 장곡사 하 대웅전	장곡사	충남 청양군 대치면 장곡리 15 장곡사
192	안동 임청각	이창수	경북 안동시
193	강릉 해운정	심씨문중	강원 강릉시 운정동 256
194	부여 장하리 삼층석탑	국유	충남 부여군 장암면 장하리 536
195	부여 무량사 오층석탑	무량사	충남 부여군 외산면 만수리 166 무량사
196	경주 남산 용장사곡 삼층석탑	국유	경북 경주시 내남면 용장리 산1-1
197	경주 남산 용장사곡 석조여래좌상	국유	경북 경주시 내남면 용장리 산1-1
198	의성 관덕리 삼층석탑	국유	경북 의성군 단촌면 관덕리 889
199	칠곡 송림사 오층전탑	송림사	경북 칠곡군 동명면 구덕리 91-6 송림사
200	원주 거돈사지 원공국사탑	국유	서울 용산구 용산동 6가 168-6 국립중앙박물관

지정번호	명칭	소유자	소재지
201	강릉 보현사 낭원대사탑	보현사	강원 강릉시 성산면 보광리 산544 보현사
202	강릉 보현사 낭원대사탑비	보현사	강원 강릉시 성산면 보광리 1171 보현사
203	청도 운문사 금당 앞 석등	운문사	경북 청도군 운문면 신원리 1789 운문사
204	부여 석조	국유	충남 부여군 부여읍 동남리 산16-1 국립부여박물관
205	금동정지원명석가여래삼존입상	국유	충남 부여군 부여읍 금성로 5 국립부여박물관
206	청양 읍내리 석조여래삼존입상	국유	충남 청양군 청양읍 읍내리 15-37
207	경주 남산 불곡 마애여래좌상	국유	경북 경주시 인왕동 산56
208	경주남산신선암마애보살반가상	국유	경북 경주시 남산동 산36-4
209	경주 남산 탑곡 마애불상군	국유	경북 경주시 배반동 산72, 산79
210	의성 관덕동 석사자	국유	대구 수성구 황금로 200 (70번지) 국립대구박물관
211	청도 박곡리 석조여래좌상	국유	경북 청도군 금천면 박곡리 653
212	묘법연화경관세음보살보문품삼현원찬과문	송광사	전남 순천시 송광면 신평리 12 송광사
213	대승아비달마잡집론소 권13~14	송광사	전남 순천시 송광면 신평리 12 송광사
214	묘법연화경찬술 권1~2	송광사	전남 순천시 송광면 신평리 12 송광사
215	금강반야경소개현초 권4~5	송광사	전남 순천시 송광면 신평리 12 송광사
216	청도 운문사 동호	운문사	경북 청도군 운문면 신원리 1789 운문사
217	대전 회덕 동춘당	송영진	대전 대덕구 송촌동 192
218	도산서원전교당	도산서원	경북 안동시 도산면 토계리 680
219	도산서원상덕사및정문	도산서원	경북 안동시 도산면 토계리 680
220	창녕 관룡사 대웅전	관룡사	경남 창녕군 창녕읍 옥천리 292
221	삼척 죽서루	국유	강원 삼척시 성내동 9-3
222	강릉향교 대성전	향교재단	강원 강릉시 교동 233
223	서울 북한산 구기동 마애여래좌상	국유	서울 종로구 구기동 산2-1
224	보은 법주사 마애여래의좌상	법주사	충북 보은군 속리산면 사내리 209
225	부여 대조사 석조미륵보살입상	대조사	충남 부여군 임천면 구교리 산12-1
226	논산 관촉사 석조미륵보살입상(	관촉사	충남 논산시 관촉동 254
227	논산 개태사지 석조여래삼존입상	국유	충남 논산시 연산면 천호리 108
228	영주 북지리 석조여래좌상	국유	경북 영주시 부석면 북지리 141
229	영주 북지리 석조여래좌상	국유	경북 영주시 부석면 북지리 141
230	영주 북지리 석조여래좌상(	국유	경북 영주시 부석면 북지리 141
231	영주 가흥동 마애여래삼존상 및 여래좌상	국유	경북 영주시 가흥동 264-2
232	합천 치인리 마애여래입상	국유	경남 합천군 가야면 치인리 산1-1
233	철원 도피안사 삼층석탑	도피안사	강원 철원군 동송읍 관우리 423
234	서천 성북리 오층석탑	국유	충남 서천군 비인면 성북리 182-1
235	여주 신륵사 다층석탑	신륵사	경기 여주군 북내면 천송리 282 신륵사
236	여주 신륵사 다층전탑	신륵사	경기 여주군 북내면 천송리 산113-1
237	창녕 인양사 조성비	국유	경남 창녕군 창녕읍 교리 294
238	여주 신륵사 보제존자석종	신륵사	경기 여주군 북내면 천송리 산113-1
239	여주 신륵사 보제존자석종비	신륵사	경기 여주군 북내면 천송리 산113-1
240	여주 신륵사 대장각기비	신륵사	경기 여주군 북내면 천송리 산113-1
241	여주 신륵사 보제존자석종 앞 석등	신륵사	경기 여주군 북내면 천송리 산113-1
242	논산 관촉사 석등	관촉사	충남 논산시 관촉동 254
243	부여 무량사 석등	무량사	충남 부여군 외산면 만수리 116
244	군산 발산리 석등	국유	전북 군산시 개정면 발산리 45-1
245	서울 장의사지 당간지주	국유	서울 종로구 신영동 218-9
246	익산 미륵사지 당간지주	국유	전북 익산시 금마면 기양리 93-1, 79, 80-2
247	청자순화4년명호	이화여자대학교	서울 서대문구 이화여대길 52 이화여자대학교박물관
248	백자박산향로	전성우	서울 성북구 성북로 102-11 간송미술관
249	상감초화문병	영남대학교	경북 경산시 대학로 280 영남대학교박물관
250	백자투조모란문호	국유	서울 용산구 서빙고로 137 국립중앙박물관

지정번호	명칭	소유자	소재지
251	안동 개목사 원통전	개목사	경북 안동시 서후면 태장리 888 개목사
252	대구 동화사 마애여래좌상	동화사	대구 동구 도학동 산124-1
253	대구 동화사 비로암 석조비로자나불좌상	동화사	대구 동구 도학동 30
254	김천 갈항사지 석조여래좌상	국유	경북 김천시 남면 오봉리 65-1
255	의성 고운사 석조여래좌상	고운사	경북 의성군 단촌면 구계리 115
256	대구 동화사 비로암 삼층석탑	동화사	대구 동구 도학동 30
257	대구 동화사 금당암 동 · 서 삼층석탑	동화사	대구 동구 도학동 36
258	영주 부석사 삼층석탑	부석사	경북 영주시 부석면 북지리 149 부석사
259	부산 범어사 삼층석탑	범어사	부산 금정구 청룡동 546 범어사
260	칠곡 선봉사 대각국사비	국유	경북 칠곡군 북삼읍 숭오리 1435-1
261	포항 보경사 원진국사비	보경사	경북 포항시 북구 송라면 중산리 622 보경사
262	합천 청량사 석등	청량사	경남 합천군 가야면 황산리 973 청량사
263	대구 동화사 당간지주	동화사	대구 동구 도학동 36
264	영주 부석사 당간지주	부석사	경북 영주시 부석면 북지리 117
265	공주 갑사 철당간	갑사	충남 공주시 계룡면 중장리 58
266	공주 갑사 승탑	갑사	충남 공주시 계룡면 중장리 59
267	대구 산격동 사자 주악장식 승탑	국유	대구 북구 산격동 1370 경북대학교박물관
268	남양주 수종사 부도 사리장엄구	수종사	서울 종로구 우정국로 55 불교중앙박물관
269	청자유개호	수종사	서울 종로구 우정국로 55 불교중앙박물관
270	금제 구층탑	수종사	서울 종로구 우정국로 55 불교중앙박물관
271	금제도금육각감	수종사	서울 종로구 우정국로 55 불교중앙박물관
272	유희춘 미암일기 및 미암집목판	유근영	전남 담양군
273	권벌 충재일기	권정우	경북 봉화군
274	근사록	권정우	경북 봉화군 봉화읍 유곡리 963
275	순천 송광사 하사당	송광사	전남 순천시 송광면 신평리 12 송광사
276	합천 해인사 석조여래입상	해인사	경남 합천군 가야면 치인리 산1-1 해인사
277	합천 청량사 석조여래좌상	청량사	경남 합천군 가야면 황산리 973 청량사
278	합천 청량사 삼층석탑	청량사	경남 합천군 가야면 황산리 973 청량사
279	임실 진구사지 석등	국유	전북 임실군 신평면 용암리 734
280	분청사기연화문편호	국유	대구 북구 산격동 1370 경북대학교박물관
281	감지은니묘법연화경 권1	마곡사	서울 용산구 서빙고로 137 국립중앙박물관
282	감지은니묘법연화경 권2, 4, 5, 6	광덕사	서울 종로구 우정국로 55 불교중앙박물관
283	감지은니묘법연화경 권3	동아대학교	부산 서구 구덕로 255 동아대학교 부민캠퍼스 동아대학교박물관
284	감지은니묘법연화경 권7	국유	서울 용산구 서빙고로 137 국립중앙박물관
285	감지금니묘법연화경 권6	마곡사	서울 용산구 서빙고로 137 국립중앙박물관
286	백지은니대불정여래밀인수증요의제보살만행수능엄경 권10	국유	대구 북구 산격동 1370 경북대학교도서관 고서실
287	장수향교 대성전	향교재단	전북 장수군 장수읍 장수리 254-1
288	곡성 태안사 적인선사탑	태안사	전남 곡성군 죽곡면 원달리 20 태안사
289	곡성 태안사 광자대사탑	태안사	전남 곡성군 죽곡면 원달리 산18-1
290	곡성 태안사 광자대사탑비	태안사	전남 곡성군 죽곡면 원달리 산18-1
291	군산 발산리 오층석탑	국유	전북 군산시 개정면 발산리 45-1
292	부안 내소사 동종	내소사	전북 부안군 산내면 석포리 268 내소사
293	백지묵서묘법연화경	내소사	서울 종로구 우정국로 55 불교중앙박물관
294	고창 선운사 금동지장보살좌상	선운사	전북 고창군 아산면 삼인리 500 선운사
295	고창 선운사 도솔암 금동지장보살좌상	선운사	전북 고창군 아산면 삼인리 500 선운사
296	남원 광한루	국유	전북 남원시 천거동 75
297	여주 고달사지 쌍사자 석등	국유	서울 용산구 용산동 6가 168-6 국립중앙박물관
298	금보	전성우	서울 성북구 성북로 102-11 간송미술관
299	금동여래입상	전성우	서울 성북구 성북로 102-11 간송미술관
300	금동보살입상	전성우	서울 성북구 성북로 102-11 간송미술관

지정번호	명칭	소유자	소재지
301	청자상감포도동자문매병	전성우	서울 성북구 성북로 102-11 간송미술관
302	분청박지화문병	전성우	서울 성북구 성북로 102-11 간송미술관
303	청동 은입사 향완	곽영대	경기 의왕시
304	정읍 피향정	국유	전북 정읍시 태인면 태창리 102-2
305	고창 선운사 대웅전	선운사	전북 고창군 아산면 삼인리 500 선운사
306	부안 내소사 대웅보전	내소사	전북 부안군 진서면 석포리 268 내소사
307	부안 개암사 대웅전	개암사	전북 부안군 상서면 감교리 714 개암사
308	함양 승안사지 삼층석탑	국유	경남 함양군 수동면 우명리 263
309	창녕 관룡사 용선대 석조여래좌상	관룡사	경남 창녕군 창녕읍 옥천리 산 328
310	김천 청암사 수도암 석조보살좌상	수도암	경북 김천시 증산면 수도리 513 청암사
311	김천 청암사 수도암 동 · 서 삼층석탑	수도암	경북 김천시 증산면 수도리 513 청암사
312	강진 월남사지 삼층석탑	국유	전남 강진군 성전면 월남리 854
313	구례 화엄사 대웅전	화엄사	전남 구례군 마산면 황전리 12 화엄사
314	구례 화엄사 원통전 앞 사자탑	화엄사	전남 구례군 마산면 황전리 12 화엄사
315	해남 대흥사 북미륵암 삼층석탑	대흥사	전남 해남군 삼산면 구림리 산8-1
316	순천 송광사 약사전	송광사	전남 순천시 송광면 신평리 12 송광사
317	순천 송광사 영산전	송광사	전남 순천시 송광면 신평리 12 송광사
318	보성 벌교 홍교	국유	전남 보성군 벌교읍 벌교리 154-1
319	안동 석빙고	국유	경북 안동시 성곡동 산225-1
320	안동 하회 양진당	유상붕	경북 안동시 풍천면 하회리 724
321	김천 청암사 수도암 석조비로자나불좌상	수도암	경북 김천시 증산면 수도리 513 청암사
322	전주 풍남문	국유	전북 전주시 완산구 전동 2가 83-4
323	정읍 천곡사지 칠층석탑	국유	전북 정읍시 망제동 산9-2
324	창녕 석빙고	국유	경남 창녕군 창녕읍 송현리 288
325	노인 금계일기	노준채	경남 진주시 남강로 626-35 국립진주박물관
326	밀양 소태리 오층석탑	국유	경남 밀양시 청도면 소태리 1138-2
327	강진 월남사지 진각국사비	국유	전남 강진군 성전면 월남리 813-1,815-1
328	감지금니묘법연화경 권3~4	광흥사	경북 경주시 일정로 186 국립경주박물관
329	백지묵서묘법연화경 권1, 3	광흥사	경북 경주시 일정로 186 국립경주박물관
330	청도 운문사 원응국사비	운문사	경북 청도군 운문면 신원리 1794-12
331	청도 운문사 석조여래좌상	운문사	경북 청도군 운문면 신원리 1789 운문사
332	청도 운문사 석조사천왕상	운문사	경북 청도군 운문면 신원리 1789 운문사
333	김천 직지사 석조약사여래좌상	직지사	경북 김천시 대항면 운수리 216 직지사
334	해남 대흥사 삼층석탑	대흥사	전남 해남군 삼산면 구림리 823, 산8-1
335	봉은사 청동 은입사 향완	봉은사	서울 종로구 우정국로 55 불교중앙미술관
336	제주 관덕정	국유	제주 제주시 삼도2동 983-1
337	청도 석빙고	국유	경북 청도군 화양면 동천리 285
338	칠곡 송림사 오층전탑 사리장엄구	국유	대구 수성구 청호로 321 국립대구박물관
339	칠곡 송림사 오층전탑 사리장엄구 - 금제 사리기	국유	대구 수성구 청호로 321 국립대구박물관
340	칠곡 송림사 오층전탑 사리장엄구 - 유리잔	국유	대구 수성구 청호로 321 국립대구박물관
341	칠곡 송림사 오층전탑 사리장엄구 - 유리사리병	국유	대구 수성구 청호로 321 국립대구박물관
342	칠곡 송림사 오층전탑 사리장엄구 - 은제 도금 수형장식구	국유	대구 수성구 청호로 321 국립대구박물관
343	칠곡 송림사 오층전탑 사리장엄구 - 금제 이식	국유	대구 수성구 청호로 321 국립대구박물관
344	칠곡 송림사 오층전탑 사리장엄구 - 옥류	국유	대구 수성구 청호로 321 국립대구박물관
345	칠곡 송림사 오층전탑 사리장엄구 - 경옥곡옥	국유	대구 수성구 청호로 321 국립대구박물관
346	칠곡 송림사 오층전탑 사리장엄구 - 유리원옥(대),(소)	국유	대구 수성구 청호로 321 국립대구박물관
347	칠곡 송림사 오층전탑 사리장엄구 - 수정능옥	국유	대구 수성구 청호로 321 국립대구박물관
348	칠곡 송림사 오층전탑 사리장엄구 - 마노단옥	국유	대구 수성구 청호로 321 국립대구박물관
349	칠곡 송림사 오층전탑 사리장엄구 - 벽옥관옥	국유	대구 수성구 청호로 321 국립대구박물관
350	칠곡 송림사 오층전탑 사리장엄구 - 은환	국유	대구 수성구 청호로 321 국립대구박물관

지정번호	명칭	소유자	소재지
351	칠곡 송림사 오층전탑 사리장엄구 – 향목	국유	대구 수성구 청호로 321 국립대구박물관
352	칠곡 송림사 오층전탑 사리장엄구 – 목실	국유	대구 수성구 청호로 321 국립대구박물관
353	칠곡 송림사 오층전탑 사리장엄구 – 상감청자원형합	국유	대구 수성구 청호로 321 국립대구박물관
354	이충무공유물	최순선	충남 아산시 염치읍 백암리 현충사
355	이충무공유물 – 장검	최순선	충남 아산시 염치읍 현충사길 130 현충사관리소
356	이충무공유물 – 옥로	최순선	충남 아산시 염치읍 현충사길 130 현충사관리소
357	이충무공유물 – 요대	최순선	충남 아산시 염치읍 현충사길 130 현충사관리소
358	이충무공유물 – 도배구대	최순선	충남 아산시 염치읍 현충사길 130 현충사관리소
359	의성 빙산사지 오층석탑	국유	경북 의성군 춘산면 빙계리 산70
360	금동약사여래입상	국유	서울 용산구 서빙고로 137 국립중앙박물관
361	부여 군수리 석조여래좌상	국유	충남 부여군 부여읍 금성로 5 국립부여박물관
362	부여 군수리 금동보살입상	국유	충남 부여군 부여읍 금성로 5 국립부여박물관
363	금동미륵보살반가사유상	국유	서울 용산구 서빙고로 137 국립중앙박물관
364	하남 하사창동 철조석가여래좌상	국유	서울 용산구 서빙고로 137 국립중앙박물관
365	금동보살입상	국립중앙박물관	서울 용산구 서빙고로 137 국립중앙박물관
366	통도사 청동 은입사 향완	통도사	경남 양산시 하북면 지산리 583 통도사성보박물관
367	석조비로자나불좌상	경북대학교	대구 북구 산격동 1370 경북대학교박물관
368	정지장군환삼	정씨문중	광주 북구 비엔날레로 111 광주시립민속박물관
369	청양 장곡사 금동약사여래좌상	장곡사	충남 청양군 대치면 장곡리 15 장곡사
370	금령총금관	국유	서울 용산구 서빙고로 137 국립중앙박물관
371	서봉총금관	국유	경북 경주시 일정로 186 국립경주박물관
372	철채백화삼엽문매병	국유	서울 용산구 서빙고로 137 국립중앙박물
373	청자상감복사문매병	국유	서울 용산구 서빙고로 137 국립중앙박물관
374	문양전	국유	서울 용산구 서빙고로 137 국립중앙박물관
375	문양전 – 산수문전	국유	서울 용산구 서빙고로 137 국립중앙박물관
376	문양전 – 산수봉황문전	국유	서울 용산구 서빙고로 137 국립중앙박물관
377	문양전 – 산수귀문전	국유	서울 용산구 서빙고로 137 국립중앙박물관
378	문양전 – 연대귀문전	국유	서울 용산구 서빙고로 137 국립중앙박물관
379	문양전 – 반용문전	국유	서울 용산구 서빙고로 137 국립중앙박물관
380	문양전 – 봉황문전	국유	서울 용산구 서빙고로 137 국립중앙박물관
381	문양전 – 와운문전	국유	서울 용산구 서빙고로 137 국립중앙박물관
382	문양전 – 연화문전	국유	서울 용산구 서빙고로 137 국립중앙박물관
383	청자양각위로수금문정병	국유	서울 용산구 서빙고로 137 국립중앙박물관
384	백자상감모란문매병	국유	서울 용산구 서빙고로 137 국립중앙박물관
385	청자상감진사모란문매병	국유	서울 용산구 서빙고로 137 국립중앙박물관
386	청자상감유어문매병	국유	서울 용산구 서빙고로 137 국립중앙박물관
387	분청사기모란문반합	전성우	서울 성북구 성북로 102–11 간송미술관
388	청자상감모자합	전성우	서울 성북구 성북로 102–11 간송미술관
389	도동서원강당사당부장원	서흥김씨종중(유림)	대구 달성군 구지면 도동리 35
390	(전)양평 보리사지 대경대사탑	이화여대	서울 서대문구 대현동 산11–1 이화여자대학교박물관
391	감지은니묘법연화경 권7	이화여자대학교	서울 서대문구 이화여대길 52 이화여자대학교박물관
392	합천 영암사지 쌍사자 석등	국유	경남 합천군 가회면 둔내리 1659
393	천안 천흥사지 오층석탑	국유	충남 천안시 성거읍 천흥리 190–2
394	홍성 신경리 마애여래입상	국유	충남 홍성군 홍북면 신경리 산80–1
395	부여 무량사 극락전	무량사	충남 부여군 외산면 만수리 116 무량사
396	칠곡 정도사지 오층석탑	국유	대구 수성구 황금로 200(70번지) 국립대구박물관
397	원주 영전사지 보제존자탑	국유	서울 용산구 용산동 6가 168–6 국립중앙박물관
398	충주 정토사지 홍법국사탑비	국유	서울 용산구 용산동 6가 168–6 국립중앙박물관
399	제천 월광사지 원랑선사탑비	국유	서울 용산구 용산동 6가 168–6 국립중앙박물관
400	양평 보리사지 대경대사탑비	국유	서울 용산구 용산동 6가 168–6 국립중앙박물관

지정번호	명칭	소유자	소재지
401	창원 봉림사지 진경대사탑	국유	서울 용산구 용산동 6가 168-6 국립중앙박물관
402	창원 봉림사지 진경대사탑비	국유	서울 용산구 용산동 6가 168-6 국립중앙박물관
403	나주 서성문 안 석등	국유	서울 용산구 용산동 6가 168-6 국립중앙박물관
404	원주 흥법사지 진공대사탑 및 석관	국유	서울 용산구 용산동 6가 168-6 국립중앙박물관
405	감은사지 서삼층석탑 사리장엄구	국유	경북 경주시 일정로 186 국립경주박물관
406	청동제사리기	국유	경북 경주시 일정로 186 국립경주박물관
407	청동제사각감	국유	경북 경주시 일정로 186 국립경주박물관
408	기축명아미타불비상	국유	충북 청주시 상당구 명암로 143 국립청주박물관
409	미륵보살반가사유비상	국유	충북 청주시 상당구 명암로 143 국립청주박물관
410	울주 석남사 승탑	석남사	울산 울주군 상북면 덕현리 산232-2 석남사
411	울산 간월사지 석조여래좌상	국유	울산 울주군 상북면 등억리 512-1
412	산청 사월리 석조여래좌상	국유	경남 진주시 망경남동 567,1673
413	진주 용암사지 승탑	국유	경남 진주시 이반성면 용암리 산31
414	의령 보천사지 삼층석탑	국유	경남 의령군 의령읍 하리 797-1
415	산청 율곡사 대웅전	율곡사	경남 산청군 신등면 율현리 1034
16	함양 덕전리 마애여래입상	국유	경남 함양군 마천면 덕전리 768-6
417	함양 교산리 석조여래좌상	국유	경남 함양군 함양읍 교산리 217
418	거창 양평리 석조여래입상	국유	경남 거창군 거창읍 양평리 479-14
419	거창 상림리 석조보살입상	국유	경남 거창군 거창읍 상림리 696
420	진주 묘엄사지 삼층석탑	국유	경남 진주시 수곡면 효자리 447-1
421	하동 쌍계사 승탑	쌍계사	경남 하동군 화계면 운수리 산47-1
422	합천 백암리 석등	국유	경남 합천군 대양면 백암리 90-3
423	울주 청송사지 삼층석탑	국유	울산 울주군 청량면 율리 1420
424	돈화문	국유	서울 종로구 와룡동 2-71, 2-77
425	홍화문	국유	서울 종로구 와룡동 2-1
426	창경궁명정문및행각	국유	서울 종로구 와룡동 2-1
427	옥천교	국유	서울 종로구 와룡동 2-1
428	양주 회암사지 선각왕사비	회암사	경기 양주시 회천면 회암리 산8-1
429	양주 회암사지 무학대사탑	회암사	경기 양주시 회천면 회암리 산8-1
430	양주 회암사지 무학대사탑 앞 쌍사자 석등	회암사	경기 양주시 회천면 회암리 산8-1
431	천안 광덕사 고려사경	광덕사	서울 종로구 우정국로 55 불교중앙박물관
432	천안 광덕사 고려사경 - 상지은니묘법연화경 권4	광덕사	서울 종로구 우정국로 55 불교중앙박물관
433	천안 광덕사 고려사경 - 상지은니묘법연화경 권4	광덕사	서울 종로구 우정국로 55 불교중앙박물관
434	부산진순절도	국유	서울 노원구 공릉동 사서함 77-1호 육군박물관
435	동래부순절도	국유	서울 노원구 공릉동 사서함 77-1호 육군박물관
436	전등사 철종	전등사	인천 강화군 길상면 온수리 635 전등사
437	나주향교 대성전	나주향교	전남 나주시 교동 32-3
438	순천 선암사 동 · 서 삼층석탑	선암사	전남 순천시 승주읍 죽학리 802
439	여수 흥국사 대웅전	흥국사	전남 여수시 중흥동 17
440	남양주 봉선사 동종	봉선사	경기 남양주시 진접읍 부평리 255 봉선사
441	월인천강지곡 권상	대한교과서(주)	서울 서초구 잠원동 41-10
442	홍성 고산사 대웅전	고산사	충남 홍성군 결성면 무량리 492
443	순천 선암사 승선교	선암사	전남 순천시 승주읍 죽학리 48-1 선암사
444	금동여래입상	이건희	서울 용산구 이태원로 55길 60-16 삼성미술관 리움
445	수원 팔달문	국유	경기 수원시 팔달구 팔달로 2가 138
446	수원 화서문	국유	경기 수원시 장안구 장안동 334
447	진천 연곡리 석비	국유	충북 진천군 진천읍 연곡리 485-4
448	단양 향산리 삼층석탑	국유	충북 단양군 가곡면 향산리 471-11
449	제천 덕주사 마애여래입상	덕주사	충북 제천시 한수면 송계리1
450	천안 삼태리 마애여래입상	국유	충남 천안시 풍세면 삼태리 산28-1

지정번호	명칭	소유자	소재지
451	논산 쌍계사 대웅전	쌍계사	충남 논산시 양촌면 중산리 3
452	당진 영탑사 금동비로자나불삼존좌상	영탑사	충남 당진군 면천면 성하리 560 영탑사
453	정선 정암사 수마노탑	정암사	강원 정선군 고한읍 고한리 산214
454	경주 양동 무첨당	이지락	경북 경주시 강동면 양동리 181
455	경주 양동 향단	이문환	경북 경주시 강동면 양동리 135
456	경주 독락당	이해철	경북 경주시 안강읍 옥산리 1600-1
457	안동 하회 충효당	유영하	경북 안동시 풍천면 하회리 656
458	경주 기림사 건칠보살반가상	기림사	경북 경주시 양북면 호암리 419 기림사
459	청자투각돈	이화여자대학교	서울 서대문구 이화여대길 52 이화여자대학교박물관
460	홍무정운역훈 권3~16	고려대학교	서울 성북구 안암로 145 고려대학교 중앙도서관
461	제왕운기상,하 2권	곽영대	경기 의왕시
462	삼국유사 권2	조병순	서울 중구 태평로 1가 60-17 성암고서박물관
463	삼국유사 권4~5	범어사	부산 금정구 청룡동 546
464	삼국유사 권3~5	고려대학교	서울 성북구 안암로 145 고려대학교 중앙도서관
465	백장암청동은입사향로	백장암	전북 김제시 금산면 금산리 39 금산사 성보박물관
466	남원 실상사 약수암 목각아미타여래설법상	실상사 약수암	전북 김제시 금산면 금산리 39 금산사 성보박물관
467	남원 선원사 철조여래좌상	선원사	전북 남원시 도통동 392-1 선원사
468	남원신계리마애여래좌상	국유	전북 남원시 대산면 신계리 산18
469	예천 청룡사 석조여래좌상	청룡사	경북 예천군 용문면 선리 520-2
470	예천 청룡사 석조비로자나불좌상	청룡사	경북 예천군 용문면 선리 520-2
471	예천 동본리 삼층석탑	국유	경북 예천군 예천읍 동본리 474-4
472	예천 동본리 석조여래입상	국유	경북 예천군 예천읍 동본리 474-4
473	군위 인각사 보각국사탑 및 비	인각사	경북 군위군 고로면 화북리 612,613-1
474	경산 불굴사 삼층석탑	불굴사	경북 경산시 와촌면 강학리 산55-9
475	포항 보경사 승탑	보경사	경북 포항시 북구 송라면 중산리 산101-1 보경사
476	경산 팔공산 관봉 석조여래좌상	선본사	경북 경산시 와촌면 대한리 산44
477	괴산 각연사 석조비로자나불좌상	각연사	충북 괴산군 칠성면 태성리 38 각연사
478	부산 범어사 대웅전	범어사	부산 금정구 청룡동 546 범어사
479	안성 봉업사지 오층석탑	국유	경기 안성시 죽산면 죽산리 148-5
480	창원 불곡사 석조비로자나불좌상	불곡사	경남 창원시 대방동 1036-2
481	김회련 개국원종공신녹권	도강김씨종중	전북 정읍시
482	김회련 고신왕지	도강김씨종중	전북 정읍시
483	양양 진전사지 도의선사탑	국유	강원 양양군 강현면 둔전리 산1
484	통영충렬사팔사품	재단법인통영충렬사	경남 통영시 명정동 213 충렬사
485	통영충렬사팔사품 - 도독인	재단법인통영충렬사	경남 통영시 명정동 213 충렬사
486	통영충렬사팔사품 - 호두령패	재단법인통영충렬사	경남 통영시 명정동 213 충렬사
487	통영충렬사팔사품 - 귀도	재단법인통영충렬사	경남 통영시 명정동 213 충렬사
488	통영충렬사팔사품 - 참도	재단법인통영충렬사	경남 통영시 명정동 213 충렬사
489	통영충렬사팔사품 - 독전기	재단법인통영충렬사	경남 통영시 명정동 213 충렬사
490	통영충렬사팔사품 - 남소령기	재단법인통영충렬사	경남 통영시 명정동 213 충렬사
491	통영충렬사팔사품 - 홍소령기	재단법인통영충렬사	경남 통영시 명정동 213 충렬사
492	통영충렬사팔사품 - 곡나팔	재단법인통영충렬사	경남 통영시 명정동 213 충렬사
493	울산 태화사지 십이지상 사리탑	국유	울산 중구 학성동 100
494	경주 양동 관가정	손동만	경북 경주시 강동면 양동리 150
495	속초 향성사지 삼층석탑	국유	강원 속초시 설악동 산24-2
496	양양 선림원지 삼층석탑	국유	강원 양양군 서면 황이리 424
497	양양 선림원지 석등	국유	강원 양양군 서면 황이리 424
498	양양 선림원지 홍각선사탑비	국유	강원 양양군 서면 황이리 산89
499	양양 선림원지 승탑	국유	강원 양양군 서면 황이리 산89
500	안동 봉정사 화엄강당	봉정사	경북 안동시 서후면 태장리 901

지정번호	명칭	소유자	소재지
501	안동 봉정사 고금당	봉정사	경북 안동시 서후면 태장리 901
502	안동 의성김씨 종택	김시우	경북 안동시 임하면 천전리 280-1
503	안동태사묘삼공신유물	권재영	경북 안동시
504	안동태사묘삼공신유물-주칠탁잔	권재영	경북 안동시 북문동 24-1 태사묘
505	안동태사묘삼공신유물-고견포	권재영	경북 안동시 북문동 24-1 태사묘
506	안동태사묘삼공신유물-고견포	권재영	경북 안동시 북문동 24-1 태사묘
507	안동태사묘삼공신유물-관	권재영	경북 안동시 북문동 24-1 태사묘
508	안동태사묘삼공신유물-신	권재영	경북 안동시 북문동 24-1 태사묘
509	안동태사묘삼공신유물-포선	권재영	경북 안동시 북문동 24-1 태사묘
510	안동태사묘삼공신유물-동인	권재영	경북 안동시 북문동 24-1 태사묘
511	안동태사묘삼공신유물-은구유개합	권재영	경북 안동시 북문동 24-1 태사묘
512	안동태사묘삼공신유물-옥관자	권재영	경북 안동시 북문동 24-1 태사묘
513	안동태사묘삼공신유물-혁과대	권재영	경북 안동시 북문동 24-1 태사묘
514	안동태사묘삼공신유물-교지	권재영	경북 안동시 북문동 24-1 태사묘
515	안동태사묘삼공신유물-동시저	권재영	경북 안동시 북문동 24-1 태사묘
516	청자귀형수주	국립중앙박물관	서울 용산구 서빙고로 137 국립중앙박물관
517	녹유탁잔	국립중앙박물관	서울 용산구 서빙고로 137 국립중앙박물관
518	경주 노서동 금팔찌	국유	서울 용산구 서빙고로 137 국립중앙박물관
519	경주 황오동 금귀걸이	국유	서울 용산구 서빙고로 137 국립중앙박물관
520	경주 노서동 금목걸이	국유	서울 용산구 서빙고로 137 국립중앙박물관
521	예천권씨 초간종택 별당	권영기	경북 예천군 용문면 죽림리 166-3
522	제천 장락동 칠층모전석탑	국유	충북 제천시 장락동 65-2
523	유성룡종손가유물	유영하	경북 안동시
524	유성룡 종가 유물 - 유성룡 유물	유영하	경북 안동시
525	유성룡 종가 유물 - 유성룡 모부인 분깃문기	유영하	경북 안동시
526	고문서	유영하	경북 안동시
527	나주 철천리 마애칠불상	국유	전남 나주시 봉황면 철천리 산124-11
528	나주 철천리 석조여래입상	국유	전남 나주시 봉황면 철천리 산124-11
529	원주 흥법사지 진공대사탑비	국유	강원 원주시 지정면 안창리 517-2
530	원주 흥법사지 삼층석탑	국유	강원 원주시 지정면 안창리 517-2
531	영천 신월리 삼층석탑	신흥사	경북 영천시 금호읍 신원리 205-2
532	밀양 만어사 삼층석탑	만어사	경남 밀양시 삼랑진읍 용전리 4 만어사
533	밀양 표충사 삼층석탑	표충사	경남 밀양시 단장면 구천리 33 표충사
534	밀양 숭진리 삼층석탑	국유	경남 밀양시 삼랑진읍 숭진리 412-1
535	구미 낙산리 삼층석탑	국유	경북 구미시 해평면 낙산리 837-4
536	구미 도리사 석탑	도리사	경북 구미시 해평면 송곡리 403 도리사
537	양산 통도사 봉발탑	통도사	경남 양산시 하북면 지산리 583 통도사
538	의령 보천사지 승탑	국유	경남 의령군 의령읍 하리 산96-1,781-4
539	산청 법계사 삼층석탑	법계사	경남 산청군 시천면 중산리 873
540	함양 벽송사 삼층석탑	벽송사	경남 함양군 마천면 추성리 산18-1 벽송사
541	안동 소호헌	대구서씨종중	경북 안동시 일직면 망호리 562
542	이이 남매 화회문기	건국대학교	서울 광진구 아차산로 263 건국대학교박물관
543	갑사동종	갑사	충남 공주시 계룡면 중장리 52 갑사
544	합천 영암사지 삼층석탑	국유	경남 합천군 가회면 둔내리 1659
545	해남윤씨가전고화첩	윤형식	전남 해남군 해남읍 연동리 102-1 고산 윤선도전시관
546	해남윤씨가전고화첩 - 윤씨가보	윤형식	전남 해남군 해남읍 연동리 102-1 고산 윤선도전시관
547	해남윤씨가전고화첩 - 가전보회	윤형식	전남 해남군 해남읍 연동리 102-1 고산 윤선도전시관
548	해남윤씨가전고화첩 - 동국여지지도	윤형식	전남 해남군 해남읍 연동리 102-1 고산 윤선도전시관
549	해남윤씨가전고화첩 - 일본여도	윤형식	전남 해남군 해남읍 연동리 102-1 고산 윤선도전시관
550	윤선도 종가 문적	윤형식	전남 해남군 해남읍 연동리 102-1 고산윤선도전시관

지정번호	명칭	소유자	소재지
551	윤선도 종가 문적 – 금쇄동집고	윤형식	전남 해남군 해남읍 연동리 102–1 고산 윤선도전시관
552	윤선도 종가 문적 – 금쇄동기	윤형식	전남 해남군 해남읍 연동리 102–1 고산 윤선도전시관
553	윤선도 종가 문적 – 산중신곡	윤형식	전남 해남군 해남읍 연동리 102–1 고산 윤선도전시관
554	윤선도 종가 문적 – 은사첩	윤형식	전남 해남군 해남읍 연동리 102–1 고산 윤선도전시관
555	윤선도 종가 문적 – 예조입안	윤형식	전남 해남군 해남읍 연동리 102–1 고산 윤선도전시관
556	윤단학 노비허여문기 및 입안	윤형식	전남 해남군 해남읍 연동리 102–1 고산 윤선도전시관
557	김용 호종일기	김승태	경북 안동시 임하면 천전리 279
558	대성지성문선왕전좌도	소수서원	경북 영주시 순흥면 내죽리 151–2
559	은해사백흥암 극락전수미단	은해사백흥암	경북 영천시 청통면 치일리 549 은해사백흥암
560	정탁초상	정경수	경북 안동시 도산면 퇴계로 1997 한국국학진흥원
561	안성 칠장사 혜소국사비	칠장사	경기 안성시 죽산면 칠장리 762 칠장사 경내
562	합천 영암사지 귀부	국유	경남 합천군 가회면 둔내리 1659
563	구미 금오산 마애여래입상	국유	경북 구미시 남통동 산33
564	양산 용화사 석조여래좌상	용화사	경남 양산시 물금읍 물금리 595
565	구미 해평리 석조여래좌상	국유	경북 구미시 해평면 해평리 525–1
566	밀양 무봉사 석조여래좌상	무봉사	경남 밀양시 내일동 37 무봉사
567	정탁 문적 – 약포유고 및 고문서	정경수	경북 안동시 도산면 퇴계로 1997 한국국학진흥원
568	정탁 문적 – 약포유고 및 고문서 – 정간공교지	정경수	경북 예천군 도산면 퇴계로 1997 한국국학진흥원
569	정탁 문적 – 약포유고 및 고문서 – 위성공신교서	정경수	경북 예천군 도산면 퇴계로 1997 한국국학진흥원
570	정탁 문적 – 약포유고 및 고문서 – 용사일기상 · 하	정경수	경북 예천군 도산면 퇴계로 1997 한국국학진흥원
571	정탁 문적 – 약포유고 및 고문서 – 용사잡록	정경수	경북 예천군 도산면 퇴계로 1997 한국국학진흥원
572	정탁 문적 – 약포유고 및 고문서 – 용만문견록	정경수	경북 예천군 도산면 퇴계로 1997 한국국학진흥원
573	정탁 문적 – 약포유고 및 고문서 – 임진기록	정경수	경북 예천군 도산면 퇴계로 1997 한국국학진흥원
574	정탁 문적 – 약포유고 및 고문서 – 선조시집유묵	정경수	경북 안동시 도산면 퇴계로 1997 한국국학진흥원
575	정탁 문적 – 약포유고 및 고문서 – 약포선조유묵	정경수	경북 예천군 도산면 퇴계로 1997 한국국학진흥원
576	정탁 문적 – 약포유고 및 고문서 – 약포선조간첩	정경수	경북 예천군 도산면 퇴계로 1997 한국국학진흥원
577	정탁 문적 – 약포유고 및 고문서 – 기로연시화첩	정경수	경북 예천군 도산면 퇴계로 1997 한국국학진흥원
578	정탁 문적 – 약포유고 및 고문서 – 선조초고유묵	정경수	경북 안동시 도산면 퇴계로 1997 한국국학진흥원
579	정탁 문적 – 약포유고 및 고문서 – 관립	정경수	경북 안동시 도산면 퇴계로 1997 한국국학진흥원
580	정탁 문적 – 약포유고 및 고문서 – 벼루와벼루집	정경수	경북 예천군 도산면 퇴계로 1997 한국국학진흥원
581	고성 옥천사 청동북	옥천사	경남 고성군 개천면 북평리 408 옥천사
582	화천 계성리 석등	국유	강원 화천군 하남면 계성리 594
583	양양 오색리 삼층석탑	국유	강원 양양군 서면 오색리 산1–21
584	울진 구산리 삼층석탑	국유	경북 울진군 근남면 구산리 1494–1
585	양양 낙산사 칠층석탑	낙산사	강원 양양군 강현면 전진리 55 낙산사
586	하동 쌍계사 대웅전	쌍계사	경남 하동군 화개면 운수리 207 쌍계사
587	장계 홍패 및 장말손 백패 · 홍패	장덕필	경북 영주시
588	장말손초상	장덕필	경북 영주시
589	해남 명량대첩비	이충무공유적보존회	전남 해남군 문내면 동외리 955–6
590	영광 신천리 삼층석탑	재단법인원불교	전남 영광군 묘량면 신천리 1226
591	담양 객사리 석당간	국유	전남 담양군 담양읍 객사리 45
592	담양 남산리 오층석탑	국유	전남 담양군 담양읍 남산리 342
593	강진 무위사 선각대사탑비	무위사	전남 강진군 성전면 월하리 1174
594	예산 삽교읍 석조보살입상	국유	충남 예산군 삽교읍 신리 산16
595	구례 논곡리 삼층석탑	국유	전남 구례군 구례읍 논곡리 산51–1
596	칠곡 기성리 삼층석탑	국유	경북 칠곡군 동명면 기성리 1028
597	청원 계산리 오층석탑	국유	충북 청원군 가덕면 계산리 산46–3
598	충주 단호사 철조여래좌상	단호사	충북 충주시 단월동 455 단호사
599	영천 선원동 철조여래좌상	국유	경북 영천시 임고면 선원리 770 선정사
600	영천 은해사 운부암 금동보살좌상	은해사	경북 영천시 청통면 치일리 479 은해사

지정번호	명칭	소유자	소재지
601	숙신옹주 가옥허여문기	국유	서울 용산구 서빙고로 137 국립중앙박물관
602	대구 무술명 오작비	국유	대구 북구 산격동 1370 경북대학교박물관
603	영천 청제비	안용환	경북 영천시 도남동 산7-1
604	합천 해인사 원당암 다층석탑 및 석등	해인사	경남 합천군 가야면 치인리 30
605	창녕 관룡사 석조여래좌상	관룡사	경남 창녕군 창녕읍 옥천리 292
606	창녕 술정리 서 삼층석탑	하영대	경남 창녕군 창녕읍 술정리 414
607	영천 숭렬당	이수채외 13명	경북 영천시 성내동 9-2
608	도산서원도	국유	서울 용산구 서빙고로 137 국립중앙박물관
609	석보상절	국유, 사유	경기 용인시 (호암미술관)외
610	석보상절 권6, 9, 13, 19	국유	서울 서초구 반포대로 201 국립중앙도서관
611	석보상절 권23, 24	동국대학교	서울 중구 장충단로 127 동국대학교도서관
612	석보상절 권11	이건희	서울 용산구 이태원로 55길 60-16 삼성미술관 리움
613	여주이씨 옥산문중 전적	이해철	경북 경주시 안강읍
614	여주이씨 옥산문중 전적 – 사마방목	이해철	경북 경주시 안강읍 옥산리 1600-1 독락당
615	여주이씨 옥산문중 전적- 여주이씨 옥산문중 전적	이해철	경북 경주시 안강읍 옥산리 1660-1 독락당
616	삼국사기	옥산서원	경북 경주시 안강읍 옥산리 7 옥산서원
617	여주이씨 옥산문중 유묵	이해철	경북 경주시
618	여주이씨 옥산문중 유묵-해동명적	이해철	경북 경주시 안강읍 옥산리 1600-1
619	여주이씨 옥산문중 유묵-원조오잠, 사산오대	이해철	경북 경주시
620	단원풍속도첩	국유	서울 용산구 서빙고로 137 국립중앙박물관
621	제천 청풍 한벽루	국유	충북 제천시 청풍면 읍리 산8-14
622	진도 금골산 오층석탑	서용현	전남 진도군 군내면 둔전리 356-2
623	거창 가섭암지 마애여래삼존입상	국유	경남 거창군 위천면 상천리 산6-2
624	양평 용문사 정지국사탑 및 비	용문사	경기 양평군 용문면 신점리 산99-6
625	영동 영국사 승탑	영국사	충북 영동군 양산면 누교리 산138-1 영국사
626	영동 영국사 삼층석탑	영국사	충북 영동군 양산면 누교리 1396
627	영동 영국사 원각국사비	영국사	충북 영동군 양산면 누교리 산138-1 영국사
628	영동 영국사 망탑봉 삼층석탑	영국사	충북 영동군 양산면 누교리 산139-1 영국사
629	아산평촌리석조약사여래입상	국유	충남 아산시 송악면 평촌리 1-1
630	아산 읍내동 당간지주	국유	충남 아산시 읍내동 255-5, 255-1
631	홍성 오관리 당간지주	국유	충남 홍성군 홍성읍 오관리 297-15
632	달성 용연사 금강계단	용연사	대구 달성군 옥포면 반송리 915
633	홍천 괘석리 사사자 삼층석탑	국유	강원 홍천군 홍천읍 희망리 151-7 읍사무소
634	홍천물걸리석조여래좌상	국유	강원 홍천군 내촌면 물걸리 588-4
635	홍천 물걸리 석조비로자나불좌상	국유	강원 홍천군 내촌면 물걸리 588-4
636	홍천 물걸리 석조대좌	국유	강원 홍천군 내촌면 물걸리 588-4
637	홍천 물걸리 석조대좌 및 광배	국유	강원 홍천군 내촌면 물걸리 588-4
638	홍천 물걸리 삼층석탑	국유	강원 홍천군 내촌면 물걸리 588-1
639	제천 물태리 석조여래입상	국유	충북 제천시 청풍면 물태리 산6-20
640	김정희 종가 유물	김성기	충남 예산군 (국립중앙박물관 보관)외
641	김정희 종가 유물 – 김정희유물김정희인장	김성기	서울 용산구 서빙고로 137 국립중앙박물관
642	김정희 종가 유물 – 수정염주	김성기	서울 용산구 서빙고로 137 국립중앙박물관
643	김정희 종가 유물 – 보제염주	김성기	서울 용산구 서빙고로 137 국립중앙박물관
644	김정희 종가 유물 – 운룡문단계연	김성기	서울 용산구 서빙고로 137 국립중앙박물관
645	김정희 종가 유물 – 유명연	서울 용산구	서빙고로 137 국립중앙박물관
646	김정희 종가 유물 – 도찬문연	김성기	서울 용산구 서빙고로 137 국립중앙박물관
647	김정희 종가 유물 – 모필	김성기	서울 용산구 서빙고로 137 국립중앙박물관
648	예산김정희종가유물일괄	공유	제주 서귀포시 대정읍 추사로 44 추사유물전시관
649	김정희 종가 유물 – 김정희유묵예서대련	조병순	서울 중구
650	김정희 종가 유물 – 순우장하승비임본	김성기	서울 용산구 서빙고로 137 국립중앙박물관

지정번호	명칭	소유자	소재지
651	김정희 종가 유물 – 표지「을묘칠정」「금칠십재」	김성기	서울 용산구 서빙고로 137 국립중앙박물관
652	김정희 종가 유물 – 척독초본	김성기	서울 용산구 서빙고로 137 국립중앙박물관
653	김정희 종가 유물 – 표제	김성기	서울 용산구 서빙고로 137 국립중앙박물관
654	김정희 종가 유물 – 사공도시평첩	김성기	서울 용산구 서빙고로 137 국립중앙박물관
655	김정희 종가 유물 – 표제	김성기	서울 용산구 서빙고로 137 국립중앙박물관
656	김정희 종가 유물 – 표제「충술근수교, 훈묵의헌진장」	김성기	서울 용산구 서빙고로 137 국립중앙박물관
657	김정희 종가 유물 – 소재첩	김성기	서울 용산구 서빙고로 137 국립중앙박물관
658	김정희 종가 유물 – 상지23년계미	김성기	서울 용산구 서빙고로 137 국립중앙박물관
659	김정희 종가 유물 – 김정희서금반첩	김성기	서울 용산구 서빙고로 137 국립중앙박물관
660	김정희 종가 유물 – 김정희서심경첩	이건희	서울 용산구 이태원로 55길 60–16 삼성미술관 리움
661	김정희 종가 유물 – 김정희초상	김성기	서울 용산구 서빙고로 137 국립중앙박물관
662	이황필적 – 퇴도선생필법 및 퇴도선생유첩	권기철	경북 안동시 도산면 퇴계로 1997 한국국학진흥원
663	이황 필적 – 선조유묵첩	진성이씨 상계종택	경북 안동시 도산면 퇴계로 1997 한국국학진흥원
664	권주 종가 고문서	권종만	경북 안동시 도산면 퇴계로 1997 한국국학진흥원
665	권주 종가 고문서 – 분깃문기	권종만	경북 안동시 도산면 퇴계로 1997 한국국학진흥원
666	권주 종가 고문서 – 가대문기	권종만	경북 안동시 도산면 퇴계로 1997 한국국학진흥원
667	주역천견록	(재)아단문고	서울 서대문구 충정로 9길 10–10 (재)아단문고
668	시용향악보	(재)아단문고	서울 서대문구 충정로 9길 10–10 (재)아단문고
669	자치통감강목 권19의하	(재)아단문고	서울 서대문구 충정로 9길 10–10 (재)아단문고
670	안동 예안이씨 충효당	이준교	경북 안동시 풍산읍 하리리 189–1
671	달성 태고정	박우규	대구 달성군 하빈면 묘리 638
672	평저주형토기	삼성문화재단	서울 용산구 이태원로 55길 60–16 삼성미술관 리움
673	토이	삼성문화재단	서울 용산구 이태원로 55길 60–16 삼성미술관 리움
674	금귀걸이	삼성문화재단	서울 용산구 이태원로 55길 60–16 삼성미술관 리움
675	청자상감운학모란국화문매병	삼성문화재단	서울 용산구 이태원로 55길 60–16 삼성미술관 리움
676	유문칠우	이건희	서울 용산구 이태원로 55길 60–16 삼성미술관 리움
677	진솔선예백장동인	이건희	서울 용산구 이태원로 55길 60–16 삼성미술관 리움
678	금영측우기	국유	서울 동작구 여의대방로 16길 61 기상청
679	경산 환성사 대웅전	환성사	경북 경산시 하양읍 사기리 150 환성사
680	여수 흥국사 홍교	국유	전남 여수시 중흥동 산191–3
681	창녕 영산 만년교	국유	경남 창녕군 영산면 동리 455
682	평택 심복사 석조비로자나불좌상	심복사	경기 평택시 현덕면 덕목리 115
683	유근 초상	유해익	충북 괴산군 소수면 몽촌리
684	평택 만기사 철조여래좌상	만기사	경기 평택시 진위면 동천리 548 만기사
685	윤봉길의사유품	국유,사유	충남 예산군 (충의사)외
686	윤봉길의사유품 – 선서문	국유	서울 용산구 서빙고로 137 국립중앙박물관
687	윤봉길의사 유품 – 윤봉길의사 이력서 및 유서	국유	서울 용산구 서빙고로 137 국립중앙박물관
688	윤봉길의사유품 – 회중시계	윤주웅	충남 예산군(충의사)
689	윤봉길의사유품 – 지갑부중국화폐	윤주웅	충남 예산군(충의사)
690	윤봉길의사유품 – 윤봉길의사인	윤주웅	충남 예산군(충의사)
691	윤봉길의사유품 – 손수건	윤주웅	충남 예산군(충의사)
692	윤봉길의사유품 – 안경집	윤주웅	충남 예산군(충의사)
693	윤봉길의사유품 – 일기	윤주웅	충남 예산군(충의사)
694	윤봉길의사유품 – 월진회창립취지서	윤주웅	충남 예산군(충의사)
695	윤봉길의사유품 – 농민독본	윤주웅	충남 예산군(충의사)
696	윤봉길의사유품 – 형틀대	윤주웅	충남 예산군(충의사)
697	윤봉길의사유품 – 편지	윤주웅	충남 예산군(충의사)
698	윤봉길의사유품 – 월진회통장	윤 주	경기 성남시
699	안중근의사유묵	국유,사유	서울 강남구 청담동 90–13 현대빌라 301호외
700	안중근의사유묵 – 백인당중유태화	강석주	서울 강남구

지정번호	명칭	소유자	소재지
701	안중근의사유묵 – 일일부독서구중생형극	동국대학교	서울 중구 장충단로 127 동국대학교박물관
702	안중근의사유묵 – 년년세세화상사세세년년인부동	이건희	서울 용산구 이태원로 55길 60-16 삼성미술관 리움
703	안중근의사유묵 – 치악의악식자부족여의	청와대	서울 종로구 세종로 1 청와대
704	안중근의사유묵 – 동양대세사묘현유지남아 기안면화국미성유강개정략불개진가련	숭실대학교	서울 동작구 상도5동 1-1 숭실대학교박물관
705	안중근의사유묵 – 견리사의견위수명	동아대학교	부산 서구 구덕로 255 동아대학교 부민캠퍼스 동아대학교박물관
706	안중근의사유묵 – 용공난용연포기재	국유	서울 용산구 서빙고로 137 국립중앙박물관
707	안중근의사유묵 – 인무원려난성대업	숭실대학교	서울 동작구 상도5동 1-1 숭실대학교박물관
708	안중근의사유묵 – 오노봉위필청천일 장지삼상작연지사아복중시	홍익대학교	서울 마포구 상수동 72-1 홍익대학교박물관
709	안중근의사유묵 – 세한연후지송백지부조	안의사숭모회	서울 중구 새문안로 55 서울역사박물관
710	안중근의사유묵 – 사군천리이표촌성망안욕천행물부정	오영욱	경기 군포시
711	안중근의사유묵 – 장부수사심여철의사임위기사운	숭실대학교	서울 동작구 상도5동 1-1 숭실대학교박물관
712	안중근의사유묵 – 박학어문약지이례	안중근의사숭모회	서울 중구 새문안로 55 서울역사박물관
713	안중근의사유묵 – 제1강산	숭실대학교	서울 동작구 상도5동 1-1 숭실대학교박물관
714	안중근의사유묵 – 청초당	해군사관학교	경남 창원시 진해구 앵곡동 사서함 88-2-6호 해군사관학교
715	안중근의사유묵 – 고막고어자시	남화진	부산 중구
716	안중근의사유묵 – 인지당	이건희	서울 용산구 이태원로 55길 60-16 삼성미술관 리움
717	안중근의사유묵 – 인내	김성섭	서울 마포구
718	안중근의사유묵 – 극락	강석주	서울 종로구 새문안로 55 서울역사박물관
719	안중근의사유묵 – 운재	김용주	서울 종로구 새문안로 55 서울역사박물관
720	안중근의사유묵 – 욕보동양선개정계시과실기추회하급	단국대학교	경기 용인시 수지구 죽전로 152 단국대학교 석주선기념박물관
721	안중근의사유묵 – 국가안위노심초사	안중근의사숭모회	서울 중구 새문안로 55 서울역사박물관
722	안중근의사유묵 – 위국헌신군인본분	안중근의사숭모회	서울 중구 새문안로 55 서울역사박물관
723	안중근의사유묵 – 천여부수반수기앙이	김화자	제주 제주시
724	안중근의사유묵 – 언충신행독경만방가행	안중근의사숭모회	서울 중구 새문안로 55 서울역사박물관
725	안중근의사유묵 – 임적선진위장의무	국유	경남 창원시 앵곡동 사서함 88-2-6호 해군사관학교박물관
726	전 고령 일괄 유물	이건희	서울 용산구 이태원로 55길 60-16 삼성미술관 리움
727	여수 통제이공 수군대첩비	국유	전남 여수시 고소동 620
728	순천 송광사 고려고문서	송광사	전남 순천시 송광면 신평리 12 송광사
729	수선사형지기	송광사	전남 순천시 송광면 신평리 12 송광사
730	노비첩	송광사	전남 순천시 송광면 신평리 12 송광사
731	시천견록및서천견록	(재)아단문고	서울 서대문구 충정로 9길 10-10 (재)아단문고
732	박만정 해서암행일기	조태준	부산 기장군
733	문경 대승사 목각아미타여래설법상 및 관계문서	대승사	경북 문경시 산북면 전두리 8
734	문경 대승사 목각아미타여래설법상 및 관계문서–상주대승사외사사승도등장	대승사	경북 문경시 산북면 전두리 8
735	문경 대승사 목각아미타여래설법상 및 관계문서–상주사불산대승사승도등장	대승사	경북 문경시 산북면 전두리 8
736	문경 대승사 목각아미타여래설법상 및 관계문서–도내상주사불산대승사제승등장	대승사	경북 문경시 산북면 전두리 8
737	문경 대승사 목각아미타여래설법상 및 관계문서–완의	대승사	경북 문경시 산북면 전두리 8
738	봉업사명 청동북	연세대학교	서울 서대문구 연세로 50 연세대학교박물관
739	정통5년명분청사기상감어문반	이건희	서울 용산구 이태원로 55길 60-16 삼성미술관 리움
740	흥국사대웅전후불탱	흥국사	전남 여수시 중흥동 산 17 흥국사
741	괴산 외사리 승탑	전성우	서울 성북구 성북동 97-1 간송미술관
742	문경 오층석탑	전성우	서울 성북구 성북동 97-1 간송미술관
743	경주 골굴암 마애여래좌상	국유	경북 경주시 양북면 안동리 산304
744	월인석보목판	갑사	충남 공주시 계룡면 중장리 52 갑사
745	전주 풍패지관	국유	전북 전주시 완산구 중앙동 3가

지정번호	명칭	소유자	소재지
746	구례 윤문효공 신도비	남원윤씨종중	전남 구례 산동면 이평리 산91-1
747	퇴우이선생진적	이영재	경기 용인시
748	이언적 수고본 일괄	옥산서원외	경북 경주시 안강읍 옥산리 7 옥산서원외
749	속대학혹문	옥산서원	경북 경주시 안강읍 옥산리 7 옥산서원
750	이언적 수고본 일괄-대학장구보유	이해철	경북 경주시 안강읍 옥산리 1600-1 독락당
751	이언적 수고본 일괄-중용구경연의	이해철	경북 경주시 안강읍 옥산리 1600-1 독락당
752	이언적 수고본 일괄-진수팔규	이해철	경북 경주시 안강읍 옥산리 1600-1 독락당
753	이언적 수고본 일괄-봉선잡의	이해철	경북 경주시 안강읍 옥산리 1600-1 독락당
754	필암서원 문적 일괄	필암서원	광주 북구 하서로 110 국립광주박물관
755	필암서원 문적 일괄-노비보	필암서원	광주 북구 하서로 110 국립광주박물관
756	필암서원 문적 일괄-원장선생안	필암서원	광주 북구 하서로 110 국립광주박물관
757	필암서원 문적 일괄-필암서원집강안	필암서원	광주 북구 하서로 110 국립광주박물관
758	필암서원 문적 일괄-문계안	필암서원	광주 북구 하서로 110 국립광주박물관
759	필암서원 문적 일괄-문계안	필암서원	광주 북구 하서로 110 국립광주박물관
760	필암서원 문적 일괄-필암서원서재유안서	필암서원	광주 북구 하서로 110 국립광주박물관
761	필암서원 문적 일괄-필암서원원적	필암서원	광주 북구 하서로 110 국립광주박물관
762	필암서원 문적 일괄-필암서원원적	필암서원	광주 북구 하서로 110 국립광주박물관
763	필암서원 문적 일괄-필암서원원적	필암서원	광주 북구 하서로 110 국립광주박물관
764	필암서원 문적 일괄-필암서원원적	필암서원	광주 북구 하서로 110 국립광주박물관
765	필암서원 문적 일괄-장성필암서원성책	필암서원	광주 북구 하서로 110 국립광주박물관
766	필암서원 문적 일괄-노비안	필암서원	광주 북구 하서로 110 국립광주박물관
767	필암서원 문적 일괄-봉심록	필암서원	광주 북구 하서로 110 국립광주박물관
768	필암서원 문적 일괄-양자징명축관계품목	필암서원	광주 북구 하서로 110 국립광주박물관
769	강민첨초상	진주강씨 백각공파 종친회	서울 용산구 서빙고로 137 국립중앙박물관
770	강현초상	진주강씨 백각공파 종친회	서울 용산구 서빙고로 137 국립중앙박물관
771	강세황초상	진주강씨 백각공파 종친회	서울 용산구 서빙고로 137 국립중앙박물관
772	강세황초상 - 강세황자필본	진주강씨 백각공파 종친회	서울 용산구 서빙고로 137 국립중앙박물관
773	강세황초상 - 이명기필본	서울 용산구	서빙고로 137 국립중앙박물관
774	석씨원류응화사적목판	불암사	서울 종로구 우정국로 55 불교중앙박물관
775	허목수고본	국유	서울 용산구 서빙고로 137 국립중앙박물관
776	허목수고본 - 허목 전서 함취당	고려대학교	서울 성북구 안암로 145 고려대학교박물관
777	허목수고본 - 허목 전서 애민우국	남화진	부산 남구
778	허목수고본 - 허목 전서 한간문 등	이정용	서울 성북구
779	이상좌불화첩	이건희	서울 용산구 이태원로 55길 60-16 삼성미술관 리움
780	최덕지초상및유지초본	전주최씨문중	전남 영암군 덕진면 영보리 418
781	초충도수병	동아대학교	부산 서구 구덕로 255 동아대학교 부민캠퍼스 동아대학교박물관
782	융기문토기	동아대학교	부산 서구 구덕로 255 동아대학교 부민캠퍼스 동아대학교박물관
783	마두식각배	국유	부산 서구 구덕로 255 동아대학교 부민캠퍼스 동아대학교박물관
784	쌍자승자총통	동아대학교	부산 서구 구덕로 255 동아대학교 부민캠퍼스 동아대학교박물관
785	광주약사암석조여래좌상	약사암	광주 동구 운림동 11
786	대구 도학동 승탑	국유	대구 동구 도학동 36
787	이이 수고본 격몽요결	공유	강원 강릉시 율곡로 3139번길 24 오죽헌시립박물관
788	문무잡과방목	심종민	강원 강릉시 율곡로 3139번길 24 오죽헌 시립박물관
789	장말손 적개공신교서	장덕필	경북 영주시
790	고령 장기리 암각화	국유	경북 고령군 고령읍 장기리 532
791	문경 도천사지 동 · 서 삼층석탑	국유	경북 김천시 대항면 운수리 216
792	문경 도천사지 삼층석탑	국유	경북 김천시 대항면 운수리 216
793	완주 위봉사 보광명전	위봉사	전북 완주군 소양면 대흥리 21
794	영양 화천리 삼층석탑	국유	경북 영양군 영양읍 화천리 835
795	영양 현리 삼층석탑	국유	경북 영양군 영양읍 현리 401

지정번호	명칭	소유자	소재지
796	고양 태고사 원증국사탑비	국유	경기 고양시 덕양구 북한동 15
797	영월 흥녕사지 징효대사탑비	국유	강원 영월군 수주면 법흥리 422
798	신숙주초상	고령신씨문중	충북 청원군
799	사천 흥사리 매향비	국유	경남 사천시 곤양면 흥사리 산48-2
800	강화 장정리 석조여래입상	국유	인천 강화군 하점면 장정리 584
801	영천향교 대성전	향교재단	경북 영천시 교촌동 46-1
802	천마총 금제 관식	국유	경북 경주시 일정로 186 국립경주박물관
803	천마총 금제 관식	국유	경북 경주시 일정로 186 국립경주박물관
804	천마총 목걸이	국유	경북 경주시 일정로 186 국립경주박물관
805	천마총 유리잔	국유	경북 경주시 일정로 186 국립경주박물관
806	천마총 환두대도	국유	경북 경주시 일정로 186 국립경주박물관
807	천마총 자루솥	국유	경북 경주시 일정로 186 국립경주박물관
808	황남대총 북분 금팔찌 및 금반지	국유	경북 경주시 일정로 186 국립경주박물관
809	황남대총 북분 유리잔	국유	서울 용산구 서빙고로 137 국립중앙박물관
810	황남대총 북분 은제 관식	국유	경북 경주시 일정로 186 국립경주박물관
811	황남대총 북분 금제 고배	국유	경북 경주시 일정로 186 국립경주박물관
812	황남대총 북분 은잔	국유	서울 용산구 서빙고로 137 국립중앙박물관
813	황남대총 북분 금은제 그릇 일괄	국유	경북 경주시 일정로 186 국립경주박물관, 서울 용산구 서빙고로 137 국립중앙박물관
814	황남대총 남분 금제 허리띠	국유	서울 용산구 서빙고로 137 국립중앙박물관
815	황남대총 남분 금제 관식	국유	서울 용산구 서빙고로 137 국립중앙박물관
816	황남대총 남분 은관	국유	경북 경주시 일정로 186 국립경주박물관
817	황남대총 남분 은제 팔뚝가리개	국유	경북 경주시 일정로 186 국립경주박물관
818	경주 황남동 금제 드리개	국유	경북 경주시 일정로 186 국립경주박물관
819	경주 황남동 상감 유리구슬	국유	경북 경주시 일정로 186 국립경주박물관
820	경주 계림로 보검	국유	경북 경주시 일정로 186 국립경주박물관
821	서수형토기	국유	경북 경주시 일정로 186 국립경주박물관
822	차륜식토기	국유	경남 진주시 남강로 626-35 국립진주박물관
823	기사계첩	이화여자대학교	서울 서대문구 이화여대길 52 이화여자대학교박물관
824	기사계첩	홍완구	충남 아산시
825	인천안목	(재)아단문고	서울 서대문구 충정로 9길 10-10 (재)아단문고
826	선종영가집	(재)아단문고	서울 서대문구 충정로 9길 10-10 (재)아단문고
827	고구려 평양성 석편	이화여자대학교	서울 서대문구 이화여대길 52 이화여자대학교박물관
828	금동미륵보살반가사유상	이건희	경기 용인시 처인구 포곡읍 에버랜드로 562번길 38 호암미술관
829	청화백자송죽인물문호	이화여자대학교	서울 서대문구 이화여대길 52 이화여자대학교박물관
830	백자철회운룡문호	이화여자대학교	서울 서대문구 이화여대길 52 이화여자대학교박물관
831	청자상감상약국명합	한독약품주식회사	충북 음성군 대소면 대풍리 37 한독의약박물관
832	가정을묘명천자총통	국유	경남 진주시 남강로 626-35 국립진주박물관
833	만력기묘명승자총통	국유	서울 용산구 서빙고로 137 국립중앙박물관
834	연기 연화사 무인명불비상 및 대좌	연화사	충남 연기군 서면 월하리 1047
835	연기 연화사 칠존불비상	연화사	충남 연기군 서면 월하리 1047
836	익산연안이씨종중문적	연안이씨충간공종중	전북 익산시 금마면 기양리 104-1 익산지구문화유적지관리사업소
837	연안이씨 종중 문적 - 교지	연안이씨충간공종중	전북 익산시 금마면 기양리 104-1 익산지구문화유적지관리사업소
838	연안이씨 종중 문적 - 이숭원 좌리공신교서	연안이씨충간공종중	전북 익산시 금마면 기양리 104-1 익산지구문화유적지관리사업소
839	연안이씨 종중 문적 - 20공신회맹문	연안이씨충간공종중	전북 익산시 금마면 기양리 104-1 익산지구문화유적지관리사업소
840	이형상 수고본	완산이씨병와공파종회 외	경북 영천시 외
841	이형상 수고본-선후천	완산이씨병와공파종회	경북 영천시 성내동 97-1
842	이형상 수고본-악학편고	완산이씨병와공파종회	경북 영천시 성내동 97-1
843	이형상 수고본-악학십령	완산이씨병와공파종회	경북 영천시 성내동 97-1
844	이형상 수고본-강도지	완산이씨병와공파종회	경북 영천시 성내동 97-1

지정번호	명칭	소유자	소재지
845	이형상 수고본-남환박물지	완산이씨병와공파종회	경북 영천시 성내동 97-1
846	이형상 수고본 - 탐라순력도	공유	제주 제주시 일주동로 17 국립제주박물관
847	이형상 수고본-둔서록(팔외십요소)	완산이씨병와공파종회	경북 영천시 성내동 97-1
848	이형상 수고본-복부유목	완산이씨병와공파종회	경북 영천시 성내동 97-1
849	이형상 수고본-정안여분	완산이씨병와공파종회	경북 영천시 성내동 97-1
850	이형상 수고본-동이산략	완산이씨병와공파종회	경북 영천시 성내동 97-1
851	자수사계분경도	허동화	서울 강남구 논현로 132길 34 한국자수박물관
852	자수가사	허동화	서울 강남구 논현로 132길 34 한국자수박물관
853	칠곡 노석리 마애불상군	국유	경북 칠곡군 기산면 노석리 산43-2
854	충주 청룡사지 보각국사탑 앞 사자 석등	국유	충북 충주시 소태면 오량리 산32-2
855	서울 삼천사지 마애여래입상	국유	서울 은평구 진관외동 산51
856	충주 청룡사지 보각국사탑비	국유	충북 충주시 소태면 오량리 산32-2
857	백자청화매죽문병	이헌	서울 서초구
858	최희량 임란관련 고문서 - 첩보서목	최경수	경남 진주시 남강로 626-35 국립진주박물관
859	최희량 임란관련 고문서 - 교지	최경수	경남 진주시 남강로 626-35 국립진주박물관
860	최희량 임란관련 고문서 - 시호망단자	최경수	경남 진주시 남강로 626-35 국립진주박물관
861	상주 석조천인상	국유	경북 상주시 사벌면 삼덕리 산18-7번지 상주박물관 전시실내
862	완주 화암사 우화루	화암사	전북 완주군 경천면 가천리 1078
863	완주 화암사 극락전	화암사	전북 완주군 경천면 가천리 1078
864	청원 안심사 대웅전	안심사	충북 청원군 남이면 사동리 271 안심사
865	경주 낭산 마애보살삼존좌상	국유	경북 경주시 배반동 산18-3
866	경주 남산 삼릉계 석조여래좌상	국유	경북 경주시 배반동 산72-6
867	예천 한천사 철조비로자나불좌상	한천사	경북 예천군 감천면 증거리 184
868	권응수장군유물	권경민	부산 북구 (국립진주박물관 보관)
869	권응수초상	권경민	경남 진주시 남강로 626-35 국립진주박물관
870	선무공신교서	권경민	경남 진주시 남강로 626-35 국립진주박물관
871	태평회맹도병풍	권경민	경남 진주시 남강로 626-35 국립진주박물관
872	장검	권경민	경남 진주시 남강로 626-35 국립진주박물관
873	유지및장군간찰	권경민	경남 진주시 남강로 626-35 국립진주박물관
874	교지및유서	권경민	경남 진주시 남강로 626-35 국립진주박물관
875	각대	권경민	경남 진주시 남강로 626-35 국립진주박물관
876	가전보첩	권경민	경북 영천시
877	정기룡 유물	정호경	경북 상주시 (상주박물관)
878	정기룡 유물-옥대	정호경	경북 상주시 사벌면 경천로 684 상주박물관
879	정기룡 유물-신패	정호경	경북 상주시 사벌면 경천로 684 상주박물관
880	정기룡 유물-유서	정호경	경북 상주시 사벌면 경천로 684 상주박물관
881	정기룡 유물-교서	정호경	경북 상주시 사벌면 경천로 684 상주박물관
882	정기룡 유물-교지	정호경	경북 상주시 사벌면 경천로 684 상주박물관
883	직지사대웅전삼존불탱화	직지사	경북 김천시 대항면 운수리 216 직지사
884	영산회상탱화	직지사	경북 김천시 대항면 운수리 216 직지사
885	아미타회상탱화	직지사	경북 김천시 대항면 운수리 216 직지사
886	약사회상탱화	직지사	경북 김천시 대항면 운수리 216 직지사
887	곽망우당유물	곽재우장군기념사업회장	경남 의령군 의령읍 중동리 충익사
888	곽망우당유물 - 장검	곽재우장군기념사업회장	경남 의령군 의령읍 중동리 충익사
889	곽망우당유물 - 마구	곽재우장군기념사업회장	경남 의령군 의령읍 중동리 충익사
890	곽망우당유물 - 포도연	곽재우장군기념사업회장	경남 의령군 의령읍 중동리 충익사
891	곽망우당유물 - 사자철인	곽재우장군기념사업회장	경남 의령군 의령읍 중동리 충익사
892	곽망우당유물 - 화초문백자8각대접	곽재우장군기념사업회장	경남 의령군 의령읍 중동리 충익사
893	곽망우당유물 - 갓끈	곽재우장군기념사업회장	경남 의령군 의령읍 중동리 충익사
894	김덕원묘출토의복	김재호	서울 강서구

지정번호	명칭	소유자	소재지
895	김덕원묘출토의복-소색명주창의	김재호	서울 강서구
896	김덕원묘출토의복-명주누비창의	김재호	서울 강서구
897	김덕원묘출토의복-이화구문창의	김재호	서울 강서구
898	김덕원묘출토의복-명주겹창의	김재호	서울 강서구
899	김덕원묘출토의복-공단창의	김재호	서울 강서구
900	김덕원묘출토의복-누비창의	김재호	서울 강서구
901	김덕원묘출토의복-명주착수창의	김재호	서울 강서구
902	김덕원묘출토의복-국화문창의	김재호	서울 강서구
903	김덕원묘출토의복-운문단직령포	김재호	서울 강서구
904	김덕원묘출토의복-공단직령포	김재호	서울 강서구
905	김덕원묘출토의복-죠오젯직령포	김재호	서울 강서구
906	김덕원묘출토의복-초록명주직령포	김재호	서울 강서구
907	김덕원묘출토의복-만자문직령포	김재호	서울 강서구
908	김덕원묘출토의복-능파문주겹유직령포	김재호	서울 강서구
909	김덕원묘출토의복-명주누비직령포	김재호	서울 강서구
910	김덕원묘출토의복-공단전상	김재호	서울 강서구
911	김덕원묘출토의복-답호	김재호	서울 강서구
912	김덕원묘출토의복-반수의	김재호	서울 강서구
913	김덕원묘출토의복-명주누비저고리	김재호	서울 강서구 화곡8동 341-16
914	김덕원묘출토의복-아자문저고리	김재호	서울 강서구
915	김덕원묘출토의복-운문단겹유저고리	김재호	서울 강서구
916	김덕원묘출토의복-명주겹유저고리	김재호	서울 강서구
917	김덕원묘출토의복-화문단저고리	김재호	서울 강서구
918	김덕원묘출토의복-공단저고리	김재호	서울 강서구
919	김덕원묘출토의복-공단겹유저고리	김재호	서울 강서구
920	김덕원묘출토의복-상색공단저고리	김재호	서울 강서구
921	김덕원묘출토의복-운문단저고리	김재호	서울 강서구
922	김덕원묘출토의복-명주누비바지	김재호	서울 강서구
923	김덕원묘출토의복-토수	김재호	서울 강서구
924	김덕원묘출토의복-운문단광대	김재호	서울 강서구
925	김덕원묘출토의복-운문단령포	김재호	서울 강서구
926	김덕원묘출토의복-화문단령포	김재호	서울 강서구
927	김덕원묘출토의복-복건	김재호	서울 강서구
928	김덕원묘출토의복-면검형옷감	김재호	서울 강서구
929	김덕원묘출토의복-공단겹상	김재호	서울 강서구
930	김덕원묘출토의복-화문단상	김재호	서울 강서구
931	김덕원묘출토의복-명주겹상	김재호	서울 강서구
932	김덕원묘출토의복-공단이불	김재호	서울 강서구
933	김덕원묘출토의복-공단겹이불	김재호	서울 강서구
934	김덕원묘출토의복-화문단이불	김재호	서울 강서구
935	김덕원묘출토의복-명주이불	김재호	서울 강서구
936	김덕원묘출토의복-운문단이불	김재호	서울 강서구
937	김덕원묘출토의복-소매일부	김재호	서울 강서구
938	김덕원묘출토의복-포의일부	김재호	서울 강서구
939	김덕원묘출토의복-누비포의소매일부	김재호	서울 강서구
940	김덕원묘출토의복-운문단감	김재호	서울 강서구
941	김덕원묘출토의복-운문단상복	김재호	서울 강서구
942	김덕원묘출토의복-운문단철릭	김재호	서울 강서구
943	김덕원묘출토의복-소색중치막	김재호	서울 강서구
944	김덕원묘출토의복-누비직령포	김재호	서울 강서구

지정번호	명칭	소유자	소재지
945	김덕원묘출토의복-아자문주저고리	김재호	서울 강서구
946	김덕원묘출토의복-명주겹광포	김재호	서울 강서구
947	김덕원묘출토의복-명주유상	김재호	서울 강서구
948	달성 현풍 석빙고	국유	대구 달성군 현풍면 상리 632
949	영덕 유금사 삼층석탑	유금사	경북 영덕군 병곡면 금곡리 838, 산88
950	영천 화남리 삼층석탑	국유	경북 영천시 신녕면 화남리 498
951	영천 화남리 석조여래좌상	국유	경북 영천시 신녕면 화남리 499
952	청도 장연사지 동 · 서 삼층석탑	국유	경북 청도군 매전면 장연리 108-1
953	청도 운문사 동 · 서 삼층석탑	운문사	경북 청도군 운문면 신원리 1789 운문사
954	김천 광덕리 석조보살입상	국유	경북 김천시 감문면 광덕리 산71
955	영주 신암리 마애여래삼존상	국유	경북 영주시 이산면 신암리 1439-30,산106
956	영주 흑석사 석조여래좌상	흑석사	경북 영주시 이산면 석포리 산200
957	군위 지보사 삼층석탑	지보사	경북 군위군 군위읍 상곡리 280
958	상주 상오리 칠층석탑	국유	경북 상주시 화북면 상오리 699
959	용문사윤장대	용문사	경북 예천군 용문면 내지리 391 용문사
960	대방광불화엄경 진본 권4	조병순	서울 중구 태평로 1가 60-17 성암고서박물관
961	대방광불화엄경 진본 권28	조병순	서울 중구 태평로 1가 60-17 성암고서박물관
962	대방광불화엄경 주본 권66	조병순	서울 중구 태평로 1가 60-17 성암고서박물관
963	대방광불화엄경 주본 권17, 52	조병순	서울 중구 태평로 1가 60-17 성암고서박물관
964	대방광불화엄경 정원본 권7	조병순	서울 중구 태평로 1가 60-17 성암고서박물관
965	대방광불화엄경 주본 권6	조병순	서울 중구 태평로 1가 60-17 성암고서박물관
966	불정심관세음보살대다라니경	국유	서울 용산구 서빙고로 137 국립중앙박물관
967	일자정윤왕다라니	국유	서울 용산구 서빙고로 137 국립중앙박물관
968	자재왕치온독다라니	국유	서울 용산구 서빙고로 137 국립중앙박물관
969	관세음보살보문품	국유	서울 용산구 서빙고로 137 국립중앙박물관
970	묘법연화경 권7	김선경, 이건희	서울 용산구 및 인천 남구
971	묘법연화경 권7	김선경	인천 남구
972	묘법연화경 권7	이건희	서울 용산구 이태원로 55길 60-16 삼성미술관 리움
973	묘법연화경	이건희	서울 용산구 이태원로 55길 60-16 삼성미술관 리움
974	불조삼경	이건희	서울 용산구 이태원로 55길 60-16 삼성미술관 리움
975	불조삼경	이건희	서울 용산구 이태원로 55길 60-16 삼성미술관 리움
976	금강반야바라밀경	조병순	서울 중구 태평로 1가 60-17 성암고서박물관
977	나옹화상어록 및 나옹화상가송	이건희	경기 용인시 처인구 포곡읍 에버랜드로 562번길 38 호암미술관
978	대불정여래밀인수증료의제보살만행수능엄경 권6-10	이건희	서울 용산구 이태원로 55길 60-16 삼성미술관 리움
979	대불정여래밀인수증료의제보살만행수능엄경 권6-10	조병순	서울 중구 태평로 1가 60-17 성암고서박물관
980	선림보훈	이건희	서울 용산구 이태원로 55길 60-16 삼성미술관 리움
981	불설장수멸죄호제동자경	이건희	서울 용산구 이태원로 55길 60-16 삼성미술관 리움
982	호법론	조병순	서울 중구 태평로 1가 60-17 성암고서박물관
983	장승법수	이건희	서울 용산구 이태원로 55길 60-16 삼성미술관 리움
984	장승법수	조병순	서울 중구 태평로 1가 60-17 성암고서박물관
985	불설대보부모은중경	이건희	서울 용산구 이태원로 55길 60-16 삼성미술관 리움
986	중용주자혹문	고려대학교	서울 성북구 안암로 145 고려대학교 중앙도서관
987	중용주자혹문	조병순	서울 중구 태평로 1가 60-17 성암고서박물관
988	급암선생시집	조병순	서울 중구 태평로 1가 60-17 성암고서박물관
989	설곡시고	조병순	서울 중구 태평로 1가 60-17 성암고서박물관
990	동인지문사육 권1~3, 4~6, 10~12, 13~15	고려대학교	서울 성북구 안암로 145 고려대학교 중앙도서관
991	동인지문사륙-권1~6	고려대학교	서울 성북구 안암로 145 고려대학교 중앙도서관
992	동인지문사륙-권10~12	국유	서울 서초구 반포대로 201 국립중앙도서관
993	동인지문사륙-권13~15	(재)아단문고	서울 서대문구 충정로 9길 10-10 (재)아단문고
994	동인지문사륙-권7~9	고려대학교	서울 성북구 안암로 145 고려대학교 중앙도서관

지정번호	명칭	소유자	소재지
995	동인지문사륙-권7~9	계명대학교	대구 달서구 달구벌대로 1095 계명대학교 동산도서관
996	김중만 초상	언양김씨언성군파문중	경기 안성시 대덕면 토현리 산3(서울역사박물관 보관)
997	김길통 좌리공신교서	국유	충북 청주시 흥덕구 성봉로 410 충북대학교박물관
998	주세붕초상	소수서원	경북 영주시 순흥면 내죽리 151-2
999	전주이씨고림군파종중문서	칠산군파종중대표 이춘재	전북 전주시 완산구 쑥고개로 249 국립전주박물관
1000	전주이씨고림군파종중문서 - 허여문기	칠산군파종중대표 이춘재	전북 전주시 완산구 쑥고개로 249 국립전주박물관
1001	전주이씨고림군파종중문서 - 동복화회문기	칠산군파종중대표 이춘재	전북 전주시 완산구 쑥고개로 249 국립전주박물관
1002	전주이씨고림군파종중문서 - 동복화회입의	칠산군파종중대표 이춘재	전북 전주시 완산구 쑥고개로 249 국립전주박물관
1003	전주이씨고림군파종중문서 - 동복화회성문	칠산군파종중대표 이춘재	전북 전주시 완산구 쑥고개로 249 국립전주박물관
1004	원각류해 권3	동국대학교	서울 중구 장충단로 127 동국대학교도서관
1005	금강반야경소론찬요조현록	동국대학교	서울 중구 장충단로 127 동국대학교도서관
1006	금강반야바라밀경	동국대학교	서울 중구 장충단로 127 동국대학교도서관
1007	삼국사기 권44~50	조병순	서울 중구 태평로 1가 60-17 성암고서박물관
1008	삼국사기	조병순	서울 중구 태평로 1가 60-17 성암고서박물관
1009	성주도씨종중문서	성주도씨종중대표 도기갑	충남 논산시
1010	성주도씨종중문서-도응위조봉대부전 의소감자홍무26년10월일	도기갑	충남 논산시
1011	성주도씨종중문서-도응위선절장군 흥위위좌령장군자홍무27년9월일	도기갑	충남 논산시
1012	성주도씨종중문서-도응위선절장군 용무위사좌령장군자홍무28년2월13일	도기갑	충남 논산시
1013	성주도씨종중문서-도응위보공장군 호용순위사섭대장군자홍무30년12월초10일	도기갑	충남 논산시
1014	성주도씨종중문서-녹패준사선절장군 흥위위좌령장군도응	도기갑	충남 논산시
1015	남원양씨종중문서	양대우	전북 전주시 완산구 쑥고개로 249 국립전주박물관
1016	남원양씨종중문서 - 양이시급제홍패지정15년	양대우	전북 전주시 완산구 쑥고개로 249 국립전주박물관
1017	남원양씨종중문서 - 양수생급제홍패홍무9년	양대우	전북 전주시 완산구 쑥고개로 249 국립전주박물관
1018	남원양씨종중문서 - 유학양공준생원 삼등제59인입격자정덕2년2월일	양대우	전북 전주시 완산구 쑥고개로 249 국립전주박물관
1019	남원양씨종중문서 - 성균관생원양공준 문과병과제8인급제출신자정덕15년9월25일	양대우	전북 전주시 완산구 쑥고개로 249 국립전주박물관
1020	남원양씨종중문서 - 생원양홍문과병과 제7인급제출신자가정19년10월초9일	양대우	전북 전주시 완산구 쑥고개로 249 국립전주박물관
1021	남원양씨종중문서 - 양홍위통훈대부행 청도군수자가정38년2월초10일	양대우	전북 전주시 완산구 쑥고개로 249 국립전주박물관
1022	남원양씨종중문서 - 유학양시성생원 삼등제63인입격자만력19년8월	양대우	전북 전주시 완산구 쑥고개로 249 국립전주박물관
1023	장관 개국원종공신녹권	장해근	전북 정읍시 소성면 화룡리 85
1024	남양전씨종중문서	전병우	충남 논산시
1025	남양전씨종중문서-통정대부형조참의영락14년	전병우	충남 논산시
1026	남양전씨종중문서-가선대부인녕부윤영락15년	전병우	충남 논산시
1027	남양전씨종중문서-가선대부인순부윤선덕9년	전병우	충남 논산시
1028	남양전씨종중문서-조산대부사헌장령(전가생)	전병우	충남 논산시
1029	남양전씨종중문서-통정대부공주진 병마첨절제사공주목사경권농사천순7년	전병우	충남 논산시
1030	남양전씨종중문서-충순위어모장군홍치18년	전병우	충남 논산시
1031	남양전씨종중문서-충순위보공장군정덕10년	전병우	충남 논산시
1032	남양전씨종중문서-유서가정44년	전병우	충남 논산시
1033	남양전씨종중문서-교지유학전석규 진사삼등제39인입격자만력40년7월16일	전병우	충남 논산시

지정번호	명칭	소유자	소재지
1034	남양전씨종중문서-교지유학전해생원 삼등제10인입격자천계4년10월13일	전병우	충남 논산시
1035	남양전씨종중문서-이조순치7월22일 봉교생원선교랑전해위선교랑행목능참봉자순치7년6월일	전병우	충남 논산시
1036	남양전씨종중문서-교지, 전해위조봉 대부행목릉참봉자순치7년10월초8일	전병우	충남 논산시
1037	남양전씨종중문서-교지, 전해위조산 대부행목릉참봉자순치8년3월초3일	전병우	충남 논산시
1038	남양전씨종중문서-교지, 전해위봉렬 대부행목릉참봉자순치8년2월18일	전병우	충남 논산시
1039	남양전씨종중문서-교지, 전해위봉정 대부행목릉참봉자순치8년3월15일	전병우	충남 논산시
1040	남양전씨종중문서-교지, 전해위중훈 대부행목릉참봉자순치8년7월11일	전병우	충남 논산시
1041	남양전씨종중문서-교지, 전해위중직 대부행목릉참봉자순치8년8월초6일	전병우	충남 논산시
1042	남양전씨종중문서-이조순치8년11월19일 봉교학생전유성위장사랑자순치8년11월일	전병우	충남 논산시
1043	남양전씨종중문서-전해위통훈대부행 종묘서봉사자순치10년2월19일	전병우	충남 논산시
1044	남양전씨종중문서-이조순치12년4월27일 봉교종사랑전유성위승사랑자순치12년4월일	전병우	충남 논산시
1045	남양전씨종중문서-이조순치18년정월일 봉교전경업증통선랑공조정랑자순치18년정월일	전병우	충남 논산시
1046	남양전씨종중문서-교지, 전석규위통정 대부자강희4년6월23일	전병우	충남 논산시
1047	남양전씨종중문서-교지, 전석규위절충장군 행룡양위부호군자강희5년정월15일	전병우	충남 논산시
1048	남양전씨종중문서-교지, 전석규위가 선대부자강희7년6월17일	전병우	충남 논산시
1049	남양전씨종중문서-전시택호적단자 건륭9년11월일	전병우	충남 논산시
1050	남양전씨종중문서-전탁호적단자 건륭12년7월일	전병우	충남 논산시
1051	남양전씨종중문서-전유성호적단자 강희41년3월일	전병우	충남 논산시
1052	설씨부인 권선문	고령신씨귀래공파종중	전북 전주시 완산구 쑥고개로 249 국립전주박물관
1053	예천 용문사 감역교지	용문사	경북 예천군 용문면 내지리 391 용문사
1054	울진 불영사 응진전	불영사	경북 울진군 서면 하원리 122 불영사
1055	의령 보리사지 금동여래입상	동아대학교	부산 서구 구덕로 255 동아대학교 부민캠퍼스 동아대학교박물관
1056	조대비사순칭경진하도병	동아대학교	부산 서구 구덕로 255 동아대학교 부민캠퍼스 동아대학교박물관
1057	헌종가례도병	동아대학교	부산 서구 구덕로 255 동아대학교 부민캠퍼스 동아대학교박물관
1058	합천 해인사 고려목판	해인사	경남 합천군 가야면 치인리 10 해인사
1059	합천 해인사 고려목판-금광명경	해인사	경남 합천군 가야면 치인리 10 해인사
1060	합천 해인사 고려목판-불설보문경	해인사	경남 합천군 가야면 치인리 10 해인사
1061	합천 해인사 고려목판-불설예수시왕생칠경	해인사	경남 합천군 가야면 치인리 10 해인사
1062	합천 해인사 고려목판-불설예수시왕생칠경	해인사	경남 합천군 가야면 치인리 10 해인사
1063	합천 해인사 고려목판-대방광불화엄경정행품	해인사	경남 합천군 가야면 치인리 10 해인사
1064	합천 해인사 고려목판-불설범석사천왕다라니경	해인사	경남 합천군 가야면 치인리 10 해인사
1065	합천 해인사 고려목판-대반야경과	해인사	경남 합천군 가야면 치인리 10 해인사

지정번호	명칭	소유자	소재지
1066	합천 해인사 고려목판-불설천존각온황신주경	해인사	경남 합천군 가야면 치인리 10 해인사
1067	합천 해인사 고려목판-불설천존각온황신주경	해인사	경남 합천군 가야면 치인리 10 해인사
1068	합천 해인사 고려목판-불정심관세음보살대다라니경	해인사	경남 합천군 가야면 치인리 10 해인사
1069	합천 해인사 고려목판-불설십이마가반야바라밀다경	해인사	경남 합천군 가야면 치인리 10 해인사
1070	합천 해인사 고려목판-보살상	해인사	경남 합천군 가야면 치인리 10 해인사
1071	합천 해인사 고려목판-화엄경변상도	해인사	경남 합천군 가야면 치인리 10 해인사
1072	합천 해인사 고려목판-불설상천왕천제석청명장생경	해인사	경남 합천군 가야면 치인리10 해인사
1073	합천 해인사 고려목판-보살계본지범종요	해인사	경남 합천군 가야면 치인리10 해인사
1074	합천 해인사 고려목판-대방광불화엄경관음지지품	해인사	경남 합천군 가야면 치인리10 해인사
1075	합천 해인사 고려목판-지자대사권수서방정업의병발원문	해인사	경남 합천군 가야면 치인리10 해인사
1076	합천 해인사 고려목판-기신론필삭기	해인사	경남 합천군 가야면 치인리10 해인사
1077	합천 해인사 고려목판-대방광불화엄경여래현품	해인사	경남 합천군 가야면 치인리10 해인사
1078	합천 해인사 고려목판-역대연표	해인사	경남 합천군 가야면 치인리10 해인사
1079	합천 해인사 고려목판-화엄소	해인사	경남 합천군 가야면 치인리10 해인사
1080	합천 해인사 고려목판-화엄경수소연의초	해인사	경남 합천군 가야면 치인리10 해인사
1081	합천 해인사 고려목판-기신론초	해인사	경남 합천군 가야면 치인리10 해인사
1082	합천 해인사 고려목판-기신효소	해인사	경남 합천군 가야면 치인리10 해인사
1083	합천 해인사 고려목판-기신론과	해인사	경남 합천군 가야면 치인리10 해인사
1084	합천 해인사 고려목판-화엄신중	해인사	경남 합천군 가야면 치인리10 해인사
1085	영주 부석사 고려목판	부석사	경북 영주시 부석면 북지리 148 부석사
1086	영주 부석사 고려목판-대방광불화엄경진본	부석사	경북 영주시 부석면 북지리 148 부석사
1087	영주 부석사 고려목판-대방광불화엄경주본	부석사	경북 영주시 부석면 북지리 148 부석사
1088	영주 부석사 고려목판-대방광불화엄경정원본	부석사	경북 영주시 부석면 북지리 148
1089	정명경집해관중소 권3~4	연세대학교	서울 서대문구 연세로 50 연세대학교중앙도서관
1090	불조역대통재	용화사	전남 담양군 담양읍 남산리 106
1091	문수사리보살최상승무생계경	통도사	경남 양산시 하북면 지산리 583 통도사성보박물관
1092	고희 초상 및 문중유물	고상호	전북 부안군
1093	감지은니보살선계경 권8	동국대학교	서울 중구 장충단로 127 동국대학교도서관
1094	민애대왕석탑사리호	동국대학교	서울 중구 장충단로 127 동국대학교도서관
1095	삼존불비상	동국대학교	서울 중구 장충단로 127 동국대학교도서관
1096	정조대왕필파초도	동국대학교	서울 중구 장충단로 127 동국대학교도서관
1097	정조대왕필국화도	동국대학교	서울 중구 장충단로 127 동국대학교도서관
1098	월인석보	국 · 사유	기타 전국 서울, 경기도, 강원도, 전라남북도
1099	월인석보 권1~2	서강대학교	서울 마포구 백범로 35 서강대학교
1100	월인석보	동국대학교	서울 중구 장충단로 127 동국대학교도서관
1101	월인석보 권9,10	김민영	서울 종로구 효자로12 국립고궁박물관
1102	월인석보	연세대학교	서울 서대문구 연세로 50 연세대학교중앙도서관
1103	월인석보	수타사	강원 홍천군 동면 덕치리 9번지 수타사
1104	월인석보 권21	이건희	서울 용산구 이태원로 55길 60-16 삼성미술관 리움
1105	월인석보	김종규	서울 종로구
1106	월인석보	김종규	서울 종로구
1107	월인석보	보림사	전남 장흥군 유치면 봉덕리 45 보림사
1108	월인석보제15	구암사	전북 순창군 복흥면 봉덕리 374 구암사
1109	월인석보 권20	임흥재	서울 종로구 효자로12 국립고궁박물관
1110	성석린 고신왕지	성배현	전북 진안군
1111	최문병의병장안장	영천최씨문중	경북 경산시 박물관로 46 경산시립박물관
1112	서울 경국사 목각아미타여래설법상	경국사	서울 성북구 정능3동 758 경국사
1113	고양 태고사 원증국사탑	태고사	경기 고양시 북한동 산1-1
1114	원주 거돈사지 삼층석탑	국유	강원 원주시 부론면 정산리 188
1115	감지은니대방광불화엄경 정원본 권34	성보문화재단	서울 관악구 남부순환로 152길 53 호림박물관

지정번호	명칭	소유자	소재지	
1116	감지금니대방광불화엄경입불사의해탈경계보현행원품	성보문화재단	서울 관악구	남부순환로 152길 53 호림박물관
1117	상지금니대방광원각수다라료의경	성보문화재단	서울 관악구	남부순환로 152길 53 호림박물관
1118	감지은니대방광불화엄경 주본 권37	성보문화재단	서울 관악구	남부순환로 152길 53 호림박물관
1119	감지은니대방광불화엄경 주본 권5~6	성보문화재단	서울 관악구	남부순환로 152길 53 호림박물관
1120	감지금니대불정여래밀인수증료의제보살만행수능엄경 권7	성보문화재단	서울 관악구	남부순환로 152길 53 호림박물관
1121	감지금니대방광불화엄경 주본 권46	통도사	경남 양산시	하북면 지산리 583 통도사성보박물관
1122	남명천화상송증도가	김종규	서울 종로구	
1123	대불정여래밀인수증료의제보살만행수능엄경	국유	서울 용산구	서빙고로 137 국립중앙박물관
1124	대불정여래밀인수증료의제보살만행수능엄경(언해) 권1	조병순	서울 중구	태평로 1가 60-17 성암고서박물관
1125	대불정여래밀인수증료의제보살만행수능엄경(언해) 권2, 5	국유	서울 관악구	관악로 1 서울대학교도서관
1126	대불정여래밀인수증료의제보살만행수능엄경(언해) 권7, 8	동국대학교	서울 중구	장충단로 127 동국대학교도서관
1127	대불정여래밀인수증료의제보살만행수능엄경(언해) 권7~8, 9~10	사단법인세종대왕기념사업회	서울 동대문구	청량리동 산1-157 세종대왕기념사업회
1128	대불정여래밀인수증료의제보살만행수능엄경(언해) 권2, 3, 4, 6, 7, 8, 9, 10	(재)아단문고	서울 서대문구	충정로 9길 10-10 (재)아단문고
1129	대불정여래밀인수증요의제보살만행수능엄경	국유	서울 관악구	관악로 1 103동 서울대학교 규장각 한국학연구원
1130	대불정여래밀인수증료의제보살만행수능엄경(언해) 권5, 8, 9	국유	서울 관악구	관악로 1 103동 서울대학교 규장각 한국학연구원
1131	대불정여래밀인수증요의저보살만행수능엄경(언해) 권1,4,4	국유	서울 관악구	관악로 1 103동 서울대학교 규장각 한국학연구원
1132	대불정여래밀인수증요의제보살만행수능엄경(언해) 권2,3,6,7,10	국유	서울 관악구	관악로 1 103동 서울대학교 규장각 한국학연구원
1133	묘법연화경 권4~7	(재)아단문고	서울 서대문구	충정로 9길 10-10 (재)아단문고
1134	묘법연화경 권4~7	김소현	경기 성남시	분당구 금곡동 70-1 중앙하이츠빌라 304동 104호
1135	몽산화상법어략록(언해)	동국대학교	서울 중구	장충단로 127 동국대학교도서관
1136	몽산화상법어략록(언해)	한제원	서울 서초구	
1137	몽산화상법어략록(언해)	사단법인세종대왕기념사업회	서울 동대문구	청량리 산1-157 세종대왕기념관
1138	목우자수심결(언해)	국유	서울 관악구	관악로 1 103동 서울대학교 규장각 한국학연구원
1139	반야바라밀다심경략소(언해)	국유	서울 관악구	관악로 1 103동 서울대학교 규장각 한국학연구원
1140	금강경삼가해 권1, 5	세종대왕기념사업회	서울 동대문구	청량리동 산1-157 세종대왕기념관
1141	금강경삼가해 권2, 3, 4, 5	국유	서울 관악구	관악로 1 103동 서울대학교 규장각 한국학연구원
1142	금강경삼가해-권1	보림사	전남 장흥군	유치면 봉덕리 45 보림사
1143	금강경삼가해 권2	계명대학교	대구 달서구	달구벌대로 1095 계명대학교 동산도서관
1144	선종영가집(언해)	동국대학교	서울 중구	장충단로 127 동국대학교도서관
1145	선종영가집(언해)	겁외사	경남 산청군	단성면 묵곡리 210 겁외사
1146	금강반야바라밀경	염청자	서울 중구	신당동 309-15 우리은행 청구역점
1147	환두대도	이건희	서울 용산구	이태원로 55길 60-16 삼성미술관 리움
1148	금동 자물쇠 일괄	삼성문화재단	서울 용산구	이태원로 55길 60-16 삼성미술관 리움
1149	청동은입사포류수금문향완	삼성문화재단	서울 용산구	이태원로 55길 60-16 삼성미술관 리움
1150	금동여래입상	이건희	서울 용산구	이태원로 55길 60-16 삼성미술관 리움
1151	금동보살입상	이건희	서울 용산구	이태원로 55길 60-16 삼성미술관 리움
1152	금동용두토수	삼성문화재단	서울 용산구	이태원로 55길 60-16 삼성미술관 리움
1153	단원화첩	이건희	서울 용산구	이태원로 55길 60-16 삼성미술관 리움
1154	동자견려도	이건희	서울 용산구	이태원로 55길 60-16 삼성미술관 리움
1155	지장도	삼성문화재단	서울 용산구	이태원로 55길 60-16 삼성미술관 리움
1156	청화백자운룡문병	이건희	서울 용산구	이태원로 55길 60-16 삼성미술관 리움
1157	청화백자운룡문병	이건희	서울 용산구	이태원로 55길 60-16 삼성미술관 리움
1158	분청사기철화어문호	이건희	서울 용산구	이태원로 55길 60-16 삼성미술관 리움
1159	청화백자군어문호	이건희	서울 용산구	이태원로 55길 60-16 삼성미술관 리움
1160	청자조각쌍사자두침	이건희	서울 용산구	이태원로 55길 60-16 삼성미술관 리움
1161	영천 은해사 백흥암 극락전	은해사	경북 영천시	청통면 치일리 549
1162	백자상감모란엽문편병	이헌	서울 서초구	
1163	이상길초상	이정봉	전북 전주시	완산구 쑥고개로 249 국립전주박물관
1164	평창 상원사 목조문수동자좌상 복장유물	상원사	강원 평창군	진부면 동산리 68-1 월정사(유물전시관)
1165	예산 화전리 석조사면불상	국유	충남 예산군	봉산면 화전리 산62-3

지정번호	명칭	소유자	소재지
1166	장흥 천관사 삼층석탑	천관사	전남 장흥군 관산읍 농안리 739
1167	화순 운주사 구층석탑	운주사	전남 화순군 도암면 용강리 산36
1168	화순 운주사 석조불감	운주사	전남 화순군 도암면 용강리 941-32
1169	화순 운주사 원형 다층석탑	운주사	전남 화순군 도암면 용강리 941-32
1170	공주 마곡사 오층석탑	마곡사	충남 공주시 사곡면 운암리 567 마곡사
1171	공주 마곡사 영산전	마곡사	충남 공주시 사곡면 운암리 566-2
1172	공주 마곡사 대웅보전	마곡사	충남 공주시 사곡면 운암리 567 마곡사
1173	공주 마곡사 대광보전	마곡사	충남 공주시 사곡면 운암리 567 마곡사
1174	고창 선운사 참당암 대웅전	선운사	전북 고창군 아산면 삼인리 605
1175	순천 정혜사 대웅전	정혜사	전남 순천시 서면 청소리 716
1176	대구 북지장사 대웅전	북지장사	대구 동구 도학동 620
1177	백자반합	성보문화재단	서울 관악구 남부순환로 152길 53 호림박물관
1178	백자상감모란문병	성보문화재단	서울 관악구 남부순환로 152길 53 호림박물관
1179	금동탄생불입상	성보문화재단	서울 관악구 남부순환로 152길 53 호림박물관
1180	경복궁자경전	국유	서울 종로구 세종로 1-1
1181	경복궁자경전십장생굴뚝	국유	서울 종로구 세종로 1-1
1182	경복궁아미산의굴뚝	국유	서울 종로구 세종로 1-1
1183	경복궁근정문및행각	국유	서울 종로구 세종로 1-1
1184	창덕궁인정문	국유	서울 종로구 와룡동 2-71 창덕궁
1185	창덕궁선정전	국유	서울 종로구 와룡동 2-71 창덕궁
1186	창덕궁희정당	국유	서울 종로구 와룡동 2-71 창덕궁
1187	창덕궁대조전	국유	서울 종로구 와룡동 2-71 창덕궁
1188	창덕궁구선원전	국유	서울 종로구 와룡동 2-71 창덕궁
1189	창경궁통명전	국유	서울 종로구 와룡동 2-1 창경궁
1190	덕수궁의중화전및중화문	국유	서울 중구 정동 5-1 궁중유물전시관
1191	덕수궁함녕전	국유	서울 중구 정동 5-1 궁중유물전시관
1192	종묘영녕전	국유	서울 종로구 훈정동 2-1 종묘
1193	이천 영월암 마애여래입상	국유	경기 이천시 관고동 산64-1
1194	안성 석남사 영산전	석남사	경기 안성시 금광면 상중리 508 석남사
1195	안성 청룡사 대웅전	청룡사	경기 안성시 서운면 청룡리 28 청룡사
1196	익산 숭림사 보광전	숭림사	전북 익산시 웅포면 송천리 5 숭림사
1197	김제 귀신사 대적광전	귀신사	전북 김제시 금산면 청도리 81 귀신사
1198	김제 금산사 대장전	금산사	전북 김제시 금산면 금산리 35-2
1199	김제 금산사 석등	금산사	전북 김제시 금산면 금산리 39 금산사
1200	강진 금곡사 삼층석탑	금곡사	전남 강진군 군동면 파산리 1012-2
1201	영광 불갑사 대웅전	불갑사	전남 영광군 불갑면 모악리 8 불갑사
1202	순천 동화사 삼층석탑	동화사	전남 순천시 별량면 대룡리 282 동화사
1203	영주 성혈사 나한전	성혈사	경북 영주시 순흥면 덕현리 277 성혈사
1204	경주 기림사 대적광전	기림사	경북 경주시 양북면 호암리 417
1205	청도 대비사 대웅전	대비사	경북 청도군 금천면 박곡리 794 대비사
1206	청도 운문사 대웅보전	운문사	경북 청도군 운문면 신원리 1789 운문사
1207	청도 대적사 극락전	대적사	경북 청도군 화양읍 송금리 223
1208	복각천상열차분야지도각석	국유	서울 종로구 효자로12 국립고궁박물관
1209	서울 청계천 수표	국유	서울 동대문구 청량리동 산1-157 세종대왕기념관
1210	숭정9년명신법지평일구	국유	서울 종로구 효자로12 국립고궁박물관
1211	신법지평일구	국유	서울 종로구 효자로12 국립고궁박물관
1212	간평일구 · 혼개일구	국유	서울 종로구 효자로12 국립고궁박물관
1213	대구선화당측우대	국유	서울 동작구 여의대방로 16길 61 기상청
1214	관상감측우대	국유	서울 동작구 여의대방로 16길 61 기상청
1215	창덕궁측우대	국유	서울 종로구 효자로12 국립고궁박물관

지정번호	명칭	소유자	소재지
1216	앙부일구	국유	서울 종로구 효자로12 국립고궁박물관
1217	창경궁풍기대	국유	서울 종로구 와룡동 2-1 창경궁
1218	경복궁풍기대	국유	서울 종로구 세종로 1-1
1219	신법천문도병풍	법주사	충북 보은군 속리산면 사내리 209 법주사
1220	곤여만국전도	국유	서울 관악구 관악로 1 서울대학교박물관
1221	대동여지도	성신여자대학교	서울 성북구 동선동3가 249-1 성신여대박물관
1222	대동여지도	공유	서울 종로구 새문안로 55 서울역사박물관
1223	대동여지도	국유	서울 관악구 관악로 1 103동 서울대학교 규장각 한국학연구원
1224	관천대	국유	서울 종로구 와룡동 2-1 창경궁
1225	휴대용앙부일구	국유	서울 용산구 서빙고로 137 국립중앙박물관
1226	수선전도목판	고려대학교	서울 성북구 안암로 145 고려대학교박물관
1227	세총통	국유	서울 노원구 공릉동 사서함 77-1호 육군박물관
1228	차승자총통	국유	서울 관악구 관악로 1 서울대학교박물관
1229	소총통	국유	서울 종로구 효자로12 국립고궁박물관
1230	대완구	국유	서울 노원구 공릉동 사서함 77-1호 육군박물관
1231	중완구	국유	경남 진주시 남강로 626-35 국립진주박물관
1232	중완구	국유	경남 창원시 앵곡동 사서함 88-2-6호 해군사관학교박물관
1233	비격진천뢰	국유	서울 종로구 세종로 1-57 국립고궁박물관 (국립진주박물관 보관)
1234	불랑기자포	국유	서울 노원구 공릉동 77-1 육군박물관
1235	지자총통	국유	경남 진주시 남강로 626-35 국립진주박물관
1236	지자총통	동아대학교	부산 서구 구덕로 255 동아대학교 부민캠퍼스 동아대학교박물관
1237	민간활자및인쇄용구	국유	서울 서초구 반포대로 201 국립중앙도서관
1238	이기룡필남지기로회도	국유	서울 관악구 관악로 1 서울대학교박물관
1239	독서당계회도	국유	서울 관악구 관악로 1 서울대학교박물관
1240	성세창제시미원계회도	국유	서울 용산구 서빙고로 137 국립중앙박물관
1241	성세창제시하관계회도	국유	서울 용산구 서빙고로 137 국립중앙박물관
1242	호조랑관계회도	국유	서울 용산구 서빙고로 137 국립중앙박물관
1243	연정계회도	국유	서울 용산구 서빙고로 137 국립중앙박물관
1244	이현보초상	이용구	경북 안동시
1245	정선필육상묘도	이창용	서울 강남구
1246	이충원 호성공신교서	이용선	경기 성남시 분당구 하오개로 323 한국학중앙연구원
1247	상교정본자비도량참법 권7~10	와이엔텍	전남 여수시
1248	재령이씨 영해파 종가 고문서	이용태	경북 안동시 도산면 퇴계로 1997 (한국국학진흥원)
1249	재령이씨 영해파 종가 고문서 – 명문	이용태	경북 안동시 도산면 퇴계로 1997 (한국국학진흥원)
1250	재령이씨 영해파 종가 고문서 – 분재기	이용태	경북 안동시 도산면 퇴계로 1997 (한국국학진흥원)
1251	재령이씨 영해파 종가 고문서 – 호적단자	이용태	경북 안동시 도산면 퇴계로 1997 (한국국학진흥원)
1252	재령이씨 영해파 종가 고문서 – 소지	이용태	경북 안동시 도산면 퇴계로 1997 (한국국학진흥원)
1253	재령이씨 영해파 종가 고문서 – 시권	이용태	경북 안동시 도산면 퇴계로 1997 (한국국학진흥원)
1254	재령이씨 영해파 종가 고문서 – 예장지	이용태	경북 안동시 도산면 퇴계로 1997 (한국국학진흥원)
1255	재령이씨 영해파 종가 고문서 – 통문	이용태	경북 안동시 도산면 퇴계로 1997 (한국국학진흥원)
1256	재령이씨 영해파 종가 고문서 – 완문	이용태	경북 안동시 도산면 퇴계로 1997 (한국국학진흥원)
1257	재령이씨 영해파 종가 고문서 – 완의문	이용태	경북 안동시 도산면 퇴계로 1997 (한국국학진흥원)
1258	재령이씨 영해파 종가 고문서 – 입안문	이용태	경북 안동시 도산면 퇴계로 1997 (한국국학진흥원)
1259	재령이씨 영해파 종가 고문서 – 입의문	이용태	경북 안동시 도산면 퇴계로 1997 (한국국학진흥원)
1260	재령이씨 영해파 종가 고문서 – 이문	이용태	경북 안동시 도산면 퇴계로 1997 (한국국학진흥원)
1261	금강반야바라밀경	김종규	서울 종로구
1262	대동운부군옥목판 및 고본	권영기	경북 예천군
1263	권문해 초간일기	권영기	경북 예천군
1264	이탁영 정만록	이진우	경북 안동시 도산면 퇴계로 1997 한국국학진흥원
1265	장말손유품	장덕필	경북 영주시

지정번호	명칭	소유자	소재지
1266	장말손 유품 – 6공신회맹록	장덕필	경북 영주시 장수면 화기리 18
1267	장말손 유품 – 패도	장덕필	경북 영주시
1268	곤여전도목판	국유	서울 관악구 관악로 1 서울대학교박물관
1269	놋쇠지구의	숭실대학교	서울 동작구 상도동 1-1 숭실대학교박물관
1270	삼안총	국유	경북 경주시 일정로 186 국립경주박물관
1271	현자총통	국유	경남 진주시 남강로 626-35 국립진주박물관
1272	황자총통	국유	서울 용산구 서빙고로 137 국립중앙박물관
1273	감지금니대반야바라밀다경 권175	이건희	서울 용산구 이태원로 55길 60-16 삼성미술관 리움
1274	종문원상집	(재)아단문고	서울 서대문구 충정로 9길 10-10 (재)아단문고
1275	영가진각대사증도가	(재)아단문고	서울 서대문구 충정로 9길 10-10 (재)아단문고
1276	주인왕호국반야경 권1~4	(재)아단문고	서울 서대문구 충정로 9길 10-10 (재)아단문고
1277	대방광불화엄경소 권42	(재)아단문고	서울 서대문구 충정로 9길 10-10 (재)아단문고
1278	대방광불화엄경소 권28~30, 권100~102	(재)아단문고	서울 서대문구 충정로 9길 10-10 (재)아단문고
1279	대방광원각략소주경 권상	(재)아단문고	서울 서대문구 충정로 9길 10-10 (재)아단문고
1280	주범망경	(재)아단문고	서울 서대문구 충정로 9길 10-10 (재)아단문고
1281	주범망경	범어사	부산 금정구 청룡동 546번지
1282	제왕운기	동국대학교	서울 중구 장충단로 127 동국대학교도서관
1283	권벌 종가 전적	권정우	경북 봉화군 봉화읍 유곡리 963
1284	권벌 종가 전적-우향계축	권정우	경북 봉화군
1285	권벌 종가 전적-홍치9년병진윤3월사마방목	권정우	경북 봉화군
1286	권벌 종가 전적-정덕2년3월문무잡과방목	권정우	경북 봉화군
1287	권벌 종가 전적-광국원종공신녹권	권정우	경북 봉화군
1288	권벌 종가 전적-신편고금사문유취	권정우	경북 봉화군
1289	권벌 종가 전적-역학계몽요해	권정우	경북 봉화군
1290	권벌 종가 전적-대학연의보	권정우	경북 봉화군
1291	권벌 종가 전적-근사록	권정우	경북 봉화군
1292	권벌 종가 전적-주자대전	권정우	경북 봉화군
1293	권벌 종가 전적-유향설원	권정우	경북 봉화군
1294	권벌 종가 전적-을사정난기	권정우	경북 봉화군
1295	권벌 종가 전적-충재일기	권정우	경북 봉화군
1296	권벌 종가 전적-춘양일기	권정우	경북 봉화군
1297	권벌 종가 전적-심경	권정우	경북 봉화군
1298	권벌 종가 전적-근사록	권정우	경북 봉화군
1299	조흡 고신왕지	국유	서울 용산구 서빙고로 137 국립중앙박물관
1300	조흡 고신왕지	동국대학교	서울 중구 장충단로 127 동국대학교도서관
1301	조흡 사패왕지	동국대학교	서울 중구 장충단로 127 동국대학교도서관
1302	부안김씨종중고문서	김종덕	전북 부안군
1303	권벌 종가 고문서	권정우	경북 봉화군
1304	권벌 종가 유묵	권정우	경북 봉화군
1305	청자상감매조죽문매병	서원석	서울 서초구 서빙고로 137 국립중앙박물관
1306	고대 그리스 청동 투구	국유	서울 용산구 서빙고로 137 국립중앙박물관
1307	김성일 종가 전적	김종길	경북 안동시
1308	김성일 종가 고문서	김종길	경북 안동시
1309	경주 남사리 삼층석탑	국유	경북 경주시 현곡면 남사리 234-2
1310	경주 용명리 삼층석탑	국유	경북 경주시 건천읍 용명리 856-7
1311	경주 남간사지 당간지주	국유	경북 경주시 탑동 858-6
1312	경주 보문사지 연화문 당간지주	국유	경북 경주시 보문동 752-2
1313	경주 석굴암 삼층석탑	석굴암	경북 경주시 진현동 999
1314	경주 마동 삼층석탑	국유	경북 경주시 마동 101-2,101-3
1315	경주 남산 용장사지 마애여래좌상	국유	경북 경주시 내남면 용장리 산1-1

지정번호	명칭	소유자	소재지
1316	정읍 보화리 석조이불입상	국유	전북 정읍시 소성면 보화리 116, 110-5, 110-6
1317	보은 법주사 대웅보전	법주사	충북 보은군 속리산면 사내리 209 법주사
1318	보은 법주사 원통보전	법주사	충북 보은군 속리산면 사내리 209 법주사
1319	배자예부운략 목판	선암서원	경북 안동시 도산면 퇴계로 1997 한국국학진흥원
1320	묘법연화경 권7	(재)아단문고	서울 서대문구 충정로 9길 10-10 (재)아단문고
1321	범망경 및 금강반야바라밀경	(재)아단문고	서울 서대문구 충정로 9길 10-10 (재)아단문고
1322	불설대보부모은중경	(재)아단문고	서울 서대문구 충정로 9길 10-10 (재)아단문고
1323	진실주집	(재)아단문고	서울 서대문구 충정로 9길 10-10 (재)아단문고
1324	상주 남장사 보광전 목각아미타여래설법상	남장사	경북 상주시 남장동 502 남장사
1325	상주 남장사 관음선원 목각아미타여래설법상	남장사	경북 상주시 남장동 502 남장사
1326	천은사극락전아미타후불탱화	천은사	전남 구례군 광의면 방광리 70 천은사
1327	쌍계사팔상전영산회상도	쌍계사	경남 하동군 화개면 운수리 208 쌍계사
1328	수월관음보살도	이건희	서울 용산구 이태원로 55길 60-16 삼성미술관 리움
1329	금동관음보살입상	이건희	서울 용산구 이태원로 55길 60-16 삼성미술관 리움
1330	남양주 봉인사 부도암지 사리탑 및 사리장엄구	국유	서울 용산구 용산동 6가 168-6 국립중앙박물관
1331	기해기사계첩	국유	서울 용산구 서빙고로 137 국립중앙박물관
1332	궤장및사궤장연회도첩	이완주	경기 용인시 기흥구 상갈로 6 경기도박물관
1333	조선태조어진	국유	전북 전주시 완산구 쑥고개로 249 국립전주박물관
1334	영조어진	국유	서울 종로구 효자로12 국립고궁박물관
1335	지장보살본원경	이건희	경기 용인시 처인구 포곡읍 에버랜드로 562번길 38 호암미술관
1336	목우자수심결 및 사법어	이건희	경기 용인시 처인구 포곡읍 에버랜드로 562번길 38 호암미술관
1337	월인석보 권11, 12	이건희	서울 용산구 이태원로 55길 60-16 삼성미술관 리움
1338	묘법연화경 권6~7	이건희	서울 용산구 이태원로 55길 60-16 삼성미술관 리움
1339	묘법연화경 권6~7	이건희	서울 용산구 이태원로 55길 60-16 삼성미술관 리움
1340	묘법연화경 권6~7	이건희	서울 용산구 이태원로 55길 60-16 삼성미술관 리움
1341	상교정본자비도량참법 권10	이건희	서울 용산구 이태원로 55길 60-16 삼성미술관 리움
1342	대방광원각략소주경 권상의2	이건희	서울 용산구 이태원로 55길 60-16 삼성미술관 리움
1343	대불정여래밀인수증료의제보살만행수능엄경 권4~7, 8~10	이건희	서울 용산구 이태원로 55길 60-16 삼성미술관 리움
1344	백지묵서지장보살본원경	이건희	서울 용산구 이태원로 55길 60-16 삼성미술관 리움
1345	선조어서사송언신밀찰첩및송언신초상	경기도, 여산송씨호봉공종회	경기 용인시 기흥읍 상갈리 85 경기도박물관
1346	선조어서사송언신밀찰첩	여산송씨호봉공종회	경기 용인시 기흥구 상갈로 6 경기도박물관
1347	송언신초상	공유	경기 용인시 기흥구 상갈로 6 경기도박물관
1348	황진가 고문서	황맹연, 황호현	전북 남원시
1349	보성 우천리 삼층석탑	국유	전남 보성군 조성면 우천리 326-17
1350	보성유신리마애여래좌상	국유	전남 보성군 율어면 유신리 산125-1
1351	순천 금둔사지 삼층석탑	국유	전남 순천시 낙안면 상송리 산2-1 금둔사
1352	순천 금둔사지 석조불비상	국유	전남 순천시 낙안면 상송리 산2-1 금둔사
1353	해남 미황사 대웅전	미황사	전남 해남군 송지면 서정리 1
1354	대불정여래밀인수증료의제보살만행수능엄경(언해) 권3	동국대학교	서울 중구 장충단로 127 동국대학교박물관
1355	대불정여래밀인수증요의제보살만행수능엄경(언해) 권3	김창현	경기 성남시 분당구 금곡동 70-1 중앙하이츠빌라 304동 104호
1356	예념미타도량참법	국유	서울 용산구 서빙고로 137 국립중앙박물관
1357	묘법연화경 권5~7	국유	서울 용산구 서빙고로 137 국립중앙박물관
1358	선조국문유서	안동권씨 판결공파 (대표 : 권태돈)	부산 남구
1359	이광악 선무공신교서	국유	충남 천안시 목천면 남화리 230 독립기념관
1360	조숭 고신왕지	조성욱	부산 해운대구 서빙고로 137 국립중앙박물관
1361	조서경 무과홍패	조성욱	부산 해운대구 서빙고로 137 국립중앙박물관
1362	선암사삼층석탑내발견유물	선암사	전남 순천시 승주읍 죽학리 802 선암사
1363	태안사대바라	태안사	전남 곡성군 죽곡면 원달리 20

지정번호	명칭	소유자	소재지
1364	탁영거문고	김상인	대구 수성구 청호로 321 국립대구박물관
1365	경주 기림사 소조비로자나삼불좌상	기림사	경북 경주시 양북면 호암리 420 기림사
1366	경주 기림사 소조비로자나불 복장전적	기림사	경북 경주시 양북면 호암리 420 기림사
1367	묘법연화경	대한불교천태종 구인사	서울 서초구 우면동 56번지 관문사
1368	묘법연화경 권4~7	원명사	경남 김해시 대동면 초정리 208 원명사
1369	묘법연화경 권6~7	대한불교천태종 구인사	서울 서초구 우면동 56번지 관문사
1370	대방광원각략소주경 권하	대광사	서울 서초구 우면동 56번지 관문사성보박물관
1371	대방광불화엄경소 권41	대한불교천태종 구인사	서울 서초구 우면동 56번지 관문사
1372	육경합부	성룡사, 김민영	서울 서대문구
1373	육경합부	성룡사	서울 서대문구
1374	육경합부	김민영	서울 종로구 효자로12 국립고궁박물관
1375	지장보살본원경	대한불교천태종 구인사	서울 서초구 우면동 56번지 관문사
1376	상설고문진보대전전집 권7~8	국유	서울 용산구 서빙고로 137 국립중앙박물관
1377	묘법연화경 권3	이건희	서울 용산구 이태원로 55길 60-16 삼성미술관 리움
1378	재조본 유가사지론 권64	국유	서울 용산구 서빙고로 137 국립중앙박물관
1379	대방광원각수다라료의경(언해) 권상 1의1, 2의1~3, 권하1의1~2, 2의2~3	국유	서울 용산구 서빙고로 137 국립중앙박물관
1380	묘법연화경 권5~7	국유	서울 용산구 서빙고로 137 국립중앙박물관
1381	재조본 유가사지론 권55	국유	서울 용산구 서빙고로 137 국립중앙박물관
1382	대불정여래밀인수증료의제보살만행수능엄경(언해) 권4, 7, 8	공유	서울 종로구 새문안로 55 서울역사박물관
1383	금강반야바라밀경	공유	서울 종로구 새문안로 55 서울역사박물관
1384	삼십분공덕소경	공유	서울 종로구 새문안로 55 서울역사박물관
1385	상지은니묘법연화경 권5~6	국유	서울 용산구 서빙고로 137 국립중앙박물관
1386	묘법연화경 권7	유상옥	서울 강남구
1387	백지금니대방광불화엄경 주본 권29	우학문화재단	경기 용인시 처인구 용인대학로 134 용인대학교
1388	공주 서혈사지 석조여래좌상	국유	충남 공주시 웅진동 360 국립공주박물관
1389	화성 봉림사 목조아미타여래좌상	봉림사	경기 화성시 남양면 북양리 642 봉림사
1390	하남 교산동 마애약사여래좌상	선법사	경기 하남시 교산동 산10-3
1391	이천 장암리 마애보살반가상	국유	경기 이천시 마장면 장암리 183-1
1392	안성 봉업사지 석조여래입상	칠장사	경기 안성시 죽산면 칠장리 764 칠장사
1393	영동 신항리 석조여래삼존입상	국유	충북 영동군 용산면 신항리 135-1
1394	청주 용화사 석조불상군	용화사	충북 청주시 흥덕구 사직동 216-1 용화사
1395	청양 운장암 금동보살좌상	운장암	충남 청양군 남양면 온암리 111-5 운장암
1396	당진 신암사 금동여래좌상	신암사	충남 당진군 송악읍 가교리 550 신암사
1397	군위 대율리 석조여래입상	대율사	경북 군위군 부계면 대율리 691 대율사
1398	예천 용문사 목조아미타여래삼존좌상	용문사	경북 예천군 용문면 내지리 391 용문사
1399	예천 용문사 목각아미타여래설법상	용문사	경북 예천군 용문면 내지리 391 용문사
1400	상주 남장사 철조비로자나불좌상	남장사	경북 상주시 남장동 502 남장사
1401	문경 대승사 금동관음보살좌상	대승사	경북 문경시 산북면 전두리 8 대승사
1402	대구파계사건칠관음보살좌상및복장유물	파계사	대구 동구 중대동 7 파계사
1403	영덕 장륙사 건칠관음보살좌상	장육사	경북 영덕군 창수면 갈천리 120 장육사
1404	강화 백련사 철조아미타여래좌상	백련사	인천 강화군 하점면 부근리 231 백련사
1405	봉화 축서사 석조비로자나불좌상 및 목조광배	축서사	경북 봉화군 물야면 개단리 1 축서사
1406	영주 비로사 석조아미타여래좌상	비로사	경북 영주시 풍기읍 삼가리 산17
1407	영주 비로사 석조아미타여래좌상	비로사	경북 영주시 풍기읍 삼가리 산17
1408	영주 비로사 석조비로자나불좌상	비로사	경북 영주시 풍기읍 삼가리 산17
1409	봉화 북지리 석조반가상	국유	대구 북구 산격동 1370 경북대학교박물관
1410	양산 미타암 석조아미타여래입상	미타암	경남 양산시 웅상읍 소주리 산171-2
1411	합천 해인사 건칠희랑대사좌상	해인사	경남 합천군 가야면 치인리10 해인사
1412	서울 승가사 석조승가대사좌상	승가사	서울 종로구 구기동 산2-1

지정번호	명칭	소유자	소재지
1413	양산이씨 종가 고문서	이근수	경남 양산시 중부동 602-19
1414	권주 종가 문적	권종만	경북 안동시 도산면 퇴계로 1997 한국국학진흥원
1415	조정임진난기록	공유	경북 상주시 사벌면 경천로 684
1416	조정 종가 문적	상주시	경북 상주시 사벌면 경천로 684 상주박물관
1417	장말손 종가 고문서	장덕필	경북 영주시
1418	이종주 고신왕지 및 이임 무과홍패	공유	울산 남구 두왕로 277 울산박물관
1419	조헌 관련 유품	국유	충남 금산군 금성면 의총길 50 칠백의총관리소
1420	함양박씨 정랑공파 문중 전적	박재문	경기 용인시
1421	능성 쌍봉사 감역교지	동국대학교	서울 중구 장충단로 127 동국대학교도서관
1422	묘법연화경(언해) 권1, 3, 4, 5, 6	(재)아단문고	서울 서대문구 충정로 9길 10-10 (재)아단문고
1423	묘법연화경(언해) 권1, 4	원각사	경기 고양시 일산서구 탄현동 1447번지 원각사
1424	지장보살본원경	(재)아단문고	서울 서대문구 충정로 9길 10-10 (재)아단문고
1425	몽산화상법어략록(언해)	김민영	서울 종로구 효자로12 국립고궁박물관
1426	대방광불화엄경소 권68	대한불교천태종 구인사	충북 단양군
1427	진실주집	대한불교천태종 구인사	충북 단양군
1428	인천안목	대한불교천태종 구인사	충북 단양군
1429	대방광원각략소주경 권상의2	대한불교천태종 구인사	충북 단양군
1430	대방광불화엄경 진본 권15, 주본 권38, 정원본권2, 38	대한불교천태종 구인사	충북 단양군
1431	광산김씨 예안파 종가 고문서	김준식	경북 안동시
1432	광산김씨 예안파 종가 전적	김준식	경북 안동시 와룡면 오천리 385
1433	김광려 삼남매 화회문기	상산김씨임계공종중	경남 진주시 남강로 626-35 국립진주박물관
1434	산청 석남암사지 석조비로자나불좌상	내원사	경남 산청군 삼장면 대포리 582
1435	청자상감동채연당초용문병	성보문화재단	서울 관악구 남부순환로 152길 53 호림박물관
1436	청자음각운룡문"상약국"명합	국유	서울 용산구 서빙고로 137 국립중앙박물관
1437	청자양각연당초 · 상감운학문대접	이건희	경기 용인시 처인구 포곡읍 에버랜드로 562번길 38 호암미술관
1438	청자도형연적	이건희	서울 용산구 이태원로 55길 60-16 삼성미술관 리움
1439	청자양인각도철문방형향로	이건희	경기 용인시 처인구 포곡읍 에버랜드로 562번길 38 호암미술관
1440	청자구룡형삼족향로	이건희	서울 용산구 이태원로 55길 60-16 삼성미술관 리움
1441	청자반양각연당초문호	이건희	서울 용산구 이태원로 55길 60-16 삼성미술관 리움
1442	청자상감모란문주자	이건희	서울 용산구 이태원로 55길 60-16 삼성미술관 리움
1443	청자상감운학문화분	이건희	경기 용인시 처인구 포곡읍 에버랜드로 562번길 38 호암미술관
1444	청자양인각파어포련문접시	이건희	서울 용산구 이태원로 55길 60-16 삼성미술관 리움
1445	청자음각연당초 · 상감국화절지문대접	이건희	경기 용인시 처인구 포곡읍 에버랜드로 562번길 38 호암미술관
1446	청자상감운학국문표형주자 · 승반	이헌	서울 서초구
1447	청자상감연판문매병	이헌	서울 서초구
1448	청자음각여의운문병	이건희	서울 용산구 이태원로 55길 60-16 삼성미술관 리움
1449	청자상감앵무문표형주자	이건희	서울 용산구 이태원로 55길 60-16 삼성미술관 리움
1450	청자음각국당초문대접	이건희	서울 용산구 이태원로 55길 60-16 삼성미술관 리움
1451	청자철채양각연판문소병	이건희	서울 용산구 이태원로 55길 60-16 삼성미술관 리움
1452	청자상감모란절지문바릿대	이건희	서울 용산구 이태원로 55길 60-16 삼성미술관 리움
1453	구례화엄사화엄석경	화엄사	전남 구례군 마산면 황전리 12 화엄사
1454	통도사영산전팔상도	통도사	경남 양산시 하북면 지산리 583 통도사성보박물관
1455	통도사대광명전삼신불도	통도사	경남 양산시 하북면 지산리 583 통도사성보박물관
1456	순천송광사십육조사진영	송광사	전남 순천시 송광면 신평리 12 송광사
1457	순천 선암사 대각국사 의천 진영	선암사	전남 순천시 승주읍 죽학리 802 선암사
1458	신해생갑회지도	국유	서울 용산구 서빙고로 137 국립중앙박물관
1459	화개현구장도	국유	서울 용산구 서빙고로 137 국립중앙박물관
1460	금동대세지보살좌상	성보문화재단	서울 관악구 남부순환로 152길 53 호림박물관
1461	지장시왕도	성보문화재단	서울 관악구 남부순환로 152길 53 호림박물관
1462	대불정여래밀인수증료의제보살만행수능엄경(언해) 권6	대한불교천태종 구인사	충북 단양군

지정번호	명칭	소유자	소재지
1463	불설아미타경(언해)	대한불교천태종 구인사	충북 단양군
1464	분류두공부시(언해) 권13	공유	경기 용인시 기흥구 상갈로 6 경기도박물관
1465	분류두공부시(언해) 권11~12	계명대학교	대구 달서구 달구벌대로 1095 계명대학교 동산도서관
1466	분류두공부시(언해) 권21	공유	충북 청주시 흥덕구 직지대로 713 청주고인쇄박물관
1467	천태사교의	공유	경기 용인시 기흥구 상갈로 6 경기도박물관
1468	진언권공(언해)	공유	경기 용인시 기흥구 상갈로 6 경기도박물관
1469	백자병	국유	서울 용산구 서빙고로 137 국립중앙박물관
1470	백자태항	성보문화재단	서울 관악구 남부순환로 152길 53 호림박물관
1471	청화백자철화삼산뇌문산뢰	이건희	서울 용산구 이태원로 55길 60-16 삼성미술관 리움
1472	청화백자 명국충문전접시	이건희	서울 용산구 이태원로 55길 60-16 삼성미술관 리움
1473	청화백자초화문표형병	국유	서울 용산구 서빙고로 137 국립중앙박물관
1474	청화백자난초문지통	이건희	서울 용산구 이태원로 55길 60-16 삼성미술관 리움
1475	백자철화승문병	국유	서울 용산구 서빙고로 137 국립중앙박물관
1476	백자철채각배	국유	서울 용산구 서빙고로 137 국립중앙박물관
1477	분청사기철화당초문장군	성보문화재단	서울 관악구 남부순환로 152길 53 호림박물관
1478	청화백자매월십장생문팔각접시	이헌	서울 서초구
1479	청화백자운룡문호	홍라희	서울 용산구 이태원로 55길 60-16 삼성미술관 리움
1480	백자태호및태지석	우학문화재단	경기 용인시 처인구 용인대학로 134 용인대학교 수장고
1481	청화백자화조문팔각통형병	이건희	서울 용산구 이태원로 55길 60-16 삼성미술관 리움
1482	분청사기상감연당초문병	국유	서울 용산구 서빙고로 137 국립중앙박물관
1483	분청사기상감모란당초문호	성보문화재단	서울 관악구 남부순환로 152길 53 호림박물관
1484	분청사기조화수조문편병	이건희	서울 용산구 이태원로 55길 60-16 삼성미술관 리움
1485	분청사기조화박지모란문장군	이건희	서울 용산구 이태원로 55길 60-16 삼성미술관 리움
1486	조선청자호	성보문화재단	서울 관악구 남부순환로 152길 53 호림박물관
1487	초조본불설우바새오계상경	성보문화재단	서울 관악구 남부순환로 152길 53 호림박물관
1488	초조본 아비담팔건도론 권24	성보문화재단	서울 관악구 남부순환로 152길 53 호림박물관
1489	초조본 아비달마식신족론 권13	성보문화재단	서울 관악구 남부순환로 152길 53 호림박물관
1490	초조본 아비담비파사론 권16	성보문화재단	서울 관악구 남부순환로 152길 53 호림박물관
1491	김천리개국원종공신록권	성균관대학교	서울 종로구 성균관로 41 성균관대학교박물관
1492	근사록 권1~3, 9~14	숙명여자대학교 등	서울 서울전역 용산구 청파동2가 53 숙명여대박물관 등
1493	근사록 권1~3, 9~14	숙명여자대학교	서울 용산구 청파로 47길 100 숙명여대박물관
1494	근사록	임흥재	서울 종로구 효자로12 국립고궁박물관
1495	한호 필적 - 한석봉증유여장서첩	국유	경남 진주시 남강로 626-35 국립진주박물관
1496	한호 필적-석봉진적첩	국유	서울 용산구 서빙고로 137 국립중앙박물관
1497	한호 필적-석봉한호해서첩	공유	서울 종로구 새문안로 55 서울역사박물관
1498	홍무예제	국유	서울 용산구 서빙고로 137 국립중앙박물관
1499	대방광원각략소주경 권상	국유	서울 용산구 서빙고로 137 국립중앙박물관
1500	묘법연화경	국유	서울 용산구 서빙고로 137 국립중앙박물관
1501	금강반야바라밀경	국유	서울 용산구 서빙고로 137 국립중앙박물관
1502	대방광불화엄경 정원본 권20	국유	서울 용산구 서빙고로 137 국립중앙박물관
1503	동의보감	국유	서울 서초구 반포대로 201 국립중앙도서관
1504	동의보감	국유	경기 성남시 분당구 하오개로 323 한국학중앙연구원
1505	동의보감	국유	서울 관악구 관악로 1 103동 서울대학교 규장각 한국학연구원
1506	벽역신방	국유	서울 관악구 관악로 1 103동 서울대학교 규장각 한국학연구원
1507	신찬벽온방	국유, 강서구	서울 서울전역
1508	신찬벽온방	국유	서울 관악구 관악로 1 103동 서울대학교 규장각 한국학연구원
1509	신찬벽온방	공유	서울 강서구 가양 2동 26-5 허준박물관
1510	언해태산집요	국유,(주)한독약품	충북 음성군 대소면 대풍리 374 한독의약박물관(분산), 서울 서초구
1511	동인지문오칠 권7~9	김종규	서울 종로구
1512	권근 응제시주	김종규	서울 종로구 비봉길 2-2 삼성출판박물관

지정번호	명칭	소유자	소재지
1513	권근 응제시주	하택선	경남 진주시
1514	제왕운기	김종규	서울 종로구
1515	불설장수멸죄호제동자다라니경	김종규	서울 종로구
1516	불과환오선사벽암록	김종규	서울 종로구 비봉길 2-2 삼성출판박물관
1517	인천안목	김종규	서울 종로구
1518	화성 봉림사 목조아미타불좌상복장전적일괄	봉림사	경기 화성시 태안읍 송산리 188 용주사
1519	오희문 쇄미록	오문환	경남 진주시 남강로 626-35 국립진주박물관
1520	염제신초상	파주염씨광주종문회 (염홍섭)	서울 용산구 서빙고로 137 국립중앙박물관
1521	감지은니미륵삼부경	성보문화재단	서울 관악구 남부순환로 152길 53 호림박물관
1522	감지금니미륵하생경	성보문화재단	서울 관악구 남부순환로 152길 53 호림박물관
1523	상지은니불설보우경 권2	성보문화재단	서울 관악구 남부순환로 152길 53 호림박물관
1524	상지은니대반야바라밀다경 권305	성보문화재단	서울 관악구 남부순환로 152길 53 호림박물관
1525	상지은니대지도론 권28	성보문화재단	서울 관악구 남부순환로 152길 53 호림박물관
1526	감지은니대방광불화엄경 진본 권13	성보문화재단	서울 관악구 남부순환로 152길 53 호림박물관
1527	지장보살본원경	성보문화재단	서울 관악구 남부순환로 152길 53 호림박물관
1528	수륙무차평등재의촬요	성보문화재단	서울 관악구 남부순환로 152길 53 호림박물관
1529	대방광불화엄경소 권84, 100, 117	성보문화재단	서울 관악구 남부순환로 152길 53 호림박물관
1530	묘법연화경 권5~7	성보문화재단	서울 관악구 남부순환로 152길 53 호림박물관
1531	불정심다라니경	성보문화재단	서울 관악구 남부순환로 152길 53 호림박물관
1532	임고서원 전적	임고서원	경북 영천시 문외동 25 영천시립도서관
1533	정몽주초상	임고서원	경북 경주시 일정로 186 국립경주박물관
1534	찬도방론맥결집성 권1, 3	(주)한독약품	충북 음성군 대소면 대풍리 37 한독의약박물관
1535	산청 대원사 다층석탑	대원사	경남 산청군 삼장면 유포리 1
1536	산청 내원사 삼층석탑	내원사	경남 산청군 삼장면 대포리 538 내원사
1537	산청 대포리 삼층석탑	국유	경남 산청군 삼장면 대포리 573
1538	보성 봉천리 오층석탑	국유	전남 보성군 복내면 봉천리 767-1
1539	화순 유마사 해련탑	유마사	전남 화순군 남면 유마리 400
1540	순천 선암사 대각암 승탑	선암사	전남 순천시 승주읍 죽학리 산48-1
1541	영암 성풍사지 오층석탑	국유	전남 영암군 영암읍 용흥리 533-1
1542	창경궁내팔각칠층석탑	국유	서울 종로구 와룡동 2-1
1543	양산 신흥사 대광전	신흥사	경남 양산시 원동면 영포리 268, 산21
1544	성주 금봉리 석조비로자나불좌상	국유	경북 성주군 가천면 금봉리 산11-2
1545	구미황상동마애여래입상	국유	경북 구미시 황상동 산90-14
1546	남원 개령암지 마애불상군	국유	전북 남원시 산내면 덕동리 산215
1547	대방광불화엄경소 권30	국유	서울 용산구 서빙고로 137 국립중앙박물관
1548	불설대보부모은중경	국유	서울 용산구 서빙고로 137 국립중앙박물관
1549	대방광불화엄경보현행원품별행소	국유	서울 용산구 서빙고로 137 국립중앙박물관
1550	천노해 금강반야바라밀경	국유	서울 용산구 서빙고로 137 국립중앙박물관
1551	대방광불화엄경소 권21, 24	국유	경기 성남시 분당구 하오개로 323 한국학중앙연구원
1552	대불정다라니	국유	경기 성남시 분당구 하오개로 323 한국학중앙연구원
1553	약사유리광여래본원공덕경	국유	경기 성남시 분당구 하오개로 323 한국학중앙연구원
1554	범망경노사나불설보살심지계품 제10의하	국유	경기 성남시 분당구 하오개로 323 한국학중앙연구원
1555	백운화상초록불조직지심체요절	국유	경기 성남시 분당구 하오개로 323 한국학중앙연구원
1556	원균 선무공신교서	원제대	경기 용인시 기흥구 상갈로 6 경기도박물관
1557	영암 도갑사 목조문수 · 보현동자상	도갑사	전남 영암군 군서면 도갑리 8 도갑사
1558	조온 사패왕지	국유	경기 성남시 분당구 하오개로 323 한국학중앙연구원
1559	입학도설	국유	경기 성남시 분당구 하오개로 323 한국학중앙연구원
1560	입학도설	김찬호	경남 양산시
1561	상지은니대방광불화엄경 정원본 권4	국유	서울 용산구 서빙고로 137 국립중앙박물관

지정번호	명칭	소유자	소재지
1562	감지금니묘법연화경 권7	국유	서울 용산구 서빙고로 137 국립중앙박물관
1563	백지묵서묘법연화경 권7	국유	서울 용산구 서빙고로 137 국립중앙박물관
1564	묘법연화경(언해) 권3	국유	서울 용산구 서빙고로 137 국립중앙박물관
1565	예천 한천사 금동 자물쇠 및 쇠북	직지사	경북 김천시 대항면 운수리 216 직지사 성보박물관
1566	선문삼가염송집 권1	(재)아단문고	서울 서대문구 충정로 9길 10-10 (재)아단문고
1567	상교정본 자비도량참법 권4~6	(재)아단문고	서울 서대문구 충정로 9길 10-10 (재)아단문고
1568	예념미타도량참법 권6~10	박찬수	경기 여주군 강천면 강문로 270-8 목아불교박물관
1569	묘법연화경 권1	박찬수	경기 여주군 강천면 강문로 270-8 목아불교박물관
1570	대방광불화엄경 정원본 권24	박찬수	경기 여주군 강천면 강문로 270-8 목아불교박물관
1571	묘법연화경 권3~4, 5~7	(재)아단문고	서울 서대문구 충정로 9길 10-10 (재)아단문고
1572	묘법연화경 권1~2	천장사	충남 예산군 덕산면 사천리 20 수덕사
1573	법집별행록절요병입사기	명지학원	경기 용인시 처인구 명지로 116 명지대학교박물관
1574	신간표제공자가어구해	명지학원	경기 용인시 처인구 명지로 116 명지대학교박물관
1575	청동 옻칠 발걸이	국유	경북 경주시 일정로 186 국립경주박물관
1576	경주 죽동리 청동기 일괄	국유	경북 경주시 일정로 186 국립경주박물관
1577	묘법연화경 권1~3	(주)한솔제지	서울 강남구 테헤란로 142 한솔제지㈜
1578	대방광불화엄경 정원본 권31	이길녀	인천 연수구 청량로 102길 40-9 가천박물관
1579	재조본 경률이상 권1	이길녀	인천 연수구 청량로 102길 40-9 가천박물관
1580	재조본 경률이상 권8	국유	서울 용산구 서빙고로 137 국립중앙박물관
1581	성리대전서절요	국유	서울 용산구 서빙고로 137 국립중앙박물관
1582	성리대전서절요	공유	충북 청주시 흥덕구 직지대로 713 청주고인쇄박물관
1583	고금운회거요 권27~30	국유	서울 용산구 서빙고로 137 국립중앙박물관
1584	음주전문춘추괄례시말좌전구독직해 권62~70	국유	서울 용산구 서빙고로 137 국립중앙박물관
1585	진충귀개국원종공신록권	국유	서울 용산구 서빙고로 137 국립중앙박물관
1586	진충귀 고신왕지	국유	서울 용산구 서빙고로 137 국립중앙박물관
1587	묘법연화경삼매참법 권하	대한불교천태종 구인사	충북 단양군
1588	선종영가집(언해) 권하	김민영	서울 종로구 효자로12 국립고궁박물관
1589	묘법연화경 권3~4	대한불교천태종 구인사	충북 단양군
1590	예념미타도량참법 권3~4 7~8	김영래	대전 대덕구
1591	여주 출토 동종	국유	서울 용산구 서빙고로 137 국립중앙박물관
1592	청주 운천동 출토 동종	국유	충북 청주시 상당구 명암로 143 국립청주박물관
1593	청자상감매죽학문매병	국유	서울 용산구 서빙고로 137 국립중앙박물관
1594	백자태항과태지석	성보문화재단	서울 관악구 남부순환로 152길 53 호림박물관
1595	상교정본 자비도량참법 권1~3	성보문화재단	서울 관악구 남부순환로 152길 53 호림박물관
1596	대방광원각략소주경 권하의2	성보문화재단	서울 관악구 남부순환로 152길 53 호림박물관
1597	몽산화상법어략록(언해)	성보문화재단	서울 관악구 남부순환로 152길 53 호림박물관
1598	이중로정사공신교서및초상	공유, 이재충	경기 용인시 기흥구 상갈로 6 경기도박물관
1599	이중로정사공신교서	이재충	경기 용인시 기흥구 상갈로 6 경기도박물관
1600	이중로영정	공유	경기 용인시 기흥구 상갈로 6 경기도박물관
1601	심대 호성공신교서	공유	경기 용인시 기흥구 상갈로 6 경기도박물관
1602	유수 초상	유태흥	경기 용인시 기흥구 상갈로 6 경기도박물관
1603	오명항초상및양무공신교서	오원석	경기 용인시 기흥구 상갈로 6 경기도 박물관
1604	향약제생집성방 권6	이길녀	인천 연수구 청량로 102길 40-9 가천박물관
1605	태산요록	이길녀	인천 연수구 청량로 102길 40-9 가천박물관
1606	신응경	이길녀	인천 연수구 청량로 102길 40-9 가천박물관
1607	태인고현동향약	고현향약회중	전북 정읍시
1608	인제 백담사 목조아미타여래좌상 및 복장유물	백담사	강원 인제군 북면 용대리 690 백담사
1609	해남 미황사 응진당	미황사	전남 해남군 송지면 서정리 1
1610	순천 선암사 북 승탑	선암사	전남 순천시 승주읍 죽학리 산48-1 선암사
1611	순천 선암사 동 승탑	선암사	전남 순천시 승주읍 죽학리 산48-1 선암사

지정번호	명칭	소유자	소재지
1612	(전)구미 강락사지 삼층석탑	직지사	경북 김천시 대항면 운수리 216 직지사
1613	제주 불탑사 오층석탑	불탑사	제주 제주시 삼양1동 696
1614	경주 남산 천룡사지 삼층석탑	국유	경북 경주시 내남면 용장리 875-2
1615	박문수초상	박용기, 신성수	충남 천안시 충헌사, 국립고궁박물관
1616	박문수초상	박용기	충남 천안시 동남구 천안대로 429-13 천안박물관
1617	박문수초상	신성수	서울 종로구 효자로12 국립고궁박물관
1618	전오자치초상	나주오씨대종회	서울 종로구 효자로12 국립고궁박물관
1619	초조본 대방광불화엄경 주본 권30	한솔제지(주)	서울 강남구 테헤란로 142 한솔제지㈜
1620	대방광불화엄경 진본 권38	(주)한솔제지	서울 강남구 테헤란로 142 한솔제지㈜
1621	상교정본자비도량참법 권1~5	(주)한솔제지	서울 강남구 테헤란로 142 한솔제지㈜
1622	상교정본자비도량참법 권6~10	김민영	서울 종로구 효자로12 국립고궁박물관
1623	묘법연화경 권2	통도사	경남 양산시 하북면 지산리 583 통도사성보박물관
1624	대불정여래밀인수증료의제보살만행수능엄경 권9~10	통도사	경남 양산시 하북면 지산리 583 통도사성보박물관
1625	묘법연화경	통도사	경남 양산시 하북면 지산리 583 통도사성보박물관
1626	기묘제현수필	순흥안씨종중	경기 성남시 분당구 하오개로 323 한국학중앙연구원
1627	기묘제현수첩	순흥안씨종중	경기 성남시 분당구 하오개로 323 한국학중앙연구원
1628	혜산유숙필매화도	이건희	서울 용산구 이태원로 55길 60-16 삼성미술관 리움
1629	고창 선운사 동불암지 마애여래좌상	선운사	전북 고창군 아산면 삼인리 산97
1630	울진 불영사 대웅보전	불영사	경북 울진군 서면 하원리 122 불영사
1631	이현보 종가 문적	이성원	경북 안동시 옥정동 439-6
1632	오운 종가 문적	고창오씨죽유공파종중	경북 고령군
1633	의겸등필수월관음도	권대성	서울 종로구 창신동 130-1 안양암
1634	초조본 대방광불화엄경 주본 권67, 77	이길녀	인천 연수구 청량로 102길 40-9 가천박물관
1635	초조본 십주비바사론 권17	이길녀	인천 연수구 청량로 102길 40-9 가천박물관
1636	산거사요	이길녀	인천 연수구 청량로 102길 40-9 가천박물관
1637	춘추경좌씨전구해 권60~70	이길녀	인천 연수구 청량로 102길 40-9 가천박물관
1638	춘추경좌씨전구해 권60~70	김찬호	경남 양산시
1639	우주두율	이길녀	인천 연수구 청량로 102길 40-9 가천박물관
1640	청량산괘불탱	권대성	서울 종로구 창신동 130-1 안양암
1641	반야바라밀다심경약소	자재암	경기 동두천시 상봉암동 1 자재암
1642	이운룡 선무공신교서 및 관련고문서	재령이씨 지암종중	경북 청도군
1643	밀양 천황사 석조비로자나불좌상	천황사	경남 밀양시 산내면 남명리 1-7
1644	파계사영산회상도	파계사	대구 동구 중대동 7 파계사
1645	이색초상	한산이씨대종회	서울 종로구
1646	손소초상	손성훈	경기 성남시 분당구 하오개로 323 한국학중앙연구원
1647	신편산학계몽 권중	(재)아단문고	서울 서대문구 충정로 9길 10-10 (재)아단문고
1648	둔촌잡영	(재)아단문고	서울 서대문구 충정로 9길 10-10 (재)아단문고
1649	대방광원각수다라요의경	(재)아단문고	서울 서대문구 충정로 9길 10-10 (재)아단문고
1650	대방광원각수다라료의경 권상1의2,하1의1~2의2	(재)아단문고	서울 서대문구 충정로 9길 10-10 (재)아단문고
1651	대방광원각수다라요의경 권상2의2, 권하3의1~3의2	김민영	서울 종로구 효자로12 국립고궁박물관
1652	명안공주관련유물	공유	강원 강릉시 율곡로 3139번길 24 오죽헌시립박물관
1653	김진초상	김시우	경북 안동시 도산면 퇴계로 1997 한국국학진흥원
1654	법집별행록절요병입사기	(주)한솔제지	서울 강남구 테헤란로 142 한솔제지㈜
1655	집주금강반야바라밀경 권하	(주)한솔제지	서울 강남구 테헤란로 142 한솔제지㈜
1656	불조삼경	(주)한솔제지	서울 강남구 테헤란로 142 한솔제지㈜
1657	불조삼경	범어사	부산 금정구 청룡동 546번지
1658	묘법연화경 권7(언해)	중앙승가대학	경기 김포시 풍무동 159-1 중앙승가대학
1659	조흡 고신왕지	국유	서울 노원구 공릉동 사서함 77-1호 육군박물관
1660	식물본초	이길녀	인천 연수구 청량로 102길 40-9 가천박물관
1661	청자음각반룡문주자	이건희	서울 용산구 이태원로 55길 60-16 삼성미술관 리움

지정번호	명칭	소유자	소재지
1662	분청사기조화절지문편병	이건희	서울 용산구 이태원로 55길 60-16 삼성미술관 리움
1663	백자상감연 · 당초문병	이건희	경기 용인시 처인구 포곡읍 에버랜드로 562번길 38 호암미술관
1664	백자철화운죽문호	이건희	서울 용산구 이태원로 55길 60-16 삼성미술관 리움
1665	진주청곡사목조제석천 · 대범천의상	청곡사	경남 합천군 가야면 치인리 10 해인사성보박물관
1666	현자총통	국유	경남 진주시 남성동 171-1 국립진주박물관
1667	의방유취 권201	(주)한독약품	충북 음성군 대소면 대풍리 37 한독의약박물관
1668	향약제생집성방 권4~5	(주)한독약품	충북 음성군 대소면 대풍리 37 한독의약박물관
1669	구급간이방	(주)한독약품, 강서구	기타. 충북 음성군, 서울 강서구
1670	구급간이방 권6	(주)한독약품	충북 음성군 대소면 대풍리 37 한독의약박물관
1671	구급간이방 권6	공유	서울 강서구 가양2동 26-5 허준박물관
1672	밀성박씨 삼우정파 종중 고문서	밀성박씨삼우종파종중	대구 수성구 청호로 321 국립대구박물관
1673	아미타여래도	우학문화재단	경기 용인시 처인구 용인대학로 134 용인대학교 수장고
1674	감로탱화	우학문화재단	경기 용인시 처인구 용인대학로 134 용인대학교 수장고
1675	묘법연화경 권3~4	통도사	경남 양산시 하북면 지산리 583 통도사성보박물관
1676	예념미타도량참법 권6~10	직지사	경북 김천시 대항면 운수리 216 직지사 성보박물관
1677	합천 해인사 길상탑	해인사	경남 합천군 가야면 치인리 산1-1
1678	완주 송광사 대웅전	송광사	전북 완주군 소양면 대흥리 569-2
1679	완주 송광사 종루	송광사	전북 완주군 소양면 대흥리 569-2
1680	백범일지	김 신	서울 용산구(백범기념관 보관)
1681	천안 광덕사 감역교지	광덕사	충남 천안시 광덕면 광덕리 640 광덕사
1682	천안 광덕사 조선사경	광덕사	충남 천안시 광덕면 광덕리 640 광덕사
1683	천안 광덕사 조선사경-백지묵서부모은중경 및 불설장수감죄제동자다라니경	광덕사	충남 천안시 광덕면 광덕리 640 광덕사
1684	천안 광덕사 조선사경-백지묵서묘법연화경 권1, 3, 5, 6 ,7	광덕사	충남 천안시 광덕면 광덕리 640 광덕사
1685	천안 광덕사 조선사경-백지묵서불설장수멸죄제동자다라니경 및 대승기신론	광덕사	충남 천안시 광덕면 광덕리 640 광덕사
1686	대불정여래밀인수증료의보살만행수능엄경 권1~4	서울 관악구	남부순환로 152길 53 호림박물관
1687	간이벽온방(언해)	이길녀	인천 연수구 청량로 102길 40-9 가천박물관
1688	세의득효방 권10~11	이길녀	인천 연수구 청량로 102길 40-9 가천박물관
1689	상교정본자비도량참법 권9~10	보림사	전남 장흥군 유치면 봉덕리 45 보림사
1690	해인사 동종	해인사	경남 합천군 가야면 치인리 10 해인사
1691	장흥 보림사 목조사천왕상	보림사	전남 장흥군 유치면 봉덕리 45 보림사
1692	완주송광사소조사천왕상	송광사	전북 완주군 소양면 대흥리 569 송광사
1693	칠장사삼불회괘불탱	칠장사	경기 안성시 죽산면 칠장리 764 칠장사
1694	청룡사영산회괘불탱	청룡사	경기 안성시 서운면 청룡리 28 청룡사
1695	보살사영산회괘불탱	보살사	충북 청주시 상당구 용암동 7 보살사
1696	법주사괘불탱	법주사	충북 보은군 속리산면 사내리 209 법주사
1697	마곡사석가모니불괘불탱	마곡사	충남 공주시 사곡면 운암리 567 마곡사
1698	광덕사노사나불괘불탱	광덕사	충남 천안시 광덕면 광덕리 640 광덕사
1699	용봉사영산회괘불탱	용봉사	충남 홍성군 홍북면 신경리 산80 용봉사
1700	수덕사노사나불괘불탱	수덕사	충남 예산군 덕산면 사천리 20 수덕사
1701	개심사영산회괘불탱	개심사	충남 서산시 운산면 신창리 1 개심사
1702	무량사미륵불괘불탱	무량사	충남 부여군 외산면 만수리 116 무량사
1703	금당사괘불탱	금당사	전북 진안군 마령면 동촌리 41 금당사
1704	안국사영산회괘불탱	안국사	전북 무주군 적상면 괴목리 산184-1 안국사
1705	내소사영산회괘불탱	내소사	전북 부안군 진서면 석포리 268 내소사
1706	개암사영산회괘불탱및초본	개암사	전북 부안군 상서면 감교리 714 개암사
1707	은해사괘불탱	은해사	경북 영천시 청통면 치일리 479 은해사
1708	수도사노사나불괘불탱	수도사	경북 영천시 신녕면 치산리 311 수도사
1709	불영사영산회상도	불영사	경북 울진군 서면 하원리 122 불영사

지정번호	명칭	소유자	소재지
1710	해인사영산회상도	해인사	경남 합천군 가야면 치인리 10 해인사
1711	완주 송광사 소조석가여래삼불좌상 및 복장유물	송광사	전북 김제시 금산면 금산리 39 금산사 성보박물관
1712	인제 한계사지 남 삼층석탑	국유(산림청)	강원 인제군 북면 한계리 90-4
1713	인제 한계사지 북 삼층석탑	국유(산림청)	강원 인제군 북면 한계리 산1-67
1714	동해 삼화사 삼층석탑	삼화사	강원 동해시 삼화동 산172
1715	북장사영산회괘불탱	북장사	경북 상주시 내서면 북장리 38 북장사
1716	죽림사세존괘불탱	죽림사	전남 나주시 남평읍 풍림리 산1 죽림사
1717	포항 오어사 동종	오어사	경북 포항시 남구 오천읍 항사리34 오어사
1718	자치통감 권236~238	국유	서울 용산구 서빙고로 137 국립중앙박물관
1719	최유련개국원종공신록권	강릉최씨대종회	서울 성동구 성수동 1가 12-208 현대인쇄 4층
1720	영암 월출산 용암사지 삼층석탑	국유(산림청)	전남 영암군 영암읍 회문리 산26-8
1721	공주 청량사지 오층석탑	동학사	충남 공주시 반포면 학봉리 산18
1722	공주 청량사지 칠층석탑	동학사	충남 공주시 반포면 학봉리 산18
1723	수월관음도	우학문화재단	경기 용인시 처인구 용인대학로 134 용인대학교 수장고
1724	지장보살삼존도	김영무	서울 종로구
1725	여수 타루비	국유	전남 여수시 고소동 620
1726	이윤손 유서	이영옥	서울 중랑구
1727	진산세고	박영돈	서울 강서구
1728	대악후보	국유	서울 서초구 남부순환로 2364 국립국악원
1729	동해 삼화사 철조노사나불좌상	삼화사	강원 동해시 삼화동 산176
1730	공주 계룡산 중악단	신원사	충남 공주시 계룡면 양화리 산8
1731	이제개국공신교서	이석기	경남 산청군 단성면 남사리 339-1
1732	괴산 각연사 통일대사탑비	각연사	충북 괴산군 칠성면 태성리 산7-1
1733	제천 신륵사 삼층석탑	신륵사	충북 제천시 덕산면 월악리 802
1734	선종영가집	공유	서울 종로구 새문안로 55 서울역사박물관
1735	조영복초상	공유	경기 용인시 기흥구 상갈로 6 경기도박물관
1736	괴산 보안사 삼층석탑	국유	충북 괴산군 청안면 효근리 385-2
1737	합천 해인사 홍제암	해인사	경남 합천군 가야면 치인리 21 홍제암
1738	합천 해인사 홍제암 사명대사탑 및 석장비	해인사	경남 합천군 가야면 치인리 21 홍제암
1739	청룡사감로탱	청룡사	경기 안성시
1740	백지금니금강 및 보문발원	직지사	경북 김천시 대항면 운수리 216 직지사 성보박물관
1741	유몽인위성공신교서	유효주	전남 고흥군
1742	김완초상	김완장군유적보존회	전남 영암군 서호면 화송리 159
1743	묘법연화경	직지사	경북 김천시 대항면 운수리 216 직지사 성보박물관
1744	고흥 능가사 대웅전	능가사	전남 고흥군 점암면 성기리 369
1745	홍진 호성공신교서	남양홍씨예사공파종회	강원 홍천군 북방면 능평리 154
1746	영암 엄길리 암각 매향명	국유	전남 영암군 서호면 엄길리 산85
1747	나주 불회사 대웅전	불회사	전남 나주시 다도면 마산리 999
1748	순천 선암사 대웅전	선암사	전남 순천시 승주읍 죽학리 802
1749	강진 무위사 아미타여래삼존좌상	무위사	전남 강진군 성전면 월하리 1174
1750	무위사극락전백의관음도	무위사	전남 강진군 성전면 월하리 1174
1751	무위사극락전내벽사면벽화	무위사	전남 강진군 성전면 월하리 1174
1752	율곡사괘불탱	율곡사	경남 산청군 신등면 율현리 1034
1753	운흥사괘불탱및궤	운흥사	경남 고성군 하이면 와룡리 442
1754	신 · 구법천문도	국유	서울 종로구 삼청로 37 국립민속박물관
1755	경진년대통력	국유	서울 종로구 삼청로 37 국립민속박물관
1756	예념미타도량참법 권7	계명대학교	대구 달서구 달구벌대로 1095 계명대학교 동산도서관
1757	무예제보번역속집	계명대학교	대구 달서구 달구벌대로 1095 계명대학교 동산도서관
1758	곡성 가곡리 오층석탑	국유	전남 곡성군 오산면 가곡리 2
1759	파주 공효공 박중손묘 장명등	밀양박씨규정공파대종회	경기 파주시 탄현면 오금 2리 산19

지정번호	명칭	소유자	소재지
1760	시흥 소래산 마애보살입상	국유	경기 시흥시 대야동 산140-3
1761	전 낙수정 동종	국유	전북 전주시 완산구 쑥고개로 249 국립전주박물관
1762	함창상원사사불회탱	국유	서울 용산구 서빙고로 137 국립중앙박물관
1763	석조지장보살좌상	국유	서울 용산구 서빙고로 137 국립중앙박물관
1764	기영회도	국유	서울 용산구 서빙고로 137 국립중앙박물관
1765	백자청화소상팔경문팔각연적	국유	서울 용산구 서빙고로 137 국립중앙박물관
1766	예천용문사팔상탱	용문사	경북 김천시 대항면 운수리 216 직지사 성보박물관
1767	흥국사노사나불괘불탱	흥국사	전남 여수시 중흥동 산 17 흥국사
1768	흥국사수월관음도	흥국사	전남 여수시 중흥동 산 17 흥국사
1769	흥국사십육나한도	흥국사	전남 여수시 중흥동 산 17 흥국사
1770	화원 우배선 의병진 관련자료	단양우씨열락당종중, 우국일	대구 달서구, 경기 의왕시
1771	군공책	단양우씨열락당종중	대구 달서구 상인동 1500번지 국민은행 상인역지점
1772	교지(교첩)	단양우씨 추모제종중	경기 의왕시
1773	간찰	우국일	경기 의왕시
1774	각택기	우국일	경기 의왕시
1775	대장일람집	계명대학교	대구 달서구 달구벌대로 1095 계명대학교 동산도서관
1776	고성 건봉사 능파교	건봉사	강원 고성군 거진읍 냉천리 38-1
1777	고성 육송정 홍교	국유	강원 고성군 간성읍 해상리 1041
1778	옥천 용암사 동 · 서 삼층석탑	용암사	충북 옥천군 옥천읍 삼청리 산51-1
1779	오덕사괘불탱	오덕사	충남 부여군 충화면 오덕리 284 오덕사
1780	천은사괘불탱	천은사	전남 구례군 광의면 방광리 70 천은사
1781	도림사괘불탱	도림사	전남 곡성군 곡성읍 월봉리 337 도림사
1782	미황사괘불탱	미황사	전남 해남군 송지면 서정리 247 미황사
1783	다보사괘불탱	다보사	전남 나주시 경현동 629 다보사
1784	금탑사괘불탱	금탑사	전남 고흥군 포두면 봉림리 700 금탑사
1785	만연사괘불탱	만연사	전남 화순군 화순읍 동구리 179 만연사
1786	장성 백양사 소요대사탑	백양사	전남 장성군 북하면 약수리 20
1787	해남 대흥사 서산대사탑	대흥사	전남 해남군 삼산면 구림리 산8-6
1788	화엄사 서오층석탑 사리장엄구	화엄사	전남 구례군 마산면 황전리 12 화엄사
1789	곡성 태안사 동종	태안사	전남 곡성군 죽곡면 원달리 20 태안사
1790	통도사석가여래괘불탱	통도사	경남 양산시 하북면 지산리 583 통도사성보박물관
1791	통도사괘불탱	통도사	경남 양산시 하북면 지산리 583 통도사성보박물관
1792	통도사화엄탱	통도사	경남 양산시 하북면 지산리 583 통도사성보박물관
1793	통도사영산회상탱	통도사	경남 양산시 하북면 지산리 583 통도사성보박물관
1794	통도사 청동 은입사 향완	통도사	경남 양산시 하북면 지산리 583 통도사성보박물관
1795	초조본 아비달마계신족론 권하	공유	서울 종로구 새문안로 55 서울역사박물관
1796	초조본 현양성교론 권3	공유	서울 종로구 새문안로 55 서울역사박물관
1797	해남 대흥사 서산대사유물	대흥사	전남 해남군 삼산면 구림리 799 대흥사
1798	동여도	국유, 공유	서울. 서울역사박물관, 규장각한국학연구원
1799	동여도	공유	서울 종로구 새문안로 55 서울역사박물관
1800	동여도	국유	서울 관악구 관악로 1 103동 서울대학교 규장각 한국학연구원
1801	감은사지 동삼층석탑 사리장엄구	국유	서울 용산구 서빙고로 137 국립중앙박물관
1802	보은 법주사 소조비로자나삼불좌상	법주사	충북 보은군 속리산면 사내리 209 법주사
1803	보은 법주사 목조관음보살좌상	법주사	충북 보은군 속리산면 사내리 209 법주사
1804	양양 낙산사 건칠관음보살좌상	낙산사	강원 양양군 강현면 전진리 55 낙산사
1805	화엄사대웅전삼신불탱	화엄사	전남 구례군 마산면 황전리 산12 화엄사
1806	쌍계사대웅전삼세불탱	쌍계사	경남 하동군 화개면 운수리 208 쌍계사
1807	쌍계사팔상전팔상탱	쌍계사	경남 하동군 화개면 운수리 208 쌍계사
1808	송광사응진당석가모니후불탱.십육나한탱	송광사	전남 순천시 송광면 신평리 12 송광사

지정번호	명칭	소유자	소재지
1809	송광사영산전후불탱.팔상탱	송광사	전남 순천시 송광면 신평리 12 송광사
1810	번역명의집	계명대학교	대구 달서구 달구벌대로 1095 계명대학교 동산도서관
1811	괴산 각연사 통일대사탑	각연사	충북 괴산군 칠성면 태성리 산7-1
1812	영동 반야사 삼층석탑	반야사	충북 영동군 황간면 우매리 151-1
1813	함평 고막천 석교	국유	전남 함평군 고막리 629
1814	통도사 금동천문도	통도사	경남 양산시 하북면 지산리 583 통도사성보박물관
1815	용흥사삼불회괘불탱	용흥사	경북 상주시 지천동 772
1816	월정사 팔각구층석탑 사리장엄구	월정사	강원 평창군 진부면 동산리 63-1 월정사성보박물관
1817	순천 송광사 티베트문 법지	송광사	전남 순천시 송광면 신평리 12 송광사성보박물관
1818	영광 불갑사 목조석가여래삼불좌상	불갑사	전남 영광군 불갑면 모악리 8 불갑사
1819	하동 쌍계사 목조석가여래삼불좌상 및 사보살입상	쌍계사	경남 하동군 화개면 운수리 208 쌍계사
1820	축서사괘불탱	축서사	경북 봉화군 물야면 개단리 1 축서사
1821	신경행 청난공신교서 및 관련문적	영산신씨충익공파종중	충북 청주시 상당구 명암로 143 국립청주박물관
1822	예산 수덕사 목조석가여래삼불좌상 및 복장유물	수덕사	충남 예산군 덕산면 사천리 20 수덕사
1823	청자상감국모란문[신축]명벼루	홍라희	서울 용산구 이태원로 55길 60-16 삼성미술관 리움
1824	청자철화초충조문매병	이건희	서울 용산구 이태원로 55길 60-16 삼성미술관 리움
1825	청자상감유로매죽문편병	이건희	서울 용산구 이태원로 55길 60-16 삼성미술관 리움
1826	청자양각운룡문매병	이건희	서울 용산구 이태원로 55길 60-16 삼성미술관 리움
1827	청자상감어룡문매병	홍라희	서울 용산구 이태원로 55길 60-16 삼성미술관 리움
1828	분청사기철화모란문장군	이건희	서울 용산구 이태원로 55길 60-16 삼성미술관 리움
1829	분청사기박지연화문편병	이건희	서울 용산구 이태원로 55길 60-16 삼성미술관 리움
1830	청자상감매죽유문[장진주]명매병	이건희	서울 용산구 이태원로 55길 60-16 삼성미술관 리움
1831	백자청화동정추월문호	이건희	서울 용산구 이태원로 55길 60-16 삼성미술관 리움
1832	백자투각상감모란문병	이건희	서울 용산구 이태원로 55길 60-16 삼성미술관 리움
1833	이암필 화조구자도	이건희	서울 용산구 이태원로 55길 60-16 삼성미술관 리움
1834	김홍도필 추성부도	이건희	서울 용산구 이태원로 55길 60-16 삼성미술관 리움
1835	경기감영도병	삼성문화재단	서울 용산구 이태원로 55길 60-16 삼성미술관 리움
1836	영암 도갑사 도선국사 · 수미선사비	도갑사	전남 영암군 군서면 도갑리 산56-2
1837	강진 백련사 사적비	백련사	전남 강진군 도암면 만덕리 247
1838	영국사영산회후불탱	영국사	서울 종로구 우정국로 55 불교중앙박물관
1839	청자상감압형주자	박영숙	경기 성남시
1840	청자퇴화표형주자	김영무	서울 종로구
1841	분청사기상감모란당초문장군	박영숙	경기 성남시
1842	충주 봉황리 마애불상군	국유	충북 충주시 가금면 봉황리 산27
1843	소수서원문성공묘	소수서원	경북 영주시 순흥면 내죽리 151-2
1844	소수서원강학당	소수서원	경북 영주시 순흥면 내죽리 151-2
1845	봉사조선창화시권	국유	서울 용산구 서빙고로 137 국립중앙박물관
1846	비해당소상팔경시첩	국유	서울 용산구 서빙고로 137 국립중앙박물관
1847	이십삼상대회도및김종한교지	공유	경기 용인시 기흥구 상갈로 6 경기도박물관
1848	범망경보살계본 및 수보살계법	공유	충북 청주시 흥덕구 직지대로 713 청주고인쇄박물관
1849	금강반야바라밀경	공유	충북 청주시 흥덕구 직지대로 713 청주고인쇄박물관
1850	대방광불화엄경소 권48, 64, 83	공유	충북 청주시 흥덕구 직지대로 713 청주고인쇄박물관
1851	금동 당간 용두	국립경주박물관	경북 경주시 인왕동 76 국립경주박물관 (국립대구박물관 임)
1852	임신서기석	국유	경북 경주시 일정로 186 국립경주박물관
1853	감지금니대방광불화엄경 권15	유상옥	서울 강남구 언주로 827 코리아나 화장박물관
1854	법주사 철확	법주사	충북 보은군 속리산면 사내리 209 법주사
1855	봉업사명청동향로	이건희	경기 용인시 처인구 포곡읍 에버랜드로 562번길 38 호암미술관
1856	삼현수간	이건희	서울 용산구 이태원로 55길 60-16 삼성미술관 리움
1857	보은 법주사 복천암 수암화상탑	법주사	충북 보은군 속리산면 사내리 산1-1
1858	보은 법주사 석조희견보살입상	법주사	충북 보은군 속리산면 사내리 209

지정번호	명칭	소유자	소재지
1859	보은 법주사 복천암 학조화상탑	법주사	충북 보은군 속리산면 사내리 산1-1
1860	선암사석가모니불괘불탱 및 부속유물일괄	선암사	전남 순천시 승주읍 죽학리 802 선암사
1861	청자상감화류문주자및승반	이건희	서울 용산구 이태원로 55길 60-16 삼성미술관 리움
1862	청자퇴화화문주자 및 승반	홍라희	서울 용산구 이태원로 55길 60-16 삼성미술관 리움
1863	분청사기상감모란문호	홍라희	서울 용산구 이태원로 55길 60-16 삼성미술관 리움
1864	분청사기인화문장군	이건희	서울 용산구 이태원로 55길 60-16 삼성미술관 리움
1865	백자철화매죽문호	이건희	서울 용산구 이태원로 55길 60-16 삼성미술관 리움
1866	수월관음도	(주)아모레퍼시픽	경기 용인시 기흥구 용구대로 1920 아모레퍼시픽 미술관
1867	경주 괘릉석상 및 석주일괄	국유	경북 경주시 외동읍 괘릉리 산17,611-4
1868	정통십삼년명 분청사기상감묘지 외 인화분청사기일괄	이건희	서울 용산구 이태원로 55길 60-16 삼성미술관 리움
1869	경주 원원사지 동 · 서 삼층석탑	국유	경북 경주시 외동읍 모화리 산12-3
1870	화성행행도팔첩병	이건희	서울 용산구 이태원로 55길 60-16 삼성미술관 리움
1871	정사신동참제계회도	이건희	서울 용산구 이태원로 55길 60-16 삼성미술관 리움
1872	적천사괘불탱및지주	적천사	경북 청도군
1873	영암 도갑사 오층석탑	도갑사	전남 영암군 군서면 도갑리 8 도갑사
1874	완주 안심사 금강계단	안심사	전북 완주군 운주면 완창리 26 안심사
1875	이원익초상	이승규	경기 광명시 소하2동 1086 충현박물관
1876	거창 농산리 석조여래입상	국유	경남 거창군 북상면 농산리 산53
1877	백자대호	국유	서울 용산구 서빙고로 137 국립중앙박물관
1878	백자대호	김영무	서울 종로구
1879	백자대호	최상순	서울 영등포구
1880	백자대호	(주)아모레퍼시픽	경기 용인시 기흥구 용구대로 1920 아모레퍼시픽 미술관
1881	일월반도도팔첩병	국유	서울 종로구 효자로12 국립고궁박물관
1882	왕세자탄강진하도십첩병	국유	서울 종로구 효자로12 국립고궁박물관
1883	은입사귀면문철퇴	국유	서울 종로구 효자로12 국립고궁박물관
1884	예천용문사영산회괘불탱	용문사	경북 예천군 용문면 내지리 391 용문사
1885	남해용문사괘불탱	남해용문사	경남 남해군 이동면 용소리 868 용문사
1886	청자상감화조문도판	이건희	서울 용산구 이태원로 55길 60-16 삼성미술관 리움
1887	백자청화보상당초문호	이건희	서울 용산구 이태원로 55길 60-16 삼성미술관 리움
1888	청자기린연적	김영무	서울 종로구
1889	분청사기상감사각묘지및분청사기인화문사각편병	(주)아모레퍼시픽	경기 용인시 기흥구 용구대로 1920 아모레퍼시픽 미술관
1890	청자상감운학국화문병형주자	성보문화재단	서울 관악구 남부순환로 152길 53 호림박물관
1891	청자상감연화유문덕천명매병	성보문화재단	서울 관악구 남부순환로 152길 53 호림박물관
1892	청자유개주자	성보문화재단	서울 관악구 남부순환로 152길 53 호림박물관
1893	청자음각연화문팔각장경병	성보문화재단	서울 관악구 남부순환로 152길 53 호림박물관
1894	분청사기상감파어문병	성보문화재단	서울 관악구 남부순환로 152길 53 호림박물관
1895	분청사기박지태극문편병	성보문화재단	서울 관악구 남부순환로 152길 53 호림박물관
1896	백자사각제기	성보문화재단	서울 관악구 남부순환로 152길 53 호림박물관
1897	백자청화철화접문시명팔각연적	성보문화재단	서울 관악구 남부순환로 152길 53 호림박물관
1898	해동조계복암화상잡저	김민영	서울 종로구 효자로12 국립고궁박물관
1899	흥천사명 동종	국유	서울 중구 세종대로 99 덕수궁
1900	부산 범어사 조계문	범어사	부산 금정구 청룡동 546
1901	서울 인조별서 유기비	국유	서울 은평구 역촌동 8-12
1902	용비어천가	계명대학교, 서울역사박물관	대구 달서구 신당동 1000 계명대 동산도서관, 서울 종로구 서울역사박물관
1903	용비어천가 권8, 9, 10	계명대학교	대구 달서구
1904	용비어천가 권3, 4	공유	서울 종로구 새문안로 55 서울역사박물관
1905	용비어천가 권1~2	국유	서울 관악구 관악로 1 103동 서울대학교 규장각 한국학연구원
1906	용비어천가 권1~2, 7~8	고려대학교	서울 성북구 안암로 145 고려대학교 중앙도서관
1907	사마방목	계명대학교	대구 달서구 달구벌대로 1095 계명대학교 동산도서관

지정번호	명칭	소유자	소재지
1908	도은선생집	계명대학교	대구 달서구 달구벌대로 1095 계명대학교 동산도서관
1909	진일유고	계명대학교	대구 달서구 달구벌대로 1095 계명대학교 동산도서관
1910	순천송광사소조사천왕상	송광사	전남 순천시 송광면 신평리 12 송광사
1911	순천 송광사 소조 사천왕상 복장유물	송광사	전남 순천시 송광면 신평리 12 송광사
1912	마천목좌명공신녹권	장흥마씨중앙종회	서울 종로구 효자로 12 국립고궁박물관
1913	영광 불갑사 불복장 전적	불갑사	전남 영광군 불갑면 모악리 8번지 불갑사
1914	석가삼존상 · 16나한상복장전적	불갑사	전남 영광군 불갑면 모악리 8번지 불갑사
1915	지장보살상 · 시왕상복장전적	불갑사	전남 영광군 불갑면 모악리 8번지 불갑사
1916	사천왕상복장전적	불갑사	전남 영광군 불갑면 모악리 8번지 불갑사
1917	양산 통도사 삼층석탑	통도사	경남 양산시 하북면 지산리 583
1918	통도사 아미타여래설법도	통도사	경남 양산시 하북면 지산리 583 통도사성보박물관
1919	여주이씨 옥산문중 고문서	이해철	경북 경주시 안강읍 옥산리 1600-1 독락당
1920	경주이씨 양월문중 고문서 및 향안	이상천, 서울시/공유	경북 경주시, 서울시 종로구
1921	경주이씨 양월문중 고문서 및 향안	경주이씨양월문중	경북 경주시 일정로 186 국립경주박물관
1922	경주이씨 양월문중 고문서 및 향안 - 이지대 왕지	서울역사박물관	서울 종로구 신문로 2가 2-1
1923	안압지 출토 금동판 불상 일괄	국유	경북 경주시 일정로 186 국립경주박물관
1924	김시민선무공신교서	국유	경남 진주시 626-35 국립진주박물관
1925	채제공초상일괄	수원시, 채규식	기타 전국
1926	시복본	수원시	경기 수원시 팔달구 신풍로 23번길 68 선경도서관
1927	금관조복본	채규식	대전 동구
1928	흑단령포본	도강영당본손유사 채규식	충남 충남전역
1929	조씨삼형제초상	국유	서울 종로구
1930	유숙 초상 및 관련 교지	고흥유씨춘천종중	서울 종로구 효자로12 국립고궁박물관
1931	심환지 초상	경기도	경기 용인시 기흥구 상갈로 6 경기도박물관
1932	김유초상	청풍김씨판서공파종회	경기 용인시 기흥구 상갈로 6 경기도박물관
1933	이시방초상	이종억	대전 유성구 노은동로 126 대전선사박물관
1934	이채초상	국유	서울 용산구 서빙고로 137 국립중앙박물관
1935	남구만초상	국유	서울 용산구 서빙고로 137 국립중앙박물관
1936	강이오초상	국유	서울 용산구 서빙고로 137 국립중앙박물관
1937	이광사초상	국유	서울 용산구 서빙고로 137 국립중앙박물관
1938	서직수초상	국유	서울 용산구 서빙고로 137 국립중앙박물관
1939	심득경초상	국유	광주 북구 하서로 110 국립광주박물관
1940	박유명초상	공유	경기 수원시 영통구 창룡대로 265 수원역사박물관
1941	이성윤 초상	이성구	서울 종로구 효자로12 국립고궁박물관
1942	연잉군 초상	국유	서울 종로구 효자로12 국립고궁박물관
1943	철종어진	국유	서울 종로구 효자로12 국립고궁박물관
1944	오재순초상	이건희	서울 용산구 이태원로 55길 60-16 삼성미술관 리움
1945	황현 초상 및 사진	황승현	전남 순천시
1946	윤증 초상 일괄	윤완식	충남 공주시 금흥동 110-2 충남역사문화연구원
1947	윤급초상	국유	서울 용산구 서빙고로 137 국립중앙박물관
1948	김시습초상	무량사	서울 종로구 우정국로 55 불교중앙박물관
1949	조선후기 문인초상	신성수	부산 남구
1950	이하응 초상 일괄	서울시/공유, 국유(국립중앙박물관)	서울 서울전역 종로구 신문로 2가 2-1번지, 용산구 용산동 6가 168-6번지
1951	이하응초상일괄(서울역사박물관)	공유	서울 종로구 새문안로 55 서울역사박물관
1952	이하응 초상 일괄 - 흑단령포본	공유	서울 종로구 새문안로 55 서울역사박물관
1953	이하응 초상 일괄 - 금관조복본	공유	서울 종로구 새문안로 55 서울역사박물관
1954	이하응 초상 일괄 - 와룡관학창의본	공유	서울 종로구 새문안로 55 서울역사박물관
1955	이하응 초상 일괄 - 흑건청포본	공유	서울 종로구 새문안로 55 서울역사박물관

지정번호	명칭	소유자	소재지
1956	이하응 초상 일괄 – 복건심의본	공유	서울 종로구 새문안로 55 서울역사박물관
1957	이하응 초상 일괄 – 금관조복본	국유	서울 용산구 서빙고로 137 국립중앙박물관
1958	김이안초상	연세대학교	서울 서대문구 연세로 50 연세대학교박물관
1959	이덕성 초상 및 관련자료 일괄	공유	부산 남구 유엔평화로 63 부산시립박물관
1960	전윤효전초상	윤용진	대구 중구
1961	임장초상	연세대학교	서울 서대문구 연세로 50 연세대학교박물관
1962	유언호초상	국유	서울 관악구 관악로 1 103동 서울대학교 규장각 한국학연구원
1963	대구 동화사 사명당 유정 진영	동화사	대구 동구 도학동 35 동화사
1964	순천선암사선각국사도선진영	선암사	전남 순천시 승주읍 죽학리 802 선암사
1965	광주 자운사 목조아미타여래좌상 및 복장유물	자운사	광주 동구 지산2동 95-3번지, 전남 순천 송광면 신평리
1966	이성윤위성공신교서및관련유물	이성구	인천 부평구
1967	허목초상	국유	강원 춘천시 우석로 70 국립춘천박물관
1968	최익현초상	국유	제주 제주시 일주동로 17 국립제주박물관
1969	국조정토록	국유	경기 성남시 경기 성남시 분당구 하오개로 323 한국학중앙연구원
1970	20공신회맹축 – 영국공신녹훈후	국유	경기 성남시 경기 성남시 분당구 하오개로 323 한국학중앙연구원
1971	20공신회맹축 – 보사공신녹훈후	국유	경기 성남시 경기 성남시 분당구 하오개로 323 한국학중앙연구원
1972	대방광원각수다라요의경 권상1의1	국유	경기 성남시 경기 성남시 분당구 하오개로 323 한국학중앙연구원
1973	대불정여래밀인수증요의제보살만행수능엄경 권2, 10	국유	경기 성남시 경기 성남시 분당구 하오개로 323 한국학중앙연구원
1974	김제 귀신사 소조비로자나삼불좌상	귀신사	전북 김제시 금산면 청도리 81 귀신사
1975	남원 선국사 건칠아미타여래좌상 및 복장유물	선국사	전북 김제시 금산면 금산리 39 금산사 성보박물관
1976	대방광원각수다라요의경 권1	김민영	서울 종로구 효자로12 국립고궁박물관
1977	묘법연화경삼매참법 권상	김민영	서울 종로구 효자로12 국립고궁박물관
1978	대불정여래밀인수증요의제보살만행수능엄경 권1	김민영	서울 종로구 효자로12 국립고궁박물관
1979	경국대전 권3	김민영	서울 종로구 효자로12 국립고궁박물관
1980	영산회상도	동아대학교	부산 서구 구덕로 255 동아대학교 부민캠퍼스 동아대학교박물관
1981	경주 불국사 석조	불국사	경북 경주시 진현동 13-5
1982	서울 이윤탁 한글영비	성주이씨문경공파정자공문중	서울 노원구 하계동 12번지
1983	금장요집경 권1~2	범어사	부산 금정구 청룡동 546번지
1984	부산 범어사 목조석가여래삼존좌상	범어사	부산 금정구 청룡동 546번지
1985	충주백운암철조여래좌상	백운암	충북 충주시 엄정면 괴동리 223-2
1986	초조본사두간진일태자이십팔수경	연세대학교	서울 서대문구 연세로 50 연세대학교중앙도서관
1987	초조본 잡아비담심론 권9	연세대학교	서울 서대문구 연세로 50 연세대중앙도서관
988	초조본수용삼수요행법	연세대학교	서울 서대문구 연세로 50 연세대학교중앙도서관
1989	영조을유기로연 · 경현당수작연도병	공유	서울 종로구 새문안로 55 서울역사박물관
1990	여주 효종 영릉재실	문화재청	경기 여주군 능서면 왕대리 산83-1
1991	해동팔도봉화산악지도	고려대학교	서울 성북구 안암로 145 고려대학교 중앙도서관
1992	서궐도안	고려대학교	서울 성북구 안암로 145 고려대학교박물관
1993	숙빈최씨소령원도	국유	경기 성남시 경기 성남시 분당구 하오개로 323 한국학중앙연구원
1994	월중도	국유	경기 성남시 경기 성남시 분당구 하오개로 323 한국학중앙연구원
1995	서북피아양계만리일람지도	국유	서울. 국립중앙도서관, 규장각한국학연구원
1996	서북피아양계만리일람지도	국유	서울 서초구 반포대로 201 국립중앙도서관
1997	서북피아양계만리일람지도	국유	서울 관악구 관악로 1 103동 서울대학교 규장각 한국학연구원
1998	동국대지도	국유	서울 용산구 서빙고로 137 국립중앙박물관
1999	봉래유묵	연세대학교	서울 서대문구 연세로 50 연세대학교중앙도서관
2000	청자표형주자	성보문화재단	서울 관악구 남부순환로 152길 53 호림박물관
2001	분청사기상감모란유문병	성보문화재단	서울 관악구 남부순환로 152길 53 호림박물관
2002	요계관방지도	국유	서울 관악구 관악로 1 103동 서울대학교 규장각 한국학연구원
2003	상교정본자비도량참법 권9~10	향천사	충남 예산군 덕산면 사천리 20 수덕사
2004	나주심향사건칠아미타여래좌상	심향사	전남 나주시 대호동 825 심향사
2005	나주불회사건칠비로자나불좌상	불회사	전남 나주시 마산리 999 불회사

지정번호	명칭	소유자	소재지
2006	구례천은사금동불감	천은사	전남 구례군 광의면 방광리 70 천은사
2007	해남 대흥사 금동관음보살좌상	대흥사	전남 해남군 삼산면 구림리 799 대흥사
2008	구례화엄사목조비로자나삼신불좌상	화엄사	전남 구례군 마산면 황전리 12 화엄사
2009	순천송광사목조석가여래삼존상및소조16나한상일괄	송광사	전남 순천시 송광면 신평리 12
2010	여수흥국사목조석가여래삼존상	흥국사	전남 여수시 중흥동 산 17 흥국사
2011	진천영수사영산회괘불탱	영수사	충북 진천군 초평면 영구리 산542 영수사
2012	해남대흥사영산회괘불탱	대흥사	전남 해남군 삼산면 구림리 799 대흥사
2013	순천 선암사 서부도암감로왕도	선암사	전남 순천시 승주읍 죽학리 802 선암사
2014	순천 선암사 33조사도	선암사	전남 순천시 승주읍 죽학리 802 선암사
2015	담양 용흥사동종	용흥사	전남 담양군 월산면 용흥리 574 용흥사
2016	여수 흥국사 동종	흥국사	전남 여수시 중흥동 산 17 흥국사
2017	고흥 능가사 동종	능가사	전남 고흥군 점암면 성기리 37 능가사
2018	순천 선암사 동종	선암사	전남 순천시 승주읍 죽학리 802 선암사
2019	감지은니대방광불화엄경	(주)아모레퍼시픽	경기 용인시 기흥구 용구대로 1920 아모레퍼시픽 미술관
2020	도성도	국유	서울 관악구 관악로 1 103동 서울대학교 규장각 한국학연구원
2021	순천 선암사 동종	선암사	전남 순천시 승주읍 죽학리 802 선암사
2022	영주부석사오불회괘불탱	부석사	경북 영주시 부석면 북지리 148 부석사
2023	대구 동화사 대웅전	동화사	대구 동구 도학동 35
2024	이순신 관련 고문서	국유 · 사유	충남 아산시 염치읍 현충사길 130 현충사관리소
2025	이순신 선무공신교서	국유	충남 아산시 염치읍 현충사길 130 현충사관리소
2026	이순신 등 선유호상교서	사유	충남 아산시 염치읍 현충사길 130 현충사관리소
2027	이순신 사명훈유교서	사유	충남 아산시 염치읍 현충사길 130 현충사관리소
2028	이순신 유서	사유	충남 아산시 염치읍 현충사길 130 현충사관리소
2029	이순신 유서	사유	충남 아산시 염치읍 현충사길 130 현충사관리소
2030	이순신 유서	사유	충남 아산시 염치읍 현충사길 130 현충사관리소
2031	이순신 무과홍패	사유	충남 아산시 염치읍 현충사길 130 현충사관리소
2032	이순신처 방씨 고신교지	사유	충남 아산시 염치읍 현충사길 130 현충사관리소
2033	이순신처 방씨 고신교지	사유	충남 아산시 염치읍 현충사길 130 현충사관리소
2034	이순신 증직교지	사유	충남 아산시 염치읍 현충사길 130 현충사관리소
2035	이순신 사패교지	사유	충남 아산시 염치읍 현충사길 130 현충사관리소
2036	이순신 증시교지	사유	충남 아산시 염치읍 현충사길 130 현충사관리소
2037	이순신 유지	사유	충남 아산시 염치읍 현충사길 130 현충사관리소
2038	이순신 별급문기	사유	충남 아산시 염치읍 현충사길 130 현충사관리소
2039	부여무량사소조아미타여래삼존좌상	무량사	충남 부여군 외산면 만수리 116 무량사
2040	여수흥국사목조지장보살삼존상 · 시왕상일괄및복장유물	흥국사	전남 여수시 중흥동 산 17 흥국사
2041	지장보살본원경	김민영	서울 종로구 효자로12 국립고궁박물관
2042	상주 양진당	풍양조씨 장천파 문중	경북 상주시 낙동면 승곡리 214-3
2043	논산 돈암서원 응도당	돈암서원	충남 논산시 연산면 임리 72
2044	청송 대전사 보광전	대전사	경북 청송군 부동면 상의리 200
2045	안동 보광사 목조관음보살좌상 및 복장유물	보광사	경북 안동시 도산면 서부2리 산50-7 보광사
2046	서산 문수사 금동여래좌상 복장유물	문수사	충남 예산군 덕산면 사천리 20 수덕사
2047	청자양각연판문접시	유광렬	경기 이천시
2048	문경 봉암사 극락전	봉암사	경북 문경시 가은읍 원북리 485
2049	성주향교 대성전 및 명륜당	경북향교재단	경북 성주군 성주읍 예산리 131
2050	김천 직지사 대웅전	직지사	경북 김천시 대항면 운수리 216
2051	증급유방	공유	경기 용인시 기흥구 상갈로 6 경기도박물관
2052	경기전정전	국유	전북 전주시 완산구 풍남동 3가 102번지
2053	초조본성지세다라니경	공유	경기 용인시 기흥구 상갈로 6 경기도박물관
2054	서울 수국사 목조아미타여래좌상 및 복장유물	수국사	서울 은평구 갈현동 314번지 수국사
2055	대동여지도목판	국유	서울 용산구 서빙고로 137 국립중앙박물관

지정번호	명칭	소유자	소재지
2056	청구관해방총도	국유	서울 용산구 서빙고로 137 국립중앙박물관
2057	함경도전도	국유	서울 관악구 관악로 1 103동 서울대학교 규장각 한국학연구원
2058	해서지도	국유	서울 관악구 관악로 1 103동 서울대학교 규장각 한국학연구원
2059	영남지도	국유	서울 관악구 관악로 1 103동 서울대학교 규장각 한국학연구원
2060	전주지도	국유	서울 관악구 관악로 1 103동 서울대학교 규장각 한국학연구원
2061	조선지도	국유	서울 관악구 관악로 1 103동 서울대학교 규장각 한국학연구원
2062	호남지도	국유	서울 관악구 관악로 1 103동 서울대학교 규장각 한국학연구원
2063	호서지도	국유	서울 관악구 관악로 1 103동 서울대학교 규장각 한국학연구원
2064	화동고지도	국유	서울 관악구 관악로 1 103동 서울대학교 규장각 한국학연구원
2065	해동지도	국유	서울 관악구 관악로 1 103동 서울대학교 규장각 한국학연구원
2066	여지도	국유	서울 관악구 관악로 1 103동 서울대학교 규장각 한국학연구원
2067	해동여지도	국유	서울 서초구 반포대로 201 국립중앙도서관
2068	청구도	국유, 영남대학교, 고려대학교	기타. 국립중앙도서관, 영남대학교,고려대학교 중앙도서관
2069	청구도	국유	서울 서초구 반포대로 201 국립중앙도서관
2070	청구도	영남대학교	경북 경산시 대동 214-1 영남대학교 도서관
2071	청구도	고려대학교	서울 성북구 안암로 145 고려대학교 중앙도서관
2072	목장지도	국유	기타. 국립중앙도서관, 부산대학교
2073	목장지도	국유	서울 서초구 반포대로 201 국립중앙도서관
2074	목장지도	국유	부산 금정구 부산대학로 63번길 2-1 부산대학교도서관
2075	동여비고	김찬호	경남 양산시
2076	아국여지도	국유	경기 성남시 경기 성남시 분당구 하오개로 323 한국학중앙연구원
2077	함경도 · 경기도 · 강원도지도	경희대학교	경기 용인시 기흥구 덕암대로 1732 경희대학교 혜정박물관
2078	경상총여도	신성수	부산 남구
2079	진주성도	계명대학교	대구 달서구 달구벌대로 1095 계명대학교 행소박물관
2080	조선본천하여지도	공유	서울 종로구 새문안로 55 서울역사박물관
2081	조선팔도고금총람도	서울시	서울 종로구 새문안길 50 서울역사박물관
2082	대불정여래밀인수증요의제보살만행수능엄경	공유	서울 종로구 새문안로 55 서울역사박물관
2083	영천 은해사 청동북 및 북걸이	은해사	경북 영천시 청통면 치일리 479 은해사
2084	칠곡송림사목조석가여래삼존좌상	송림사	경북 칠곡군 동명면 구덕리91-6 송림사
2085	칠곡송림사석조아미타여래삼존좌상	송림사	경북 칠곡군 동명면 구덕리 91-6 송림사
2086	대구 동화사 목조약사여래좌상 복장전적	동화사	대구 동구 도학동 35 동화사
2087	성주 선석사 영산회 괘불탱	선석사	경북 성주군 월항면 인촌리 217번지 선석사
2088	포항 보경사 괘불탱	보경사	경북 포항시 북구 송라면 622번지 보경사
2089	대구 동화사 아미타회상도	동화사	대구 동구 도학동 35 동화사
2090	경주기림사비로자나삼불회도	기림사	경북 경주시 양북면 호암리 419번지 기림사
2091	영천 봉림사 영산회상도 및 복장유물	봉림사	경북 영천시 화북면 자천리 2372번지 봉림사
2092	청도운문사비로자나삼신불회도	운문사	경북 청도군 운문면 신원리 1789 운문사
2093	안동봉정사영산회상벽화	봉정사	경북 안동시 서후면 태장리 901 봉정사
2094	경주왕룡사원목조아미타여래좌상	윤시연	경북 경주시
2095	예안김씨가전계회도일괄	신성수	부산 동구
2096	이헌국 호성공신교서	이철근	대구 수성구 청호로 321 국립대구박물관
2097	대한제국 고종「황제어새」	국유	서울 종로구 효자로12 국립고궁박물관
2098	서산 개심사 목조아미타여래좌상	대한불교조계종	충남 서산시 운산면 신창리 1 개심사
2099	안동 봉정사 목조관음보살좌상	대한불교조계종	경북 안동시 서후면 태장리 901번지
2100	서울 지장암 목조비로자나불좌상	지장암	서울 종로구 창신2동 626-3번지
2101	서거정 필적	공유	경기 용인시 기흥구 상갈로 6 경기도박물관
2102	성수침 필적	공유	대전 유성구 노은동로 126 대전선사박물관
2103	양사언 초서	서강대학교	서울 마포구 백범로 35 서강대학교 박물관
2104	황기로 초서	강릉시, 박우홍	기타. 서울 마포구, 강원도 강릉

지정번호	명칭	소유자	소재지
2105	황기로 초서-이군옥시	공유	강원 강릉시 율곡로 3139번길 24 오죽헌시립박물관
2106	황기로 초서-차운시	박우홍	서울 종로구 견지동 93 동산방 화랑
2107	김현성 필적	김민영	서울 종로구 효자로12 국립고궁박물관
2108	인목왕후 어필 칠언시	칠장사	경기 안성시 죽산면 칠장리 746번지
2109	효종어필 칠언시	국유	서울 용산구 서빙고로 137 국립중앙박물관
2110	신한첩	국유, 계명대학교	기타. 대구 달서구, 충북 청주시
2111	신한첩 – 신한첩 건	국유	충북 청주시 상당구 명암로 143 국립청주박물관
2112	신한첩 – 신한첩 곤	계명대학교	대구 달서구 달구벌대로 1095 계명대학교 동산도서관
2113	숙종어필 칠언시	이완주	경기 용인시 기흥구 상갈로 6 경기도박물관
2114	영조어필	국유, 공유	경기 기타 성남시, 수원시
2115	영조어필-숙빈최씨사우제문원고	국유	경기 성남시 경기 성남시 분당구 하오개로 323 한국학중앙연구원
2116	영조어필-숙빈최씨소령묘갈문원고	국유	경기 성남시 경기 성남시 분당구 하오개로 323 한국학중앙연구원
2117	영조어필-읍궁진장첩	수원시	경기 수원시 영통구 창룡대로 265 수원박물관
2118	정조어필	국유	기타. 경남 진주시, 서울 용산구, 경기도 성남시
2119	정조어필-신제학정민시출안호남	국유	경남 진주시 남강로 626-35 국립진주박물관
2120	정조어필-제문상정사	국유	서울 용산구 서빙고로 137 국립중앙박물관
2121	정조어필-시국제입장제생	국유	경기 성남시 경기 성남시 분당구 하오개로 323 한국학중앙연구원
2122	구미 대둔사 건칠아미타여래좌상	대둔사	경북 구미시 옥성면 옥관리 1090번지
2123	문경 대승사 금동아미타여래좌상 및 복장유물	대승사	경북 문경시 산북면 전두리 8
2124	상주 남장사 목조아미타여래삼존좌상	남장사	경북 상주시 남장동 502 남장사
2125	영주 부석사 석조석가여래좌상	부석사	경북 영주시 부석면 북지리
2126	예천 용문사 목조아미타여래좌상	용문사	경북 예천군 용문면 내지리 391 용문사
2127	구미 수다사 영산회상도	수다사	경북 구미시 무을면 상송리 산 12 수다사
2128	대구 동화사 보조국사지눌진영	동화사	대구 동구 도학동 35 동화사
2129	문경 김룡사 영산회괘불도	김룡사	경북 문경시 산북면 김룡리 410 김룡사
2130	상주 남장사 감로왕도	남장사	경북 상주시 남장동
2131	안동 봉정사 영산회괘불도	봉정사	경북 안동시 서후면 태장리
2132	안동 봉정사 아미타설법도	봉정사	경북 안동시 서후면 태장리 901 봉정사
2133	예천 용문사 천불도	용문사	경북 예천군 용문면 내지리 391 용문사
2134	안동 광흥사 동종	광흥사	서울 종로구 우정국로 55 불교중앙박물관
2135	초조본 불설가섭부불반열반경	운람사	서울 종로구 우정국로 55 불교중앙박물관
2136	길흉축월횡간 고려목판	심원사	경북 성주군 수륜면 백운리 65-1 심원사
2137	예천 명봉사 경청선원자적선사능운탑비	명봉사	경북 예천군 상북면 명봉리 산1-1
2138	서울 개운사 목조아미타여래좌상 및 발원문	개운사, 불교중앙박물관	서울 성북구 안암동 5가 개운사, 서울 종로구 우정국로55 불교중앙박물관
2139	서울 개운사 목조아미타여래좌상 복장 전적	개운사	서울 종로구 우정국로 55 불교중앙박물관
2140	공주 갑사 석가여래삼세불도 및 복장유물	갑사	충남 공주시 계룡면 중장리 52 갑사
2141	통영측우대	국유	대전 유성구 대덕대로 481 국립중앙과학관
2142	자비도량참법집해	공유	충북 청주시 흥덕구 직지대로 713 청주고인쇄박물관
2143	신편산학계몽	공유	충북 청주시 흥덕구 직지대로 713 청주고인쇄박물관
2144	노자권재구의	공유	충북 청주시 흥덕구 직지대로 713 청주고인쇄박물관
2145	성주 법수사지 삼층석탑	국유	경북 성주군 수륜면 백운리 1215-1
2146	이형 좌명원종공신녹권 및 함	이태섭, 이기철	서울 종로구 효자로12 국립고궁박물관
2147	재조본 유가사지론 권42	원각사	경기 고양시 일산서구 탄현동 1447번지 원각사
2148	천자문	김자현	경기 성남시
2149	순천 송광사 목조관음보살좌상 및 복장유물	송광사	전남 순천시 송광면 신평리 12 송광사
2150	순천 송광사 목조관음보살좌상 복장전적	송광사	전남 순천시 송광면 신평리 12 송광사
2151	대혜보각선사서	김민영	서울 종로구 효자로12 국립고궁박물관
2152	대승기신론의기 권상, 하	김민영	서울 종로구 효자로12 국립고궁박물관
2153	풍아익	백인순	전남 장흥군
2154	상지은니대방광불화엄경 주본 권4	유상옥	서울 강남구 언주로 827 코리아나 화장박물관

지정번호	명칭	소유자	소재지
2155	봉화 청량사 목조지장보살삼존상	청량사	경북 봉화군 명호면 북곡리 청량사
2156	서산대사 행초 정선사가록	대흥사	전남 해남군 삼산면 구림리 799 대흥사
2157	이지정 초서 취영구절	조창현	서울 강남구
2158	조문수 필적 위심수재서	조창현	서울 강남구
2159	조속 초서 창강필적	안백순	서울 종로구
2160	윤순거 초서 무이구곡가	국립중앙박물관	서울 용산구 서빙고로 137 국립중앙박물관
2161	송준길 행초 동춘당필적	정춘목	경기 성남시 경기 성남시 분당구 하오개로 323 한국학중앙연구원
2162	송준길 행초 서증손병하	송봉기	대전 유성구 노은동길 126 대전선사박물관
2163	이하진 필적 천금물전	이효성	경기 성남시
2164	박세당 필적 서계유묵	박서범	경기 성남시 경기 성남시 분당구 하오개로 323 한국학중앙연구원
2165	박태유 필적 백석유묵첩	수원시	경기 수원시 영통구 창룡대로 265 수원박물관
2166	윤순 필적 고시서축	국유	서울 용산구 서빙고로 국립중앙박물관
2167	이광사 행서 화기	국유	서울 용산구 서빙고로 137 국립중앙박물관
2168	이광사 필적 원교법첩	국유	서울 용산구 서빙고로 137 국립중앙박물관
2169	송문흠 예서 경재잠	안백순	서울 종로구
2170	이인상 전서 원령필	국유	서울 용산구 서빙고로 137 국립중앙박물관
2171	강세황 행초 표암유채	공유	경기 용인시 기흥구 상갈로 6 경기도박물관
2172	이한진 전예 경산전팔쌍절첩	김민영	서울 종로구 효자로12 국립고궁박물관
2173	유한지 예서 기원첩	경남대학교	경남 창원시 마산합포구 월영동 449 경남대학교
2174	정약용 행초 다산사경첩	윤홍식	서울 송파구
2175	정약용 필적 하피첩	김민영	서울 종로구 효자로12 국립고궁박물관
2176	신위 해서 천자문	신광현	서울 서초구
2177	김정희 해서 묵소거사자찬	국유	서울 용산구 서빙고로 137 국립중앙박물관
2178	김정희 예서대련 호고연경	삼성문화재단	서울 용산구 이태원로 55길 60-16 삼성미술관 리움
2179	진주 월명암 목조아미타여래좌상	월명사	경남 진주시
2180	진주 응석사 목조석가여래삼불좌상	응석사	경남 진주시 집현면 정평리 741 응석사
2181	진주 청곡사 목조석가여래삼존좌상	청곡사	경남 진주시 금산면 갈전리 18 청곡사
2182	진주 청곡사 목조지장보살삼존상 및 시왕상 일괄	청곡사	경남 진주시
2183	거창 심우사 목조아미타여래좌상	심유사	경남 거창군 거창읍 대동리 703 심우사
2184	함양 법인사 목조아미타여래좌상	법인사	경남 함양군 안의면 금천리 177-3 법인사
2185	통영 안정사 영산회괘불도	안정사	경남 통영시 광도면 안정리 1888 안정사
2186	고성 옥천사 지장보살도 및 시왕도	옥천사	경남 고성군 개천면 북평리 408
2187	고성 운흥사 관음보살도	운흥사	경남 고성군 하이면 와룡리 422 운흥사
2188	하동 쌍계사 괘불도	쌍계사	경남 하동군 화개면 운수리 208 쌍계사
2189	하동 쌍계사 감로왕도	쌍계사	경남 하동군 화개면 운수리 208 쌍계사
2190	합천 해인사 감로왕도	해인사	경남 합천군 가야면 치인리 10 해인사
2191	진주 삼선암 동종	삼선암	경남 진주시 상봉서동 823-3 삼선암
2192	통영 안정사 동종	안정사	경남 통영시 광도면 안정리 1888 안정사
2193	거창 고견사 동종	고견사	경남 거창군 가조면 수월리 1 고견사
2194	하동 쌍계사 동종	쌍계사	경남 하동군
2195	삼봉선생집 권1	계명대학교	대구 달서구 달구벌대로 1095 계명대학교
2196	수계선생비점맹호연집	계명대학교	대구 달서구 달구벌대로 1095 계명대학교
2197	신간상명산법	계명대학교	대구 달서구 달구벌대로 1095 계명대학교
2198	초조본 아비달마대비바사론 권38	계명대학교	대구 달서구 달구벌대로 1095 계명대학교
2199	초조본 집대승상론 권하	계명대학교	대구 달서구 달구벌대로 1095 계명대학교
2200	대방광불화엄경소	계명대학교	대구 달서구 달구벌대로 1095 계명대학교
2201	반야심경소현정기(언해)	김민영	서울 종로구 효자로12 국립고궁박물관
2202	수원 방화수류정	국유	경기 수원시 팔달구 매향동 151번지
2203	수원 서북공심돈	국유	경기 수원시 팔달구 장안동 332번지
2204	양산 통도사 영산전 벽화	통도사	경남 양산시 하북면 지산리 583 통도사

지정번호	명칭	소유자	소재지
2205	동인시화	김찬호	경남 양산시
2206	대승기신론소	김찬호	경남 양산시
2207	백지금니범망보살계경	구인사	충북 단양군 영춘면 백자리 132-1
2208	해남 서동사 목조석가여래삼불좌상	대한불교 조계종 서동사	전남 해남군 화원면 금평리 571 서동사
2209	중수정화경사증류비용본초 권17	이길녀	인천 연수구 청량로 102길 40-9 가천박물관
2210	삼강행실효자도	사유	경북 영주시
2211	군산 동국사 소조석가여래삼존상 및 복장유물	대한불교 조계종 동국사	전북 군산시 금광동 135-1
2212	공주 동학사 목조석가여래삼불좌상 및 복장유물	대한불교조계종 동학사	충남 공주시 반포면 학봉리 789 동학사
2213	공주 동학사 목조석가여래삼불좌상 복장전적	대한불교조계종 동학사	충남 공주시 반포면 학봉리 789 동학사
2214	속초 신흥사 목조아미타여래삼존좌상	대한불교조계종 신흥사	강원 속초시 설악동 170 신흥사 극락보전내
2215	총마계회도	밀양박씨지산경수공파종중	전남 화순군

부모와 함께 하는
문화유산 상식 여행

초판인쇄 2011년 7월 25일
초판발행 2011년 7월 30일
2쇄발행 2011년 10월 25일

지은이 오주환
펴낸이 박찬후
펴낸곳 북허브

주소 서울시 구로구 구로2동 453-9
전화 02-3281-2778
팩스 02-3281-2768
e-mail book_herb@naver.com
http://cafe.naver.com/book_herb

*잘못된 책은 구입하신 서점에서 바꾸어 드립니다.

값 15,000원
ISBN 978-89-94938-04-2(03900)